经济法与电子商务法简明教程

（第二版）

JINGJIFA YU DIANZISHANGWUFA JIANMING JIAOCHENG

主　编　杨立钒　赵延波
副主编　杨坚争　万以娴

中国人民大学出版社
·北京·

图书在版编目（CIP）数据

经济法与电子商务法简明教程/杨立钒，赵延波主编. —2版. —北京：中国人民大学出版社，2019.2
ISBN 978-7-300-26516-2

Ⅰ.①经… Ⅱ.①杨…②赵… Ⅲ.①经济法-中国-高等职业教育-教材②电子商务-法规-中国-高等职业教育-教材 Ⅳ.①D922.29

中国版本图书馆CIP数据核字（2018）第282256号

经济法与电子商务法简明教程（第二版）
主　编　杨立钒　赵延波
副主编　杨坚争　万以娴
Jingjifa yu Dianzishangwufa Jianming Jiaocheng

出版发行	中国人民大学出版社		
社　址	北京中关村大街31号	**邮政编码**	100080
电　话	010－62511242（总编室）		010－62511770（质管部）
	010－82501766（邮购部）		010－62514148（门市部）
	010－62515195（发行公司）		010－62515275（盗版举报）
网　址	http://www.crup.com.cn		
	http://www.ttrnet.com(人大教研网)		
经　销	新华书店		
印　刷	北京鑫丰华彩印有限公司	**版　次**	2008年3月第1版
规　格	185 mm×260 mm　16开本		2019年2月第2版
印　张	18	**印　次**	2020年10月第2次印刷
字　数	413 000	**定　价**	38.00元

第二版序言

本书第一版是 2007 年为了适应高等院校电子商务专业和信息管理专业的经济法和电子商务法教学需要而撰写、出版的。随着我国经济和电子商务的快速发展，国家颁布了大量新的法律法规。修改本书原有的内容、充实新的资料已实属必要。

“十二五”“十三五”期间，我国经济得到飞跃发展，有关经济法律的起草、修改工作全面推进，有效地保障了我国经济的持续稳定发展。梳理起来，有以下重要法律修订或开始实施：

（1）《中华人民共和国公司法》。该法第四次修正版本自 2018 年 10 月 26 日起施行。此次修正补充完善了关于股份回购的规定，对有关资本制度的规定进行了完善，赋予公司更多的自主权，有利于促进公司的治理，促进资本市场健康发展。

（2）《中华人民共和国消费者权益保护法》。该法第二次修正版本自 2014 年 3 月 15 日起施行。此次修正充分细化了消费者权益，明确个人信息维护，完善“三包”规定，加大对欺诈行为的惩罚力度；进一步明确了经营者的义务与责任；规范了网络购物等新型消费方式；进一步发挥消协的作用和明确行政部门的监管职责，旨在更加有效地维护消费者的合法权益。

（3）《中华人民共和国资产评估法》。该法是我国发展近 30 年的资产评估行业的基本大法，自 2016 年 12 月 1 日起实施。该法共 8 章 55 条，对于促进资产评估行业健康发展，保护国有资产和维护公共利益，维护社会主义市场经济秩序，具有积极的意义。

（4）《中华人民共和国广告法》。该法 2015 年的第一次修订在界定虚假广告、保健食品广告的内容、明星代言的限制、大众媒介发布责任等方面作出了详细的规定，旨在促进广告行业健康有序地发展。第二次修订版本自 2018 年 10 月 26 日起施行，此次修订调整了有关部门的称谓，“新闻出版、广播电视主管部门”“市场监督管理部门”出现在新的《广告法》中。

（5）《中华人民共和国网络安全法》。该法自 2017 年 6 月 1 日起施行。该法进一步界定关键信息基础设施范围；明确加强对个人信息保护；对攻击、破坏我国关键信息基础设施的境外组织和个人规定相应的惩治措施；增加惩治网络诈骗等新型网络违法犯罪活动的规定等。

（6）《中华人民共和国企业所得税法》。该法的修订版本自 2017 年 2 月 24 日起施行。该法允许企业捐赠超出 12%的部分可以在以后三年内继续税前扣除，是对捐赠扣除企业所得税优惠政策的扩大和延伸，很大程度上解决了一大部分大额捐赠支出的税前扣除。

（7）《中华人民共和国民法总则》。该法自 2017 年 10 月 1 日起实施。中国民事法律制度从此开启“民法典时代”。该法就民法基本原则、民事主体、民事权利、民事法律行为、民事责任和诉讼时效等基本民事法律制度作出规定，构建了我国民事法律制度的基本框架。

（8）《中华人民共和国反不正当竞争法》。该法的修订版本自 2018 年 1 月 1 日起实施。该法完善了不正当竞争行为的判断原则，修改完善了七种不正当竞争行为的认定规则，删除了五种限制竞争和垄断行为，加大了不正当竞争者的损害赔偿责任，强化了监督检查的手段和措施，从而能够更加有效地维护市场经济秩序。

（9）《中华人民共和国电子商务法》。该法于 2018 年 8 月 31 日由全国人大常委会通过，自 2019 年 1 月 1 日起正式实施。该法的通过，表明我国电子商务进入到一个规范发展的新阶段。该法对于电子商务经营者，特别是电子商务平台经营者的经营行为作了详细的规定；对电子商务行业发展过程中存在的销售假冒伪劣商品、保护消费者权益、线上线下公平竞争等问题在法律层面予以明确。

同时，这一期间有一大批相关的部门规章颁布实施：

（1）《网络购买商品七日无理由退货暂行办法》。国家工商行政管理总局于 2017 年 1 月 6 日颁布，自 2017 年 3 月 15 日起实施。该办法在明确无理由退货范围、界定商品完好标准、确定 7 日计算时间、加大网店及平台责任等方面作出了规定，旨在规范网络购物市场并维护通过网络购物的消费者的权益。

（2）《互联网直播服务管理规定》。国家互联网信息办公室于 2016 年 11 月 4 日发布，自 2016 年 12 月 1 日起实施。该规定提出，互联网直播服务提供者和直播发布者在提供互联网新闻信息服务时，都应当依法取得互联网新闻信息服务资质，并在许可范围内开展互联网新闻信息服务。同时，该规定要求对直播实施分级分类管理，建立互联网直播发布者信用等级管理体系，建立黑名单管理制度。

（3）《关于加强支付结算管理防范电信网络新型违法犯罪有关事项的通知》。中国人民银行于 2016 年 9 月 30 日发布，并自同日起实施。该通知要求，同一个人在同一家银行只能开立一个Ⅰ类户（银行结算账户，含银行卡），在同一家支付机构只能开立一个Ⅲ类户。同时，银行和支付机构提供转账服务时应当向存款人提供实时到账、普通到账、次日到账等多种转账方式选择。

（4）《广告发布登记管理规定》。国家工商行政管理总局于 2016 年 11 月 1 日发布，自 2016 年 12 月 1 日起施行。该规定提出，以欺骗、贿赂等不正当手段取得广告发布登记的，由工商行政管理部门依法予以撤销，处 1 万元以上 3 万元以下罚款。

(5)《互联网广告管理暂行办法》。国家工商行政管理总局于 2016 年 7 月 4 日发布，自 2016 年 9 月 1 日起实施。该暂行办法明确了互联网广告的类型、互联网广告经营主体的范围、互联网广告经营规范及对违规行为的处罚措施，旨在加强对互联网广告的监管。

(6)《关于信用卡业务有关事项的通知》。中国人民银行于 2016 年 4 月 15 日发布，自 2017 年 1 月 1 日起实施。该通知取消现行统一规定的信用卡透支利率标准，实行透支利率上限、下限区间管理，其中上限每日万分之五，下限万分之三点五；取消透支消费免息还款期最长期限、最低还款额标准及附加条件现行规定；取消滞纳金，由发卡机构和持卡人约定违约金。

(7)《企业投资项目核准和备案管理条例》。国务院于 2016 年 11 月 30 日发布，自 2017 年 2 月 1 日起施行。该条例进一步规范了政府对企业投资项目的核准和备案行为，明确对关系国家安全、涉及全国重大生产力布局、战略性资源开发和重大公共利益等的企业投资项目实行核准管理，其他项目一律实行备案管理。

(8)《关于规范网络游戏运营加强事中事后监管工作的通知》。文化部于 2016 年 12 月 1 日发布，自 2017 年 5 月 1 日起实施。通知要求，网络游戏运营企业不得向用户提供虚拟道具兑换法定货币的服务；网络游戏运营企业应当要求网络游戏用户使用有效身份证件进行实名注册，并保存用户注册信息；不得为使用游客模式登录的网络游戏用户提供游戏内充值或者消费服务。

(9)《互联网域名管理办法》。工业和信息化部于 2017 年 8 月 24 日发布，自 2017 年 11 月 1 日起施行。该办法旨在贯彻落实中央关于加强互联网基础资源管理要求的需要，维护网络与信息安全。

(10)《非银行支付机构网络支付业务管理办法》。中国人民银行于 2015 年 12 月 28 日发布，并于 2016 年 7 月 1 日起实施。该办法对互联网金融相关业务、支付账户分类、转账限制、先行赔付责任等内容作出了明确的规定，旨在以差异化监管的方式促进电子商务的发展。

笔者希望将我国最新的法律规定和法律实践传递给读者，使读者对经济法和电子商务法的指导思想和基本原则有清晰的了解，因此本次修订在保持上一版基本结构的基础上，对全书的内容做了较大调整，在每一章前增加了学习目标和导入案例，在每一章的结尾增加了导入案例解析。各章内容的调整、补充或修订情况如下：

第一章，经济法与电子商务法概述。全面更新了电子商务发展的有关数据，阐述了虚拟市场的概念，更新了电子商务法的调整范围。

第二章，公司法。增加了法人人格否认制度、公司设立的法律效力、有限责任公司的股权转让和累积投票制；并根据修订后的《公司法》修改了公司资本原则和公司设立的条件。

第三章，其他市场主体法。补充和修改了特殊的普通合伙企业的概念、责任，合伙人的资格限制等内容。对外商投资企业的三种类型的含义作了进一步的解释，补充了申请设立外资企业不予批准的情况。

第四章，破产法。根据相关的司法解释，对破产原因、破产案件受理的效果、被撤销的行为、破产财产的范围、取回权的行使和破产抵销权的行使进行了补充。

第五章，合同法。增加了合同法的概念和适用范围、要约与要约邀请的区别、承诺的期限、格式条款、缔约过失责任与其他责任的区别、违约责任的特点和构成要件、违约行为的形态、违约责任与侵权责任的竞合；补充修改了要约的条件，合同成立的时间、地点，合同的效力、合同的履行规则等内容。

第六章，担保法。修改补充了反担保的概念和构成条件、保证的特征和保证担保的范围。

第七章，市场秩序法。反不正当竞争法：补充了关于混淆行为的认定规则，重新界定了关于商业贿赂的认定规则，完善了关于虚假宣传行为的认定规则，修改了关于有奖销售行为和商业诋毁行为的认定规则，微调了关于商业秘密保护的相关规定，新增了关于互联网不正当竞争行为；反垄断法：删除了五种限制竞争和垄断行为；消费者权益保护法：根据修改后的法律对消费者权益、经营者义务、消费者协会的作用、责任主体的确定及法律责任做了相应的修改和补充。

第八章，电子签名与电子认证服务法律制度。根据我国《电子签名法》对全章主要内容进行了更新，包括电子签名的基本概念和行为规范，电子认证机构的管理，电子认证服务的法律关系等。

第九章，电子合同法律制度。根据我国《电子商务法》和联合国《电子商务示范法》对数据电文的概念和法律效力、电子合同的订立等进行了更新。

第十章，电子商务经营者法律规范。根据我国《电子商务法》，围绕电子商务经营者详细介绍了对电子商务经营者作出的一般性规定和对电子商务平台经营者作出的专门规定。

第十一章，电子商务经营活动法律制度。根据《电子商务法》《广告法》《反不正当竞争法》《消费者权益保护法》对相关内容进行了更新，增加了“电子商务及分享经济领域炒信行为惩戒”一节。

第十二章，电子支付法律制度。更新了电子支付的分类，增加了比特币的规制，增加了“第三方支付的法律规范”一节。

第十三章，电子商务物流法律制度。本章为新增加的一章，使得电子商务合同、支付、物流配送三个基本环节的规范完整了。

第十四章，网络环境下的知识产权保护。根据《商标法》《互联网域名管理规定》《著作权法》对相关内容进行了更新。

本书修订的分工如下：

第一章：杨立钒、杨坚争、万以娴；

第二至六章：赵延波、万以娴；

第七章：赵延波、杨坚争；

第八、十一、十二、十四章：杨立钒、杨坚争；

第九、十、十三章：杨立钒、万以娴。

全书由杨立钒、杨坚争、万以娴、赵延波负责统稿。

本次修订过程中，我们参阅了大量的国内外资料。电子商务法律方面的专家、中国电子商务协会政策法律委员会副主任阿拉木斯先生对第一章、第八章和第十二章从实务的角度提供了高见，北京大学的民商法专家葛云松教授对第五章和第六章提出了修改意见。北京市权亚律师事务所合伙人郭烨律师对第九章、第十三章以及第十四章的网络游戏虚拟财产的法律保护部分作了修改，合伙人张卫华律师对第十一章的第一、第三和第四节提出了修改意见，合伙人姜勤峰律师对第七章、第十一章第二节中的有关反不正当竞争内容和第十四章提供了评述。此外，权亚律师事务所（上海）的郑先彬律师和唐启盛律师参与了经济法部分的修订，北京天元律师事务所上海分所方有明律师参与了电子商务法部分的修订。牛天娇、邢晶晶同学参加了校对和配套教学辅导资料的制作；中国人民大学出版社胡连连编辑提供了多方面的指导和帮助；国家社科基金重大项目（13&ZD178）、国家自然科学基金项目（70973079）、上海市教育委员会重点学科建设项目（S30504）、上海市高峰高原学科建设项目、沪江基金研究基地专项“电子商务智库”（D14008）、香港杏范教育基金会给予了大力资助。在此，谨向资料的提供者、本书的合作者和资助者表示真诚的感谢，并希望广大读者对本书提出宝贵意见。

杨立钒

2018年10月20日

E-mail:cnyanglifan@163.com

第一版序言

伴随着互联网络的普及，电子商务在社会经济活动的各个领域已经被广泛应用。电子商务运作过程中所产生的大量的法律问题已经引起政府和法律界的高度重视。在电子商务专业中开设电子商务法律课程，是提高学生分析电子商务法律问题、解决电子商务法律纠纷的关键环节。“经济法与电子商务法”成为高等院校电子商务专业开设的一门非常重要的课程。

在高等院校的电子商务专业中，一般都开设了“法律基础”课程，课时量为30～40学时。将电子商务专业划归经济管理类别的院校，大都又开设了“经济法”课程，课时量为40～60学时。如果再开设“电子商务法”课程，假设课时为30～40学时，则一个电子商务专业的学生就要学习100～140学时的法律课程。这种安排显然是不可能的。因为一个电子商务专业的学生用于专业课的时间只有1 000～1 300学时。而将电子商务专业划归计算机类别的院校，一般不开设“经济法”课程，单独开设“电子商务法”课程，学生缺乏“经济法”的基础，学习起来有较大的困难。所以，将经济法与电子商务法结合起来讲授成为一个很好的选择。

经济法历来有狭义和广义之分。狭义的经济法是指矫正市场失灵、调整市场秩序的法律，国家调控是经济法存在的经济基础和政治基础。广义的经济法不仅包括国家调控的内容，也包括有关商法的内容。本书是在内容和体例上按照广义的经济法来组织的。这是因为对于非法律专业的高职高专学生来说，广义经济法的内容涵盖比较宽泛，也便于课堂教学。电子商务法则是针对因特网环境中商务活动的法律。因特网的产生，使传统的实体市场分化为实体市场和虚拟市场。虚拟市场与实体市场在交易主体、交易条件、交易程序上都有很大差异。因此，针对这一新事物法律调整的需要，电子商务应运而生。

本书包括十二章，各章既相对独立，又紧密联系，较好地涵盖了经济法和电子商务法的各个方面，形成了经济法与电子商务法课程的完整体系。

本教材的基本教学时数以45～60学时为宜。文科院校可以详细讲述全部内容，理科院校可以根据教学安排适当删减“法律基础”课程已经讲过的内容。本教材适合于高职高专电子商务专业的学生，以及经济、贸易、管理、信息技术、计算机、法学等专业的学生，也可作为从事实务或研究工作的电子商务人员的参考读物。

本书写作的分工（按各章先后为序）如下：第一章（杨坚争、吴弘）、第二章（赵延波、殷敏）、第三章（朱兆敏、赵延波）、第四章（赵延波、朱国华）、第五章（赵延波、朱国华）、第六章（赵延波）、第七章（赵延波、刘胜题）、第八章（杨坚争、雷玲）、第九章（杨坚争、方有明）、第十章（刘丽华、杨坚争）、第十一章（杨坚争、王景河）、第十二章（刘丽华、杨立钒）。

全书由杨坚争、赵延波、刘丽华负责统稿。

为配合本教材的教学，本书有配套的教学辅导材料、电子教案、教学案例、综合练习等。有需要的读者可以与中国人民大学出版社直接联系。

在本书的撰写过程中，参考了国内外大量书籍和资料，在此，谨向所有作者表示真诚的谢意。

杨坚争

cnyangjz@163.com

2007年6月10日

目 录

第一章　经济法与电子商务法概述

经济法是矫正市场失灵、政府失灵，调整市场经济的法律；电子商务法是调整电子商务活动中所产生的社会关系的法律。本章在介绍经济法与电子商务法的概念和调整对象的基础上，系统阐述经济法律关系、电子商务法律关系以及经济法与电子商务法的关系，为具体应用经济法与电子商务法的理论，分析和解决经济活动与电子商务活动中的法律问题奠定基础。

学习目标

1. 掌握经济法的概念和调整对象；
2. 熟悉经济法律关系的构成；
3. 了解电子商务的定义和特点；
4. 掌握电子商务法的调整对象和范围；
5. 掌握电子商务法的作用。

导入案例　中国电子商务法立法进程加速

2013 年 12 月 27 日，全国人大常委会召开电子商务法第一次起草会议；2016 年 12 月 25 日对该法草案进行了第一次审议；2017 年 10 月 31 日，十二届全国人大常委会第三十次会议对电子商务法草案进行了第二次审议；2018 年 6 月 19 日，电子商务法草案三审稿提请十三届全国人大常委会第三次会议审议；2018 年 8 月 27 日，电子商务法草案第四次提交十三届全国人大常委会第五次会议审议。自 2016 年 12 月初次提请审议以来，草案已历四审。我们国家的法律一般经过三审就通过了，但电子商务法经过四审，说明这部与战略性新兴产业发展和消费者权益保护息息相关的法律一直备受社会各界的关注。

电子商务迅速发展催生电子商务立法。在我国经济发展进入新常态的大背景下，电子商务持续多年保持高速发展，而且在转方式、调结构、稳增长、扩就业、惠民生、促扶贫等方面发挥了重要作用。“十二五”期间，电子商务年均增长速度超过 30%；2017 年我国网络零售额达到 7.18 万亿元人民币；呈现出市场规模不断扩大、区域结构逐步优化、业态多元化与消费品质化、示范体系引领作用进一步增强、农村电商促进精准扶贫取得了新成效、“丝路电商”助推企业“走出去”等显著特点。

与此同时，电子商务作为一个新生事物，在其发展过程中一些矛盾和问题已经凸显。一是法律制度和商业规则有待完善，缺乏具有权威性、综合性的电子商务法律；二是市场秩序有待规范，交易环境需要健全完善，损害消费者权益的现象时有发生，交易纠纷和商业冲突增多；三是管理体制有待理顺，原有管理方式已不能完全适应电子商务快速发展的需要，交易安全保障亟待加强。以消费者权益保护为例，根据中国消费者协会统计，2017 年全国消协组织共受理消费者投诉 726 840 件，其中涉及互联网服务的投诉为 162 825 件，占总投诉量的 16.62％，位于分类投诉之首。在受理销售服务类投诉的 69 397 案件中，网络购物投诉占销售服务类投诉的 41.90％。① 可以说，电子商务已成为消费纠纷的主要发生地。通过电子商务立法规范市场秩序迫在眉睫。

电子商务服务业既是战略性新兴产业，又是现代服务业的重要组成部分，同时也是信息经济时代国家基础设施的重要组成部分。通过电子商务立法推进电子商务发展，对于加快经济发展方式转变、实现经济结构调整和转型升级、加快创新型国家建设等，均具有重大意义。

电子商务法是一部调整电子商务法律关系的基本法和综合性法律。一是规范调整电子商务的基本法律关系，涵盖了买卖双方、第三方平台、交易主体和客体之间的法律关系，同时针对电子商务运行流程进行了适当宽泛的规定；二是规范调整电子商务中的特殊法律关系，如跨境电子商务、电子信息流转中的法律关系，这些都是电子商务区别于一般商务活动的特别规定；三是规范调整电子商务法与其他相关法律的衔接、补充问题，如消费者权益保护、反垄断、反不正当竞争、知识产权保护等，这些都有专门法律规定，电子商务法注重与其衔接，并就电子商务交易中所特有的情况进行规定。

电子商务立法中遵循规范经营与促进发展并重、鼓励创新、包容审慎的原则；聚焦于规范电子商务经营者特别是平台经营者的行为，着重加强了消费者权益保护规则的修改和完善；此外，还完善了电子商务争议处理规范等问题。

第一节 经济法的概念和调整对象

一、经济法的概念

在理论上，对于经济法含义的理解有广义和狭义之分。

从广义上讲，经济法是调整经济关系的法律规范的总称。首先，经济法是经济法律规范的总称，它由一系列经济法律、法规按一定的特征构成一个整体，成为市场经济法律体系的重要组成部分；其次，经济法是调整经济关系的法律规范的总称，在纷繁复杂的社会关系中，经济法所调整的是具有经济内容的物质利益关系；最后，经济法所调整的经济关系既包括由国家协调、干预的经济关系，也包括由民商法所调整的经济关系。

从狭义上讲，经济法是调整由国家协调、干预的经济关系的法律规范的总称。即经济法调整的就是由国家对经济进行协调、对市场进行干预而产生的经济关系。国家对经济的协调与干预，既包括间接调控，也涵盖直接管理；既体现国家作为社会管理者行使经济管理权的特征，也反映国家作为国有资产所有者行使所有权的需要。国家对经济的协调与干预，不仅反映了不同市场经济国家经济法的共同特点，也符合我国社会主义市场经济调控的需要。

① 中国消费者协会. 2017 年全国消协组织受理投诉情况统计分析［EB/OL］.（2018-01-29）［2018-10-19］. http://www.cca.org.cn/tsdh/detail/27876.html.

二、经济法的调整对象

如经济法概念中所述，我国经济法的调整对象是由国家协调、干预的经济关系。在我国，由国家协调、干预的经济关系，具体表现为五个方面，即市场主体管理关系、市场秩序关系、宏观调控关系、国有资产关系和社会保障关系。

（一）市场主体管理关系

市场主体法是规定市场主体的设立、变更、终止过程中产生的经济管理关系和主体内部管理过程中产生的经济关系。市场主体是在市场上直接或间接从事交易活动的经济组织。在市场主体体系中，企业是最主要的主体。国家为了协调本国经济运行，必须首先以法律的形式规定市场主体的资格、法律地位、权利义务以及基本活动准则。

（二）市场秩序关系

市场秩序关系是指国家在建设和完善市场体系、规范市场行为、维护市场秩序中产生的经济关系。经济法对市场秩序关系的调整，一方面是对市场交易的一般行为规定共同规则和普遍要求，另一方面又根据各个不同市场的特点，分别制定具体规则和特殊要求；同时加强监督管理，保障市场的安全、健康运行。

（三）宏观调控关系

宏观调控关系是指国家对国民经济总体活动和有关国计民生的重大因素，实行全局性协调、干预所产生的经济关系。宏观调控就是国家以直接方法（计划、组织等）或间接方法（补贴、优惠等），选择经济和社会发展战略目标，调整重大结构和布局，兼顾公平与效率，保护资源与环境，以及建设公共基础设施等，实现经济总量的基本平衡和经济结构的优化，使国民经济持续、快速、健康发展。经济法对宏观经济调控关系的调整，是通过明确国家调控的任务、目标、范围、程度、方式，以及执行调控的机构等，确保宏观经济有效调控，促进经济稳定增长和人民生活水平提高。

（四）国有资产关系

国有资产关系是指国家以所有者的身份将国有资产投入市场，直接参与市场经营活动，并对这部分资产进行管理的经济关系。成熟的市场经济国家，国有资产往往参与高风险、高投入、基础性行业以及一些公用企业等竞争性不强的领域，以保证实现国家宏观经济目的。在实行社会主义市场经济的中国，国有资产参与的范围还要大很多。但国家作为国有资产所有者的身份必须与作为社会管理者的身份严格区分开，即国家的“运动员”职能应区别于“裁判员”职能。经济法对国有资产关系的调整，既要保障国有资产保值增值、防范流失，又要理顺国有资产投资的体制与程序，还需规范国有资产经营的方法与途径。

（五）社会保障关系

社会保障关系是指国家对劳动者和其他需要扶持的人在市场竞争中的合法经济权益进行保障性协调、干预而产生的经济关系。经济法对社会保障关系调整，主要是通过明确劳动者的权利义务，规定并实施劳动就业、社会保险、社会救济、社会互助等制度，保护和合理利用劳动力资源，维护劳动者的合法权益和社会安定。

第二节 经济法律关系

一、经济法律关系的概念

经济法律关系是指根据经济法律规范的规定而形成的权利义务关系。

经济法律关系是一种思想意志关系。经济法同其他法律一样要反映统治阶级的意志；而经济法律关系的当事人又都有自己各自的意志，进行着各自有意识的经济活动。经济法要求当事人的意志必须以统治阶级的意志（国家意志）为依据。

经济法律关系是由经济法规定和确认的社会关系。作为经济法调整对象的由国家协调、干预的经济关系，是客观存在的物质利益关系，属于经济基础范畴，它不会自动变为经济法律关系，也就是说如果没有经济法的规定和确认，当事人之间的行为不会具有法律性质，这样人和人之间无法律性质的关系也不会成为法律关系。只有受到经济法调整，才会上升为经济法律关系，成为思想意志关系，从属于上层建筑。从此意义上讲，经济法是经济法律关系产生的必要前提；经济法律关系是经济法调整特定经济关系的必然后果。

经济法律关系是具有经济内容的权利、义务关系。法律通过界定行为人的权利、义务来确认人们的行为，权利、义务是法律关系的核心。经济法律关系的权利、义务具有经济内容，而且具有强制性质，任何一方当事人的权利受到侵犯，都可请求法律保护。

二、经济法律关系的构成

经济法律关系同其他法律关系一样，由主体、内容和客体三要素组成。

（一）经济法律关系主体

经济法律关系主体即经济法主体，是指以自己名义参加经济法律关系、享有经济权利、承担经济义务的当事人。组织或个人依照法定条件、法定程序设立，或由法定机关授权、认可，均可取得经济法主体资格。经济法主体包括以下几类：

（1）国家机关。国家机关是国家职能机关的通称，包括国家权力机关、国家行政机关、国家司法机关。国家协调经济、干预市场的职能要通过国家机关实施，所以国家机关是经济法律关系中重要的主体。

（2）社会组织。社会组织是市场经济中最活跃的细胞，是经济法律关系必不可少的主体，数量大，种类多。社会组织主要又可分为三种类型：一是企业，即自主经营、自负盈亏，以营利为目的的商品生产经营者，也是社会财富的创造者；二是事业单位，即拥有财政预算或其他拨款，从事科学、文化、教育、卫生、体育等社会事业的非营利性组织；三是社会团体，即根据自愿原则组织进行社会活动的群众团体、公益组织和学术团体等。社会组织也是市场主体的主要部分。

（3）社会组织的内部机构和人员。其主要是指企业内部的生产经营部门、分支机构、经营者、劳动者。他们都是其内部经营管理关系如内部承包、劳动合同等的当事人。除了分支机构（持有营业执照）可对外进行经营活动外，其他部门、人员不得以自己的名义对外发生经济法律关系。

（4）公民个人。其主要是指以个人（或家庭）身份从事生产经营的个人（农村承包户和个体工商户），或由经济法专门规定的个人。

（二）经济法律关系内容

经济法律关系内容即经济权利和经济义务，也就是经济法律关系主体享有的经济权利、承担的经济义务。权利、义务是一致的，但不一定是完全对等的。在不同的经济法律关系中，主体的权利、义务各不相同。

1. 经济权利

经济权利是指经济法主体依法具有的自己为或不为一定行为、要求他人为或不为一定行为的资格。其含义有三层：首先，依照经济法的规定，经济法主体有权做出一定行为（如企业参与竞争等），也有权不做出一定行为（如拒绝摊派）；其次，在经济法规定范围内，经济法主体为实现自己权利，有权要求他人做出一定行为（如企业登记管理机关要求企业办理年检），也有权要求他人不做出一定行为（如国家机关要求企业不得作虚假宣传）；最后，当他人的行为侵害了自己的合法权益时，经济法主体可请求国家机关依法予以保护。

经济权利主要包括以下几类：

（1）经济职权。这是国家机关协调、干预市场时行使的法定或国家授予的权利，如决策、指挥、许可、批准、撤销、审核、认可、监督、检查等。经济职权具有命令与服从的性质，而且不允许国家机关随意放弃、转让。

（2）财产所有权。即所有人对其财产享有的占有、使用、收益和处分权。财产所有权是商品交换的基础。

（3）国有资产管理权。这是国家授权机构或授权部门对授权范围内的国有资产统一管理的权利，目的是使国有资产保值增值。

（4）经营管理权。指企业生产经营活动时依法享有的权利。不同企业的权利范围有所不同，国有企业对国家授予其经营管理的财产享有占有、使用和依法处分的权利；非国有企业则享有完全自主经营的权利。

（5）请求权。即经济法主体的合法权益受到侵犯时，要求侵害人停止侵害或要求国家机关依法保护的权利。

2. 经济义务

经济义务是指经济法主体依法必须为一定行为和不为一定行为的责任。其含义有两层：一是经济法主体必须依照法定范围，做出一定行为（如保证产品质量），或不做出一定行为（如国家机关不滥用经济职权），以满足权利主体实现其权益；二是经济法主体不履行法定义务时，应承担相应的法律责任。

经济义务包括：对国家的义务，如遵守法律法规，贯彻国家方针、政策，履行经济职权，完成指令性计划，服从国家调控，依法纳税等；对社会的义务，如不侵犯他人合法权益、履行经济合同、保证产品和服务质量、保护环境等；对内部的义务，如履行内部承包合同、在提高效益的基础上增加职工收入等。

（三）经济法律关系客体

经济法律关系客体是经济法律关系主体的经济权利和经济义务所共同指向的对象，是权利、义务的载体和目标。

经济法律关系的客体可分为三类：

（1）经济行为。指经济法主体为达到一定经济目的所进行的行为，主要是指国家机关实现协调、干预职能的调控行为，具有管理、指挥的性质；也包括其他经济法主体完成一定工作、提供一定劳务的行为。

（2）物。指可为人们控制和支配，有经济价值并表现为物质形态的物体，其实质就是物质财富。物可以分为：流通物和禁止、限制流通物，生产资料和生活资料，特定物和种类物等。

（3）无形资产。指人们智力劳动所创造或经营中积累的非物质形态的财富。它能为权利人带来经济利益，在市场经济中受到广泛重视。主要包括：专利权、商标权、版权、名称权、商誉、商业秘密、经济信息、土地使用权及其他经济权利。在一些具体的经济法律关系中，需评估无形资产的价值。

三、经济法律关系的确立和保护

（一）经济法律关系的确立

经济法律关系的确立是指经济法主体之间形成权利义务关系。经济法律关系的确立是由一定的法律事实引起的。

不同的法律事实引起不同的法律关系，确立经济法律关系的是经济法律事实。它是指由经济法所确立的，能够引起经济法律关系发生、变更、终止的客观情况，可分为法律行为和法律事件两类。

法律行为是人们为实现一定经济目的而有意识进行的活动，如国家的协调、干预行为，企业的经营管理行为和合同行为等。法律事件是不依当事人的意志为转移，但能引起经济法律关系发生、变更、终止的客观事实，如自然灾害、战争等。

（二）经济法律关系的保护

经济法律关系的保护是指依法保证经济法主体正确行使经济权利和切实履行经济义务。

实施经济法律关系保护的体系，包括国家行政管理机关的保护、司法机关的保护、仲裁机构的保护、国家授权单位的保护、社会团体的保护和经济法主体的自我保护。

实施经济法律关系保护的方法，包括奖励和惩罚两类。在奖励方面，有奖金、税收减免、利率优惠、优质优价、荣誉称号等物质或荣誉奖励，以鼓励经济法主体遵守经济法，自觉履行义务。在惩罚方面，有赔偿损失和偿付违约金等民事手段；有罚款、没收财产、吊销营业执照等行政处罚及行政处分方法；有刑事责任方式；还有加收罚息、强制收购、取消荣誉称号、撤销许可等经济制裁方式。

第三节　电子商务法概述

一、电子商务的概念与特点

电子商务作为基于互联网技术的新兴产业，在过去的 20 多年间得到飞速发展。根据联合国贸易和发展会议公布的统计数据，2015 年全球电子商务市场规模已经达到 25 万亿美元。2017年我国电子商务交易额达到29.16万亿元，同比增长11.7%；商品类电子商务交易额达到16.87万亿元人民币，同比增长21.0%。电子商务已经成为国民经济发展的强大原动力。

（一）电子商务的定义

电子商务（Electronic Commerce）系指交易当事人或参与人利用现代信息技术和计算机网络（主要是因特网）所进行的各类商业活动，包括货物贸易、服务贸易和知识产权贸易。简言之，电子商务是通过计算机网络来完成的商品交易新模式。所以，也可以将电子商务称为在线（On-line）商业或在线商务。

对电子商务的理解，应从“现代信息技术”和“商务”两个方面考虑。一方面，“电子商务”概念所包括的“现代信息技术”应涵盖各种以电子技术为基础的通信方式；另一方面，对“商务”一词应作广义解释，使其包括契约型和非契约型的一切商务性质的关系所引起的种种事项。如果将“现代信息技术”看作一个子集，“商务”看作另一子集，电子商务所覆盖的范围应当是这两个子集所形成的交集，即“电子商务”标题之下可能广泛涉及的因特网、内部网和电子数据交换在贸易方面的各种用途（见图1-1）。

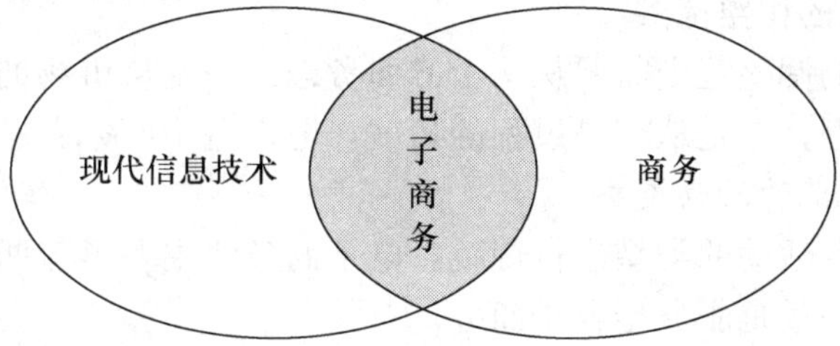

图1-1 电子商务是“现代信息技术”和“商务”两个子集的交集

（二）电子商务的特点

电子商务具有以下特点：

（1）电子商务构造了虚拟商业环境。电子商务广泛采用先进的网络通信技术作为营销手段，可以将各类商业活动所需要的信息完整地再现出来，完成意思的传递、合意的达成、货币的支付以及除实体商品交付外的部分物流的转移等商业活动，因此，经济学界认为电子商务构成了一个异于现实社会的虚拟商业环境，称为虚拟市场或虚拟商业。

（2）电子商务能够跨越时间和空间的局限性，真正实现贸易的全球化。从空间概念上看，电子商务所构成的新的空间范围以前是不存在的，这个依靠互联网所形成的空间范围与领土范围不同，它没有地域界限，在这个空间范围活动的主体主要是通过互联网彼此发生联系。从时间概念上看，电子商务没有时间上的间断，在线商店是可以每天24小时、每周7天营业的。

（3）电子商务实现了信息化和无纸化交易。在电子商务的交易中，传统记载交易者意思和交易内容的纸张被电子信息这一新的介质所替代。这些电子信息可以借助于相应的计算机软硬件工具和网络环境方便地读取。

（4）交易自动化、迅捷化。在以网络为基础的社会中，产品信息、供求信息、订约信息等在弹指之间便可传递到世界各地。这不仅使产品行销更加方便，而且使商家与商家、商家与消费者之间的沟通和达成交易变得更为迅捷和有效。因此，电子商务是低成本和高效率的。

二、电子商务法的调整对象和范围

（一）电子商务法的调整对象

电子商务的发展和自身的规范要求促使电子商务法的产生。电子商务法是调整电子商务交易及其引发的相关问题的法律规范的总和。电子商务交易及其形成的商事法律关系成为电子商务法调整的对象。

电子商务首先是一种商事行为，应当遵循传统商法的一般规则。电子商务在网上进行的各种商业行为，即在线商业行为，因商业手段、交易方式、传导介质的改变，导致传统的商法难以解决因采用电子商务方式而引起的相关问题。也正是因为这一点，国内有学者认为，电子商务法是调整以数据电讯（Data Message）为交易手段而形成的以交易形式为内容的商事关系的规范体系①。这一表述更为强调电子商务行为手段的重要性。

所以，电子商务法不是试图涉及所有的商业领域，重新建立一套新的商业运作规则，而是将重点放在探讨交易手段和交易方式的改变而产生的特殊商事法律问题。这也就界定了电子商务法研究的范围：电子商务法主要研究商业行为在因特网环境下的特殊问题。

（二）电子商务法的调整范围

了解电子商务法的调整范围需要从两个方面考虑：一是从市场的角度，考虑电子商务所涉及的商务活动类型；二是从交易过程的角度，考虑电子商务交易涉及的主要环节。

1. 电子商务法规范的活动类型

按照虚拟市场商务活动的类型进行规范，电子商务法主要涵盖两类商业活动：一类是贸易型电子商务，另一类是服务型电子商务。

贸易型电子商务是移转财产权利的电子商务，包括有形货物的贸易和无形信息产品的贸易。二者的区别主要在于有形货物的电子交易仍然需要利用传统物流配送渠道，如邮政、快递和物流配送系统；而无形信息产品的交易则可以通过网络实现标的物的交付，如软件、影视产品等的交付。

服务型的电子商务包括为开展电子商务提供服务的经营活动和通过网络开展各项有偿服务活动的经营活动。服务型电子商务区别于贸易型电子商务的一个重要特点是它不移转任何财产，而只提供特定的服务，如 ISP（网络服务提供商）所提供的网络接入服务、电子邮件服务、交易平台服务，教育、医疗、金融等行业提供的咨询服务等。虽然许多主体往往是兼顾信息转让和信息服务，二者的界限并不十分清楚，但是在法律上，贸易和服务之间的差别还是存在的。

另外，随着信息技术的不断发展和用户需求的不断增加，近年来出现了一些在实体市场和虚拟市场都采用的新技术（如移动商务技术）和一些新型电子商务类型（如 O2O 模式，Online to Offline）。所以，电子商务法也需要考虑实体市场与虚拟市场融合出现的新问题。

2. 电子商务法规范的交易环节

电子商务法对于交易流程的规范，主要集中在图 1-2 所示的三个环节上：

（1）合同签署阶段。这一阶段包括买卖双方在合同签署过程中所做的各项工作。买卖双方在市场准备和商品展示的基础上，就购买事宜进行沟通，并就所有交易细节进行谈

① 张楚. 电子商务法初论. 北京：中国政法大学出版社，2000：29.

判，将双方磋商的结果以电子合同形式确定下来。

(2) 款项支付阶段。买卖双方在签订合同后，开始履行合同。买方要按照合同的要求，筹集款项并进行支付。比较常见的是电子支付，也有电子资金划拨的形式。

(3) 商品送达阶段。商品送达是传统商品交易的最后一个阶段。卖方收到买方的货款后，备货、组货，将商品包装、起运、发货。卖方需要跟踪发出的货物，并提供售后的服务。

从电子商务条件下的交易流程可以看出，在电子商务市场上，实体产品与虚拟产品、传统合同与电子合同、传统送货与电子送货交错出现。所以，在电子商务条件下，图 1-2 所示的传统商品交易的三个阶段都会出现两种不同的表现形式。例如，音乐作品可以以实体形式存在，也可以以软体形式存在；其付款方式可以是现金，也可以是网络支付；而送达形式可以是实体光盘的配送，也可以通过网络直接传输。

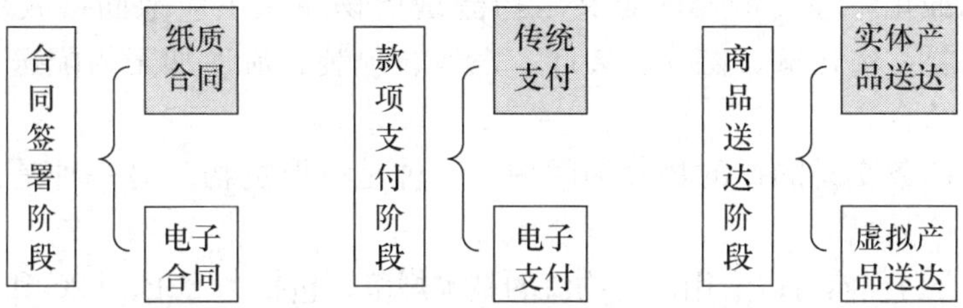

图 1-2 商品交易的三个阶段在电子商务条件下的不同表现形式

(三) 电子商务的主要法律问题

电子商务的突出特征是利用互联网构成的虚拟市场完成各种商务活动，这个虚拟市场构成了一个区别于传统商务环境的新环境。厂商和消费者的交易行为在这个新环境里也发生了极大的变化，由此产生了大量传统商事法律难以调整的法律新问题。这些新问题大致可以归纳为下述 12 种。

1. 电子商务经营者的管理

电子商务经营者指利用现代信息网络开展各类交易活动的主体。鉴于电子商务的复杂性，电子商务经营者可以包括以下四类：

(1) 自建网站经营者，指建立网站或者设置其他独立的交易系统，并以此作为虚拟的交易场所，直接从事销售商品和提供经营性服务的经营者。

(2) 平台经营者，指建立电子商务平台，为交易各方提供交易机会、撮合交易或者其他信息服务的第三方电子商务交易平台经营者。

(3) 站内经营者，指在第三方交易平台内设立网店，从事交易或服务活动的经营者。

(4) 其他服务提供者，指提供支付、配送、认证、通关等电子商务相关服务的经营者。

电子商务法需要明确电子商务经营者的基本义务和责任，特别是涉及平台经营者的制度建设、平台经营者对站内经营者的身份及商品查验、平台经营者自营业务与他营业务的区分等问题，需要做出专门的规定。

2. 电子合同

电子合同是电子商务交易的第一个重要环节，它是指平等民事主体之间以数据电文方式所形成的设立、变更、终止民事权利义务关系的协议。在电子商务交易中，当事人可应用电子签名等电子核证技术签署合同，以增强电子合同的证据效力。

《中华人民共和国电子签名法》已经确立了电子签名的法律效力。电子商务法需要进一步确立电子合同的法律效力，对电子合同的订立、查询、保密、安全及格式电子合同、电子错误、电子合同救济等电子商务交易中的特殊问题加以规范。

3. 电子支付

电子支付是电子商务交易中的第二个重要环节，它是指付款人通过电子设备授权银行或者支付机构，将其支付账户的资金划拨给收款人，以履行价款交付义务的行为。

电子商务法首先应当考虑对电子支付服务提供人的基本要求；其次要对电子支付流程，包括支付账户开设、支付指令的执行、支付完成状态等电子商务的主要环节做出规范；最后应对非授权交易、防范金融犯罪等危害电子支付安全的行为加以规制。

4. 物流与交付

物流与交付是电子商务交易中的第三个重要环节。

按照国家标准化管理委员会的定义，物流是指物品从供应地向接收地的实体流通过程，根据实际需要，将运输、储存、装卸、搬运、包装、流通加工、配送、信息处理等基本功能实施有机结合。

然而，电子商务交易的标的物分为两种：一种是有形货物，另一种是无形产品（包括信息产品和服务产品）。

有形货物的交付仍然可以沿用传统物流的基本规范，包括为B2B、B2C和C2C提供实体物流服务的所有企业都需要按照有关法律法规的要求，建立物流作业规范，保证作业安全。

信息产品是电子商务交易中的一种特殊商品，其交付的条件和收到的条件都没有明确的法律规定，电子商务法需要明确经营者履行交付义务的条件和用户收到信息产品的条件。

服务产品的交付也是电子商务遇到的一个新问题。电子商务网站提供了诸如旅游、餐饮、租车等服务信息产品，而这些产品的最终交付是旅游、餐饮、租车实体企业。网站经营者与用户之间的服务，限于获得相关实体企业的信息，电子商务法应当规定服务产品的交付形式。

当然，对于物流配送中引起的一些特殊问题，特别是由实物配送引起的信息泄露问题，信息产品或服务产品的损失赔偿问题，也需要做出相应的规定。

5. 跨境电子商务

跨境电子商务是电子商务中的一类特殊问题，它是指分属不同关境的交易主体进行的或交易标的跨越关境的电子商务活动。与一般电子商务的交易模式不同，跨境电子商务增加了通关的环节。特别是分属不同关境的交易主体通过电子商务平台达成交易，进行支付结算，并通过跨境物流送达商品，完成交易的商品交易、服务交易及相关服务，环节多且复杂，不仅涉及交易各方，也涉及政府相关部门，需要特别加以关注。

由于跨境电子商务大多通过第三方交易平台开展交易，所以，需要规范跨境电子商务第三方交易平台的特别义务。为了提高通关效率，也需要规范电子报关参与部门的行为。通过电子商务法对相关部门设定法律义务、转变现有监管方式是发展跨境贸易的一项非常重要的任务。

6. 电子商务交易信息

电子商务是依赖电子信息开展的一种交易活动。这里的电子交易信息是指在电子交易活动中收集、生成、整理、流转、存储的数字化信息。

为了保证电子商务交易安全，必须保护电子交易信息。电子商务法需要从国家立法层面考虑现行的计算机信息系统安全等级保护，赋予其较高的法律效力，意在正确处理信息保护与使用的关系，也为大数据的应用留下空间。

电子商务法将对电子交易信息的采集与生成、信息查询与处理、信息认证、信息使用、信息流转、信息存储与备份等方面做出规定，并提出部分禁止性规定，以打击严重危害网络交易安全的行为。

7. 电子商务交易纠纷解决

电子商务以其便利性和价廉物美吸引了大量消费者，但也带来了网络购物的投诉数量大幅增加。2017 年，全国消费者权益保护协会受理销售服务类投诉 69 397 件，同比增长 78.25%。其中远程购物投诉尤为突出，占销售类服务投诉的 59.31%，远程购物中的网络购物投诉占销售服务类投诉的 41.90%，同比增长 33.97%。

目前，国内网上争议解决主要有三种方式：一是电子商务网站自己对买卖双方进行调解，这是绝大部分争议的解决办法；二是通过消费者权益保护协会来解决；三是通过仲裁和诉讼最终解决。

第三方交易平台经营者应当建立公平有效的投诉处理机制，提供在线投诉解决服务。发展在线解决争议机构的调解和处理符合我国现行的仲裁法律规定，也是一个有益的尝试，广州等仲裁委员会已经开始相关的试点。同时，电子商务法还需要考虑非诉讼方式调解的司法确认、诉讼管辖的确定等问题。

8. 电子商务交易环境保护

电子商务的飞速发展，迫切需要形成一个规范的、可以预期的法律环境。营造良好的交易环境，是电子商务法的一个重要任务。这里需要解决电子商务法与现有法律法规的协调问题。

与传统交易类似，电子商务交易中也存在消费者权益保护、知识产权保护、反不正当竞争、行业技术标准协同、信用体系建设等问题。这些问题的解决，一方面，需要依靠现有的法律法规，因为现有法律在这些方面都有详细的规定；另一方面，则需要补充部分相应的规定，以弥补现有法律法规对虚拟市场行为规范的不足。

9. 政府服务与监管

电子商务法需要考虑政府监管的问题。对国家有关政府部门职责的规定，应根据国务院关于简政放权的改革精神，强调对行政审批的限制；对地方政府职责的规定，应针对当前许多地方出台的内容不一的法规政策做出限制。

为适应电子商务的发展，政府部门应当转变行政管理和服务方式，建立协同治理新模式。同时，需要对电子政府促进电子商务发展的规定具体化，应用先进的、便利的监管方法管理电子商务交易。同时，应加强行业协会的服务与监督，加强行业自律，并从行业层面积极推动电子商务的健康发展。

10. 特殊形态的电子商务规范问题

在电子商务领域存在一些特殊的商务形式，如网络广告、网上拍卖、移动电子商务、网上证券交易、网络咨询服务等，这些在传统法律领域受到特殊规范的商业形式，转移至互联网后，需要新的条例加以规范和管制，这一领域成为电子商务法研究的一个重要分支。

11. 网上税收问题

作为一种商业活动，电子商务是应当纳税的，但从促进电子商务发展的角度看，在一定时期内实行免税也是很有必要的。从实际运作情况看，由于网络交易是全球范围内的交易，因此征税管理十分困难。每天通过互联网所传递的资料数据相当庞大，其中只有某些信息是商品，如果要监管所有的交易，必须对所有的信息都进行过滤，这在事实上是不可能的。探索网络征税的有效方法是税法改革的一个重要任务。2015年，国家税务总局出台《关于推行通过增值税电子发票系统开具的增值税电子普通发票有关问题的公告》（2015年11月26日），规定自2015年12月1日起，增值税电子普通发票的开票方和受票方需要纸质发票的，可以自行打印增值税电子普通发票的版式文件，其法律效力、基本用途、基本使用规定等与税务机关监制的增值税普通发票相同。在该文件的推动下，近年来我国在电子商务、电信、金融保险、快递、公用事业等领域开始重点推行使用电子发票。

12. *在线交易法律适用和管辖冲突问题*

电子商务的本质是商务。虽然在线交易是在“网络”这个特殊的“虚拟环境”中完成的，但实体社会的商法框架和体系对电子商务仍然有效，电子商务法只是解决在线交易中的特殊法律问题。这里有一个现有法律法规的适用问题。由于互联网的超地域性，法院管辖范围也需要做相应的调整，因此，对于网络环境引起的法律适用和法院管辖等问题的研究也就成为电子商务法的重要组成部分。

三、电子商务法的地位与性质

（一）电子商务法的地位

电子商务交易中发生的各种社会关系是在广泛采用新型信息技术或网络技术并将这些技术应用于商业领域后才形成的特殊的社会关系。这些社会关系交叉存在于虚拟社会和实体社会之间，而传统法律调整的对象（社会关系）都是存在于现实物理世界之内的，二者的调整对象有显著区别。

电子商务的开放性、系统性、集成性等特点使现行分割的行业管理和调控难以适应电子商务的发展。典型的在线交易从网上选购商品或订购到支付和货物交付是一个完整的系统工程，具有系统性和集成性的特点，而它所涉及的管理部门，包括工商、税务、海关、卫生、质量监督等都是分立的。正确调整各部门之间的关系，协调各部门的职能，明确各自的法律职责，及时、公平、有效地解决在线交易问题，需要有新的经济法发挥作用。

面对传统法律难以解决的大量新问题，有必要制定应对新问题的法律规范，而这些分门别类的法律规范综合起来即形成一门新的部门法——电子商务法。随着计算机网络通信技术的飞速发展和广泛应用，电子商务将成为未来商业活动的主宰形式，而电子商务法也将在商事法领域里发挥越来越重要的作用。

（二）电子商务法的性质

电子商务法是一个非常庞杂的法律体系，涉及许多领域，既包括传统的民法领域如合同法、著作权法等，又有新的领域如数字签名法、数字认证法等，这些法律规范从总体上属于商法范畴。商法是公法干预下的私法，它以任意性规范为基础，同时有许多强制性规范，甚至在有些规范中更多的是强制性规范而不是任意性规范。电子商务法的特点主要表现如下：

（1）全球性。网络没有中心，也没有国界，在网络环境中的商务活动也不受国界的限制。这种状况决定了电子商务许多领域的问题只有国际社会采取一致规则才能解决，也只有进行广泛的合作才能有成效。因此，在电子商务立法过程中，国际社会特别是联合国起到非常重要的作用。

（2）技术性。电子商务法是关于以数据电讯进行意思表示的法律制度，而数据电讯在形式上是多样化的，并且还在不断发展之中。电子商务法中，许多法律规范都是直接或间接地由技术规范演变而成的，特别是在电子签名和数字认证中使用的密钥技术、公钥技术、数字证书等，均是一定技术规则的应用。

(3) 复合性。电子商务交易关系的复合性源于其技术手段上的复杂性和依赖性，它通常表现为当事人必须在第三方的协助下完成交易活动。电子商务法一般不直接涉及交易的具体内容，即当事人享有的权利和义务，而主要调整当事人之间交易形式的使用而引起的权利义务关系，即有关数据电讯是否有效，是否归属于某人；电子签名是否有效，是否与交易的性质相适用；认证机构的资格如何，它在证书颁发与管理中应承担何等责任等问题。

四、电子商务法的作用

（一）为电子商务的健康、快速发展创造一个良好的法律环境

电子商务作为一种全新的业务和服务方式，所蕴含的商机已经为众人所重视，但电子商务的交易风险和不确定性又使很多人望而却步。电子商务法立法的目的就是要对电子商务引发的庞杂的法律问题进行清理，制定一套虚拟环境下进行交易的规则，消除电子商务应用中的法律障碍，明确网络交易各方的法律义务和责任，规范政府、企业和消费者的网络交易行为，保障电子商务交易的正常进行。

（二）保障网络交易安全

电子商务的安全保障涉及两个基本方面：第一，电子商务交易是通过计算机及其网络而实现的，其安全与否依赖于计算机及其网络自身的安全程度；第二，电子商务是一种商品交易，其安全问题应当通过民商法加以保护。比如，《电子商务法》第30条就规定：电子商务平台经营者应当采取技术措施和其他必要措施保证其网络安全、稳定运行，防范网络违法犯罪活动，有效应对网络安全事件，保障电子商务交易安全。电子商务平台经营者应当制定网络安全事件应急预案，发生网络安全事件时，应当立即启动应急预案，采取相应的补救措施，并向有关主管部门报告。

（三）弥补现有法律的缺陷和不足

电子商务法有助于补救现有法律的缺陷。目前，世界上许多国家关于传递和存储信息的现行法规不够完备或已经过时，没有全面涉及电子商务的立法，这种情况可能使人们无法准确地把握并非以传统的书面文件形式提供的信息的法律性质和有效性，也无法完全相信电子支付的安全性。此外，在日益广泛地使用电子邮件和电子数据交换邮件的同时，也有必要对传真和电传等通信技术制定相应的法律和规范。

（四）鼓励利用现代信息技术促进交易活动

电子商务法的目标包括使电子商务的使用成为可能或为此创造方便条件，平等对待基于书面文件的用户和基于数据电文的用户，充分发挥高科技手段在商务活动中的作用。这些目标都是促进经济增长和提高国际、国内贸易效率的关键所在。

五、经济法与电子商务法的关系

电子商务法是一个新兴的、跨部门的法，它一部分涉及电子商务主体的商事活动及其安全问题，属于商法范围，如电子合同、电子签名与认证、电子支付等；另一部分则涉及电子商务市场秩序及其监管问题，属于经济法范围，如电子商务的广告、网上竞争、消费

者保护及电子商务的税收等。

由此可见，经济法与商法是电子商务法的基础，电子商务法是经济法与商法在电子商务领域里的特别法。电子商务法是经济法与商法在电子商务交易条件下应用与发展的结果。

第四节　电子商务交易主体及其法律关系

在线交易不同于现实交易，这不仅表现在运行的环境和使用的手段不同，而且表现在网上交易主体也具有虚拟性。但是，法律上是从来不承认虚拟主体的，电子商务法的重要任务就是要确保网上交易主体的真实存在，并具备从事相应网上交易的资信状况。

一、电子商务交易的基本模式

（一）网络商品直销模式

网络商品直销，是指消费者和生产者或者需求方和供应方，直接利用网络形式所开展的买卖活动。B2C 电子商务基本属于网络商品直销的范畴。这种交易的最大特点是供需直接见面，环节少，速度快，费用低。其基本模式可以用图 1－3 加以说明。

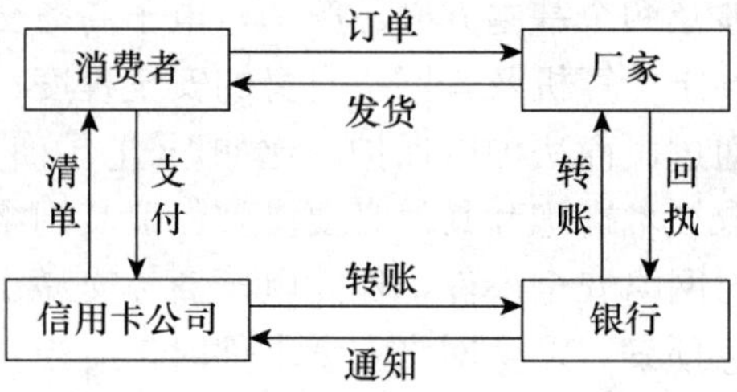

图 1－3　网络商品直销的基本模式

由图 1－3 可以看出，网络商品直销过程包括消费者、厂家、银行和信用卡公司各方。

为保证交易过程中的安全，需要有一个认证机构对参与网络交易的各方进行认证，以确认他们的真实身份。此时，图 1－3 演变为图 1－4。

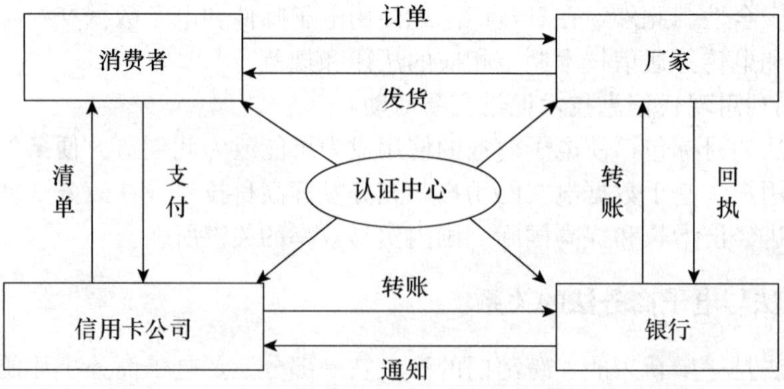

图 1－4　认证中心存在下的网络商品直销流转程式

（二）企业间网络交易模式

企业间网络交易是B2B电子商务的一种基本模式。交易从寻找和发现客户出发，通过商业信用调查平台，买卖双方可以进入信用调查机构申请对方的信用调查；通过产品质量认证平台，可以对卖方的产品质量进行认证。然后在信息交流平台上签订合同，进而实现电子支付和物流配送。最后是对销售信息的反馈，完成整个B2B的电子商务交易流程。图1-5反映了企业间网络交易模式的流转过程。参与这一过程的主要包括买卖双方、银行和认证机构。

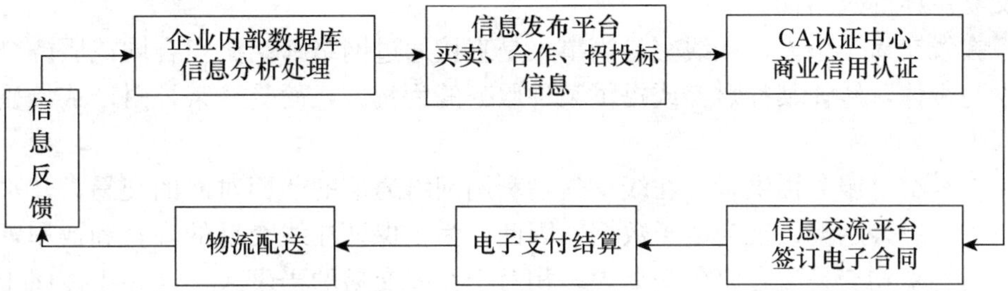

图1-5　企业间网络交易的流转程式

（三）网络商品中介交易模式

网络商品中介交易是通过网络商品交易中心即虚拟网络市场进行的商品交易。这是B2B电子商务的另一种形式。在这种交易过程中，网络商品交易中心以因特网为基础，利用先进的通信技术和计算机软件技术，将商品供应商、采购商和银行紧密地联系起来，为客户提供市场信息、商品交易、仓储配送、货款结算等全方位的服务。其流转程式如图1-6所示。

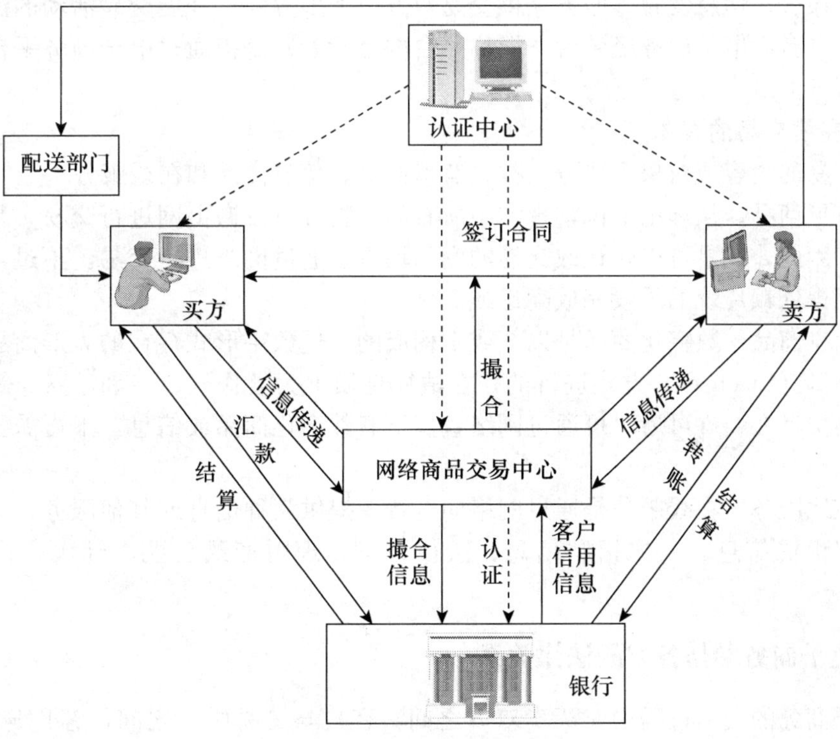

图1-6　网络商品中介交易的流转程式

相对于网络商品直销模式，网络商品中介交易增加了网络商品交易中心和配送部门。

二、电子商务交易主体及客体

（一）电子商务交易参与主体

网络交易的主要特征是交易主体利用网络环境和手段进行交易。其参与主体可以是现实主体，也可以是虚拟主体。为了保证在线交易的安全性，在线交易的参与主体必须是真实存在的。因此，电子商务法的首要任务便是确立网上交易主体真实存在的判定规则，保证网上交易主体的真实性。

（1）在线交易当事人。在线交易当事人是直接通过网络缔结买卖合同或服务合同的在线交易参与主体，转让某种财产或提供某种服务的为卖方，而受让某种财产或接受某种服务的为买方。

（2）在线交易服务提供者。在线交易是利用网络通信的非面对面的交易，几乎所有的交易记录和意思表示都表现为电子数据。因此，为了保证在线交易的安全和效率，需要许多主体参与到货物交易或者服务交易中。相对于在线交易的当事人，这些主体属于第三人范畴，他们在交易中与交易当事人之间也会形成各种各样的法律关系。这些主体包括银行、认证机构、交易平台提供者、货物配送公司等。

在电子商务立法中，卖方和在线交易服务提供者常常统称为电子商务经营者。电子商务经营者是指通过互联网等信息网络销售商品或者提供服务的自然人、法人和非法人组织，包括自建网站经营的电子商务经营者、电子商务平台经营者、平台内电子商务经营者。电子商务平台经营者是指在电子商务中为交易双方或者多方提供网页空间、虚拟经营场所、交易规则、交易撮合、信息发布等服务，供交易双方或者多方独立开展交易活动的法人或者非法人组织。平台内电子商务经营者（简称平台内经营者）是指通过电子商务平台销售商品或者提供服务的电子商务经营者。

（二）在线交易的客体

在线交易的内容或对象主要分三类：有形商品、信息商品和在线服务。

（1）有形商品。从理论上说，现实中所有的货物都可以搬上网进行交易，几乎不存在任何障碍。因此，凡是可以转让或交易的商品均可以通过网络进行交易。不过，有形商品的贸易，还得依赖传统的手段完成配送或交付。

（2）信息商品。数字化商品是以 0 或 1 构成的二进数字形式存在的无形商品。其网上交易是以许可（Licenses）方式进行的，在法律性质上为著作权、专利、商标等权利的许可使用。消费者在经许可后，可通过网络直接下载数字化商品或信息，不再需要邮寄或专人配送。

（3）在线服务。在线服务是通过网络向消费者提供某种信息或其他服务，如旅游产品订购、房屋租赁信息、人才招聘信息、法律咨询、理财产品订购、健康咨询、远程教育等。

三、电子商务参与各方的法律关系

在电子商务的交易过程中，买卖双方之间，客户与交易中心之间，客户与银行之间，客户、交易中心、银行与认证中心之间都将发生业务关系，从而产生相应的法律关系。

(一) 网络交易中买卖双方当事人的权利和义务

买卖双方之间的法律关系实质上表现为双方当事人的权利和义务。买卖双方的权利和义务是对等的。

1. 卖方的义务

(1) 按照合同的规定提交标的物及单据。

(2) 对标的物的权利承担担保义务。

(3) 对标的物的质量承担担保义务。

2. 买方的义务

(1) 买方应承担按照网络交易规定方式支付价款的义务。

(2) 买方应承担按照合同规定的时间、地点和方式接受标的物的义务。

(3) 买方应当承担对标的物验收的义务。

(二) 网络交易中心的法律地位

网络交易中心在网络商品中介交易中扮演着介绍、促成和组织者的角色。这一角色决定了交易中心既不是买方，也不是卖方，而是交易的居间人。它是按照法律的规定、买卖双方委托业务的范围和具体要求进行业务活动的。

网络交易中心必须在法律许可的范围内进行活动。网络交易中心经营的业务范围、物品的价格、收费标准等都应严格遵守国家的规定。法律规定禁止流通物不得作为合同标的物。对明显无支付能力的当事人或尚不确知具有合法地位的法人，不得为其进行居间活动。

(三) 虚拟银行的法律地位

在电子商务中，银行也变为虚拟银行。网络交易客户与虚拟银行的关系变得十分密切。除少数邮局汇款外，大多数交易要通过虚拟银行的电子资金划拨来完成。电子资金的划拨依据的是虚拟银行与网络交易客户所订立的协议。这种协议属于标准合同，通常是由虚拟银行起草并作为开立账户的条件递交给网络交易客户的。所以，网络交易客户与虚拟银行之间的关系仍然是以合同为基础的。

在实践中，电子资金划拨常常出现过失或欺诈而使资金划拨失误或迟延的现象。如系过失，自然适用于过错归责原则；如系欺诈所致，且虚拟银行安全程序在电子商务上是合理可靠的，则发送人需对支付命令承担责任。

(四) 认证机构的法律地位

在网络交易的撮合过程中，认证机构（Certificate Authority，CA）是提供身份验证的第三方机构，即由一个或多个用户信任的、具有权威性质的组织实体。它不仅要对进行网络交易的买卖双方负责，还要对整个电子商务的交易秩序负责。

导入案例解析

电子商务法的立法过程中，必须清楚以下要点：

(1) 电子商务是什么？电子商务系指交易当事人或参与人利用现代信息技术和计算机网络（主要是因特网）所进行的各类商业活动，包括货物交易、服务交易和知识产权交易。所以，电子商务不仅应涵盖新零售，也应涵盖企业与企业的交易，以及服务贸易活动。

(2) 为什么要起草电子商务法？一方面，互联网技术的商业化应用，使传统的市场分化为两个市场——实体市场和虚拟市场，而对于虚拟市场的规范没有现成的法律条文；另一方面，电子商务是新兴的生产力的代表，对于促进整个经济的转型发展发挥了很好的作用，应通过电子商务立法推动电子商务的应用与普及。

(3) 电子商务的主要构成：B2B、C2C、跨境电子商务、其他，包括分享经济。但主要通过商品交易促进整个经济的发展，所以电子商务立法需要抓住重点。

(4) 立法的基本思路：分析流程，找出关键点，提出规制条文。这一方法在《中华人民共和国煤炭法》和联合国《关于网上争议解决的技术指引》中得到成功应用。在《中华人民共和国煤炭法》中，按照煤炭的生产流程有序展开：第二章煤炭生产开发规划与煤矿建设、第三章煤炭生产与煤矿安全、第四章煤炭经营、第五章煤矿矿区保护、第六章监督检查；在《关于网上争议解决的技术指引》中，也是按照网上解决程序的三个阶段——谈判、协助下调解、第三（最后）阶段展开的。电子商务的基本流程可以分为电子合同、电子支付和物流配送三个主要阶段。电子商务法可以根据这三个主要阶段——找出关键环节和关键点，提出相应的规制条文。这样做能够抓住主要矛盾，在有限的篇幅中发挥最大的法律效力。同时，还应考虑特殊范围的问题，如跨境电子商务的问题，从而使这部法律比较全面。

(5) 现有的法律规范不能完全涵盖电子商务的法律问题。现在有了合同法和电子签名法，但电子合同的应用至今是一个实践的难关。企业的倒闭有法律规定，但电子交易平台关闭涉及千家万户，涉及金融、社会各方面的问题，这是传统法律没有覆盖的。跨境电子商务的通关问题也是需要考虑的。自 2017 年 7 月 1 日起，海关通关一体化在全国范围内实施，进出口企业可以在国内任意一个海关完成申报、缴税等海关手续，避免了在属地海关和口岸海关间来回奔波。但电子通关后仍然需要补充纸质通关单。这个问题的解决，需要海关、商检、货代等多个部门的协调，而传统的海关法等不可能涵盖。所以，电子商务法完全需要单独立法。

思考题

1. 试述经济法的概念和调整对象。
2. 什么是经济法律关系？它由哪些要素构成？
3. 简述电子商务法的内涵与分类。
4. 简述电子商务法的调整对象与范围。
5. 试论述电子商务法的作用。
6. 试根据引导案例分析电子商务立法的基本思路。

第二章　公司法

公司是商品经济发展的必然产物，是现代企业普遍采用的经济组织形式，公司制度的建立对于国家的经济发展起了积极作用，公司法成为促进竞争与发展的重要工具。我国1994年7月1日开始实施《中华人民共和国公司法》（简称《公司法》）。随着我国社会主义市场经济的日渐成熟，全国人大常委会于1999年、2004年、2013年、2018年对《公司法》作了四次修正。本章根据现行的《公司法》，系统阐述了公司的概念和特征、公司的一般制度，重点介绍了有限责任和股份有限公司的设立与组织机构，股份有限公司的股份发行与转让，上市公司的条件与股票上市程序等内容。

学习目标

1. 了解公司的概念、特征和种类；
2. 熟悉公司的设立制度；
3. 明确公司股东所享有的权利；
4. 掌握公司治理的基本内容；
5. 能够运用公司法基本原理分析和解决公司事务中的问题。

导入案例　“我要当总经理”

——童晓某诉鼎峰投资有限公司等要求继承股东资格案

鼎峰投资有限公司（简称鼎峰公司）由股东童国某、徐某和冯某发起成立，注册资本3 000万元。其中童国某出资人民币1 650万元，占55%的股份，担任公司执行董事及总经理职务；徐某出资1 050万元，占35%股份，担任公司副总经理；冯某出资300万元，占10%股份，担任公司监事。童国某于2006年6月4日去世，其第一顺序继承人分别是妻子黄某、母亲单某和女儿童晓某，现黄某与单某经公证声明放弃其对童国某遗产的继承权，童晓某成为童国某遗产的唯一法定继承人。童晓某希望了解鼎峰公司经营和财务情况，但遭到徐某和冯某两位股东的阻挠，随后童晓某向法院起诉，要求确认自己继承父亲在鼎峰公司的股权及股东资格，法院支持了其主张。

拿到法院判决书后，童晓某提议召开临时股东会议，选举公司管理者。按照鼎峰公司章程，会议应由代表1/2以上表决权的股东表决通过。在股东会议上，徐某和冯某提出必须在修改公司章程的前提下进行选举，要求将股东会议表决权的1/2改为2/3，童晓某表示反对；随后，童晓岚提出选举自己担任公司执行董事及总经理，并进行表决，徐某和冯某两位股东表示反对，并拒绝在会议记录上签字，整个会议过程由无锡公证处公证员进行了公证。

由于徐某和冯某拒绝承认童晓某总经理的资格，童晓某再次向法院起诉，要求确认临时股东会决议有效，最后法院判决童晓某胜诉。

第一节 公司概述

一、公司的概念和特征

公司是一种企业组织形态，是指依照法定的条件与程序设立的、以营利为目的、由股东投资形成的企业法人。它具有以下特征：

（1）合法性。所有的公司不仅应取得合法的具体形式，而且应按照法定的设立条件及程序设立，并依法行为。依据我国《公司法》的规定，设立公司必须具备章程、资本和机关三个基本要素。这三个要素不仅是公司设立的要件，也是公司开展合法经营活动的基础。

（2）营利性。公司以营利为目的，是指设立公司的目的及公司的运作，都是为了谋求经济利益。因此它与机关、事业单位和社会团体有着本质的不同。公司的营利性实质上是对股东设立公司的目的的反映。公司只有以营利为目的，实现公司利益最大化，才能让股东收回投资。法律承认并保护公司的营利性，以鼓励投资，创造社会财富，促进市场经济的发展。

（3）独立性。公司是“企业法人”的规定，表明了公司是具有独立人格的企业。它不但享有由股东投资形成的法人财产权，依法自主经营，而且还应自负盈亏，独立承担民事、经济法律责任。公司不仅独立于其他经济组织，其独立性还表现在与其投资人、经营者的权利、义务及责任上的分离。

可见，公司是具有法人资格，股东承担有限责任的商事组织。但公司法人人格制度和有限责任原则极易违背公平理念，导致对债权人的不公正。这种制度为法人成员滥用公司的法人人格提供了机会，同时在某种意义上也会刺激盲目投资，诱发道德危险。为了防止股东滥用公司法人独立地位和股东有限责任损害公司债权人的利益，《公司法》确立了法人人格否认制度。所谓公司法人人格否认，又称“揭开公司面纱”，是指为阻止公司独立人格的滥用，就具体法律关系中的特定事实，否认公司与其背后的股东各自独立的人格及股东的有限责任，责令公司的股东对公司债权人或者公共利益直接负责，以实现公平、正义目标之要求而设置的一种法律措施。《公司法》第 20 条第 3 款规定：公司股东滥用公司法人独立地位和股东有限责任，逃避债务，严重损害公司债权人利益的，应当对公司债务承担连带责任。第 63 条规定：一人有限责任公司的股东不能证明公司财产独立于股东自己的财产的，应当对公司债务承担连带责任。《公司法》的上述规定确立了法人人格否认制度。

二、公司的种类

依据不同的标准，可将公司作不同的分类，而每一种分类均有其法律上的意义。

（一）根据公司股东的责任范围所作的分类

根据这一标准，可分为无限责任公司、有限责任公司、两合公司、股份有限公司和股份两合公司。

（1）无限责任公司，是指由两个以上股东组成，全体股东对公司债务负无限连带责任的公司。

（2）有限责任公司，是指全体股东对公司债务仅以各自的出资额为限承担责任的公司。

（3）两合公司，是指由部分无限责任股东和部分有限责任股东共同组成，对公司债务前者负无限连带责任，后者仅以出资额为限承担责任的公司。

（4）股份有限公司，是指由一定以上人数组成，公司全部资本分为等额股份，股东以其所持股份对公司承担责任，公司以其全部资产对公司债务承担责任的公司。

（5）股份两合公司，是指由部分对公司债务负无限连带责任的股东和部分仅以所持股份对公司债务承担有限责任的股东共同组建的公司。

我国《公司法》只规定了两种公司形式，即有限责任公司和股份有限公司。

（二）根据公司的股份是否公开发行及股份是否允许自由转让所作的分类

根据这一标准，可分为封闭式公司与开放式公司。

（1）封闭式公司又称不公开公司、不上市公司、私公司等，是指公司股本全部由设立公司的股东拥有，且其股份不能在证券市场自由转让的公司。有限责任公司属于封闭式公司。

（2）开放式公司又称公开公司、上市公司、公公司等，是指可以按法定程序公开招股，股东人数无法定限制，股份可以在证券市场公开自由转让的公司。股份有限公司即属此类。

（三）根据公司信用基础的不同所进行的分类

根据这一标准，可分为人合公司、资合公司和人合兼资合公司。

（1）人合公司是指公司的经营活动以股东个人信用而非公司资本的多寡为基础的公司。无限责任公司是典型的人合公司。

（2）资合公司是指公司的经营活动以公司的资本规模而非股东个人信用为基础的公司。股份有限公司是典型的资合公司。

（3）人合兼资合公司是指公司的设立和经营同时依赖于股东个人信用和公司资本规模，从而兼有两种公司的特点。两合公司、股份两合公司和有限责任公司均属此类公司。

（四）按公司之间的控制或从属关系进行分类

根据这一标准，可分为母公司与子公司。

（1）母公司是指拥有其他公司一定数额的股份或根据协议，能够控制、支配其他公司的人事、财务、业务等事项的公司。母公司最基本的特征，不在于是否持有子公司的股份，而在于是否参与子公司业务经营。

（2）子公司是指一定数额的股份被另一公司控制或依照协议被另一公司实际控制、支配的公司。我国《公司法》第 14 条第 2 款规定：公司可以设立子公司，子公司具有法人资格，依法独立承担民事责任。

（五）按公司内部管辖关系进行分类

根据这一标准，可分为总公司与分公司。

（1）总公司又称本公司，是指依法设立并管辖公司全部组织的具有企业法人资格的总机构。

(2) 分公司是指在业务、资金、人事等方面受本公司管辖而不具有法人资格的分支机构。依据我国《公司法》第 14 条第 1 款的规定，分公司不具有法人资格，其民事责任由公司承担。

(六) 根据公司的国籍所进行的分类

而公司国籍通常兼采设立准据法主义和设立行为地主义来确定。根据这一标准，可分为本国公司、外国公司和跨国公司。依照我国《公司法》第 191 条的规定，外国公司是指依照外国法律在中国境外设立的公司。本国公司，就是依本国法律在本国境内设立的公司。跨国公司是指以本国为基地，在其他国家或地区设立分公司、子公司或其他参股性投资企业，从事国际性生产和经营及服务活动的大型经济组织。

第二节　公司制度

一、公司的设立

公司的设立是指公司设立人依照法定的条件和程序，为组建公司并取得法人资格而必须采取和完成的法律行为。公司的设立不同于公司的设立登记，后者仅是公司设立行为的最后阶段。公司的设立也不同于公司成立，后者不是一种法律行为，而是设立人取得公司法人资格的一种事实状态或设立人设立公司行为的法律后果。

(一) 公司设立的立法体例

纵观世界各国的公司发展史，公司设立的立法体例大体经历了从自由设立主义、特许主义到核准主义、准则主义的过程。

(1) 自由设立主义，是指公司的设立由发起人自由为之，法律不加限制，不必办理任何手续，即可取得公司的法律人格。

(2) 特许主义，是指公司的设立须经国家元首发布命令或经议会通过特别法令的形式予以许可。

(3) 核准主义，是指公司的设立除应具备法律规定的条件外，仍须经政府机关审核批准。

(4) 准则主义，是指设立公司只要具备法律规定的条件并提出申请即可获得政府的承认。

从我国《公司法》第 6 条的规定及其他相关规定来看，我国公司设立采取了以准则主义为主、以核准主义为辅的原则，即对设立有限责任公司和股份有限公司基本上采取准则主义，特殊类型或特殊行业的公司设立则采取核准主义。

(二) 公司设立的方式

公司设立的方式基本分为两种，即发起设立和募集设立。

(1) 发起设立又称“同时设立”“单纯设立”，是指由发起人认购公司应发行的全部股份而设立公司。有限责任公司、股份有限公司均可采用此种方式设立公司。发起设立在程序上较为简便，许多国家公司法都规定了此种设立方式。我国《公司法》明确规定，股份有限公司可采取发起设立的方式。

(2) 募集设立又称“渐次设立”“复杂设立”，是指由发起人认购公司应发行股份的一部分，其余股份向社会公开募集或者向特定对象募集而设立公司。这种方式只为股份有限公司设立的方式。世界各国大都规定了发起人认购的股份在公司股本总数中应占的比例。我国规定的比例是不得少于35%。

（三）公司的设立登记

公司的设立登记是指公司设立人按法定程序向公司登记机关申请，经公司登记机关审核并记录在案，以供公众查阅的行为。设置公司设立登记制度，旨在巩固公司信誉并保障社会交易的安全。

1. 公司登记机关

公司登记机关在我国是工商行政管理机关。国家工商行政管理总局主管全国的公司登记工作。下级公司登记机关在上级公司登记机关的领导下开展公司登记工作。我国的公司登记工作实行分级管辖原则。依照《中华人民共和国公司登记管理条例》的规定，各级工商行政管理机关对公司设立登记进行管辖。

2. 公司设立登记程序

（1）公司名称预先核准。设立公司，应当向公司登记机关申请公司名称的预先核准。公司名称必须含有足以与其他民事主体相区别的标记。在同一公司登记机关的辖区内，同一行业的公司不允许有相同或类似的名称，并不得使用反不正当竞争法所禁用的标记；公司名称中必须冠以公司所在地的地名，若须冠以“中国”“中华”“国际”字样，则必须经国家工商行政管理总局核准；公司名称必须表明公司的法律性质，如实标记“有限责任公司”或“股份有限公司”的字样。

（2）公司设立登记。公司设立登记可以分为三个步骤：第一步，提出申请。公司设立人应当向其所在地工商行政管理机关提出申请。设立有限责任公司，应由全体股东指定的代表或共同委托的代理人作为申请人；设立国有独资公司，应由国家授权投资机构或国家授权的部门作为申请人；设立股份有限公司，应由董事会作为申请人。第二步，公司登记机关审查核准。第三步，公告。

3. 公司设立的法律效力

公司设立有三种结果：一是设立成功；二是设立失败；三是设立有瑕疵。

（1）公司设立成功。设立成功对公司的效力表现为：第一，取得法人资格。第二，取得从事经营活动的合法身份，并承担发起人设立行为的后果。我国《民法总则》第75条第1款规定，设立人为设立法人从事的民事活动，其法律后果由法人承受。第三，取得公司名称专用权。

（2）公司设立失败。设立失败对公司的效力就是公司不能取得法人资格。设立失败对发起人的效力表现为：第一，发起人对设立行为所产生的债务和费用负连带责任。《民法总则》第75条第1款规定，法人未成立的，其法律后果由设立人承受，设立人为二人以上的，享有连带债权，承担连带债务。第二，对认股人已缴纳的股款，负返还股款并加算银行同期存款利息的连带责任。第三，给第三人造成损害的，承担损害赔偿责任。

（3）公司设立有瑕疵。公司设立有瑕疵是指公司虽已成立，但其设立不符合法定条件或程序，或者虽然符合法定条件和程序，但登记不真实的事实。设立瑕疵可分为：登记不实和违法设立。对于发起人来说，不实登记应该负补正责任。对于违法设立的公司，一般是先责令改正，对于改正后符合设立条件要求的，即允许公司继续存在；对于未能改正或设立瑕疵情节严重的，确认公司设立无效，撤销公司登记或者吊销营业执照。对于发起人的效力与对公司的效力是相应的，如不否认公司的法人资格，发起人就承担有限责任，但须补足登记事项。如果否认公司的法人人格，发起人就应承担无限连带责任。在公司设立过程中，如果中介机构作虚假说明和隐瞒重要情况，给善意第三人造成损害的，中介机构除承担行政或刑事责任外，还应承担相应的民事责任。对设立瑕疵有责任的政府机关或其工作人员，因其违法审批或违法登记给第三人造成损害的，应负行政责任、刑事责任。

二、公司章程

（一）公司章程的概念与特征

公司章程是指公司所必备的，规定其名称、宗旨、资本、组织机构等对内对外事务的基本法律文件。公司章程作为规范公司的组织和活动的基本规则，在公司存续期间具有重要意义。其基本特征如下：

（1）法定性。法定性主要强调公司章程的法律地位、主要内容及修改程序、效力都由法律强制规定，任何公司都不得违反。

（2）真实性。真实性主要强调公司章程记载的内容必须是客观存在的、与实际相符的事实。

（3）自治性。自治性主要体现在三个方面：其一，公司章程作为一种行为规范，不是由国家而是由公司依法自行制定的；其二，公司章程是一种法律以外的行为规范，由公司自己来执行，无须国家强制力来保证实施；其三，公司章程作为公司内部规章，其效力仅及于公司和相关当事人，而不具有普遍的约束力。

（4）公开性。公开性主要对股份有限公司而言。公司章程的内容不仅要对投资人公开，还要对包括债权人在内的一般社会公众公开。

（二）公司章程的订立

公司章程的订立通常有两种方式：一是共同订立，是指由全体股东或发起人共同起草、协商制定公司章程，否则，公司章程不得生效；二是部分订立，是指由股东或发起人中的部分成员负责起草、制定公司章程，而后再经其他股东或发起人签字同意。公司章程必须采取书面形式，经全体股东或发起人同意并在章程上签名盖章，公司章程才能生效。

（三）公司章程的内容

公司章程的内容即指公司章程所记载的事项。公司章程的具体内容可因公司种类、公司经营范围、公司经营方式的不同而有所区别，但都可以归为以下三类：绝对记载事项、相对记载事项和任意记载事项。我国《公司法》关于公司章程没有上述分类，但第 25 条、第 81 条分别对有限责任公司和股份有限公司章程应当载明的事项做了规定。

（四）公司章程的效力

1. 公司章程对时间的效力

公司章程自公司成立之日即在公司进行设立登记并取得营业执照时生效，在公司进行注销登记，被登记机关核准时，效力终止。

2. 公司章程的效力范围

公司章程对公司、股东、董事、监事、高级管理人员具有约束力。

（五）公司章程的变更

公司章程的变更是指对已经生效的公司章程的修改。我国《公司法》第 43 条规定，有限责任公司股东会会议作出修改公司章程的决议，必须经代表 2/3 以上表决权的股东通过。第 103 条规定，股份有限公司股东大会作出修改公司章程的决议，必须经出席会议的股东所持表决权的 2/3 以上通过。公司章程变更后，公司董事会应向工商行政管理机关申请变更登记。

三、公司资本和公司债券

（一）公司资本

1. 公司资本的含义

公司资本也称为股本，它在公司法上的含义是指由公司章程确定并载明的全体股东的出资总额。公司资本的具体形态有以下几种：

（1）注册资本。即狭义上的公司资本，指公司在设立时筹集的、由章程载明的、经公司登记机关登记注册的资本。

（2）发行资本。又称认缴资本，是指公司实际上已向股东发行的股本总额。

（3）认购资本。指出资人同意缴付的出资总额。

（4）实缴资本。又称实收资本，是指公司发行股份，并经股东出资使公司实际收到的现金或其他出资的总额。

2. 公司资本原则

公司资本原则，是指由公司法所确立的在公司设立、营运以及管理的整个过程中，为确保公司资本的真实、安全而必须遵循的法律准则。传统公司法确认了三项资本原则。

（1）资本确定原则。资本确定原则是指公司设立时应在章程中载明的公司资本总额，并由发起人认足或募足，否则公司不能成立。现在很少有国家严守此项原则。根据我国《公司法》第 26 条和第 80 条的规定，除法律、行政法规以及国务院对有限责任公司和股份有限公司注册资本实缴、注册资本最低限额另有规定外，不再限制公司设立时股东的首次出资比例和缴足出资的期限，公司实收资本不再作为工商登记事项，由实缴登记制改为认缴登记制，放宽了注册资本登记条件。

（2）资本维持原则。资本维持原则又称资本充实原则，是指公司在其存续过程中，应当经常保持与其资本额相当的财产。我国《公司法》贯彻了资本维持原则的要义，规定了若干强制性规范以确保公司拥有充足的财产。

（3）资本不变原则。资本不变原则是指公司资本总额一旦确定，非经法定程序，不得任意变动。实际上，资本不变原则是资本维持原则的必然要求。我国《公司法》主要对公司资本的减少做出严格限制。

（二）公司债券

1. 公司债券的概念和特点

公司债券是指公司依照法定条件和程序发行、约定在一定期限还本付息的有价证券。从我国《公司法》的有关规定来看，公司债券具有以下特点：

（1）公司债券是由股份有限公司和特定的有限责任公司发行的债券。

（2）公司债券是公司以借贷方式向公众筹集资金，具有利率固定、风险较小、易于吸引投资者的优点。

（3）公司债券是一种要式证券，其制作必须遵照《公司法》第 155 条的规定，公司以实物券方式发行公司债券的，必须在债券上载明公司名称、债券票面金额、利率、偿还期限等事项，并由法定代表人签名，公司盖章。

（4）公司债券是一种有价证券。公司债券持有人是公司的债权人，享有按照约定期限取得利息、收回本金的权利；发行债券的公司作为向社会公众借债的债务人，负有按照约定期限向债券所有人还本付息的义务。公司债券作为一种有价证券，可以自由流通转让、质押和继承。

（5）公司债券持有人具有广泛性，可以向社会公众公开募集。

2. 公司债券的种类

（1）记名公司债券和无记名公司债券。这是以是否在公司债券上记载公司债权人的姓名为标准划分的。我国目前已发行的公司债券，绝大多数是无记名公司债券。

（2）可转换公司债券和非转换公司债券。这是以公司债券能否转换成股票为标准划分的。持有可转换公司债券的人享有选择权，可以在一定时期内向公司办理转换手续，由债权人变为股东。

（3）担保公司债券和无担保公司债券。这是以是否提供偿还本息的担保为标准划分的。

3. 公司债券的发行条件

（1）股份有限公司的净资产额不低于人民币 3 000 万元；有限责任公司的净资产额不低于人民币 6 000 万元；

（2）累计债券余额不超过公司净资产的 40%；

（3）最近 3 年平均可分配利润足以支付公司债券一年的利息；

（4）筹集的资金投向符合国家产业政策；

（5）债券的利率不得超过国务院限定的利率水平；

（6）国务院规定的其他条件。

4. 公司债券的发行程序

依照我国《公司法》及《证券法》的规定，公司发行公司债券应按下列程序进行：

（1）做出决议或决定；

（2）提出申请；

（3）经主管部门批准；

（4）与证券商签订承销协议；

（5）公告公司债券募集方法；

（6）认购公司债券。

5. 公司债券转让

按照我国《公司法》第 159 条的规定，公司债券可以转让，转让价格由转让人与受让人约定。公司债券在证券交易所上市交易的，按照证券交易所的交易规则转让。

四、股东的权利与义务

（一）股东的权利

我国《公司法》第 4 条规定，公司股东依法享有资产收益、参与重大决策和选择管理者等权利。具体来说，股东享有下列权利：

（1）参加股东会并按照出资比例行使表决权；
（2）选举和被选举为董事会成员、监事会成员；
（3）查阅股东会会议记录和公司财务会计报告，以便监督公司的运营；
（4）按照出资比例分取红利，即股东享有受益权；
（5）依法转让出资、优先购买其他股东转让的出资；
（6）优先认购公司新增的资本；
（7）提议、召集和主持临时股东会；
（8）请求司法救济权；
（9）公司终止后，依法分得公司的剩余财产。

此外，股东还可以享有公司章程规定的其他权利。

（二）股东的义务

股东的主要义务有：
（1）足额缴纳所认缴的出资额；
（2）公司成立后，不得抽回出资；
（3）以其出资额为限对公司承担责任；
（4）公司章程规定的其他义务。

五、公司的合并与分立

（一）公司的合并

公司的合并是指两个或两个以上的公司订立合并协议，依照公司法的规定，不经过清算程序，直接合并为一个公司的法律行为。公司的合并有两种形式：一是吸收合并，是指一个公司吸收其他公司后存续，被吸收的公司解散；二是新设合并，是指两个或两个以上的公司合并设立一个新的公司，合并各方解散。公司合并时，合并各方的债权债务，应当由合并后存续的公司或者新设的公司承继。

（二）公司的分立

公司的分立是指一个公司通过依法签订分立协议，不经过清算程序，分为两个或两个以上公司的法律行为。公司的分立有两种形式：一是派生分立，是指公司以其部分资产另设一个或数个新的公司，原公司存续；二是新设分立，是指公司全部资产分别划归两个或两个以上的新公司，原公司解散。根据《公司法》第 176 条的规定，公司分立前的债务由分立后的公司承担连带责任。但是，公司在分立前与债权人就债务清偿达成的书面协议另有约定的除外。

六、公司的解散与清算

（一）公司的解散

公司的解散是指已成立的公司基于一定的合法事由而使公司消灭的法律行为。公司的解散必须基于法定的事由或者法律事实的出现。根据我国《公司法》第 180 条的规定，公司解散的原因主要包括五种情形：

（1）公司章程规定的营业期限届满或者公司章程规定的其他解散事由出现；

（2）股东会或者股东大会决议解散；

（3）因公司合并或者分立需要解散；

（4）依法被吊销营业执照、责令关闭或者被撤销；

（5）公司经营管理发生严重困难，继续存续会使股东利益受到重大损失，通过其他途径不能解决的，持有公司全部股东表决权10%以上的股东，可以请求人民法院解散公司。

《最高人民法院关于适用〈中华人民共和国公司法〉若干问题的规定（二）》（简称《公司法解释（二）》）第1条规定：单独或者合计持有公司全部股东表决权10%以上的股东，以下列事由之一提起解散公司诉讼，并符合《公司法》第182条规定的，人民法院应予受理：（1）公司持续两年以上无法召开股东会或者股东大会，公司经营管理发生严重困难的；（2）股东表决时无法达到法定或者公司章程规定的比例，持续两年以上不能做出有效的股东会或者股东大会决议，公司经营管理发生严重困难的；（3）公司董事长期冲突，且无法通过股东会或者股东大会解决，公司经营管理发生严重困难的；（4）经营管理发生其他严重困难，公司继续存续会使股东利益受到重大损失的情形。股东以知情权、利润分配请求权等权益受到损害，或者公司亏损、财产不足以偿还全部债务，以及公司被吊销企业法人营业执照未进行清算等为由，提起解散公司诉讼的，人民法院不予受理。

（二）公司的清算

公司的清算是指为终结已解散公司的法律关系而清理其债权债务并处分其财产，以达到消灭已解散公司法人资格的程序。依照我国《公司法》的规定，公司除因合并或分立解散无须清算，以及因破产而解散的公司适用破产清算程序外，其他解散的公司，都应当按《公司法》第183条至第188条的规定进行清算。其程序为：（1）组成清算组；（2）通知、公告债权人；（3）债权人申报其债权，说明债权的有关事项，并提供证明材料；（4）调查和清理公司财产，编制资产负债表和财产清单；（5）收取公司债权，清偿公司债务；（6）分配公司剩余财产；（7）制作清算报告，申请注销公司登记。

第三节 有限责任公司

一、有限责任公司概述

有限责任公司是指股东以其出资额为限对公司承担责任，公司以其全部资产对公司债务承担责任的企业法人。有限责任公司的特征主要有以下几点：

（1）股东人数有最高数额限制。我国《公司法》第24条规定，有限责任公司由50个以下股东出资设立。并且允许设立一人有限责任公司。

（2）股东以出资额为限对公司承担责任。股东以出资额为限对公司承担责任，这是有限责任公司区别于无限责任公司、两合公司的本质特征，也是有限责任公司兼有资合性的表现。

（3）设立手续和公司机关简易化。

（4）股东对外转让出资受到严格限制。由于有限责任公司是人合兼资合性质的公司，股东之间的相互信任关系非常重要，因此法律对股东转让出资往往做出较严格的限制。

（5）公司的封闭性。有限责任公司一般属于中小规模的公司，与股份有限公司相比，其在组织与经营上具有封闭性或非公开性。

二、有限责任公司的设立

根据《公司法》第23条的规定，设立有限责任公司，应当具备一定的条件。

（一）股东符合法定人数

我国《公司法》第24条规定：有限责任公司由50个以下股东出资设立。这表明，在我国设立有限责任公司，最多不能超过50个股东。有限责任公司的股东可以是自然人、法人或其他经济组织。

（二）有符合公司章程规定的全体股东认缴的出资额

根据《公司法》第26条的规定，有限责任公司的注册资本为在公司登记机关登记的全体股东认缴的出资额。法律、行政法规以及国务院决定对有限责任公司注册资本实缴、注册资本最低限额另有规定的，从其规定。

股东的出资方式可以是多样的。依《公司法》第27条的规定，股东可以用货币出资，也可以用实物、知识产权、土地使用权等可以用货币估价并可以依法转让的非货币财产作价出资；但是法律、行政法规规定不得作为出资的财产除外。对作为出资的非货币财产应当评估作价，核实财产，不得高估或者低估作价。法律、行政法规对评估作价有规定的，从其规定。

（三）股东共同制定公司章程

根据《公司法》第25条的规定，章程应当记载的事项有：

（1）公司名称和住所；

（2）公司经营范围；

（3）公司注册资本；

（4）股东的姓名或者名称；

（5）股东的出资方式、出资额和出资时间；

（6）公司的机构及其产生办法、职权、议事规则；

（7）公司法定代表人；

（8）股东会会议认为需要规定的其他事项。

（四）有公司名称，建立符合有限责任公司要求的组织机构

有限责任公司应当在名称中标明“有限责任公司”或者“有限公司”字样，其组织机构一般由股东会、董事会、经理机构、监事机构组成。

（五）有公司住所

公司住所是公司主要办事机构所在地。经公司登记机关登记的公司住所只能有一个。

三、有限责任公司的组织机构

我国《公司法》对有限责任公司组织机构的设置作了多元制的规定：一般的有限责任公司，其组织机构为股东会、董事会和监事会；股东人数较少和规模较小的有限责任公司，其组织机构为股东会、执行董事和监事；国有独资有限责任公司，其组织机构为唯一股东、董事会和监事会。

（一）股东会

1. 股东会的性质和组成

股东会是有限责任公司的权力机关。除公司法有特别规定的以外，有限责任公司必须设立股东会。但股东会是非常设机关，仅以会议形式存在，只有在召开股东会会议时，股东会才作为公司机关存在。

股东会由全体股东组成。股东是按其所认缴出资额向有限责任公司缴纳出资的人。

2. 股东会的职权

股东会作为有限责任公司的权力机关，行使下列职权：

（1）决定公司的经营方针和投资计划；

（2）选举和更换非由职工代表担任的董事、监事，决定有关董事、监事的报酬事项；

（3）审议批准董事会的报告；

（4）审议批准监事会或者监事的报告；

（5）审议批准公司的年度财务预算方案、决算方案；

（6）审议批准公司的利润分配方案和弥补亏损方案；

（7）对公司增加或者减少注册资本作出决议；

（8）对发行公司债券作出决议；

（9）对公司合并、分立、解散、清算或者变更公司形式作出决议；

（10）修改公司章程；

（11）公司章程规定的其他职权。

3. 股东会的召开

股东会分为定期会议和临时会议两种。定期会议应当依照公司章程的规定按时召开。临时会议可由代表1/10以上表决权的股东，1/3以上的董事，监事会或者不设监事会的公司的监事提议召开。

股东会的首次会议由出资最多的股东召集和主持。以后的股东会，凡设立董事会的，股东会会议由董事会召集，董事长主持。董事长不能履行职务或者不履行职务的，由副董事长主持；副董事长不能履行职务或者不履行职务的，由半数以上董事共同推举一名董事主持。不设董事会的，股东会会议由执行董事召集和主持。董事会或者执行董事不能履行或者不履行召集股东会会议职责的，由监事会或者不设监事会的公司的监事召集和主持；监事会或者监事不召集和主持的，代表1/10以上表决权的股东可以自行召集和主持。

召开股东会会议，应当于会议召开15日前通知全体股东，公司章程另有规定或者全体股东另有约定的除外。

股东会的议事方式和表决程序，除公司法有规定外，由公司章程规定。股东会的决议方法，也因决议事项的不同而不同。普通决议事项须经代表1/2以上表决权的股东通过；特别决议事项即修改公司章程，增加或者减少注册资本，分立、合并、解散或者变更公司形式的决议，须经代表2/3以上表决权的股东通过方可做出。

（二）董事会

1. 董事会的性质及组成

董事会是有限责任公司的业务执行机关，享有业务执行权和日常经营的决策权。它是一般有限责任公司的必设机关和常设机关，股东人数较少或公司规模较小的有限责任公司除外。

董事会由董事组成，其成员为3～13人。董事的任期由公司章程规定，各个公司可有所不同，但每届任期不得超过3年。董事任期届满，连选可以连任。

2. 董事会的职权

董事会对股东会负责，根据《公司法》第46条的规定，董事会的职权包括：

（1）召集股东会会议，并向股东会报告工作；

（2）执行股东会的决议；

（3）决定公司的经营计划和投资方案；

（4）制定公司的年度财务预算方案、决算方案；

（5）制定公司的利润分配方案和弥补亏损方案；

（6）制定公司增加或者减少注册资本以及发行公司债券的方案；

（7）制定公司合并、分立、解散或者变更公司形式的方案；

（8）决定公司内部管理机构的设置；

（9）决定聘任或者解聘公司经理及其报酬事项，并根据经理的提名决定聘任或者解聘公司副经理、财务负责人及其报酬事项；

（10）制定公司的基本管理制度；

（11）公司章程规定的其他职权。

3. 董事会会议的召开

董事会会议由董事长召集和主持；董事长不能履行或者不履行职务的，由副董事长召集和主持；副董事长不能履行职务或者不履行职务的，由半数以上董事共同推举一名董事召集和主持。董事会会议的表决，实行一人一票。董事会应当对所议事项的决定作成会议记录，出席会议的董事应当在会议记录上签名。董事会的其他议事方式和表决程序，由公司章程规定。

（三）经理

有限责任公司的经理是负责公司日常经营管理工作的高级管理人员。经理由董事会聘任或者解聘，经理对董事会负责，并有权列席董事会会议。

经理的职权可以由章程规定。章程未规定的适用法律的规定。根据我国《公司法》第49条的规定，经理应行使下列职权：

（1）主持公司的生产经营管理工作，组织实施董事会决议；

（2）组织实施公司年度经营计划和投资方案；

（3）拟订公司内部管理机构设置方案；

（4）拟订公司的基本管理制度；

（5）制定公司的具体规章；

（6）提请聘任或者解聘公司副经理、财务负责人；

（7）决定聘任或者解聘除应由董事会决定聘任或者解聘以外的负责管理人员；

（8）董事会授予的其他职权。

（四）监事会

1. 监事会的性质及组成

监事会为经营规模较大的有限责任公司的常设监督机关，专司监督职能，对股东会和全体职工负责。监事会由监事组成，其成员不得少于3人。监事会由股东代表和适当比例的公司职工代表组成，其中职工代表的比例不得低于1/3，具体比例由公司章程规定。监事会中的职工代表由公司职工通过职工代表大会、职工大会或者其他形式民主选举产生。监事的任期每届为3年。监事任期届满，连选可以连任。

股东人数较少和规模较小的有限责任公司，不设立监事会，可以设1～2名监事，行使监事会的职权。同时，公司董事、高级管理人员不得兼任监事。

2. 监事会的职权

依照我国《公司法》第53条的规定，监事会、不设监事会的公司的监事行使下列职权：

（1）检查公司财务；

（2）对董事、高级管理人员执行公司职务的行为进行监督，对违反法律、行政法规、公司章程或者股东会决议的董事、高级管理人员提出罢免的建议；

（3）当董事、高级管理人员的行为损害公司的利益时，要求董事、高级管理人员予以纠正；

（4）提议召开临时股东会会议，在董事会不履行该法规定的召集和主持股东会会议职责时召集和主持股东会会议；

（5）向股东会会议提出提案；

（6）代表公司对董事、高级管理人员提起诉讼；

（7）公司章程规定的其他职权。

（五）董事、监事、高级管理人员的任职资格和义务

1. 董事、监事、高级管理人员的任职资格的禁止性规定

有下列情形之一的，不得担任公司的董事、监事、高级管理人员：

（1）无民事行为能力或者限制民事行为能力；

（2）因贪污、贿赂、侵占财产、挪用财产或者破坏社会主义市场经济秩序，被判处刑罚，执行期满未逾5年，或者因犯罪被剥夺政治权利，执行期满未逾5年；

（3）担任破产清算的公司、企业的董事或者厂长、经理，对该公司、企业的破产负有个人责任的，自该公司、企业破产清算完结之日起未逾3年；

（4）担任因违法被吊销营业执照、责令关闭的公司、企业的法定代表人，并负有个人责任的，自该公司、企业被吊销营业执照之日起未逾3年；

（5）个人所负数额较大的债务到期未清偿。

上述各项规定，同样适用股份有限公司的董事、监事和高级管理人员。

2. 董事、监事、高级管理人员的义务和责任

董事、监事、高级管理人员应当遵守法律、行政法规和公司章程，对公司负有忠实义务和勤勉义务；不得利用职权收受贿赂或者其他非法收入，不得侵占公司的财产。董事、高级管理人员不得有下列行为：

（1）挪用公司资金；

（2）将公司资金以其个人名义或者以其他个人名义开立账户存储；

（3）违反公司章程的规定，未经股东会、股东大会或者董事会同意，将公司资金借贷给他人或者以公司财产为他人提供担保；

（4）违反公司章程的规定或者未经股东会、股东大会同意，与本公司订立合同或者进行交易；

(5) 未经股东会或者股东大会同意，利用职务便利为自己或者他人谋取属于公司的商业机会，自营或者为他人经营与所任职公司同类的业务；

(6) 接受他人与公司交易的佣金归为己有；

(7) 擅自披露公司秘密；

(8) 违反对公司忠实义务的其他行为。

董事、高级管理人员违反前述规定所得的收入应当归公司所有。董事、监事、高级管理人员执行公司职务时违反法律、行政法规或者公司章程的规定，给公司造成损失的，应当承担赔偿责任。

四、有限责任公司的股权转让

有限责任公司作为人合兼资合性的公司，其股权转让受到一定法律限制。我国《公司法》第 71 条规定："有限责任公司的股东之间可以相互转让其全部或者部分股权。股东向股东以外的人转让股权，应当经其他股东过半数同意。股东应就其股权转让事项书面通知其他股东征求同意，其他股东自接到书面通知之日起满 30 日未答复的，视为同意转让。其他股东半数以上不同意转让的，不同意的股东应当购买该转让的股权；不购买的，视为同意转让。经股东同意转让的股权，在同等条件下，其他股东有优先购买权。两个以上股东主张行使优先购买权的，协商确定各自的购买比例；协商不成的，按照转让时各自的出资比例行使优先购买权。公司章程对股权转让另有规定的，从其规定。"

《公司法》还规定了特殊情况下股权的转让问题。第 72 条规定："人民法院依照法律规定的强制执行程序转让股东的股权时，应当通知公司及全体股东，其他股东在同等条件下有优先购买权。其他股东自人民法院通知之日起满二十日不行使优先购买权的，视为放弃优先购买权。"

依照《公司法》第 71 条、第 72 条转让股权后，公司应当注销原股东的出资证明书，向新股东签发出资证明书，并相应修改公司章程和股东名册中有关股东及其出资额的记载。对公司章程的该项修改不需再由股东会表决。

为维护少数股东权益，《公司法》设置了股东的股权回购请求权，第 74 条规定，有下列情形之一的，对股东会该项决议投反对票的股东可以请求公司按照合理的价格收购其股权：(1) 公司连续五年不向股东分配利润，而公司该五年连续盈利，并且符合该法规定的分配利润条件的；(2) 公司合并、分立、转让主要财产的；(3) 公司章程规定的营业期限届满或者章程规定的其他解散事由出现，股东会会议通过决议修改章程使公司存续的。自股东会会议决议通过之日起 60 日内，股东与公司不能达成股权收购协议的，股东可以自股东会会议决议通过之日起 90 日内向人民法院提起诉讼。

《公司法》第 75 条还规定，自然人股东死亡后，其合法继承人可以继承股东资格；但是，公司章程另有规定的除外。

五、一人有限责任公司

一人有限责任公司是指只有一个自然人或者一个法人股东的有限责任公司。

一人有限责任公司的特征如下：

(1) 只有一个自然人股东或者法人股东。

（2）一个自然人只能投资设立一个一人有限责任公司，不能投资设立新的一人有限责任公司。

（3）在公司登记和公司营业执照中载明自然人独资或者法人独资。

（4）在每一会计年度终了时编制财务会计报告，并经会计师事务所审议。

（5）当一人有限责任公司的股东不能证明公司财产独立于股东自己的财产时，股东对公司债务承担连带责任。

第四节　股份有限公司

一、股份有限公司概述

股份有限公司，简称股份公司，是指全部资本分为等额股份，股东以其所持股份为限对公司承担责任，公司以其全部资产对公司债务承担责任的企业法人。它具有以下特征：

（1）股东人数广泛。股份有限公司制度主要是面向社会广泛筹集资本而设计的，如果股东人数太少，则不利于资金的筹集，因此，各国公司法也都只对公司股东人数规定最低限制，而无最高人数的限制。

（2）公司股份均等。股份有限公司全部资本分为等额股份，即公司资本划分为股份，每股金额相等。股份作为公司资本的基本单位，这是股份有限公司最重要的特征。

（3）股东责任具有有限性。股份有限公司的股东对公司的债务仅以其认购的股份为限对公司承担责任。

（4）股份发行和转让的公开性、自由性。股份有限公司可以通过对外公开发行股票，向社会募集资金。股东可以自由转让其持有的公司股份。

（5）公司经营状况的公开性。股份有限公司股份发行的公开性和股份转让的自由性，使得股份有限公司的经营状况不仅要向股东公开，还必须向社会公开，使社会公众了解公司的经营状况，以最大限度地保护股东、债权人及社会公众的利益。

二、股份有限公司的设立

（一）设立条件

按照我国《公司法》第 76 条的规定，设立股份有限公司，应当具备下列条件：

（1）发起人符合法定人数。设立股份有限公司，应当有 2 人以上 200 人以下为发起人，其中须有半数以上的发起人在中国境内有住所。

（2）有符合公司章程规定的全体发起人认购的股本总额或者募集的实收股本总额。以募集设立方式设立的股份有限公司，发起人认购的股份不得少于公司股份总数的 35%；但是，法律、行政法规另有规定的，从其规定。

（3）股份发行、筹办事项符合法律规定。

（4）发起人制定公司章程，采用募集方式设立的经创立大会通过。

（5）有公司名称，建立符合股份有限公司要求的组织机构。

（6）有公司住所。

（二）设立程序

股份有限公司的设立，可以采取发起设立或者募集设立的方式。

1. 发起设立的主要程序

（1）发起人签订发起人协议，明确各自在公司设立过程中的权利和义务。

（2）向公司登记机关申请名称预先核准。

（3）发起人制定公司章程。

（4）发起人书面认足公司章程规定其认购的股份，缴纳全部出资或首期出资。

（5）选举董事会和监事会。

（6）申请设立登记。

2. 募集设立的主要程序

（1）发起人认购股份，一般不得少于公司股份总数的35%。

（2）向国务院证券监督管理机构提出股票发行申请。

（3）向社会公开募集股份的，必须公告招股说明书，并制作认股书。

（4）与证券公司签订承销协议，同银行签订代收股款协议。

（5）发行股份的股款缴足后，必须经依法设立的验资机构验资并出具证明。

（6）召开创立大会。发起人应当自股款缴足之日起30日内主持召开公司创立大会。

（7）申请登记。董事会应于创立大会结束后30日内，向公司登记机关报送相关文件，申请设立登记。

三、股份有限公司的组织机构

股份有限公司的组织机构包括股东大会、董事会、经理、监事会。

（一）股东大会

1. 股东大会的性质、组成及职权

股东大会为股份有限公司必须设立的机关，是股份有限公司的最高权力机关。股东大会由全体股东组成。根据我国《公司法》第99条的规定，有限责任公司股东会职权的规定，适用于股份有限公司股东大会。

2. 股东大会的召开

股东大会分为定期会议和临时会议两种。定期股东大会应当每年召开一次。有下列情形之一的，应当在2个月内召开临时股东大会：

（1）董事人数不足公司法规定的人数或者公司章程所定人数的2/3时；

（2）公司未弥补的亏损达到实收股本总额的1/3时；

（3）单独或者合计持有公司10%以上股份的股东请求时；

（4）董事会认为必要时；

（5）监事会提议召开时；

（6）公司章程规定的其他情形。

股东大会会议由董事会召集，董事长主持；董事长不能履行职务或者不履行职务时，由副董事长主持；副董事长不能履行职务或者不履行职务的，由半数以上董事共同推举一名董事主持。董事会不能履行或者不履行召集股东大会会议职责的，监事会应当及时召集和主持；监事会不召集和主持的，连续90日以上单独或者合计持有10%以上股份的股东可以自行召集和主持。

召开股东大会会议，应当将会议召开的时间、地点和审议事项于会议召开20日前通知各股东；临时股东大会应当于会议召开15日前通知各股东；发行无记名股票的，应当于会议召开30日前公告会议召开的时间、地点和审议事项。

单独或者合计持有公司3%以上股份的股东，可以在股东大会召开10日前提出临时提案并书面提交董事会；董事会应当在收到提案后2日内通知其他股东，并将该临时提案提交股东大会审议。临时提案的内容应当属于股东大会职权范围，并有明确议题和具体决议事项。股东大会不得对通知中未列明的事项作出决议。无记名股票持有人出席股东大会会议的，应当于会议召开5日前至股东大会闭会时将股票交存于公司。

3. 股东大会的决议

股东出席股东大会会议，所持每一股份有一表决权。但是，公司持有的本公司股份没有表决权。此外，股东可以委托代理人出席股东大会会议。股东大会作出决议，必须经出席会议的股东所持表决权过半数通过。股东大会作出修改公司章程、增加或者减少注册资本的决议，以及公司合并、分立、解散或者变更公司形式的决议，必须经过出席会议的股东所持表决权的2/3以上通过。

股东大会选举董事、监事，可以依照公司章程的规定或者股东大会的决议，实行累积投票制。所谓累积投票制，是指股东大会选举董事或者监事时，每一股份拥有与应选董事或者监事人数相同的表决权，股东拥有的表决权可以集中使用。

股东大会应当将所议事项的决定作成会议记录，主持人、出席会议的董事应当在会议记录上签名。会议记录应当与出席股东的签名册及代理出席的委托书一并保存。

（二）董事会

1. 董事会的性质、组成及职权

董事会是股份有限公司常设业务决策机构，对股东大会负责。

董事会一般由股东大会选举的董事组成，董事会成员可以有公司职工代表。董事的人数为5～19人。董事会设董事长一人，可以设副董事长。董事长和副董事长由董事会以全体董事的过半数选举产生。董事的任期及董事会的法定职权与有限责任公司的规定相同。

2. 董事会会议的召开

股份有限公司的董事会会议分为定期会议和临时会议两种。董事会定期会议，每年度至少召开两次会议，每次会议应于会议召开10日前通知全体董事和监事。代表1/10以上表决权的股东、1/3以上董事或者监事会，可以提议召开董事会临时会议。董事长应当自接到提议后10日内，召集和主持董事会会议。董事会召开临时会议，可以另定召集董事会的通知方式和通知时限。董事长召集和主持董事会会议，检查董事会决议的实施情况。副董事长协助董事长工作，董事长不能履行职务或者不履行职务的，由副董事长履行职务；副董事长不能履行职务或者不履行职务的，由半数以上董事共同推举一名董事履行职务。

董事会会议应有过半数的董事出席方可举行。董事会作出决议，必须经全体董事过半数通过。董事会决议的表决，实行一人一票制。董事会应当对会议所议事项的决定做会议记录，出席会议的董事应当在会议记录上签名。董事应当对董事会的决议承担责任。董事会的决议违反法律、行政法规或者公司章程，致使公司遭受严重损失的，参与决议的董事对公司负赔偿责任。但经证明在表决时曾表明异议并记载于会议记录的，该董事可以免除责任。

（三）经理

经理是对股份有限公司日常经营管理负有全责的高级管理人员，由董事会聘任或解聘，公司董事会可以决定由董事会成员兼任经理。经理对董事会负责，其法定职权与有限责任公司的规定相同。

（四）监事会

监事会是股份有限公司必设的监察机构，对公司的财务及业务执行情况进行监督。

监事会由监事组成，其成员不得少于 3 人。监事会应当包括股东代表和适当比例的公司职工代表，其中职工代表的比例不得低于 1/3，具体比例由公司章程规定。董事、高级管理人员不得兼任监事。监事的人选由股东代表和适当比例的公司职工代表构成，具体比例由公司章程规定。

股份有限公司监事的任期和监事会的法定职权及行使职权所必需的费用的承担，与有限责任公司的规定相同。

监事会每 6 个月至少召开一次会议。监事可以提议召开临时监事会会议。监事会的议事方式和表决程序，除公司法有规定的外，由公司章程规定。监事会决议应当经半数以上监事通过。监事会应当对所议事项的决定做会议记录，出席会议的监事应当在会议记录上签名。

四、股份有限公司的股份发行与转让

（一）股份与股票

1. 股份的概念与分类

股份是股份有限公司特有的概念，它是股份有限公司资本最基本的构成单位。股份具有以下特征：每一股份所代表的金额相等；股份表示股东享有权益的范围；股份通过股票这种证券形式表现出来。

股份有限公司的股份依据不同的标准，可以划分为不同的种类：

（1）普通股和优先股。普通股是公司发行的对股东权利和义务没有特别约定的股份。优先股是指股东权由法律和章程做出区别于普通股股权的特殊规定的股份。

（2）表决权股、限制表决权股和无表决权股。持有表决权股的股东享有表决权。持有限制表决权股的股东，其表决权受到公司章程的限制。通常应在公司章程中载明限制表决权股，而且不得对个别股东分别实行。持有无表决权股的股东，不享有表决权。通常，对无表决权的股份，必须给予其利益分配的优先权，即以盈余分配方面的优先作为无表决权的补偿。

（3）记名股和无记名股。记名股是指将股东姓名记载于股票之上的股份。记名股不仅要求在股票上记载股东姓名，而且要求记载于公司的股东名册上。无记名股是指发行的不将股东姓名记载于股票之上的股份。这种股份的股东权利完全依附于股票，凡持票人均可主张其股东权利。

（4）额面股和无额面股。额面股，又称面值股，是指股票票面标明一定金额的股份；无额面股，又称比例股，是指股票不标明金额，只标明每股占公司资本的比例。我国《公司法》第128条将票面金额作为股票上应当记载的主要事项，故而可以推知，我国实际上是禁止发行无额面股的。

（5）国家股、法人股、个人股和外资股。这是我国目前特有的股份种类之一。国家股是指由国家授权投资的机构或者国家授权的部门，以国有资产向公司投资形成的股份。法人股是指由具有法人资格的组织以其可支配的财产向公司投资形成的股份。个人股是指以个人合法取得的财产向公司投资形成的股份。外资股是指国外和中国香港、澳门、台湾地区的投资者，以购买人民币特种股票形式向股份有限公司投资形成的股份。

2. 股票的概念与特征

股票是股份有限公司股份证券化的形式，是股份有限公司签发的证明股东所持股份的凭证。股票具有以下特征：

第一，股票是一种要式证券，它的制作和记载事项必须按照法定的方式进行。我国《公司法》第128条规定，股票必须载明下列主要事项：

（1）公司名称。

（2）公司成立日期。

（3）股票种类、票面金额及代表的股份数。

（4）股票的编号。股票由法定代表人签名，公司盖章。发起人的股票，应当标明发起人股票字样。

第二，股票是一种非设权证券，即它是一种表明股东权的证券。因为股票仅仅是把已经存在着的股东权表现为证券形式，而不是创设股东权。

第三，股票是一种有价证券，它以证券的持有为权利存在的条件。

（二）股份的发行

1. 股份发行的原则

我国《公司法》第126条规定，股份的发行，实行公平、公正的原则。具体而言，股份有限公司发行股份时应当做到：其一，同种类的每一股份应当具有同等权利。其二，同次发行的同种类股票，每股的发行条件和价格应当相同；任何单位或者个人所认购的股份，每股应当支付相同价额。

2. 股票的发行价格

我国《公司法》第127条规定，股票发行价格可以按票面金额，也可以超过票面金额，但不得低于票面金额。

3. 新股发行的条件

我国《证券法》第13条对公司发行新股的条件作了规定，主要有：

（1）具备健全且运行良好的组织机构；

（2）具有持续盈利能力，财务状况良好；

（3）最近3年财务会计文件无虚假记载，无其他重大违法行为；

（4）经国务院批准的国务院证券监督管理机构规定的其他条件。

4. 新股发行的程序

第一，公司的股东大会应作出决议。决议的主要内容有：

（1）新股的种类及数额；

（2）新股发行价格；

（3）新股发行的起止日期；

（4）向原有股东发行新股的种类及数额。

第二，经主管部门审查核准。

第三，公告新股招股说明书和财务会计报告，制作认股书，签订承销协议和代收股款协议。

第四，办理变更登记并公告。

（三）股份的转让

股份转让是指通过转移股票所有权而转移股东权利的法律行为。一般来说，股份转让实行自由转让的原则。但是，为了保护公司、股东及债权人的利益，我国《公司法》第138条、第141条、第142条分别对股份转让作了必要的限制。主要有：

（1）对股份转让场所的限制。我国《公司法》第138条规定：股东转让其股份，应当在依法设立的证券交易场所进行或者按照国务院规定的其他方式进行。

（2）对发起人所持股份的转让限制。《公司法》第141条第1款规定：发起人持有的本公司股份，自公司成立之日起1年内不得转让。公司公开发行股份前已发行的股份，自公司股票在证券交易所上市交易之日起1年内不得转让。

（3）对公司董事、监事、高级管理人员所持股份的转让限制。《公司法》第141条第2款规定：公司董事、监事、高级管理人员在任职期间每年转让的股份不得超过其所持有本公司股份总数的25%；所持本公司股份自公司股票上市交易之日起1年内不得转让。上述人员离职后半年内，不得转让其所持有的本公司股份。公司章程可以对公司董事、监事、高级管理人员转让其所持有的本公司股份作出其他限制性规定。

（4）对公司收购本公司股份的限制。《公司法》第142条规定：公司不得收购本公司股份。但是，有下列情形之一的除外：1）减少公司注册资本；2）与持有本公司股份的其他公司合并；3）将股份用于员工持股计划或者股权激励；4）股东因对股东大会作出的公司合并、分立决议持异议，要求公司收购其股份；5）将股份用于转换上市公司发行的可转换为股票的公司债券；6）上市公司为维护公司价值及股东权益所必需的。

导入案例解析

本案涉及的法律问题主要有：（1）股东的资格是否可以继承？（2）股东享有哪些权利？（3）股东会的会议形式、议事方式和表决程序；（4）公司章程的效力和修改。

一、股东的资格是否可以继承？

有限责任公司在具有资合性的同时，在很大程度上更具有人合性。公司得以成立和延续，股东之间相互信任和依赖的关系至关重要，如果某个自然人股东的继承人能力低下或品行不端，让其成为股东势必难以与其他股东建立起良好的信赖关系，这样无疑不利于股东之间的合作和公司的运行发展，因此，《公司法》第75条规定，自然人股东死亡后，其合法继承人可以继承股东资格；但是，公司章程另有规定的除外。本案中，鼎峰投资有限公司的章程中未就自然人股东死亡后其继承人可以继承其股东资格作出除外性规定，因此，童国某在鼎峰投资有限公司的出资额及股东资格依法可由其继承人继承。

二、童晓某作为鼎峰公司的股东，享有哪些权利？

根据《公司法》的相关规定，公司股东享有参与权、知情权、监督权、利益请求权、股份处分权、新股优先认购权、诉权等。本案中，童晓某通过继承取得股东资格后，依法行使了参与权、知情权和诉权。

三、鼎峰公司临时股东会的会议是否有效？

（一）会议内容是否合法

（1）股东会是依法由公司全体股东组成的公司最高权力机关，是股东在公司内部行使股东权的法定组织。股东会会议无论从内容还是程序上都应符合《公司法》和公司章程的规定要求。

（2）根据《公司法》第 37 条的规定，本案中，鼎峰公司临时股东会议内容涉及选举公司执行董事和修改公司章程的议题，符合《公司法》的规定。

（二）股东会会议程序是否合法

1. 鼎峰公司临时股东会的召开合法

股东会议分为定期会议和临时会议。定期会议应当依照公司章程的规定按时召开；临时会议，也称特别会议，是指定期会议以外的必要时候，由于发生法定事由或者根据法定人员、机构的提议而召开的股东会议。《公司法》第 39 条规定：代表 1/10 以上表决权的股东、1/3 以上的董事、监事会或者不设监事会的公司的监事提议召开临时会议的，应当召开临时会议。童晓某是代表 1/2 以上表决权的股东，所以童晓某有权提议召开临时股东会议。

2. 鼎峰公司股东会的召集、主持和表决程序等符合法律和公司章程的规定

（1）会议的召集和主持。根据《公司法》的规定，有限责任公司不设董事会的，股东会议由执行董事召集和主持。执行董事不能履行或者不履行召集股东会会议职责的，由公司监事召集和主持。监事不召集和主持的，代表 1/10 以上表决权的股东可以自行召集和主持。由于执行董事童国某去世，而监事冯某置之不理，所以作为大股东的童晓某依法召集和主持了临时会议。

（2）会议的通知。召开股东会会议，应当于会议召开 15 日前通知全体股东。本案中，童晓某于 2006 年 7 月 3 日向鼎峰公司、徐某和冯某发出召开临时股东会的提议，要求于 2006 年 7 月 18 日召开临时股东会，符合《公司法》的相关程序性规定。

（3）表决程序。《公司法》规定：股东会会议由股东按照出资比例行使表决权。股东会的议事方式和表决程序，除该法有规定的外，由公司章程规定。鼎峰公司章程规定，选举公司执行董事、总经理应由代表 1/2 以上表决权的股东表决通过，而童晓某持有 1/2 以上的股权，她提出选举自己担任公司执行董事及总经理，即使其他两个股东反对，此表决仍可通过。关于修改公司章程，《公司法》规定，必须经代表 2/3 以上表决权的股东通过，由于童晓某反对修改，所以此提议不能通过。

四、公司章程的效力问题

公司章程具有法定性、真实性、自治性和公开性的基本特征，它既是公司成立的基础，也是公司赖以生存的灵魂。本案中鼎峰公司章程对股东资格能否继承没有相应规定，从而导致后来纠纷的发生。这对其他公司是个警示。

思考题

1. 简述公司的概念与特征。
2. 股东享有哪些权利?
3. 简述公司的设立程序。
4. 股份有限公司与有限责任公司组织机构有什么区别?
5. 论述有限责任公司股东转让出资和股份有限公司股东转让股份的差异。
6. 公司债券与股票有何不同?

第三章　其他市场主体法

除公司形式外，合伙企业、个人独资企业以及随着我国改革开放而成立的外商投资企业也是我国市场经济的主体，这些主体在我国现代市场经济活动中与公司形式一样发挥着重要作用。本章介绍了《个人独资企业法》《合伙企业法》《外商投资企业法》中关于这些市场主体的概念、设立条件及终止、清算的规定，使读者更好地了解和掌握除公司之外的市场主体。

学习目标

1. 了解个人独资企业设立的条件、事务管理及投资人承担责任的方式；
2. 熟悉合伙企业的概念、特征和种类；
3. 明确合伙企业的财产、事务执行及与第三人的关系；
4. 掌握入伙、退伙的条件及法律效力；
5. 了解外商投资企业的概念和种类。

导入案例　合伙企业债务清偿案

王某、黄某、李某三人于2015年10月达成合伙协议，集资80万元共同开设一家超市，其中王某出资20万元，黄某出资25万元，李某出资35万元，三人约定按出资比例分享盈利、分摊亏损。三方在当月交清全部投资并经核准登记领取营业执照，由于经营得当，年终结算，盈利5万元，三人按协议进行了分配。

2016年2月开始，三人发生分歧。王某在2016年9月个人贷款买了一辆汽车从事鲜活商品贩卖，因所运海鲜腐烂，损失严重，损失额高达40万元，王某变卖了他的这辆车清偿，还清了贷款，但仍欠渔场20万元。

2016年11月，王某私自与常某商量把自己在超市中的20万元财产份额转让给常某，但黄某、李某不同意。在黄某、李某不同意的情况下，王某私自取走了自己的出资20万元。同年年终结算，该合伙超市共亏损60万元。

这时，李某要求退伙，合伙难以维持。黄某、李某商定按进货价格计算分别得价值15万元、20万元的商品，但对合伙债务未作处理。黄某、李某要求王某分摊超市的亏损，王某以自己已将份额转让给常某，应由常某分摊为由拒绝分摊。

2017年1月与该超市有业务往来的债权人海洋公司获悉超市散伙的消息后，便找到王某，要求王某清偿合伙企业2015年所欠货款60万元。王某说自己早已退出合伙超市，由常某负责合伙债务，自己不负责。海洋公司找到李某，李某认为按照协议只承担债务的44%。海洋公司又找黄某，黄某认为还债三人都有份，他们不还，我也不还，要还只以超市折价清偿。为此，海洋公司向人民法院起诉。

同时，由于王某欠某渔场20万元债务久欠不还，渔场也诉诸法院，要求王某偿还债务。

第一节　个人独资企业法

一、个人独资企业的概念

我国于1999年8月30日颁布的《中华人民共和国个人独资企业法》（简称《个人独资企业法》）第2条将个人独资企业定义为：依照该法在中国境内设立，由一个自然人投资，财产为投资人个人所有，投资人以其个人财产对企业债务承担无限责任的经营实体。

个人独资企业与其他企业形式相比具有以下法律特征：

（1）企业的投资人只能是一个自然人。

（2）财产为投资人个人所有，企业无独立财产。业主是企业财产（包括企业成立时的初始财产和企业存续期间积累的财产）的唯一所有者。

（3）投资人以其个人财产对企业债务承担无限责任。这是个人独资企业在责任形态方面与公司的本质区别。所谓"无限责任"，有四层含义：一是企业的债务全部由投资人承担；二是投资人承担企业债务的范围不限于出资，其责任财产包括独资企业中的全部财产和其他个人财产；三是投资人对企业的债权人直接负责；四是该企业不具有法人资格。

二、个人独资企业的设立

（一）个人独资企业的设立条件

独资企业的设立须满足以下条件：

（1）投资人为一个自然人。这里所说的自然人，应该是具有中华人民共和国国籍（区别于外商独资企业），具有完全民事行为能力的人。但不能是法律、法规禁止的自然人，如公务员。

（2）有合法的企业名称。该名称应当与其责任形式及从事的营业相符合。名称中不得有"有限""有限责任""公司"的字样。个人独资企业的名称应当与其责任形式及从事的营业相符合。

（3）有投资人申报的出资。

（4）有固定的生产经营场所和必要的生产经营条件。

（5）有必要的从业人员。

（二）个人独资企业的设立程序

申请个人独资企业，应当由投资人或者其委托的代理人向个人独资企业所在地的登记机关提交设立申请书、投资人身份证明、生产经营场所使用证明等文件。委托代理人申请设立登记时，应当出具投资人的委托书和代理人的合法证明。个人独资企业实行准则设立的原则，即指法律预先规定企业成立的条件，设立人可依照该条件设立，一旦符合企业的成立条件，无须经过主管部门批准，可以直接到登记机关办理登记，企业即可成立。个人独资企业依《个人独资企业法》规定的条件设立。登记机关应当在收到设立申请文件之日起 15 日内，对符合《个人独资企业法》规定条件者，予以登记，发给营业执照；对不符合《个人独资企业法》规定的条件者，不予登记，并且给予书面答复，说明理由。个人独资企业营业执照的签发日期为独资企业的成立日期。

关于个人独资企业分支机构的设立，程序与独资企业的设立程序基本相同。主要有两个步骤：一是由投资人或者其委托的代理人向分支机构所在地的登记机关申请登记，领取营业执照；二是分支机构经过核准登记后，将登记情况报该分支机构隶属的个人独资企业的原登记机关备案。

另外，个人独资企业的分支机构是企业的一部分，其民事责任实际上还是由投资人承担，因为投资人以其个人财产对整体债务承担无限责任。

三、个人独资企业的投资人与事务管理

（一）个人独资企业的投资人

个人独资企业的投资人应当是对企业的财产依法享有所有权的、具有完全民事行为能力的自然人，法律、行政法规禁止从事营利性活动的人，不得作为投资人申请设立个人独资企业。

1. 投资人的权利

（1）对企业资产及运营收益享有完全的所有权；

（2）对企业的生产经营活动有完全的决策权、指挥权、管理权；

（3）有将其企业财产依法进行转让、以遗嘱方式处分的权利；

（4）有权拒绝任何单位和个人违法强制其提供财力、物力、人力的行为。

2. 投资人的义务

（1）遵守法律、行政法规，遵守诚实信用原则，不得损害社会公共利益；

（2）依法设置会计账簿，进行会计核算；

（3）依法履行纳税义务；

（4）负有保障职工权益的义务。

（二）个人独资企业的事务管理

其事务管理有三种模式：一是自行管理，即由个人独资企业的投资人本人对本企业的经营事务进行管理；二是委托管理，即投资人委托其他有民事行为能力的人负责企业事务的管理；三是聘任管理，即投资人聘用其他有民事行为能力的人负责企业的事务管理。投资人有权自由选择上述三种模式。在后两种情况下，投资人应当与委托人或者被聘用的人签订书面合同，明确委托的具体内容和授予的权利范围。受托人或者被聘用的人员应当履行诚信、勤勉的义务，按照与投资人签订的合同负责个人独资企业的事务管理。

被委托人或者被聘任人管理企业事务时违反义务，给投资人造成损害的，应当承担民事赔偿责任；有违法所得的，没收违法所得；构成犯罪的，依法追究刑事责任。此外，投资人对受托人或者被聘用的人员职权的限制，不得对抗善意第三人。

四、个人独资企业的解散与清算

（一）个人独资企业的解散

解散是当出现某些法律事由时，导致企业民事主体资格消灭的行为。

个人独资企业可因下列事由的出现而解散：

（1）投资人决定解散。因为投资人对企业财产享有完全的支配权和处置权，所以只要不违反法律的规定，投资人有权在任何时候解散独资企业。

（2）投资人死亡或者被宣告死亡，无继承人或者继承人决定放弃继承。

（3）被依法吊销营业执照。这是被解散的强制原因。

（4）法律、行政法规规定的其他解散情形。

（二）个人独资企业的清算

清算，指清理企业的债权债务，了结尚未完结的企业事务，使企业终止的行为。个人独资企业的清算方式有两种：一是由投资人自行清算；二是由债权人申请人民法院指定清算人进行清算。

关于清算的程序，投资人应当在清算前 15 日内书面告知债权人，无法通知的，应当予以公告。债权人应当在接到通知之日起 30 日内，未接到通知的应当在公告之日起 60 日内，向投资人申报其债权。清算人在债权人申报债权后开始清理企业的债权、债务。在清算期间，企业不得开展与清算无关的活动。在清偿债务前，投资人不得转移、隐匿财产。

清偿时按照以下顺序进行：

（1）所欠职工工资和社会保险费用；

（2）所欠税款；

（3）其他债务。

个人独资企业财产不足以清偿债务的，投资人应当以其个人财产进行清偿。清算结束后投资人或者人民法院指定的清算人应当编制清算报告，并于 15 日内到登记机关办理注销登记。注销登记一旦完成，个人独资企业即告消灭。个人独资企业解散后，原投资人对于企业存续期间的债务应当承担偿还责任，但债权人在 5 年之内未向债务人提出偿债请求的，该责任消灭。

第二节　合伙企业法

一、合伙企业的设立

合伙是拟制法律主体的一种，即两个或者两个以上的合伙人按照法律和合伙协议的规定共同出资、共同经营、共享收益、共担风险，合伙人对合伙经营所产生的债务承担无限连带责任的商事组织。

合伙企业是合伙的一种形式。根据 2006 年 8 月 27 日修订通过的《中华人民共和国合伙企业法》（简称《合伙企业法》）第 2 条的规定，合伙企业，是指自然人、法人和其他组织依照该法在中国境内设立的普通合伙企业和有限合伙企业。普通合伙企业由普通合伙人组成，合伙人对合伙企业债务承担无限连带责任。该法对普通合伙人承担责任的形式有特别规定的，从其规定。即普通合伙企业中的一种特殊形式是特殊的普通合伙企业，它是指一个合伙人或者数个合伙人在执行活动中因故意或者重大过失造成合伙企业债务的，应当承担无限责任或者无限连带责任，其他合伙人以其在合伙企业中的财产份额为限承担责任的普通合伙企业。有限合伙企业由普通合伙人和有限合伙人组成，普通合伙人对合伙企业债务承担无限连带责任，有限合伙人以其认缴的出资额为限对合伙企业债务承担责任。

（一）合伙企业的设立条件

1．普通合伙企业的设立条件

根据《合伙企业法》第14条的规定，设立普通合伙企业，应当具备下列条件：

（1）有2个以上合伙人。法律对设立普通合伙企业的合伙人的要求包括：1）合伙人可以是自然人、法人和其他组织；2）合伙人为自然人的，应当具有完全民事行为能力；3）合伙人不能是法律、行政法规禁止从事营利性活动的组织或自然人。

（2）有书面合伙协议。合伙协议依法由全体合伙人协商一致，以书面形式订立。合伙协议必须采用书面形式，是为了使合伙人之间正确处理合伙企业的内部事务，以免产生纠纷，如果产生纠纷也便于人民法院或者其他机构处理其内部纠纷。

（3）有合伙人认缴或者实际缴付的出资。合伙人应当按照合伙协议约定的出资方式、数额和缴付期限，履行出资义务。

（4）有合伙企业的名称和生产经营场所。

合伙企业设定自己的称谓必须遵守有关法律、法规和规章的规定，同时还应表明企业的种类，即普通合伙企业的名称中应当标明“普通合伙”字样，特殊的普通合伙企业名称中应当标明“特殊普通合伙”字样，有限合伙企业名称中应当标明“有限合伙”字样，所有的合伙企业在其名称中都不得使用“公司”或者“有限责任”字样。

经营场所是企业从事生产经营活动的主要场所，营利性的经营组织，其开展经营活动必须有自己的经营场所或者称经营地点，这样，其他市场主体才能同其进行业务往来，才能认可其经营行为，同时也便于执法机关依法对其进行监督管理。

（5）法律、行政法规规定的其他条件。

根据《合伙企业法》第55条的规定，以专业知识和专门技能为客户提供有偿服务的专业服务机构，可以设立为特殊的普通合伙企业。特殊的普通合伙企业的设立条件与普通合伙企业的设立条件相同，只是企业的名称不同。

2．有限合伙企业的设立条件

除应具备普通合伙企业设立的条件外，在主体上的要求是不同的，即有限合伙企业由2个以上50个以下合伙人设立；但是，法律另有规定的除外。同时有限合伙企业至少应当有一个普通合伙人。另外，有限合伙企业名称中应当标明“有限合伙”字样。

（二）合伙人

（1）合伙人的人数规定。各国均对合伙人数有2人的最低限制，从文义上理解，当应如此，若为一人，无合伙而言。《合伙企业法》对普通合伙人的人数规定也是必须有2人以上；对有限合伙人的人数规定为2个以上50个以下。

（2）合伙人的资格问题。《合伙企业法》对此有两条限制：（1）限制民事行为能力人和无民事行为能力人不得为普通合伙人。合伙人为自然人的，应当具有完全民事行为能力。如果合伙人被依法认定为无民事行为能力人或者限制民事行为能力人的，经其他合伙人一致同意，可以依法转为有限合伙人，普通合伙企业依法转为有限合伙企业。(2) 法律、行政法规禁止从事营利性活动的组织或自然人，不得成为合伙企业的合伙人。《合伙企业法》第3条规定："国有独资公司、国有企业、上市公司以及公益性的事业单位、社会团体不得成为普通合伙人。"依此规定，上述主体只能参与设立有限合伙企业成为有限合伙人。《中华人民共和国公务员法》第59条第16项规定：公务员不得违反有关规定从事或者参与营利性活动，在企业或者其他营利性组织中兼任职务。因此，公务员不能成为合伙人。

(3) 合伙人的责任。

根据《合伙企业法》的规定，普通合伙企业的合伙人承担无限连带责任。特殊的普通合伙企业责任的承担分为三种情况：1) 合伙人在执业活动中因故意或者重大过失造成合伙企业债务的，应当承担无限责任或者无限连带责任，其他合伙人以其在合伙企业中的财产份额为限承担责任。2) 合伙人在执业活动中非因故意或者重大过失造成的合伙企业债务以及合伙企业的其他债务，由全体合伙人承担无限连带责任。3) 合伙人执业活动中因故意或者重大过失造成的合伙企业债务，以合伙企业财产对外承担责任后，该合伙人应当按照合伙协议的约定对给合伙企业造成的损失承担赔偿责任。

有限合伙的合伙人，其普通合伙人对合伙企业债务承担无限连带责任，有限合伙人以其认缴的出资额为限对合伙企业债务承担责任。但当第三人有理由相信有限合伙人为普通合伙人并与其交易的，该有限合伙人对该笔交易承担与普通合伙人同样的责任。有限合伙人未经授权以有限合伙企业名义与他人进行交易，给有限合伙企业或者其他合伙人造成损失的，该有限合伙人应当承担赔偿责任。

(三) 合伙协议

合伙协议是要式合同，需要以书面方式订立，而且还要在申请登记时向登记机关提交。根据《合伙企业法》第18条的规定，普通合伙协议应当载明下列事项：(1) 合伙企业的名称和主要经营场所的地点；(2) 合伙目的和合伙经营范围；(3) 合伙人的姓名或者名称、住所；(4) 合伙人的出资方式、数额和缴付期限；(5) 利润分配、亏损分担方式；(6) 合伙事务的执行；(7) 入伙与退伙；(8) 争议解决办法；(9) 合伙企业的解散与清算；(10) 违约责任。

有限合伙协议除符合《合伙企业法》第18条的规定外，还应当载明下列事项：

(1) 普通合伙人和有限合伙人的姓名或者名称、住所；

(2) 执行事务合伙人应具备的条件和选择程序；

(3) 执行事务合伙人权限与违约处理办法；

(4) 执行事务合伙人的除名条件和更换程序；

(5) 有限合伙人入伙、退伙的条件、程序以及相关责任；

(6) 有限合伙人和普通合伙人相互转变程序。

合伙协议经全体合伙人签名、盖章后生效。合伙人按照合伙协议享有权利，履行义务。经全体合伙人一致同意，可以修改或者补充合伙协议。对于合伙协议未约定或者约定不明确的事项，由合伙人协商决定；协商不成的，依照该法和其他有关法律、行政法规的规定处理。

（四）合伙出资

普通合伙人可以用货币、实物、知识产权、土地使用权或者其他财产权利出资，也可以用劳务出资。合伙人以实物、知识产权、土地使用权或者其他财产权利出资，需要评估作价的，可以由全体合伙人协商确定，也可以由全体合伙人委托法定评估机构评估。合伙人以劳务出资的，其评估办法由全体合伙人协商确定，并在合伙协议中载明。合伙人应当按照合伙协议约定的出资方式、数额和缴付期限，履行出资义务。以非货币财产出资的，依照法律、行政法规的规定，需要办理财产权转移手续的，应当依法办理。经其他合伙人一致同意，对未履行出资义务的合伙人，可以决议将其除名。

有限合伙人也可以用货币、实物、知识产权、土地使用权或者其他财产权利作价出资。

但有限合伙人不得以劳务出资。有限合伙人应当按照合伙协议的约定按期足额缴纳出资；未按期足额缴纳的，应当承担补缴义务，并对其他合伙人承担违约责任。

（五）合伙企业的设立登记

申请设立合伙企业，应当向企业登记机关提交登记申请书、合伙协议书、合伙人身份证明等文件。合伙企业的经营范围中有属于法律、行政法规规定在登记前须经批准的项目的，该项经营业务应当依法经过批准，并在登记时提交批准文件。

申请人提交的登记申请材料齐全、符合法定形式，企业登记机关能够当场登记的，应予当场登记，发给营业执照。除前述规定情形外，企业登记机关应当自受理申请之日起20日内，作出是否登记的决定。予以登记的，发给营业执照；不予登记的，应当给予书面答复，并说明理由。

合伙企业的营业执照签发日期，为合伙企业成立日期。合伙企业领取营业执照前，合伙人不得以合伙企业名义从事合伙业务。

合伙企业设立分支机构，应当向分支机构所在地的企业登记机关申请登记，领取营业执照。

合伙企业登记事项发生变更的，执行合伙事务的合伙人应当自作出变更决定或者发生变更事由之日起15日内，向企业登记机关申请办理变更登记。

二、合伙企业财产和事务执行

（一）合伙企业的财产

根据法律规定，合伙企业的财产主要由三部分构成：一是合伙人出资构成的企业财产；二是以合伙企业名义取得的收益（即合伙经营中积累的财产）；三是依法取得的其他财产，如受赠财产、企业获得的赔偿等。

关于合伙企业财产的性质，通常认为是一种共同共有。对合伙企业财产的占有、使用、收益、处分应当基于合伙人共同的意志。在共有关系存续期间，共有人的共同份额无法加以确定，所以各共有人不得主张分割共有物，除非有法定的事由（如合伙人退伙）。正是基于这种共同共有性质，合伙财产的处分需基于全体合伙人的合意，在实践中，合伙企业的财产处分多是由个别合伙人实施的。该实施行为必须得到全体合伙人的授权。如果个别合伙人未经授权擅自处分了财产，应当根据第三人主观性质来区别对待。如果第三人是善意，则合伙企业不得以处分行为未经授权而主张无效；如果第三人是恶意，则可以主张无效。

合伙人在合伙企业清算前，不得请求分割合伙企业的财产；但是，《合伙企业法》另有规定的除外。合伙人在合伙企业清算前私自转移或者处分合伙企业财产的，合伙企业不得以此对抗善意第三人。

关于合伙企业财产份额的转让问题，除合伙协议另有约定外，合伙人向合伙人以外的人转让其在合伙企业中的全部或者部分财产份额时，须经其他合伙人一致同意。有限合伙人可以按照合伙协议的约定向合伙人以外的人转让其在有限合伙企业中的财产份额，但应当提前30日通知其他合伙人。合伙人向合伙人以外的人转让其在合伙企业中的财产份额的，在同等条件下，其他合伙人有优先购买权；但是，合伙协议另有约定的除外。合伙人以外的人依法受让合伙人在合伙企业中的财产份额的，经修改合伙协议即成为合伙企业的合伙人，依照《合伙企业法》和修改后的合伙协议享有权利、履行义务。合伙人之间转让在合伙企业中的全部或者部分财产份额时，应当通知其他合伙人。

合伙人以其在合伙企业中的财产份额出质的，须经其他合伙人一致同意；未经其他合伙人一致同意，其行为无效，由此给善意第三人造成损失的，由行为人依法承担赔偿责任。有限合伙人可以将其在有限合伙企业中的财产份额出质；但是，合伙协议另有约定的除外。

（二）合伙企业的事务执行

合伙企业事务的执行，是指为了实现合伙企业的目的而进行的业务活动。合伙企业事务的执行涉及合伙事务的执行方式、决策方式和监督管理等多个方面。

1. 合伙企业事务执行的具体方式

合伙企业事务执行的具体方式可以由合伙人在协议中约定。根据我国《合伙企业法》的规定，合伙企业事务执行的具体方式可以有以下四种：

（1）由全体合伙人共同执行合伙企业事务。《合伙企业法》第26条规定，合伙人对执行合伙事务享有同等的权利。这意味着全体合伙人都有权执行合伙事务，可以共同来行使。但注意有限合伙企业只能由普通合伙人执行合伙事务，有限合伙人不执行合伙事务，不得对外代表有限合伙企业。但有限合伙人的下列行为，不视为执行合伙事务：1）参与决定普通合伙人入伙、退伙；2）对企业的经营管理提出建议；3）参与选择承办有限合伙企业审计业务的会计师事务所；4）获取经审计的有限合伙企业财务会计报告；5）对涉及自身利益的情况，查阅有限合伙企业财务会计账簿等财务资料；6）在有限合伙企业中的利益受到侵害时，向有责任的合伙人主张权利或者提起诉讼；7）执行事务合伙人怠于行使权利时，督促其行使权利或者为了本企业的利益以自己的名义提起诉讼；8）依法为本企业提供担保。

（2）委托一个或数个合伙人执行合伙企业事务。按照合伙协议的约定或者经全体合伙人决定，可以委托一个或者数个合伙人对外代表合伙企业，执行合伙事务。作为合伙人的法人、其他组织执行合伙事务的，由其委派的代表执行。

（3）由合伙人分别执行合伙企业事务。即由各合伙人分别执行某一方面的事务。未参与执行的合伙人除享有监督权外，对其他合伙人执行的合伙事务还有提出异议权。

（4）经全体合伙人同意，企业可以聘请合伙人以外的人担任合伙企业的经营管理人员。被聘任的合伙企业的经营管理人员应当在合伙企业授权范围内履行职务。被聘任的合伙企业的经营管理人员，超越合伙企业授权范围履行职务，或者在履行职务过程中因故意或者重大过失给合伙企业造成损失的，依法承担赔偿责任。

2. 合伙企业事务的决策方式

合伙人对合伙企业有关事项作出决议，按照合伙协议约定的表决办法办理。合伙协议未约定或者约定不明确的，实行合伙人一人一票并经全体合伙人过半数通过的表决办法。下列事项除合伙协议另有约定外，应当经全体合伙人一致同意：

（1）改变合伙企业的名称；

（2）改变合伙企业的经营范围、主要经营场所的地点；

（3）处分合伙企业的不动产；

（4）转让或者处分合伙企业的知识产权和其他财产权利；

（5）以合伙企业名义为他人提供担保；

（6）聘任合伙人以外的人担任合伙企业的经营管理人员；

（7）普通合伙人转变为有限合伙人，或者有限合伙人转变为普通合伙人。

3. 合伙事务的监督管理

对于按照合伙协议的约定或者经全体合伙人决定，委托一个或者数个合伙人对外代表合伙企业执行合伙事务的，其他合伙人不再执行合伙事务。不执行合伙事务的合伙人有权监督执行事务合伙人执行合伙事务的情况。

由一个或者数个合伙人执行合伙事务的，执行事务合伙人应当定期向其他合伙人报告事务执行情况以及合伙企业的经营和财务状况，其执行合伙事务所产生的收益归合伙企业，所产生的费用和亏损由合伙企业承担。

合伙人为了解合伙企业的经营状况和财务状况，有权查阅合伙企业的会计账簿等财务资料。

合伙人分别执行合伙事务的，执行事务合伙人可以对其他合伙人执行的事务提出异议。提出异议时，应当暂停该项事务的执行。如果发生争议，依照合伙协议约定的表决办法或经全体合伙人过半数通过的表决办法作出决定。

受委托执行合伙事务的合伙人不按照合伙协议或者全体合伙人的决定执行事务的，其他合伙人可以决定撤销该委托。

三、合伙企业与第三人关系

（一）合伙人对外行为的效力

合伙企业可以通过内部协议对执行合伙人和代理人的外部行为的效力加以限制，但是这种限制对第三人发生效力的前提是第三人知晓这一限制条件。如果第三人不知情，该内部效力对第三人不发生抗辩效力。

（二）合伙企业的债务清偿

1. 合伙企业债务的对外清偿

《合伙企业法》第 38 条和第 39 条规定，合伙企业对其债务，应先以其全部财产进行清偿。合伙企业不能清偿到期债务的，合伙人承担无限连带责任。

2. 合伙人之间的债务分担与追偿

《合伙企业法》第 40 条规定，合伙人由于承担无限连带责任，清偿数额超过该法第 33 条第 1 款规定的其亏损分担比例的，有权向其他合伙人追偿。各合伙人承担比例的确定方法，在第 33 条第 1 款中有明确的规定：合伙企业的亏损分担，按照合伙协议的约定办理；合伙协议未约定或者约定不明确的，由合伙人协商决定；协商不成的，由合伙人按照实缴出资比例分担；无法确定出资比例的，由合伙人平均分担。

3. 合伙人个人债务的清偿与合伙企业的关系

《合伙企业法》第41条规定，合伙人发生与合伙企业无关的债务，相关债权人不得以其债权抵销其对合伙企业的债务；也不得代位行使合伙人在合伙企业中的权利。

合伙人的自有财产不足清偿其与合伙企业无关的债务的，该合伙人可以以其从合伙企业中分取的收益用于清偿；债权人也可以依法请求人民法院强制执行该合伙人在合伙企业中的财产份额用于清偿。人民法院强制执行合伙人的财产份额时，应当通知全体合伙人，其他合伙人有优先购买权；其他合伙人未购买，又不同意将该财产份额转让给他人的，依照《合伙企业法》第51条的规定为该合伙人办理退伙结算，或者办理削减该合伙人相应财产份额的结算。

四、入伙与退伙

（一）入伙

1. 入伙的概念和条件

入伙，即合伙人之外的第三人加入合伙，获得合伙人资格。根据《合伙企业法》第43条的规定，入伙应具备以下两个条件：（1）新合伙人入伙时，除合伙协议另有约定外，应经全体合伙人一致同意；（2）依法订立书面入伙协议。订立入伙协议时，原合伙人应当向新合伙人如实告知原合伙企业的经营状况和财务状况。

2. 入伙的法律效力

入伙的新合伙人与原合伙人享有同等权利，承担同等责任。入伙协议另有约定的，从其约定。新合伙人对入伙前合伙企业的债务承担无限连带责任。新入伙的有限合伙人对入伙前有限合伙企业的债务，以其认缴的出资额为限承担责任。

（二）退伙

1. 退伙的概念和条件

退伙，是指合伙人退出合伙，从而丧失合伙人资格。根据我国《合伙企业法》的规定，合伙人退伙的条件因退伙事由的不同，可以分为以下三种：

（1）任意退伙。任意退伙是指合伙人有权自主选择是否退伙的情形下的退伙。任意退伙又分为两种情形：一是协议退伙，即合伙协议约定合伙企业的经营期限的、有合伙协议约定的退伙事由出现、经全体合伙人一致同意、发生合伙人难以继续参加合伙的事由、其他合伙人严重违反合伙协议约定的义务的，合伙人可以退伙。二是通知退伙，即合伙协议未约定合伙企业的经营期限的，合伙人在不给合伙企业事务执行造成不利影响的情况下，可以退伙，但应当提前30日通知其他合伙人。

（2）法定退伙。法定退伙也称当然退伙，指合伙人因法定事由的出现，不具备合伙人的基本条件而必须退伙的情形。法定退伙包括：作为合伙人的自然死亡或者被依法宣告死亡；个人丧失偿债能力；作为合伙人的法人或者其他组织依法被吊销营业执照、责令关闭撤销，或者被宣告破产；法律规定或者合伙协议约定合伙人必须具有相关资格而丧失该资格；合伙人在合伙企业中的全部财产份额被人民法院强制执行。合伙人被依法认定为无民事行为能力人或者限制民事行为能力人的，经其他合伙人一致同意，可以依法转为有限合伙人，普通合伙企业依法转为有限合伙企业。其他合伙人未能一致同意的，该无民事行为能力或者限制民事行为能力的合伙人退伙。退伙事由实际发生之日为退伙生效日。

（3）除名退伙。除名退伙指在法定条件下，经其他合伙人一致同意，合伙人被合伙企业除名而发生的退伙。《合伙企业法》第49条规定，合伙人有下列情形之一的，经其他合伙人一致同意，可以决议将其除名：未履行出资义务；因故意或者重大过失给合伙企业造成损失；执行合伙事务时有不正当行为；发生合伙协议约定的事由。对合伙人的除名决议应当书面通知被除名人。被除名人接到除名通知之日，除名生效，被除名人退伙。被除名人对除名决议有异议的，可以自接到除名通知之日起30日内，向人民法院起诉。

2. 退伙的法律效力

普通合伙人退伙，对基于其退伙前的原因发生的合伙企业债务，承担无限连带责任。有限合伙人退伙后，对基于其退伙前的原因发生的有限合伙企业债务，以其退伙时从有限合伙企业中取回的财产承担责任。

合伙人退伙时，其在合伙企业中的财产份额和民事责任归属变动分为两种情况：一是财产继承，即退伙人的财产份额和民事责任归属于退伙人的继承人；二是退伙结算，即退伙人的财产份额和民事责任归属于退伙人本人。

财产继承适用于合伙人死亡或者被宣告死亡的情形。《合伙企业法》第50条规定，合伙人死亡或者被依法宣告死亡的，对该合伙人在合伙企业中的财产份额享有合法继承权的继承人，按照合伙协议的约定或者经全体合伙人一致同意，从继承开始之日起，取得该合伙企业的合伙人资格。

关于退伙结算，主要包括两个方面：一是退还出资，二是按照当时合伙企业的财产状况分享利润或者分担亏损。退还出资的方法有两种：退还实物；如果退还实物可能会影响合伙企业的正常运营，则以评估作价、退还货币为宜。合伙人退伙后，并不能解除其对合伙企业既往债务的连带责任。

五、合伙企业的解散与清算

（一）合伙企业的解散

根据《合伙企业法》第85条的规定，合伙企业有下列情形之一的，应当解散：

（1）合伙期限届满，合伙人决定不再经营；

（2）合伙协议约定的解散事由出现；

（3）全体合伙人决定解散；

（4）合伙人已不具备法定人数满30天；

（5）合伙协议约定的合伙目的已经实现或者无法实现；

（6）依法被吊销营业执照、责令关闭或者被撤销；

（7）法律、行政法规规定的其他原因。

（二）合伙企业的清算

合伙企业解散，必须经过清算，否则合伙关系不能完全消灭。清算的目的在于清理合伙财产、了结合伙业务、收取债权以及偿还债务等。

1. 清算人的选任

合伙企业解散，清算人由全体合伙人担当；未能由全体合伙人担当的，经全体合伙人过半数同意，可以在合伙企业解散后15日内指定一名或者数名合伙人或者委托第三人，担任清算人。如果在15日内未确定清算人，合伙人和其他利害关系人可以申请人民法院指定清算人。

2. 清算人的职责

清算人在清算期间，应执行以下事务：

（1）清理合伙企业财产，分别编制资产负债表和财产清单；

（2）处理与清算有关的合伙企业未了结事务；

（3）清缴所欠税款；

（4）清理债权、债务；

（5）处理合伙企业清偿债务后的剩余财产；

（6）代表合伙企业参加诉讼或者仲裁活动。

3. 合伙债务的清偿顺序

在清算过程中，合伙企业财产应当首先用于支付清算费用，如果有剩余的，按照下列顺序清偿：

（1）职工工资、社会保险费用、法定补偿金；

（2）合伙企业所欠税款；

（3）合伙企业的债务。

合伙企业在按照上述顺序清偿仍有剩余的，依照合伙协议的约定进行分配；合伙协议未约定或者约定不明确的，由合伙人协商决定；协商不成的，由合伙人按照实缴出资比例分配；无法确定出资比例的，由合伙人平均分配。

清算结束，清算人应当编制清算报告，经全体合伙人签名、盖章后，在 15 日内向企业登记机关报送清算报告，申请办理合伙企业注销登记。

合伙企业注销后，原普通合伙人对合伙企业存续期间的债务仍应承担无限连带责任。合伙企业不能清偿到期债务的，债权人可以依法向人民法院提出破产清算申请，也可以要求普通合伙人清偿。合伙企业依法被宣告破产的，普通合伙人对合伙企业债务仍应承担无限连带责任。

第三节　外商投资企业法

一、外商投资企业的概念和种类

（一）外商投资企业的概念

外商投资企业，是指按照中国的法律规定，在中国境内设立的，由中国投资者和外国投资者共同投资或者仅由外国投资者投资的企业。所称的中国投资者，包括中国的公司、企业或者其他经济组织；外国投资者，包括外国的公司、企业或者其他经济组织或者个人。

（二）外商投资企业的种类

外商投资企业是一个范围较广的概念，它包括所有含有外资成分的企业。依照外商在企业注册资本中所占的股份和份额的比例不同，可以将外商投资企业分成以下三种类型：

（1）中外合资经营企业。我国为了扩大国际经济合作和技术交流，允许外国公司、企业和其他经济组织或个人（简称外国合营者），按照平等互利的原则，经中国政府批准，在我国境内，同中国的公司、企业或其他经济组织（简称中国合营者）共同举办合营企业。合营企业的形式为有限责任公司。在合营企业的注册资本中，外国合营者的投资比例一般不低于25%。合营各方按注册资本比例分享利润和分担风险及亏损。

（2）中外合作经营企业。外国合作者按照平等互利的原则，同中国合作者在中国境内共同举办中外合作经营企业。中外合作者举办合作企业，应当依照我国的法律规定，在合作企业合同中约定投资或者合作条件、收益或者产品的分配、风险和亏损的分担、经营管理的方式和合作企业终止时财产的归属等事项。合作企业符合中国法律关于法人条件的规定的，依法取得中国法人资格。因此，合作企业组织形式较为灵活，为契约式合营，利润分配、风险分担等都以当事人合意为主。

（3）外资企业。即依照中国有关法律在中国境内设立的全部资本由外国投资者投资的企业，不包括外国的企业和其他经济组织在中国境内的分支机构。

二、外商投资企业的设立

（一）外商投资企业的设立条件

从整体上来看，外商投资企业的设立应当能够促进中国经济的发展和科学技术水平的提高，有利于社会主义现代化建设。国家鼓励举办产品出口的或者技术先进的外商企业。随着经济的发展和加入世界贸易组织，我国正在逐渐放宽外商投资企业进入中国的条件。

允许设立外商企业的主要行业包括：

（1）能源开发，建筑材料工业，化学工业，冶金工业；

（2）机械制造工业，仪器仪表工业，海上石油开采设备的制造业；

（3）电子工业，计算机工业，通信设备的制造业；

（4）轻工业，纺织工业，食品工业，医药和医疗器械工业，包装工业；

（5）农业，牧业，养殖业；

（6）旅游和服务业。

但在新闻、出版、广播、电视、电影、邮电通信，以及我国政府规定的其他行业，禁止设立外资企业；而在公用事业、交通运输、房地产、信托投资、租赁等行业限制设立外资企业。

申请设立的外商企业应注重经济效益，符合下列一项或数项要求：

（1）采用先进技术设备和科学管理方法，能增加产品品种，提高产品质量和产量，节约能源和材料；

（2）有利于企业技术改造，能做到投资少、见效快、收益大；

（3）能扩大产品出口，增加外汇收入；

（4）能培训技术人员和经营管理人员。

申请设立外资企业，有下列情况之一的，不予批准：

（1）有损中国主权或者社会公共利益的；

（2）危及中国国家安全的；

（3）违反中国法律、法规的；

（4）不符合中国国民经济发展要求的；

（5）对环境造成污染损害的；

（6）签订的协议、合同、章程显属不公平，损害合营一方权益的；

（7）有违反法律、行政法规或者国家产业政策的其他情形的。

（二）外商投资企业的设立程序

对外商投资企业，我国实行核准主义设立原则。即申请设立外商投资企业除了应具备法定条件外，还要取得审批机构的批准。

（1）申请。申请设立外商投资企业，应当由中外合营者、中国合作者、外国投资者向审批机构提出申请，并报送相关文件。

（2）审批。在中国境内设立外商投资企业，必须经商务部审查批准。批准后，由商务部发给批准证书。符合一定条件的，可由国务院授权省、自治区、直辖市人民政府或者国务院有关部门审批。

（3）登记成立。申请者自收到批准证书之日起1个月内，按照国家有关规定，向工商行政管理机关办理登记手续。营业执照签发日期，即为该外商投资企业的成立日期。

三、外商投资企业的资本与合作条件

（一）外商投资企业的资本

1. 中外合资经营企业的资本

合营企业的注册资本，是指为设立合营企业在登记管理机构登记的资本总额，应为合营各方认缴的出资额之和。注册资本与投资总额是两个不同的概念。合营企业的注册资本在合营期内不可减少，因投资总额和生产经营规模等发生变化，确需减少的，须经审批机关批准。增加、减少注册资本应由合营企业董事会会议通过，并报审批机关批准，向登记管理机构变更登记手续。在合营企业的注册资本中，外国合营者的投资比例一般不低于25%。合营企业投资总额是按照合营企业合同、章程规定的生产规模需要投入的基本建设资金和生产流动资金的总和。如果合营各方的出资额达不到投资总额，可以以合营企业的名义进行借款，此时，投资总额包括注册资本和企业借款。

2. 中外合作经营企业的资本

中外合作经营企业的注册资本，是指为了设立合作企业，在工商行政管理机关登记的合作各方认缴的出资额之和。注册资本可以以人民币表示，也可以用合作各方约定的一种可以自由兑换的外币表示。注册资本在合作期限内不得减少，但是，因投资总额和生产经营规模等变化，确需减少的，须经审批机关批准。依法取得法人资格的中外合作企业，外方合作者的投资一般不低于合作企业注册资本的25%。不具备法人资格的中外合作企业，对合作各方向合作企业投资或者提供合作条件的具体要求，由商务部确定。

3. 外资企业的资本

外资企业的注册资本，是指为设立外资企业而在工商行政管理机关登记的资本总额，即外国投资者认缴的全部出资额。外资企业的注册资本要和其经营规模相适应，注册资本与投资总额的比例应当符合我国的相关规定。外资企业在经营期内不得减少其注册资本，但是，因投资总额和生产经营规模等发生变化，确需减少的，须经审批机关批准。外资企业注册资本的增加、转让，经审批机关批准后，还要在工商行政管理机关办理登记手续。外资企业将其财产或者权益对外抵押、转让，须经审批机关批准，并向工商行政管理机关备案。

出资方式：外国投资者可以用可自由兑换的外币出资，也可以用机器设备、工业产权、专有技术等作价出资。经审批机关批准，外国投资者也可以用其从中国境内举办的其他外商投资企业获得的人民币利润出资。

（二）外商投资企业的合作条件

1. 中外合资经营企业的合作条件

关于出资方式，合作各方可以用货币出资，也可以用建筑物、厂房、机器设备或者其他物料、工业产权、专有技术、场地使用权等作价出资。外国合营者作为投资的技术和设备，必须确实是我国需要的先进技术和设备。即作为外国合营者出资的工业产权或者专有技术，必须符合下列条件之一：（1）能显著改进现有产品的性能、质量，提高生产效率的；（2）能显著节约原材料、燃料、动力的。如果有意以落后的技术和设备进行欺骗，造成损失的，应赔偿损失。中国合营者的投资可以包括为合营企业经营期间提供的场地使用权。如果场地使用权未作为中国合营者投资的一部分，合营企业应当向中国政府缴纳使用费。合营者以非货币形式出资的，其作价由合营各方按照公平合理的原则协商确定，或者聘请合营各方同意的第三者评定。关于出资期限，各方应当按照合同的约定期限缴清各自出资额。逾期未缴或者未缴清的，应当按照合同规定支付迟延利息或者赔偿损失。

2. 中外合作经营企业的合作条件

关于各方的出资方式，合作各方投资或者提供合作条件的方式可以是货币，也可以是实物或者工业产权、专有技术、土地使用权等财产权利。合作各方以自有的财产或者财产权利作为投资或者合作条件，对该投资或者合作条件不得设立抵押或其他形式的担保。合作各方缴纳投资或者合作条件后，应当由中国注册会计师验证，合作企业据此发给合作各方出资证明。关于出资期限，应当根据生产经营的需要在合同中明确约定。合作各方未能如期缴纳出资、提供合作条件的，工商管理部门应当限期履行；期限届满仍未履行的，审查批准机关应当撤销批准证书，工商行政管理机关应当吊销营业执照。

四、外商投资企业的组织机构

（一）中外合资经营企业的组织机构

合营企业的最高权力机构是董事会。其职权是按照企业章程的规定，讨论决定合营企业的一切重大问题。董事会成员不得少于 3 人，其名额的分配由合营各方参照出资比例协商确定。然后各方按照分配的比例分别委派董事。董事的任期为 4 年，经合营各方继续委派可以连任。

董事长和副董事长应由各方协商确定或者由董事会选举产生。合营一方担任董事长的，另一方担任副董事长。董事长是合营企业的法人代表，当其不能履行职责时，由副董事长代行职责。董事会会议每年至少召开一次，应由 2/3 以上的董事出席方能举行。

下列事项由出席董事会会议的董事一致通过方可做出决议：合营企业章程的修改；合营企业的中止、解散；合营企业注册资本的增加、转让；合营企业与其他经济组织的合并。其他事项可以根据合营企业章程载明的议事规则做出决议。

合营企业的经营管理机构负责企业的日常经营管理工作。设总经理一人，副总经理若干人，副总经理协助总经理工作。总经理执行董事会会议的各项决议，组织领导合营企业的日常经营管理工作。在董事会的授权范围内，总经理对外代表合营企业，对内任免下属人员，行使董事会授予的其他职权。

（二）中外合作经营企业的组织机构

中外合作经营企业在组织机构形式上和合资经营企业有很大的差别，其管理形式主要有以下三种：

（1）董事会制度。具有法人资格的合作企业，一般实行董事会制。董事会是合作企业的最高权力机构，决定合作企业的重大问题，董事长、副董事长由各合作方协商产生。合作者一方担任董事长的，由另一方担任副董事长。董事会可以决定任命或者聘任总经理负责合作企业的日常管理工作。总经理对董事长负责。

（2）联合管理制。不具有法人资格的合作企业，一般实行联合管理制。联合管理机构由各方代表组成，是合作企业的最高权力机构，决定合作企业的重大问题。合作一方担任联合管理机构的主任，另一方担任副主任。联合管理机构可以设立经营管理机构，也可以不设立经营管理机构。设立经营管理机构的，总经理由经营管理机构任命或者聘任，负责合作企业的日常经营管理工作，对联合管理机构负责。不设经营管理机构的，由联合管理机构直接负责企业。

（3）委托管理制度。经合作各方一致同意，合作企业也可以委托中外合作一方进行经营管理，另一方不参加管理；也可以委托合作方以外的第三人管理企业。合作企业成立后改为委托第三方经营管理的，属于合作合同的重大变更，须经董事会或者联合管理机构一致同意，报审批机关审批，向工商行政管理机关办理登记手续。

董事会或者联合管理委员会成员不得少于 3 人，其名额分配由中外合作者参照其投资或者提供的合作条件协商确定。董事或者委员的任期由合作企业章程规定；但是，每届任期不得超过 3 年，董事或者委员任期届满，委派方继续委派的，可以连任。董事会会议或者联合管理委员会会议每年至少召开一次，应当有 2/3 以上董事或者委员出席方能举行。

（三）外资企业的组织机构

虽然外资企业的全部资本均来自外国投资者，但它是根据中国法律在中国境内设立的，受中国法律的管辖和保护，是具有中国国籍的企业。因此，其组织机构的形式也应符合中国法律的规定。外资企业的组织形式是多样的，一般情况下为有限责任公司。其组织机构也应符合我国对有限责任公司的要求，如设立股东会、董事会和监事会；规模较小的可设立股东会、执行董事和监事。当外资企业为其他责任形式如合伙形式和独资形式时，其组织机构也要满足相应的规定。

五、外商投资企业的期限、终止和清算

（一）中外合资经营企业的期限、终止和清算

合营企业的期限，依不同的行业和情况而定，有的可以约定经营期限，有的不能约定经营期限。约定了经营期限的，若合营各方同意延长合营期限的，在距离合营期满 6 个月前向审查机关提出申请。审查机关应自接到申请书后 1 月内决定批准或不批准。合

营企业如果发生严重亏损、一方不履行合同和章程规定的义务、不可抗力等，经合营各方协商同意，报请审查批准机关批准，并向国家工商行政管理部门登记，可终止合同。如果因违反合同造成损失的，违约方应当承担经济责任。合营企业在下列情形出现时可以解散：

（1）合营期限届满的；

（2）企业发生严重亏损，无力继续经营的；

（3）合营一方不履行合营企业的协议合同章程规定的义务，致使企业无法继续经营的；

（4）因自然灾害、战争等不可抗力遭受严重损失，无法继续经营的；

（5）合营企业未达到经营目的，同时又无发展前途的；

（6）合营企业合同、章程所规定的其他解散原因已经出现的。

在需要解散的情况下，应组成清算委员会对合营企业的财产、债权、债务进行全面的清查，编制资产负债表和财产目录，提出财产作价和计算依据，制定清算方案，提请董事会会议通过后执行。

（二）中外合作经营企业的期限、终止和清算

合作企业的期限，由中外合作者协商并在合同中订明，同意延长合作期限的，应当在期满前 180 天向审查批准机关提出申请。审查批准机关应当自接到申请之日起 30 天内决定批准或者不批准。企业出现下列情形之一时解散：

（1）企业合作期满；

（2）合作企业发生严重亏损，或者因不可抗力遭受严重损失，无力继续经营的；

（3）合作一方或者数方不履行合作企业合同、章程规定的义务，致使合作企业无法继续经营的；

（4）合作企业合同和章程中规定的其他解散原因已经出现的；

（5）合作企业违反法律行政法规的，被依法责令关闭的。

合作企业的清算方式，可以根据该企业的组织形式，依照《公司法》《合伙企业法》的规定，组成清算小组进行清算。

（三）外资企业的期限、终止和清算

外资企业的期限，由外国投资者申报，经审查机关批准。期满需要延长的，应当在期满 180 天以前向审查批准机关提出申请。审查批准机关应当在接到申请之日起 30 天内决定批准或者不批准。当出现下列情形之一时，外资企业应当终止：

（1）经营期限届满；

（2）经营不善、严重亏损、外国投资者决定解散；

（3）因自然灾害、战争等不可抗力而遭受严重损失，无法继续经营；

（4）破产；

（5）违反中国法律、法规，危害社会公共利益，被依法撤销；

（6）外资企业章程规定的其他解散事由已经出现。

当企业如果是因为前述（1）（2）（3）（6）项所列情形终止的，应当在终止日前 15 天内对外公告并通知债权人，并在终止公告发出之日起 15 天内，提出清算程序、原则、清算委员会人选，申报审批机关审核后进行清算。清算委员会应当由外资企业的法定代表人、债权人代表人、有关主管机关的代表组成，并聘请中国的注册会计师、律师等参加。清算委员会可召集债权人会议；接管并清理企业财产；编制资产负债表和财产目录；提出财产作价和计算依据；制定清算方案；收回债权和清偿债务；追回股东应缴而未缴的款项，分配剩余财产；代表外资企业起诉和应诉。

导入案例解析

本案涉及以下法律问题：(1) 入伙和退伙及其法律效力；(2) 合伙企业债务的清偿；(3) 合伙人个人债务的清偿；(4) 合伙企业的解散。

一、王某与常某转让合伙企业财产份额的协议的效力

王某与常某转让合伙企业财产份额的协议是否有效，决定了常某是否入伙，是否应承担超市的债务。《合伙企业法》第 22 条规定：除合伙协议另有约定外，合伙人向合伙以外的人转让其在合伙企业中的全部或者部分财产份额时，须经其他合伙人一致同意。入伙是指在合伙企业存续期间，合伙人以外的第三人加入合伙企业的法律行为。《合伙企业法》第 43 条规定：新合伙人入伙，除合伙协议另有约定外，应当经全体合伙人一致同意。本案中，该企业的合伙协议对入伙和对外转让财产份额都没有特别规定，而黄某、李某又不同意常某入伙，因此，该转让协议无效，常某对合伙超市的债务不承担责任。

二、王某擅自退伙的法律后果

退伙是指在合伙企业存续期间，合伙人依法退出在合伙企业的财产份额，丧失合伙人资格的法律行为。退伙有三种形式：声明退伙、法定退伙和除名退伙。其中声明退伙，《合伙企业法》第 46 条规定：合伙协议未约定合伙期限的，合伙人在不给合伙企业事务执行造成不利影响的情况下，可以退伙，但应当提前 30 日通知其他合伙人。合伙人违反该规定退伙的，应当赔偿由此给合伙企业造成的损失。本案由于在合伙协议中没有约定经营期限，王某可随时提出退伙，但应提前 30 日通知黄某、李某。而王某在没有通知黄某、李某的情况下，私自取走了自己的出资 20 万元，属于擅自退伙，为此给合伙企业造成损失的，应予以赔偿，并对基于其退伙前的原因发生的合伙企业债务，承担无限连带责任，即合伙超市欠海洋公司的 60 万元债务，是超市所欠货款，该项债务是王某提出退伙时已经存在的合伙债务，因此，王某应和李某、黄某一起对合伙债务负连带责任。

三、合伙企业债务的清偿问题

根据《合伙企业法》第 38 条、第 39 条的规定，合伙企业对其债务，应先以其全部财产进行清偿。合伙企业不能清偿到期债务的，合伙人承担无限连带责任。本案合伙企业财产 80 万元，亏损了 60 万元，仍有 20 万元，应用于合伙债务的清偿。合伙超市欠海洋公司的债务共有 60 万元，在以 20 万元合伙财产清偿后，不足清偿的 40 万元，由王某、黄某、李某三人对这 40 万元的债务承担连带责任。三人对债务的分担，应按照《合伙企业法》第 33 条的规定，根据合伙协议的约定，依照其出资比例，以其各自的财产承担责任。对清偿数额超过其分担比例的，有权向其他合伙人追偿。

四、王某个人债务的清偿

如果合伙企业的债务与合伙人的个人债务同时存在，且合伙企业的财产和合伙人的个人财产均不能清偿其到期债务时，则应依“双重优先”的原则处理，即合伙企业的债务优先用合伙企业的财产清偿；合伙人的个人债务优先用合伙人的个人财产清偿。王某个人由于从事鲜活商品贩卖亏损所欠的债务，是王某的个人债务，应由王某以他的个人财产偿还。本案中，王某的个人债务与王某所加入的合伙超市的债务同时存在，合伙人王某的个人债务的债权人渔场和合伙超市的债权人海洋公司都要求以合伙人个人的财产和他在合伙超市财产中的应有份额来满足自己的债权。在这种情况下，王某的个人财产首先应当偿还其个人债务；而王某在合伙超市中的应有份额优先用于偿还合伙超市的债务。

五、黄某和李某分割超市商品的行为

《合伙企业法》第 21 条规定：合伙人在合伙企业清算前，不得请求分割合伙企业的财产；但是，该法另有规定的除外。合伙人在合伙企业清算前私自转移或者处分合伙企业财产的，合伙企业不得以此对抗善意第三人。合伙企业的解散，是指合伙企业因某些法律事实的方式而使其民事主体资格归于消灭的行为。根据《合伙企业法》第 85 条第 4 项的规定，合伙人已不具备法定人数满 30 天，应当解散。本案中，由于王某退伙后，李某也要求退伙，那么在合伙人已不具备法定人数满 30 天后，应解散合伙企业。但合伙人在合伙企业清算前，黄某、李某商定按进货价格计算分别得价值 15 万元、20 万元的商品，但对合伙债务未作处理，因此，黄某和李某应将商品退回作为合伙企业财产进行清算。

思考题

1. 什么是普通合伙企业、有限合伙企业？
2. 特殊的普通合伙企业与有限合伙企业有什么不同？
3. 简述合伙企业的设立条件。
4. 试述合伙企业的入伙与退伙、解散与清算。
5. 个人独资企业的设立条件是什么？
6. 试述独资企业的设立程序。
7. 试述外商投资企业的概念和种类。

第四章　破产法

企业破产是市场经济的一种自然经济现象和结果，是有效地保护债权人合法权益的方式之一。1986 年我国开始试行企业破产，2006 年 8 月 27 日颁布了《中华人民共和国企业破产法》(简称《破产法》)。本章根据我国破产法的规定，全面介绍了破产的概念、破产制度、破产企业职工的保护、破产法适用的范围以及破产的申请、受理和破产宣告等内容。

学习目标

1. 了解破产的概念和特征；
2. 熟悉破产的程序；
3. 明确破产财产、取回权、破产债权、别除权等的基本内容；
4. 能够运用破产法的基本原理分析和解决公司破产事务中的问题。

导入案例　上海超日太阳能科技股份有限公司破产重整案

一、基本案情

上海超日太阳能科技股份有限公司（简称超日公司）是国内较早从事太阳能光伏生产的民营企业，注册资本 1.976 亿元。2010 年 11 月，超日公司股票在深圳证券交易所中小企业板挂牌交易。2012 年 3 月 7 日，超日公司发行了存续期限为五年的“11 超日债”。此后公司整体业绩持续亏损，生产经营管理陷于停滞，无力偿付供应商货款，银行账户和主要资产处于被冻结、抵押或查封状态，应付债券不能按期付息，“11 超日债”也因此成为我国债券市场上的首个公司债违约案例。受财务负担沉重以及光伏产业整体处于低谷时期等因素的影响，超日公司已经很难在短期内通过主营业务的经营恢复持续盈利能力。2014 年 4 月 3 日，债权人上海毅华金属材料有限公司以超日公司不能清偿到期债务为由，向上海市第一中级人民法院（简称上海一中院）申请对该公司进行破产重整。该院经审查，于 6 月 26 日裁定受理。因连续三年亏损，超日公司被暂停上市。

二、审理情况

上海一中院指定一家律师事务所和一家会计师事务所组成联合管理人。管理人通过公开招标，确定由 9 家公司作为联合投资人。2014 年 10 月 8 日，管理人公告发布《超日公司重整计划草案》《关于确定投资人相关情况的公告》等文件。管理人结合超日公司的实际情况以及对意向投资人的综合考察，确定由江苏协鑫能源有限公司等九家单位组成联合体作为超日公司重整案的投资人。九家联合投资人将出资 19.6 亿元用于超日公司重整，其中 18 亿元用于支付重整费用和清偿债务，剩余 1.6 亿元作为超日公司后续经营的流动资金。

《超日公司重整计划草案》于同年10月23日向第二次债权人会议提交。经分组表决，各表决组均通过了重整计划草案。依管理人申请，上海一中院于10月28日裁定批准超日公司重整计划并终止重整程序。根据重整计划，超日公司职工债权和税款债权全额受偿；有财产担保债权按照担保物评估价值优先受偿，未能就担保物评估价值受偿的部分作为普通债权受偿；普通债权20万元以下（含本数）部分全额受偿，超过20万元部分按照20%的比例受偿。此外，长城资产管理公司和久阳投资管理中心承担相应的保证责任，“11超日债”本息全额受偿。超日公司更名为协鑫科技股份有限公司，并于2014年实现盈利。2015年8月12日，*ST超日更名后在深交所恢复上市。至此，超日公司重整成功。

第一节　破产法概述

一、破产的概念与特征

破产是指当债务人不能清偿到期债务时，为使全体债权人得到公平清偿，法院依据债务人或债权人的申请，按照法定程序强制对债务人的全部财产实行的以分配为目的的清算程序。

因此，破产是债务人不能清偿到期债务时为确保全体债权人利益而进行的一种特殊的清算程序。其特征表现为：

（1）破产是债权实现的一种特殊形式。破产以债权债务存在为前提，是债权实现的一个途径，与其他债权实现的方式不同，破产以债务人的全部财产清偿债务。

（2）破产是在法定的条件下运用的偿债程序。破产必须有破产原因的存在，根据我国《破产法》第2条的规定，企业法人不能清偿到期债务，并且资产不足以清偿全部债务或者明显缺乏清偿能力，是企业破产的原因。破产原因是破产程序开始的前提条件。

（3）破产程序进行的目的是公平地清偿债务人所欠的债务。

（4）破产是在法院的指挥和监督下实施的债务清算程序，任何单位和个人不得自行宣告破产。

（5）破产程序具有集中强制执行的特征。即将债权人的总债权就债务人的全部财产实施全盘的统一的执行。

二、破产法的概念与特征

破产法是关于债务人不能清偿到期债务时，宣告其破产，并由法院对其全部财产进行清理、分配或由其进行和解等方面的法律规范的总和。破产法有狭义和广义之分，前者仅指以破产法命名的法律规范，后者除包括破产法律之外，还包括民法、商法、刑法及其他法律部门中有关破产的法律规范。破产法具有以下特征：

（1）综合性。破产法要解决的是债务人无力偿债的问题，是一个涉及多种社会关系和多种利益的问题，关系到经济发展和社会安定。因此，破产法具有多重目标，需要运用多种法律机制进行综合调整。

（2）破产法是特别法。破产法相对于民法、商法、刑法来说是特别法。破产法在基本原则、基本法律概念上应与基本法一致，但又有一系列不同于普通法的特殊规则，因此，在处理破产案件时应优先适用破产法。

（3）任意性和强制性。破产法的目的是使债务人的各个债权人的债权得到公平清偿，因此，破产法允许当事人自行协商解决，而且鼓励当事人在破产程序中通过谈判和妥协达成协议解决，并提供了相应的程序条件。同时，破产程序又是强制性的，当事人不能违反。

三、破产法的适用范围

2006 年 8 月 27 日第十届全国人大常委会第 23 次会议通过了《中华人民共和国破产法》，于 2007 年 6 月 1 日起施行。该法分 12 章，共 136 条。

《破产法》适用于企业法人。商业银行、证券公司、保险公司等金融机构实施破产的，国务院可以依据该法和其他有关法律的规定制定实施办法。其他法律规定企业法人以外的组织的清算，属于破产清算的，参照适用《破产法》规定的程序。

四、破产原因

破产原因又称破产界限，是指法院据以宣告债务人破产的条件和根据。它既是债权人申请债务人破产或债务人申请自身破产的前提，也是法院判断破产申请能否成立以及能否作出破产宣告的重要根据。

根据《破产法》第 2 条和《最高人民法院关于适用〈中华人民共和国企业破产法〉若干问题的规定（一）》（简称《破产法解释（一）》）第 1 条、第 2 条、第 4 条的规定，债务人不能清偿到期债务并且具有下列情形之一的，应当认定其具备破产原因：

（1）资产不足以清偿全部债务。

（2）明显缺乏清偿能力。

相关当事人以对债务人的债务负有连带责任的人未丧失清偿能力为由，主张债务人不具备破产原因的，人民法院应不予支持。

其中，不能清偿到期债务，是指同时存在下列情形：

第一，债权债务关系依法成立；

第二，债务履行期限已经届满；

第三，债务人未完全清偿债务。

资产不足以清偿全部债务，是指债务人的资产负债表或者审计报告、资产评估报告等显示其全部资产不足以偿付全部负债的，人民法院应当认定债务人资产不足以清偿全部债务，但有相反证据足以证明债务人资产能够偿付全部负债的除外。

明显缺乏清偿能力，是指债务人账面资产虽大于负债，但存在下列情形之一的，人民法院应当认定其明显缺乏清偿能力：

其一，因资金严重不足或者财产不能变现等原因，无法清偿债务；

其二，法定代表人下落不明且无其他人员负责管理财产，无法清偿债务；

其三，经人民法院强制执行，无法清偿债务；

其四，长期亏损且经营扭亏困难，无法清偿债务；

其五，导致债务人丧失清偿能力的其他情形。

第二节　破产程序法

一、破产案件的申请

破产申请，是指申请人向有管辖权的法院提出宣告债务人破产请求的行为。

（一）破产申请人

破产程序的开始，多由债权人和债务人的申请引起，有的国家和地区允许法院依职权开始破产程序。根据我国《破产法》和《民事诉讼法》的规定，在债务人不能清偿到期债务时，债权人有权申请宣告债务人破产，债务人也可以申请宣告自己破产，但对于商业银行、证券公司、保险公司等金融机构提出破产申请还须经过国务院金融监督管理机构。因此，在我国，破产程序只能依债权人和债务人的申请开始，非经债权人或债务人申请，不得开始破产程序。

根据《破产法》第 8 条的规定，申请人向人民法院提出破产申请，应当提交破产申请书和有关证据。破产申请书应当载明下列事项：

（1）申请人、被申请人的基本情况。

（2）申请目的。

（3）申请的事实和理由。

（4）人民法院认为应当载明的其他事项。

债务人提出申请的，还应当向人民法院提交财产状况说明、债务清册、债权清册、有关财务会计报告、职工安置预案以及职工工资的支付和社会保险费用的缴纳情况。

（二）破产案件的管辖

破产申请应向有管辖权的人民法院提出。破产案件依法应由债务人住所地人民法院管辖。债务人住所地是指债务人的主要办事机构所在地。债务人无办事机构的，由其注册地人民法院管辖。

法院的级别管辖一般根据企业登记机关的级别而确定。基层人民法院一般管辖县、县级市或区的工商行政管理机关核准登记企业的破产案件；中级人民法院一般管辖地区、地级市（含本级）以上工商行政管理机关核准登记企业的破产案件。

二、破产案件的受理

破产案件的受理又称破产案件的立案，是指法院经审查认为破产申请符合法定条件而予以接受，并因此开始破产程序的司法上的审判行为。法院受理破产案件，是破产程序开始的标志。

（一）破产案件受理的条件

破产案件受理的条件即法院在接到申请后应满足什么条件才能受理破产申请。根据我国法律法规的规定，法院收到破产申请后应进行审查，对破产案件的审查分为形式条件的审查和实质条件的审查。

形式条件的审查主要是审查申请人是否有破产申请资格、人民法院是否有管辖权、申请人提供的有关材料是否符合法律规定、债务人是否属于破产法适用范围内的民事主体。在我国只承认企业法人的破产能力，其他任何主体包括非法人企业、自然人、个体工商户等都不具有破产能力。实质条件的审查是指审查债务人是否有破产原因。

（二）裁定受理期限

根据《破产法》第 10 条的规定，债权人提出破产申请的，人民法院应当自收到申请之日起 5 日内通知债务人。债务人对申请有异议的，应当自收到人民法院的通知之日起 7 日内向人民法院提出。人民法院应当自异议期满之日起 10 日内裁定是否受理。除前款规定的情形外，人民法院应当自收到破产申请之日起 15 日内裁定是否受理。有特殊情况需要延长前两款规定的裁定受理期限的，经上一级人民法院批准，可以延长 15 日。

（三）指定管理人

人民法院裁定受理破产申请的，应当同时指定管理人。管理人依法执行职务，向人民法院报告工作，接受债权人会议和债权人委员会监督。如果债权人会议认为管理人不能依法、公正执行职务或者有其他不能胜任职务情形的，可以申请人民法院予以更换。

1. 管理人的资格

管理人既可以是单位，也可以是自然人。单位一般是由有关部门、机构的人员组成的清算组或者依法设立的律师事务所、会计师事务所、破产清算事务所等社会中介机构担任。个人则是人民法院根据债务人的实际情况，在征询有关社会中介机构的意见后，指定该机构具备相关专业知识并取得执业资格的人员担任管理人。个人担任管理人的，应当参加执业责任保险。

同时，《破产法》对管理人的资格还规定了消极的条件，即有下列情形之一的，不得担任管理人：

（1）因故意犯罪受过刑事处罚；

（2）曾被吊销相关专业执业证书；

（3）与本案有利害关系；

（4）人民法院认为不宜担任管理人的其他情形。

2. 管理人的职责

管理人应履行下列职责：

（1）接管债务人的财产、印章和账簿、文书等资料；

（2）调查债务人财产状况，制作财产状况报告；

（3）决定债务人的内部管理事务；

（4）决定债务人的日常开支和其他必要开支；

（5）在第一次债权人会议召开之前，决定继续或者停止债务人的营业；

（6）管理和处分债务人的财产；

（7）代表债务人参加诉讼、仲裁或者其他法律程序；

（8）提议召开债权人会议；

（9）人民法院认为管理人应当履行的其他职责。

《破产法》对管理人的职责另有规定的，适用其规定。

（四）发布通知和公告

法院受理破产案件后，应自裁定受理破产申请之日起25日内通知已知债权人，并予以公告。通知和公告应当载明下列事项：

（1）申请人、被申请人的名称或者姓名；

（2）人民法院受理破产申请的时间；

（3）申报债权的期限、地点和注意事项；

（4）管理人的名称或者姓名及其处理事务的地址；

（5）债务人的债务人或者财产持有人应当向管理人清偿债务或者交付财产的要求；

（6）第一次债权人会议召开的时间和地点；

（7）人民法院认为应当通知和公告的其他事项。

（五）破产案件受理的效果

破产案件受理的效果是指破产案件受理的效力，即破产程序开始所产生的法律后果。主要体现在以下几个方面：

1. 对债务人的限制

（1）自人民法院受理破产申请的裁定送达债务人之日起至破产程序终结之日，债务人的有关人员承担下列义务：1）妥善保管其占有和管理的财产、印章和账簿、文书等资料；2）根据人民法院、管理人的要求进行工作，并如实回答询问；3）列席债权人会议并如实回答债权人的询问；4）未经人民法院许可，不得离开住所地；5）不得新任其他企业的董事、监事、高级管理人员。其中所称有关人员，是指企业的法定代表人；经人民法院决定，可以包括企业的财务管理人员和其他经营管理人员。

（2）人民法院受理破产申请后，债务人对个别债权人的债务清偿无效。

2. 对债务人的债务人及财产持有人的约束

人民法院受理破产申请后，债务人的债务人或者财产持有人应当向管理人清偿债务或者交付财产。如果其故意违反此规定向债务人清偿债务或者交付财产，使债权人受到损失的，不免除其清偿债务或者交付财产的义务。

3. 对管理人权利的规定

人民法院受理破产申请后，管理人对破产申请受理前成立而债务人和对方当事人均未履行完毕的合同有权决定解除或者继续履行，并通知对方当事人。管理人自破产申请受理之日起2个月内未通知对方当事人，或者自收到对方当事人催告之日起30日内未答复的，视为解除合同。管理人决定继续履行合同的，对方当事人应当履行；但是，对方当事人有权要求管理人提供担保。管理人不提供担保的，视为解除合同。

4. 对债权人的约束

债权人只能通过破产程序行使权利，债权人不得个别追索债务，也不得向法院提起新的民事诉讼。有担保物权的债权人，在人民法院受理破产案件后至破产宣告前，未经法院许可，不得行使优先权。

5. 对民事程序的影响

人民法院受理破产申请后，对有关债务人的民事程序会有以下几个方面的影响：

（1）有关债务人财产的保全措施应当解除，执行程序应当中止。

（2）已经开始而尚未终结的有关债务人的民事诉讼或者仲裁应当中止；在管理人接管债务人的财产后，该诉讼或者仲裁继续进行。

（3）有关债务人的民事诉讼，只能向受理破产申请的人民法院提起。

（4）债务人对外享有债权的诉讼时效，自人民法院受理破产申请之日起中断。债务人无正当理由未对其到期债权及时行使权利，导致其对外债权在破产申请受理前1年内超过诉讼时效期间的，人民法院受理破产申请之日起重新计算上述债权的诉讼时效期间。

三、债权申报

（一）债权申报的概念和特征

债权申报是指债权人在法院受理破产案件后接到债权申报通知或看到法院公告时，在规定的期限内向受理破产案件的法院主张并证明自己的债权，以便参加破产程序的法律行为。债权申报具有以下特征：

（1）债权申报是债权人的单方意思表示。债权人享有申报或者不申报的自由。

（2）债权申报以主张并证明债权为内容。

（3）债权申报是债权人参加破产程序的必要条件。债权人申报债权并经确认后，即具有参加债权人会议的资格，并依法享有相应的权利。未申报债权的，不得参加破产程序。

债权申报必须遵守法定的程序。应在法定的期限内申报债权，超过法定期限申报债权的，法院将不予受理。

（二）债权申报的程序规则

1. 申报期限

人民法院受理破产申请后，应当确定债权人申报债权的期限。债权申报期限自人民法院发布受理破产申请公告之日起计算，最短不得少于30日，最长不得超过3个月。债权人应当在人民法院确定的债权申报期限内向管理人申报债权。

2. 申报范围

人民法院受理破产申请时对债务人享有债权的债权人，都有权依照《破产法》规定的程序行使权利。未到期的债权，在破产申请受理时视为到期。附条件、附期限的债权和诉讼、仲裁未决的债权，债权人可以申报。债权人申报债权时，应当书面说明债权的数额和有无财产担保，并提交有关证据。申报的债权是连带债权的，应当说明。连带债权人可以由其中一人代表全体连带债权人申报债权，也可以共同申报债权。

债务人所欠职工的工资和医疗、伤残补助、抚恤费用，所欠的应当划入职工个人账户的基本养老保险、基本医疗保险费用，以及法律、行政法规规定应当支付给职工的补偿金，不必申报，由管理人调查后列出清单并予以公示。

债务人的保证人或者其他连带债务人已经代替债务人清偿债务的，以其对债务人的求偿权申报债权。尚未代替债务人清偿债务的，以其对债务人的将来求偿权申报债权。但是，债权人已经向管理人申报全部债权的除外。

连带债务人数人被裁定适用《破产法》规定的程序的，其债权人有权就全部债权分别在各破产案件中申报债权。

管理人或者债务人依照《破产法》规定解除合同的，对方当事人以因合同解除所产生的损害赔偿请求权申报债权。

债务人是委托合同的委托人，被裁定适用《破产法》规定的程序，受托人不知该事实，继续处理委托事务的，受托人以由此产生的请求权申报债权。

债务人是票据出票人，被裁定适用《破产法》规定的程序，该票据的付款人继续付款或者承兑的，付款人以由此产生的请求权申报债权。

3. 登记造册

管理人收到债权申报材料后，应当登记造册，对申报的债权进行审查，并编制债权表。债权表和债权申报材料由保管人保存，供利害关系人查阅，并提交第一次债权人会议核查。债务人、债权人对债权表记载的债权无异议的，由人民法院裁定确认。有异议的，可以向受理破产申请的人民法院提起诉讼。

（三）逾期未申报债权的后果

在人民法院确定的债权申报期限内，债权人未申报债权的，可以在破产财产最后分配前补充申报；但是，此前已进行的分配，不再对其补充分配。为审查和确认补充申报债权的费用，由补充申报人承担。债权人未依照《破产法》规定申报债权的，不得依照该法规定的程序行使权利。

四、破产无效行为

（一）破产无效行为的概念

破产无效行为是指在人民法院受理破产申请前一定期间内，债务人所为的有害于破产债权人的行为，这些行为自始不发生法律效力。破产无效行为分为两种情形：一种是因行为被撤销而无效；另一种是根本无效。对于被撤销的行为，应由管理人向人民法院提出。破产无效行为的认定与处理规则是破产法上的一个重要制度。它对维护破产秩序、保证公平清偿、维护全体债权人的合法权益，具有十分重要的意义。

1. 被撤销的行为

根据《破产法》第 31 条的规定，人民法院受理破产申请前 1 年内，涉及债务人财产的下列行为，管理人有权请求人民法院予以撤销：

（1）无偿转让财产的；

（2）以明显不合理的价格进行交易的；

（3）对没有财产担保的债务提供财产担保的；

（4）对未到期的债务提前清偿的；

（5）放弃债权的。

另外，根据《破产法》第 32 条的规定，人民法院受理破产申请前 6 个月内，债务人有该法第 2 条第 1 款规定的情形，仍对个别债权人进行清偿的，管理人有权请求人民法院予以撤销。但是，个别清偿使债务人财产受益的除外。根据《最高人民法院关于适用〈中华人民共和国企业破产法〉若干问题的规定（二）》（简称《破产法解释（二）》）第 13 条的规定，破产申请受理后，管理人未依据《企业破产法》第 31 条的规定请求撤销债务人无偿转让财产、以明显不合理价格交易、放弃债权行为的，债权人依据《中华人民共和国合同法》（简称《合同法》）第 74 条等规定提起诉讼，请求撤销债务人上述行为并将因此追回的财产归入债务人财产的，人民法院应予受理。

根据《破产法解释（二）》的规定，下列几种情况，管理人不能行使撤销权：

(1) 破产申请受理前 1 年内债务人提前清偿的未到期债务，在破产申请受理前已经到期，管理人请求撤销该清偿行为的，人民法院不予支持。但是，该清偿行为发生在破产申请受理前 6 个月内且债务人有《破产法》第 2 条第 1 款规定情形的除外。

(2) 债务人对以自有财产设定担保物权的债权进行的个别清偿，管理人依据《破产法》第 32 条的规定请求撤销的，人民法院不予支持。但是，债务清偿时担保财产的价值低于债权额的除外。

(3) 债务人经诉讼、仲裁、执行程序对债权人进行的个别清偿，管理人依据《破产法》第 32 条的规定请求撤销的，人民法院不予支持。但是，债务人与债权人恶意串通损害其他债权人利益的除外。

(4) 债务人对债权人进行的以下个别清偿，管理人依据《破产法》第 32 条的规定请求撤销的，人民法院不予支持：1) 债务人为维系基本生产需要而支付水费、电费等的；2) 债务人支付劳动报酬、人身损害赔偿金的；3) 使债务人财产受益的其他个别清偿。

2. 无效的行为

根据《破产法》第 33 条的规定，涉及债务人财产的下列行为无效：(1) 为逃避债务而隐匿、转移财产的；(2) 虚构债务或者承认不真实的债务的。对上述行为，任何人均可主张其无效。

(二) 破产无效行为的法律后果

破产无效行为的一般后果是恢复因破产无效行为所损害的破产债权人的利益。根据《破产法》第 34 条的规定，因债务人的前述破产无效行为而取得的债务人的财产，管理人有权追回。

《破产法》第 128 条规定，债务人有该法第 31 条、第 32 条、第 33 条规定的行为，损害债权人利益的，债务人的法定代表人和其他直接责任人员依法承担赔偿责任。

五、债权人会议

(一) 债权人会议的法律性质

债权人会议是指由依法申报债权的债权人组成的、代表全体债权人利益的、参加破产程序的意思表示机关。其含义有二：第一，债权人会议代表的是债权人的团体利益而不是个别或部分债权人的利益；第二，债权人会议是全体债权人的意思表示机关。

破产程序的主要目的在于确保每个债权人得到公平清偿，因此每个债权人均可参加破产程序。但由于各债权人要求不一，为保障程序顺利进行，法律专门设立一个代表全体债权人利益的机构，即债权人会议。债权人会议是实现债权人利益的自治团体，是债权人参加破产程序的基本形式。债权人会议在破产程序中有独立的意思表示能力。但债权人会议不是民事主体，没有诉讼能力。

(二) 债权人会议的组成

债权人依法申报债权后，成为债权人会议的成员，有权参加债权人会议，享有表决权。但是，对于债权尚未确定的债权人，除人民法院能够为其行使表决权而临时确定债权额的外，不得行使表决权。对债务人的特定财产享有担保权的债权人，未放弃优先受偿权利的，对于通过和解协议和破产财产的分配方案的事项不享有表决权。

债权人会议应当有债务人的职工和工会的代表参加，对有关事项发表意见。

债权人会议设主席一人，由人民法院从有表决权的债权人中指定。债权人会议主席主持债权人会议。

（三）债权人会议的职权

根据《破产法》第 61 条的规定，债权人会议行使下列职权：

（1）核查债权；

（2）申请人民法院更换管理人，审查管理人的费用和报酬；

（3）监督管理人；

（4）选任和更换债权人委员会成员；

（5）决定继续或者停止债务人的营业；

（6）通过重整计划；

（7）通过和解协议；

（8）通过债务人财产的管理方案；

（9）通过破产财产的变价方案；

（10）通过破产财产的分配方案；

（11）人民法院认为应当由债权人会议行使的其他职权。

（四）债权人会议的召开

1. 债权人会议的召集人

第一次债权人会议由人民法院召集，自债权申报期限届满之日起 15 日内召开。以后的债权人会议，在人民法院认为必要时，或者管理人、债权人委员会、占债权总额 1/4 以上的债权人向债权人会议主席提议时召开。

2. 债权人会议的决议方式

债权人会议的决议是指债权人会议在职权范围内，对议决事项经过讨论，由出席会议的有表决权的债权人通过表决而形成的决议。根据《破产法》的规定，债权人会议的决议，由出席会议的有表决权的债权人过半数同意，并且其所代表的债权额占无财产担保债权总额的 1/2 以上。但是，对于债务人财产的管理方案和破产财产的变价方案事项，经债权人会议表决未通过的，由人民法院裁定。对破产财产的分配方案事项，经债权人会议二次表决仍未通过的，由人民法院裁定。

3. 债权人会议决议的效力

债权人会议决议对全体债权人均具有约束力。不论债权人是否出席会议，是否参加表决，也不论对债权人会议决议是否赞同，只要决议一经合法通过，全体债权人均应受其约束。

4. 对债权人会议决议的异议

债权人认为债权人会议的决议违反法律规定，损害其利益的，可以自债权人会议作出决议之日起 15 日内，请求人民法院裁定撤销该决议，责令债权人会议依法重新作出决议。债权人对人民法院依照《破产法》第 65 条第 1 款作出的裁定不服的，债权额占无财产担保债权总额 1/2 以上的债权人对人民法院依照《破产法》第 65 条第 2 款作出的裁定不服的，可以自裁定宣布之日或者收到通知之日起 15 日内向该人民法院申请复议。复议期间不停止裁定的执行。

（五）债权人委员会

债权人会议可以决定设立债权人委员会。债权人委员会由债权人会议选任的债权人代表和一名债务人的职工代表或者工会代表组成。债权人委员会成员不得超过 9 人。

债权人委员会行使下列职权：

（1）监督债务人财产的管理和处分；

（2）监督破产财产分配；

（3）提议召开债权人会议；

（4）债权人会议委托的其他职权。

债权人委员会执行职务时，有权要求管理人、债务人的有关人员对其职权范围内的事务作出说明或者提供有关文件。管理人、债务人的有关人员违反法律规定拒绝接受监督的，债权人委员会有权就监督事项请求人民法院作出决定；人民法院应当在 5 日内作出决定。

管理人实施下列行为，应当及时报告债权人委员会：

（1）涉及土地、房屋等不动产权益的转让；

（2）探矿权、采矿权、知识产权等财产权的转让；

（3）全部库存或者营业的转让；

（4）借款；

（5）设定财产担保；

（6）债权和有价证券的转让；

（7）履行债务人和对方当事人均未履行完毕的合同；

（8）放弃权利；

（9）担保物的取回；

（10）对债权人利益有重大影响的其他财产处分行为。

未设立债权人委员会的，管理人实施上述行为应当及时报告人民法院。

六、重整

重整是指在企业无力偿债情况下，依照法律规定的程序，保护企业继续营业，进行债务调整和企业整理，使之摆脱困境，并最终解决债务问题的债务清理制度。重整程序首创于美国，在美国破产法上，无论是债权人还是债务人都倾向于整顿程序优于清算程序。

（一）重整申请和重整期间

1. 重整申请人

根据《破产法》第 70 条的规定，债务人或者债权人可以依照该法规定，直接向人民法院申请对债务人进行重整。债权人申请对债务人进行破产清算的，在人民法院受理破产申请后、宣告债务人破产前，债务人或者出资额占债务人注册资本 1/10 以上的出资人，可以向人民法院申请重整。可见，重整申请人可以是债务人或者债权人。对于出资额占债务人注册资本 1/10 以上的出资人提出申请的，必须是在债权人申请对债务人进行破产清算的，在人民法院受理破产申请后、宣告债务人破产前才有权提出申请。人民法院经审查认为重整申请符合法律规定的，应当裁定债务人重整，并予以公告。

2. 重整期间

重整期间是自人民法院裁定债务人重整之日起至重整程序终止的期间。

（1）债务人的财产管理及营业事务。在重整期间，经债务人申请，人民法院批准，债务人可以在管理人的监督下自行管理财产和营业事务。如果管理人已接管债务人财产和营业事务，应当向债务人移交财产和营业事务，《破产法》规定的管理人的职权由债务人行使。管理人负责管理财产和营业事务的，可以聘任债务人的经营管理人员负责营业事务。

（2）担保权问题。在重整期间，对债务人的特定财产享有的担保权暂停行使。但是，担保物有损坏或者价值明显减少的可能，足以危害担保权人权利的，担保权人可以向人民法院请求恢复行使担保权。在重整期间，债务人或者管理人为继续营业而借款的，可以为该借款设定担保。

（3）对债务人的出资人及董事、监事、高级管理人员行为的限制。在重整期间，债务人的出资人不得请求投资收益分配。债务人的董事、监事、高级管理人员不得向第三人转让其持有的债务人的股权。但是，经人民法院同意的除外。

（二）重整计划的制订和批准

1. 重整计划草案的制订

债务人或者管理人应当自人民法院裁定债务人重整之日起6个月内，同时向人民法院和债权人会议提交重整计划草案。期限届满，经债务人或者管理人请求，有正当理由的，人民法院可以裁定延期3个月。

债务人或者管理人未按期提出重整计划草案的，人民法院应当裁定终止重整程序，并宣告债务人破产。

债务人自行管理财产和营业事务的，由债务人制作重整计划草案。

管理人负责管理财产和营业事务的，由管理人制作重整计划草案。

2. 重整计划草案的内容

重整计划草案应当包括下列内容：

（1）债务人的经营方案；

（2）债权分类；

（3）债权调整方案；

（4）债权受偿方案；

（5）重整计划的执行期限；

（6）重整计划执行的监督期限；

（7）有利于债务人重整的其他方案。

3. 对重整计划草案的表决

人民法院应当自收到重整计划草案之日起30日内召开债权人会议，对重整计划草案进行表决。债权人参加讨论重整计划草案的债权人会议，依照债权分类，分组对重整计划草案进行表决出席会议的同一表决组的债权人过半数同意重整计划草案，并且其所代表的债权额占该组债权总额的2/3以上的，即为该组通过重整计划草案。

债务人或者管理人应当向债权人会议就重整计划草案作出说明，并回答询问。

债务人的出资人代表可以列席讨论重整计划草案的债权人会议。重整计划草案涉及出资人权益调整事项的，应当设出资人组，对该事项进行表决。

4. 重整计划的批准

各表决组均通过重整计划草案时，重整计划即为通过。自重整计划通过之日起 10 日内，债务人或者管理人应当向人民法院提出批准重整计划的申请。人民法院经审查认为符合《破产法》的规定的，应当自收到申请之日起 30 日内裁定批准，终止重整程序，并予以公告。

部分表决组未通过重整计划草案的，债务人或者管理人可以同未通过重整计划草案的表决组协商。该表决组可以在协商后再表决一次。双方协商的结果不得损害其他表决组的利益。

未通过重整计划草案的表决组拒绝再次表决或者再次表决仍未通过重整计划草案，但重整计划草案符合下列条件的，债务人或者管理人可以申请人民法院批准重整计划草案：

（1）按照重整计划草案，对债务人的特定财产享有担保权的债权就该特定财产将获得全额清偿，其因延期清偿所受的损失将得到公平补偿，并且其担保权未受到实质性损害，或者该表决组已经通过重整计划草案；

（2）按照重整计划草案，债务人所欠职工的工资和医疗、伤残补助、抚恤费用及债务人所欠税款等将获得全额清偿，或者相应表决组已经通过重整计划草案；

（3）按照重整计划草案，普通债权所获得的清偿比例，不低于其在重整计划草案被提请批准时依照破产清算程序所能获得的清偿比例，或者该表决组已经通过重整计划草案；

（4）重整计划草案对出资人权益的调整公平、公正，或者出资人组已经通过重整计划草案；

（5）重整计划草案公平对待同一表决组的成员，并且所规定的债权清偿顺序不违反《破产法》第 113 条的规定；

（6）债务人的经营方案具有可行性。

（三）重整计划的执行

重整计划由债务人负责执行。人民法院裁定批准重整计划后，已接管财产和营业事务的管理人应当向债务人移交财产和营业事务。

自人民法院裁定批准重整计划之日起，在重整计划规定的监督期内，由管理人监督重整计划的执行。在监督期内，债务人应当向管理人报告重整计划执行情况和债务人财务状况。

监督期届满时，管理人应当向人民法院提交监督报告。自监督报告提交之日起，管理人的监督职责终止。管理人向人民法院提交的监督报告，重整计划的利害关系人有权查阅。经管理人申请，人民法院可以裁定延长重整计划执行的监督期限。

经人民法院裁定批准的重整计划，对债务人和全体债权人均有约束力。

债权人未依照《破产法》的规定申报债权的，在重整计划执行期间不得行使权利；在重整计划执行完毕后，可以按照重整计划规定的同类债权的清偿条件行使权利。债权人对债务人的保证人和其他连带债务人所享有的权利，不受重整计划的影响。

（四）重整程序的终止

在以下三种情形下，人民法院应当裁定终止重整程序，并宣告债务人破产：

（1）在重整期间，有下列情形之一的，经管理人或者利害关系人请求，人民法院应当裁定终止重整程序，并宣告债务人破产：1）债务人的经营状况和财产状况继续恶化，缺乏挽救的可能性；2）债务人有欺诈、恶意减少债务人财产或者其他显著不利于债权人的行为；3）债务人的行为致使管理人无法执行职务。

（2）重整计划草案未获得通过且未依照《破产法》的规定获得人民法院的批准，或者已通过的重整计划未获得批准的，人民法院应当裁定终止重整程序，并宣告债务人破产。

（3）债务人不能执行或者不执行重整计划的，人民法院经管理人或者利害关系人请求，应当裁定终止重整计划的执行，并宣告债务人破产。

人民法院裁定终止重整计划执行的，债权人在重整计划中作出的债权调整的承诺失去效力。债权人因执行重整计划所受的清偿仍然有效，债权未受清偿的部分作为破产债权。

七、和解

（一）和解的概念和特征

和解是指具备破产能力的债务人为避免破产清算，和债权人会议达成中止破产程序进行协议，经人民法院认定后，中止破产程序的一种法律制度。

破产和解制度具有以下特征：

（1）和解的功能或目的是防止或者避免适用破产清算程序。在符合法律程序的情况下，债务人为避免破产清算而提出减少、延缓债务等请求是为法律所允许的。和解制度所遵循的原则，应是尽可能地减少破产清算事件的发生，以避免破产清算可能带来的一系列消极后果，如普通债权人由于只能得到比例很小的清偿，债务人企业的破产倒闭对其他企业造成的连锁反应，企业破产清算导致劳动者失业、加重社会负担等。

（2）由债务人提出和解的请求。一般认为，适用和解制度以避免破产清算是出于债务人利益的需要。通过和解，可以在债权人让步的基础上，使债务人免于破产清算，因此，债务人最具有寻求和解的动机。但是，由于和解以后债务人将继续承担债务清偿责任，所以，破产清算有时也不失为破产企业的出资人或者破产自然人了结债务、重新开始的一种选择。因此，是否请求和解应由债务人自行决定。

（3）债务人与债权人会议达成和解协议。达成和解协议实际上是以让步方法了结债务。以让步方法了结债务属于当事人对自己权利的处分。债务人提出和解请求及和解协议草案，而债权人会议表决通过和解协议草案，双方即达成了和解协议，债务人与债权人都应遵守。

（二）和解程序

1. 债务人提出申请

债务人可以依照《破产法》的规定，直接向人民法院申请和解；也可以在人民法院受理破产申请后、宣告债务人破产前，向人民法院申请和解。

债务人申请和解，应当提出和解协议草案。

2. 人民法院予以裁定

人民法院经审查认为和解申请符合《破产法》的规定的，应当裁定和解，予以公告，并召集债权人会议讨论和解协议草案。

人民法院受理破产申请后，债务人与全体债权人就债权债务的处理自行达成协议的，可以请求人民法院裁定认可，并终结破产程序。

3. 和解协议的决议

债权人会议通过和解协议的决议，由出席会议的有表决权的债权人过半数同意，并且其所代表的债权额占无财产担保债权总额的 2/3 以上。

债权人会议通过和解协议的，由人民法院裁定认可，终止和解程序，并予以公告。管理人应当向债务人移交财产和营业事务，并向人民法院提交执行职务的报告。

和解协议草案经债权人会议表决未获得通过，或者已经债权人会议通过的和解协议未获得人民法院认可的，人民法院应当裁定终止和解程序，并宣告债务人破产。

4. 和解协议的法律后果

经人民法院裁定认可的和解协议，对债务人和全体和解债权人均有约束力。和解债权人是指人民法院受理破产申请时对债务人享有无财产担保债权的人。

(1) 对债权人的效力。对债务人的特定财产享有担保权的权利人，自人民法院裁定和解之日起可以行使权利。和解债权人未依照《破产法》的规定申报债权的，在和解协议执行期间不得行使权利；在和解协议执行完毕后，可以按照和解协议规定的清偿条件行使权利。和解债权人对债务人的保证人和其他连带债务人所享有的权利，不受和解协议的影响。

(2) 对债务人的效力。债务人应当按照和解协议规定的条件清偿债务。按照和解协议减免的债务，自和解协议执行完毕时起，债务人不再承担清偿责任。

5. 和解的终止

(1) 因债务人的欺诈或者其他违法行为而成立的和解协议，人民法院应当裁定无效，并宣告债务人破产。有上述规定情形的，和解债权人因执行和解协议所受的清偿，在其他债权人所受清偿同等比例的范围内，不予返还。

(2) 债务人不能执行或者不执行和解协议的，人民法院经和解债权人请求，应当裁定终止和解协议的执行，并宣告债务人破产。为和解协议的执行提供的担保继续有效。人民法院裁定终止和解协议执行的，和解债权人在和解协议中作出的债权调整的承诺失去效力。和解债权人因执行和解协议所受的清偿仍然有效，和解债权未受清偿的部分作为破产债权。但只有在其他债权人同自己所受的清偿达到同一比例时，才能继续接受分配。

八、破产清算

(一) 破产宣告

1. 破产宣告的概念

破产宣告是指受理破产案件的人民法院，依法审查并宣布债务人破产的司法审判行为。破产宣告的法律特征有三个：第一，破产宣告只适用于不能清偿到期债务的债务人；第二，破产宣告只能由法院依法做出；第三，破产宣告是破产清算开始的标志。

债务人被宣告破产后，债务人称为破产人，债务人财产称为破产财产，人民法院受理破产申请时对债务人享有的债权称为破产债权。

2. 破产宣告的依据

根据《破产法》的规定，企业法人有下列情形之一的，由人民法院裁定，宣告企业破产：

(1) 企业法人不能清偿到期债务，并且资产不足以清偿全部债务或者明显缺乏清偿能力。这是法院宣告其破产的最普遍的原因。法院在受理破产案件后的任何期间，经查实债务人有不能清偿到期债务的事实，除法律另有规定外，均可宣告债务人破产。

（2）在重整期间，有下列情形之一的，经管理人或者利害关系人请求，人民法院应当裁定终止重整程序，并宣告债务人破产：1）债务人的经营状况和财产状况继续恶化，缺乏挽救的可能性；2）债务人有欺诈、恶意减少债务人财产或者其他显著不利于债权人的行为；3）由于债务人的行为致使管理人无法执行职务。

（3）重整计划草案未获得通过且未依照《破产法》第87条的规定获得批准，或者已通过的重整计划未获得批准的，人民法院应当裁定终止重整程序，并宣告债务人破产。

（4）和解协议草案经债权人会议表决未获得通过，或者已经债权人会议通过的和解协议未获得人民法院认可的，人民法院应当裁定终止和解程序，并宣告债务人破产。

（5）因债务人的欺诈或者其他违法行为而成立的和解协议，人民法院应当裁定无效，并宣告债务人破产。

（6）债务人不能执行或者不执行和解协议的，人民法院经和解债权人请求，应当裁定终止和解协议的执行，并宣告债务人破产。

人民法院依照《破产法》的规定宣告债务人破产的，应当自裁定作出之日起5日内送达债务人和管理人，自裁定作出之日起10日内通知已知债权人，并予以公告。

3. *破产宣告的效力*

破产宣告后，债务人、债权人和其他利害关系人便会产生一系列的法律效果。

（1）破产宣告对债务人所产生的效力有：

1）对债务人主体资格的限制效力。此时债务人成为清算法人，只能进行与清算有关的活动。

2）对债务人财产的效力。破产宣告后，债务人的财产成为破产财产，破产财产由法院指定的管理人统一占有、管理和处分。

3）对破产人已为法律行为的效力。尽管破产人因破产宣告丧失了对破产财产的管理处分权，但破产人在破产宣告前已为的法律行为尚未了结的，并不因破产宣告而当然终结或解除。《破产法》第18条规定："人民法院受理破产申请后，管理人对破产申请受理前成立而债务人和对方当事人均未履行完毕的合同有权决定解除或者继续履行，并通知对方当事人。管理人自破产申请受理之日起二个月内未通知对方当事人，或者自收到对方当事人催告之日起三十日内未答复的，视为解除合同。"

4）对破产人已为不当行为的效力（在破产无效行为中已作介绍）。

5）破产企业的法定代表人在向管理人办理移交手续前，应负责保管本企业的财产、账册、文书、资料等。

（2）破产宣告对债权人的效力有：

1）破产宣告使对债务人享有债权的人成为破产债权人。

2）有财产担保的债权人在破产宣告后，可以直接通过管理人就担保物行使优先受偿的权利，无须征得法院同意。

3）破产债权人未到期的债权，在减去未到期的利息后，视为已到期。

4）附利息的债权自破产申请受理时起停止计息。

（3）破产宣告对第三人的效力有：

1）破产企业的债务人和财产持有人只能向管理人清偿债务或交付财产。

2）破产企业内属于他人的财产，由该财产的权利人通过管理人取回。

（二）变价和分配

1．*拟订破产财产变价方案，出售破产财产*

企业被宣告破产后，一方面，管理人应当及时拟订破产财产变价方案，提交债权人会议讨论。另一方面，管理人应当按照债权人会议通过的或者人民法院裁定的破产财产变价方案，适时变价出售破产财产。变价出售破产财产的方式应当通过拍卖进行。但是，债权人会议另有决议的除外。破产企业可以全部或者部分变价出售。企业变价出售时，可以将其中的无形资产和其他财产单独变价出售。按照国家规定不能拍卖或者限制转让的财产，应当按照国家规定的方式处理。

2．*拟订破产财产分配方案，对破产财产进行分配*

（1）拟订破产财产分配方案。管理人应当及时拟订破产财产分配方案，提交债权人会议讨论。债权人会议通过破产分配方案后，由管理人将该方案提请人民法院裁定认可。

（2）破产财产分配方案的执行人。破产财产分配方案经人民法院裁定认可后，由管理人执行。

（3）分配额提存。有三种情况管理人应当将破产债权人的分配额予以提存：1）对于附条件或者解除条件的债权，管理人应当将其分配额提存。此种情况提存的分配额，在最后分配公告日，生效条件未成就或者解除条件成就的，应当分配给其他债权人；在最后分配公告日，生效条件成就或者解除条件未成就的，应当交付给债权人。2）债权人未受领的破产财产分配额，管理人应当提存。债权人自最后分配公告之日起满 2 个月仍不领取的，视为放弃受领分配的权利，管理人或者人民法院应当将提存的分配额分配给其他债权人。3）破产财产分配时，对于诉讼或者仲裁未决的债权，管理人应当将其分配额提存。自破产程序终结之日起满 2 年仍不能受领分配的，人民法院应当将提存的分配额分配给其他债权人。

（三）破产程序的终结

破产程序的终结，又称破产程序的终止，是指在破产程序因法定事由的发生，由法院裁定结束破产程序。根据我国法律规定，破产程序终结的法定原因有六个：

（1）人民法院受理破产申请后，债务人与全体债权人就债权债务的处理自行达成协议的，可以请求人民法院裁定认可，并终结破产程序。

（2）破产宣告前，第三人为债务人提供足额担保或者为债务人清偿全部到期债务的，人民法院应当裁定终结破产程序。

（3）破产宣告前，债务人已清偿全部到期债务的，人民法院应当裁定终结破产程序。

（4）债务人财产不足以清偿破产费用的，管理人应当提请人民法院终结破产程序。人民法院应当自收到请求之日起 15 日内裁定终结破产程序，并予以公告。

（5）破产宣告后，破产人无财产可供分配的，管理人应当请求人民法院裁定终结破产程序。

（6）破产宣告后，管理人在最后分配完结后，应当及时向人民法院提交破产财产分配报告，并提请人民法院裁定终结破产程序。

第三节　破产实体法

一、破产财产

（一）破产财产的概念和特征

破产财产是指破产申请受理时属于债务人的全部财产，以及破产申请受理后至破产程序终结前债务人取得的财产。破产财产具有以下几个特征：

（1）破产财产必须是破产人用于清偿债务的财产。

（2）破产财产是能够用于破产分配的财产。

（3）破产财产由管理人接管、管理和处分。

（4）破产财产是法律明文规定范围内的财产。

（二）破产财产的范围

除债务人所有的货币、实物外，债务人依法享有的可以用货币估价并可以依法转让的债权、股权、知识产权、用益物权等财产和财产权益，也属于债务人财产。

应注意的是，根据《破产法》第 31 条至第 37 条的规定，下列财产也应属于债务人的财产即破产财产。

1. 管理人追回的债务人的财产

因涉及债务人财产的无效行为或被人民法院依法予以撤销的行为而取得的债务人财产，管理人有权追回，追回的财产亦属于破产财产。

《破产法》第 31 条规定，人民法院受理破产申请前一年内，涉及债务人财产的下列行为，管理人有权请求人民法院予以撤销：

（1）无偿转让财产的；

（2）以明显不合理的价格进行交易的；

（3）对没有财产担保的债务提供财产担保的；

（4）对未到期的债务提前清偿的；

（5）放弃债权的。

《破产法》第 33 条规定，涉及债务人财产的下列行为无效：

（1）为逃避债务而隐匿、转移财产的；

（2）虚构债务或者承认不真实的债务的。

2. 追缴出资人的出资

人民法院受理破产申请后，债务人的出资尚未完全履行出资义务的，管理人应当要求该出资人缴纳所认缴的出资，而不受出资期限的限制。

3. 追回债务人的董事、监事和高级管理人员非法获得和侵占的企业财产

债务人的董事、监事和高级管理人员利用职权从企业获取的非正常收入和侵占的企业财产，管理人应当追回。债务人有《破产法》第 2 条第 1 款规定的情形时，债务人的董事、监事和高级管理人员利用职权获取的以下收入，人民法院应当认定为《破产法》第 36

条规定的非正常收入：

（1）绩效奖金；

（2）普遍拖欠职工工资情况下获取的工资性收入；

（3）其他非正常收入。

债务人的董事、监事和高级管理人员拒不向管理人返还上述债务人财产，管理人主张上述人员予以返还的，人民法院应予支持。债务人的董事、监事和高级管理人员因返还第（1）项、第（3）项非正常收入形成的债权，可以作为普通破产债权清偿。因返还第（2）项非正常收入形成的债权，依据《破产法》第 113 条第 3 款的规定，按照该企业职工平均工资计算的部分作为拖欠职工工资清偿；高出该企业职工平均工资计算的部分，可以作为普通破产债权清偿。

4. 取回的质物、留置物

人民法院受理破产申请后，管理人可以通过清偿债务或者提供为债权人接受的担保，取回质物、留置物。但应注意下列财产不应认定为债务人财产：

（1）债务人基于仓储、保管、承揽、代销、借用、寄存、租赁等合同或者其他法律关系占有、使用的他人财产；

（2）债务人在所有权保留买卖中尚未取得所有权的财产；

（3）所有权专属于国家且不得转让的财产；

（4）其他依照法律、行政法规不属于债务人的财产。

二、取回权

（一）取回权的概念

取回权是指当管理人接管的破产人的财产中存在不属于破产财产的其他人的财产时，该财产的权利人享有的不依破产程序而取回的权利。这是一种民事实体法上的请求权，来源于民法上的返还请求权。取回权具有以下特征：

（1）取回权的标的物非属于破产人所有而是取回权人自己的财产。

（2）取回权的标的物须为现实存在之物。

（3）取回权的行使须以破产管理人为相对人。

（4）取回权是不依破产程序受偿的权利。

破产法上的取回权产生的基础是财产所有权。一般可不依破产程序而直接向管理人要求取回。但应注意，在人民法院受理破产申请时，出卖人已将买卖标的物向作为买受人的债务人发运，债务人尚未收到且未付清全部价款的，出卖人可以取回在运途中的标的物。但是，管理人可以支付全部价款，请求出卖人交付标的物。

（二）取回权的范围

破产企业内属于他人的财产，由该财产的权利人通过管理人取回。实践中，作为取回权标的物的“属于他人财产”主要包括以下两项：

（1）合法占有的他人财产。即有合法根据而占有的属于他人的财产，包括：共有财产、委托管理的财产、租赁财产、借用财产、加工承揽财产、寄存财产、寄售财产、基于其他法律关系交破产人占有但未转移所有权的他人财产。

（2）不法占有的他人财产。即无合法根据而占有的属于他人的财产。例如，非法侵占的财产、受领他人基于错误所为之给付而取得的财产、破产人据为己有的他人遗失财产等。

（三）取回权的行使

破产宣告后，破产程序终结前，取回权人得随时向管理人请求取回财产。管理人收到取回权人的请求后，一经证明属实，即应予以返还。

取回权标的物应当原物返还（原物取回权）。取回权标的物因已经处分或者毁损灭失而不能原物返还的，应当折价返还（赔偿取回权）。在后一种情况下，折价款应随时全额支付，而不得被当作破产债权纳入破产分配。

权利人依据《破产法》第 38 条的规定行使取回权，应当在破产财产变价方案或者和解协议、重整计划草案提交债权人会议表决前向管理人提出。权利人在上述期限后主张取回相关财产的，应当承担延迟行使取回权增加的相关费用。

权利人行使取回权时未依法向管理人支付相关的加工费、保管费、托运费、委托费、代销费等费用，管理人拒绝其取回相关财产的，人民法院应予支持。

三、破产债权

（一）破产债权的概念

破产债权是指人民法院受理破产申请时对债务人享有的债权。破产债权有以下特征：

（1）破产债权是对人请求权，即只能向管理人要求清偿。

（2）破产债权成立于破产宣告前。

（3）破产债权是财产请求权。

（4）破产债权是可以强制执行的请求权。

（二）破产债权人

人民法院受理破产申请时对债务人享有债权，享有破产债权并依照破产程序行使权利的请求人，为破产债权人。破产债权人分为享有担保权的优先债权人和普通债权人。在一定条件下，优先债权人可转化成普通债权人。当享有对破产人的特定财产享有担保权的债权人行使优先受偿权利未能完全受偿的，其未受偿的债权作为普通债权；放弃优先受偿权利的，其债权作为普通债权。由此可见，无破产债权的，不得成为破产债权人，享有破产债权但未通过债权申报而参加破产程序的请求权人，仍不得成为破产债权人。未成为破产债权人的请求权人，不得享有和行使破产债权人在破产程序中的有关权利。

破产债权人在破产程序中主要享有以下权利：

（1）出席债权人会议。在债权人会议上发表意见和参加表决。

（2）受领破产分配。

（3）对债务人（破产人）、管理人实施的影响破产债权人利益的行为提出异议。

（4）对债权人会议的决议提出异议。

（三）破产债权的范围

根据《破产法》的规定，破产债权的范围包括：

（1）破产宣告前成立的无财产担保的债权。凡破产宣告前成立的无财产担保的债权，无论是否已到清偿期、是否附条件均为破产债权。

（2）有财产担保而未能受优先清偿的债权。有财产担保的债权不能优先受偿时，应列入破产债权。

（3）附期限的债权。附期限的债权包括附始期的债权和附终期的债权两种。附始期的债权，不论其破产宣告时所附期限是否届至，都是有效成立的债权，应列入破产债权。附终期的债权，只要破产宣告时所附期限未届至，不论破产宣告后所附期限是否届至，均为破产债权。

（4）附条件的债权。附条件的债权分附停止条件的债权和附解除条件的债权两种。附停止条件的债权，在所附条件成就时，发生法律效力。附解除条件的债权，在所附条件成立时，失去法律效力。不论债权附有何种条件，在破产宣告时，除非解除条件成立，债权均为已经成立的债权，均应作为破产债权。但附条件的债权，在接受分配时有别于不附条件的债权。

（5）连带债务人的求偿权。企业作为连带债务人被宣告破产的，其他连带债务人（包括保证人）可以以其代替破产企业清偿债务的求偿权或将来代替破产企业清偿债务的求偿权，作为破产债权。同时保证人尚未代替破产企业清偿的，已知债权人不参加破产程序时，得以其保证的债务数额作为破产债权。

（6）保证人或连带债务人破产时的保证债权或负连带责任的债权。企业作为保证人或连带债务人被宣告破产的，其被保证的债权人或享有连带债权的债权人，可以作为破产债权人行使权利。因为保证人对主债权人，连带债务人对其连带债权人的清偿责任并不因破产而免除。

（7）票据追索权。债务人是票据的出票人，被裁定适用《破产法》规定的程序，该票据的付款人进行付款或者承兑的，付款人以由此产生的请求权申报债权。

（8）合同解除而产生的损害赔偿债权。管理人或者债务人依照《破产法》规定解除合同的，对方当事人以因合同解除所产生的损害赔偿请求权申报债权。

我国法律也明确规定，以下几类债权不得列入破产债权：

（1）破产费用。人民法院受理破产申请后发生的下列费用，为破产费用：1）破产案件的诉讼费用；2）管理、变价和分配债务人财产的费用；3）管理人执行职务的费用、报酬和聘用工作人员的费用。

（2）共益债务。人民法院受理破产申请后发生的下列债务，为共益债务：1）因管理人或者债务人请求对方当事人履行双方均未履行完毕的合同所产生的债务；2）债务人财产受无因管理所产生的债务；3）因债务人不当得利所产生的债务；4）为债务人继续营业而应支付的劳动报酬和社会保险费用以及由此产生的其他债务；5）管理人或者相关人员执行职务致人损害所产生的债务；6）债务人财产致人损害所产生的债务。

根据《破产法》的规定，破产费用和共益债务由债务人财产随时清偿。债务人财产不足以清偿所有破产费用和共益债务的，先行清偿破产费用。债务人财产不足以清偿所有破产费用或者共益费用的，按照比例清偿。

四、别除权

（一）别除权的概念和特征

别除权是指基于担保物权而不依破产程序就破产企业的特定财产优先受偿的权利。我国称别除权为“有财产担保的债权”。别除权具有以下法律特征：

（1）别除权是对属于破产企业的财产享有的权利。

（2）别除权是就特定财产优先受偿的权利。

（3）别除权是不依破产程序受偿的权利。

（4）别除权是破产宣告前成立的有财产担保的债权。

（5）别除权的基础权利能够有效对抗第三人。

（二）别除权的行使

别除权是一种不依破产程序而行使的权利。别除权人可依其别除权所根据的物权效力，直接于破产程序外行使其权利。如别除权的标的物已由债权人占有，可依合同或法律允许的方式自行变价别除权标的物而优先受偿。如未占有别除权标的物，则应向管理人为意思表示，管理人承认别除权的，可依法行使；如管理人拒绝承认，则只能以诉讼方式行使。同时法律规定，在破产案件受理后、破产宣告前，别除权人行使权利，需取得法院同意。

当别除权人行使别除权后，未能受清偿的债权部分，以及别除权人放弃优先受偿权的，可以以破产债权依破产程序行使权利。别除权标的物因不归于别除权人原因消灭的，亦通过破产债权方式受偿。

债权人在破产程序中享有和行使别除权，需要具备以下条件：

（1）债权和担保权合法成立和生效。

（2）债权和担保权符合《破产法》的规定。

（3）债权已依法申报并获得确认。

五、破产抵销权

（一）破产抵销权的概念和特征

破产抵销权是指破产债权人在破产宣告时，对破产企业负有债务，不论其债权同所负债务的种类是否相同，也不论其债权是否已到清偿期，均有用破产债权抵销其所负债务的权利。

破产抵销权源于民法上的抵销权，但同时又不同于民法上的抵销权，其特征有：

（1）行使抵销权的主体只能是破产债权人。只要互负债务的双方当事人均可主张抵销。

（2）用来抵销的债权不受种类和期限的限制。

（3）用来抵销债务的债权必须是破产债权。如是破产宣告后成立的债权或虽成立于破产宣告前但不能作为破产债权的债权，不得用来抵销债权人对债务人所负的债务。

（二）破产抵销权的适用范围

符合《合同法》上抵销条件的债权，自然可以抵销。但即使不完全符合，仍可以抵销。并非所有债权债务均可抵销，《破产法》第 40 条规定，有下列情形之一的，不得抵销：

（1）债务人的债务人在破产申请受理后取得他人对债务人的债权的。

（2）债权人已知债务人有不能清偿到期债务或者破产申请的事实，对债务人负担债务的；但是，债权人因为法律规定或者有破产申请一年前所发生的原因而负担债务的除外。

（3）债务人的债务人已知债务人有不能清偿到期债务或者破产申请的事实，对债务人取得债权的；但是，债务人的债务人因为法律规定或者有破产申请一年前所发生的原因而取得债权的除外。

（三）破产抵销权的行使

破产债权人行使抵销权，应以管理人为相对人。破产债权人向管理人做出抵销其对破产人所负债务的意思表示，是否发生抵销的效果，有赖于管理人的认可。管理人不得主动抵销债务人与债权人的互负债务，但抵销使债务人财产受益的除外。

破产债权人行使抵销权，应当在破产清算前为之，即应在破产宣告后至破产财产最终分配前的期间进行抵销，在破产终结后不可能产生抵销。破产债权人行使抵销权，应当依法申报债权。

管理人收到债权人提出的主张债务抵销的通知后，经审查无异议的，抵销自管理人收到通知之日起生效。管理人对抵销主张有异议的，应当在约定的异议期限内或者自收到主张债务抵销的通知之日起 3 个月内向人民法院提起诉讼。无正当理由逾期提起的，人民法院不予支持。人民法院判决驳回管理人提起的抵销无效诉讼请求的，该抵销自管理人收到主张债务抵销的通知之日起生效。

破产债权人主张抵销时，对等额内的债权债务因抵销而消灭，超过抵销债务额以外的债务，不因抵销行为而消灭。

六. 破产分配

（一）破产分配的概念

破产分配，又称为破产财产的分配，是管理人将破产财产按照法定顺序并经债权人会议通过的分配方案，对全体破产债权人进行平等清偿的程序。根据我国《破产法》的规定，破产分配标志着破产清算的完成。破产分配的概念包含以下含义：

（1）财产分配方案由管理人负责制定、实施。

（2）破产财产分配方案由债权人会议讨论通过。

（3）破产财产分配方案须经人民法院裁定认可才能执行。

（二）破产分配的顺序

根据《破产法》第 113 条的规定，破产财产在优先清偿破产费用和共益债务后，依照下列顺序清偿：

（1）破产人所欠职工的工资和医疗、伤残补助、抚恤费用，所欠的应当划入职工个人账户的基本养老保险、基本医疗保险费用，以及法律、行政法规规定应当支付给职工的补偿金；

（2）破产人欠缴的除前项规定以外的社会保险费用和破产人所欠税款；

（3）普通破产债权。

破产财产不足以清偿同一顺序的清偿要求的，按照比例分配。破产企业的董事、监事和高级管理人员的工资按照该企业职工的平均工资计算。

导入案例解析

本案是全国首例公司债违约的上市公司破产重整案件，选择同行业企业作为重整方是本案迅速重整成功的关键。超日公司若要恢复上市，避免破产清算，必须在 2014 年内重整成功，扭亏为盈，这意味着重整工作的有效时间至多半年。而超日公司负债规模大、资产情况复杂，还涉及 6 万多股民及大量海外资产，重整难度较大，因此引入同行业有实力的重组方是较优选择，经过公开征集投资人，最终确定由同行业的江苏协鑫能源有限公司等作为重整方。引入同行业投资人不仅可以加快推进重整进程，还可以解决企业现有员工的就业问题，有利于保障社会稳定。基于此，超日公司迅速恢复生产并具备持续经营能力，获得了较好的法律效果和社会效果。

思考题

1. 简述破产的概念与特征。

2. 破产法有哪些作用？

3. 试述破产法的适用范围。

4. 试分析国有企业法人、非国有企业法人和商业银行的破产原因。

5. 试论述破产程序法。

6. 试解释下述概念：破产财产、取回权、破产债权、别除权、破产抵销权、破产费用、破产分配。

第五章　合同法

《中华人民共和国合同法》于1999年10月1日起正式实施，2017年10月1日起施行的《民法总则》中的一些规范也适用于合同关系，此外，还有大量的法律对于特定的合同类型进行了规范，如《中华人民共和国保险法》《中华人民共和国海商法》等。这些法律确立了我国市场经济的基本交易原则，对于保护合同当事人以及相关第三人的合法权益，规范市场交易，维护社会经济秩序，促进社会主义市场经济的建立和完善，都有重大意义。本章全面介绍了我国合同法的基本概念和合同订立的过程，系统阐述了合同成立、生效的法律规定，以及合同的主要条款、合同的履行、合同的变更和转让、合同的终止、违约责任，有助于读者在市场经济中运用合同法从事与合同相关的实务工作。

学习目标

1. 了解合同的概念、特征和种类；
2. 熟悉合同订立的程序与合同的效力；
3. 掌握合同的履行规则；
4. 理解合同履行中的抗辩权和合同的保全；
5. 熟悉违约行为的类型和违约责任的承担方式；
6. 能够运用合同法的基本原理分析和解决实践中的相关问题。

导入案例　周某诉重庆某房地产开发有限公司房屋买卖合同纠纷案

2010年7月7日，周某（简称乙方）与某地产开发有限公司（简称甲方）签订《重庆市商品房买卖合同》，该合同约定该商品房成交总金额为268 672元，乙方应于2010年7月7日支付房款255 238元，余款13 434元于2011年7月30日前付清；甲方应在2011年7月30日前将该房交付给乙方，如逾期交房超过30日而乙方要求继续履行合同的，合同继续履行，甲方应当自约定的最后交付期限的第2天起至实际交付之日止按日向乙方支付已付房款的万分之四的违约金。同时合同第8条约定，由于乙方原因，未能按期交付的，双方同意按以下方式处理：乙方付清全部房款、付清政府部门规定的费用且无银行按揭欠款，方可进行房屋交接。合同签订后，乙方按照合同约定向甲方支付了房款和房屋专项维修金。2012年11月20日，甲方通知乙方去收房。2014年3月12日，乙方向甲方交付了余款。

另查明，在合同履行过程中，甲方的原法定代表人李某强及股东李某因涉嫌串通投标罪被重庆市长寿区公安局立案侦查。2011年5月，甲方的财务资料、银行账户以及包括部分项目在内的资产先后被查封、冻结或扣押，后某小区建设工程停工。2012年5月7日，重庆市长寿区公安局解除了对某公司银行账户的强制措施。2012年11月19日，某公司通过了其建设的小区第 10 幢楼的重庆市建设工程竣工验收备案以及建设工程消防竣工验收备案。

后乙方起诉要求甲方向其支付逾期交房 479 天的违约金 51 477.55 元，而甲方认为根据双方合同第 8 条规定的约定，交房的条件是乙方应该先付清全部房款且无按揭欠款方可进行房屋交接，即原告有先履行义务，故不同意支付逾期交房违约金。

第一节　合同概述

一、合同的概念和特征

根据《合同法》第 2 条的规定，合同是平等主体的自然人、法人、其他组织之间设立、变更、终止民事权利义务关系的协议。

合同具有以下特征：

（1）合同是一种民事法律行为。合同以意思表示为要素，并且按意思表示的内容赋予法律效果，因此，合同是民事法律行为，而非事实行为。

（2）合同是两个以上当事人意思表示一致的民事法律行为。合同必须有两个以上的当事人互为意思表示，并且意思表示一致。这是合同区别于单方民事法律行为的重要标志。

（3）合同是以设立、变更或终止民事权利义务关系为目的的民事法律行为。当事人通过订立合同来设立、变更、终止权利和义务关系，从而实现预期的目的。

（4）合同是由平等主体的自然人、法人或其他组织订立的。订立合同的主体在法律上应是平等的，任何一方都不得将自己的意志强加给另一方。

二、合同的分类

根据不同的标准合同有不同的分类。《合同法》根据一定的标准将合同分为 15 类，并针对不同的合同确定其各自的规则。而学者们从学理上将合同按照不同的标准进行分类，这有助于完善合同立法，有助于司法机关在处理纠纷时正确适用法律，对当事人订立和履行合同也具有指导作用。

（一）双务合同与单务合同

根据合同当事人是否互负对待给付义务，合同可以分为双务合同和单务合同。

双务合同，指当事人双方互负对待给付义务的合同。即一方当事人所享有的权利即为另一方当事人所负担的义务，如买卖、互易、租赁合同等均为双务合同。

单务合同，指仅有一方负担给付义务的合同。在单务合同中，当事人双方并不互相享有权利和负担义务，而只有一方承担义务，另一方并不负有相对义务。如借用合同。

区分双务合同与单务合同的意义在于：

（1）是否适用同时履行抗辩权规则。在双务合同中，一方当事人在他方未为对待履行义务前，有权拒绝履行相应的义务，可以行使同时履行抗辩权；而在单务合同中，因为只有一方负有履行合同的义务，因此，义务人无权要求他方同时履行，即不适用同时履行抗辩权规则。

（2）风险负担的不同。双务合同由于双方的权利义务相互依存、互为条件，在不可归因于任何一方的事由发生标的物毁损、灭失或不能履行合同义务的情形而造成损失，按照合同法的相关规则确定由何方负担。而在单务合同中，如果一方因不可抗力导致其不能履行义务，不会发生双务合同中的风险负担问题。

（二）有偿合同与无偿合同

根据合同当事人间的权利义务是否存在对价，可以将合同分为有偿合同与无偿合同。

对价，是一方为取得合同权利而向另一方支付的代价。对价可以是某种允诺，也可以是某种行为。传统观点是用“利益—受损”标准来界定对价。1875 年英国高等法院在一判决中这样规定：对价是指“合同一方得到的某种权利、利益、利润或好处，或是他方当事人克制自己不行使某项权利或遭受某项损失或承担某项义务”。

有偿合同，是指一方通过履行合同规定的义务而给对方的某种利益，对方要得到该利益必须为此支付相应代价的合同。

无偿合同，指一方给付对方某种利益，对方取得该利益时并不支付任何报酬的合同。

区分有偿合同与无偿合同的意义在于：（1）确定某些合同的性质。如买卖合同是有偿的，如果变为无偿合同，则变成了赠与关系，属于赠与合同。（2）义务的内容不同。在无偿合同中，利益的出让人原则上只应承担较轻的注意义务，而在有偿合同中，当事人所承担的注意义务显然要比无偿合同中的注意义务要重。（3）主体要求不同。订立有偿合同的当事人原则上应具备完全民事行为能力，但无偿合同，对于纯获利的，限制民事行为能力人也可以订立，不必经法定代理人追认。

（三）要式合同与非要式合同

根据合同的成立是否必须采用特定的形式，合同可分为要式合同与非要式合同。

要式合同是指法律或当事人要求必须具备特定形式的合同。特定形式包括书面、登记、公证等。非要式合同是指法律或当事人不要求必须具备特定形式的合同。

要式合同与非要式合同的区别，在于是否应以一定的形式作为合同成立或生效的要件。要式合同依照法律规定采用一定的形式，则合同成立或生效；而对于非要式合同而言，则可由当事人自由决定合同形式，无论采用何种形式，均不影响合同的成立和生效。

（四）有名合同与无名合同

根据法律是否设有规范并赋予一个特定名称，合同可分为有名合同与无名合同。

有名合同又称典型合同，是指法律设有规范，并赋予一定名称的合同。《合同法》分则规定的买卖合同等 15 种合同都是有名合同。无名合同又称非典型合同，是指法律没有特别规定，也未赋予一定名称的合同。

有名合同与无名合同的区分意义主要在于，两者适用的法律规则不同。对于有名合同，应当直接适用《合同法》的规定或其他有关法律规定。对于无名合同，《合同法》第 124 条规定：“本法分则或者其他法律没有明文规定的合同，适用本法总则的规定，并可以参照本法分则或者其他法律最相类似的规定。”第 174 条规定：“法律对其他有偿合同有规定的，依照其规定；没有规定的，参照买卖合同的有关规定。”因此，无名合同适用

《合同法》的一般规则，并参照最相类似的有名合同的规则。

（五）诺成性合同与实践性合同

根据合同成立是否以交付标的物为标准，合同可分为诺成性合同与实践性合同。

诺成性合同是指当事人意思表示一致即成立的合同。实践性合同，又称要物合同，是指除当事人意思表示一致以外，还须交付标的物才能成立的合同。传统民法中，买卖、租赁、承揽、委托等合同为诺成性合同，借贷、保管、赠与、运输等合同为实践性合同。但随着现代经济生活的发展，信贷业、仓储业、运输业也有迅猛发展，若仍坚持以交付标的物为合同成立的要件，则不利于经济流转的便捷与迅速。因此，我国《合同法》规定，借贷合同、运输合同、仓储保管合同为诺成性合同。

诺成性合同与实践性合同的主要区别在于，二者成立与生效的时间是不同的。诺成性合同自双方当事人意思表示一致时，合同即告成立；而实践性合同则在当事人达成合意之后，还必须由当事人交付标的物和完成其他给付，合同才能成立。

三、合同法

（一）合同法的概念和适用范围

合同法是调整平等主体之间设立、变更、终止财产权利义务的合同关系的法律规范的总称。合同法有狭义和广义之分。狭义的合同法是指专门调整合同关系的法律规范，即指《合同法》；广义的合同法，是所有涉及调整合同关系的法律规范，包括《合同法》和散见于各种法律规定中的有关合同的规定，如《担保法》中的担保合同。

《合同法》调整的范围非常广泛。《合同法》第 2 条规定：“本法所称合同是平等主体的自然人、法人、其他组织之间设立、变更、终止民事权利义务关系的协议。婚姻、收养、监护等有关身份关系的协议，适用其他法律的规定。”该规定排除了三类合同：

（1）行政合同。这类合同由行政法予以规范。

（2）劳动合同。这类合同由劳动法予以规范。

（3）对身份合同的适用。身份合同是指以设立、变更、终止身份关系为目的，不包含财产内容或者不以财产内容为主要调整对象的合同，如结婚、离婚、收养、监护等协议。由于身份合同是以身份关系作为内容，在具体内容和适用的原则上有许多特殊性，因此不适合运用《合同法》的有关规定处理，而是由《民法通则》《婚姻法》等法律中的相关内容进行规范。

（二）合同法的基本原则

合同法的基本原则，是指合同立法的指导思想及民事主体间合同关系所应遵循的基本方针和准则，是制定、解释、执行和研究合同法的依据和出发点。

（1）意思自治原则。意思自治原则是指合同当事人依法享有自愿订立合同的权利，任何单位和个人不得非法干预。

（2）平等原则。平等原则是指合同当事人的法律地位是平等的，一方当事人不得将自己的意志强加给另一方。

（3）公平原则。公平原则是指合同当事人本着公平合理的观念确定各方的权利义务。

（4）诚实信用原则。诚实信用原则是指当事人行使权利、履行义务时应讲诚实、守信用，不得有欺诈的行为。

(5) 遵守法律和公序良俗的原则。即当事人订立、履行合同，不得违反法律，也不得违反公共秩序、善良风俗。

第二节 合同的订立

一、合同订立的程序

合同订立的程序即当事人双方相互为意思表示并就合同条款达成一致的过程，分为要约和承诺两个阶段。

(一) 要约

1. 要约的概念

根据《合同法》第 14 条的规定，要约是希望和他人订立合同的意思表示，该意思表示应当内容具体确定，表明经受要约人承诺，要约人即受该意思表示约束。要约必须具备以下要件：

(1) 要约人具有订约能力。要约的提出旨在与他人订立合同，所以要约人必须是订立合同的一方当事人，应当具有缔约能力，无行为能力人或依法不能独立实施某种行为的限制行为能力人发出欲订立合同的要约，不能产生行为人预期的效果。

(2) 要约应当向特定的相对人发出。要约只有向要约人希望与其缔结合同的受要约人发出才能够引起受要约人的承诺，所以要约原则上应向一个或数个特定的相对人发出。但是，有两种情形下的要约可以向不特定的人发出，不影响其要约的效力。其一是发布悬赏广告。悬赏广告，是指以广告的方式，对完成一定行为的人给予报酬的意思表示。其二是要约人向不特定人发出具有要约内容的商业广告，并自愿承担由此产生的后果，此时的商业广告即视为要约。

(3) 要约的意思表示应当符合法律规定。其一，内容具体明确；其二，表明经受要约人承诺，要约人即受该意思表示约束。要约是一种法律行为，要约人受到要约的约束，受要约人一旦承诺，合同即告成立。《最高人民法院关于适用〈中华人民共和国合同法〉若干问题的解释（二）》（简称《合同法解释（二）》）第 1 条第 1 款规定：当事人对合同是否成立存在争议，人民法院能够确定当事人名称或者姓名、标的和数量的，一般应当认定合同成立。但法律另有规定或者当事人另有约定的除外。由此可见，要约的意思表示至少应包括当事人名称或者姓名、标的和数量三个方面的内容。

2. 要约邀请

要约邀请，是指希望他人向自己发出要约的意思表示。寄送的价目表、拍卖公告、招标公告、招股说明书、商业广告等为要约邀请。商业广告的内容符合要约规定的，视为要约。

要约邀请可以是向特定人发出的，也可以是向不特定的人发出的。要约邀请只是邀请他人向自己发出要约，是订立合同的预备行为，在发出要约邀请时，当事人仍处于订约的准备阶段，因此对要约邀请人没有约束力。

要约邀请与要约主要有三点不同：

（1）直接目的不同。要约的目的是希望与他人直接订立合同；而要约邀请是希望他人向自己发出要约。

（2）内容不同。要约的内容要求具体、明确，包含了合同的主要条款；而要约邀请不必包含合同的主要条款。

（3）法律效力不同。要约人受要约的约束，一旦受要约人接受要约，合同就成立，要约人违反了有效的要约，应承担法律责任；而要约邀请只是引诱他人发出要约，它既不能因相对人的承诺而成立合同，也不能因自己作出某种承诺而约束要约人。在发出要约邀请后，要约邀请人撤回其邀请，只要没有给善意相对人造成信赖利益的损失，要约邀请人一般不承担法律责任。

3. 要约的法律效力

要约的法律效力又称要约的拘束力，是指要约的生效及对要约人、受要约人的拘束力。

（1）要约生效的时间。《合同法》第 16 条规定，要约到达受要约人时生效。采用数据电文形式订立合同，收件人指定特定系统接收数据电文的，该数据电文进入该特定系统的时间，视为到达时间；未指定特定系统的，该数据电文进入收件人的任何系统的首次时间，视为到达时间。

（2）对要约人的拘束力。又称要约的形式拘束力，指要约一经生效，要约人即受到要约的拘束，不得随意撤销或对要约加以限制、变更和扩张。其目的在于保护受要约人的合法权益，维护交易安全。

（3）对受要约人的拘束力。又称要约的实质拘束力，是指受约人在要约生效时即取得承诺的权利，也就是说取得依其承诺而成立合同的法律地位，在要约的有效期间内，受要约人可以承诺，也不可以不承诺。

（4）要约的存续期间。要约的存续期间是指要约发生法律效力的期间，即承诺期限，受要约人须在承诺期间内承诺，才能对要约人有拘束力，否则要约失效。

4. 要约的撤回与撤销

（1）要约的撤回。要约的撤回是指要约人在要约生效之前，使要约不发生法律效力的行为。根据《合同法》第 17 条的规定，撤回要约的通知先于或者与要约同时到达受要约人，即产生撤回的效力。

（2）要约的撤销。要约的撤销是指要约人在要约生效以后将要约取消，使要约的法律效力归于消灭的意思表示。《合同法》第 18 条、第 19 条规定，要约可以撤销。撤销要约的通知应当在受要约人发出承诺通知之前到达受要约人。但在下列情况下，要约不得撤销：第一，要约人确定了承诺期限或者以其他形式明示要约不可撤销；第二，受要约人有理由认为要约是不可撤销的，并已经为履行合同做了准备工作。

5. 要约的失效

要约的失效即要约丧失法律效力，要约人与受要约人均不再受要约的约束。依《合同法》第 20 条的规定，要约失效的原因主要有以下几种：

（1）拒绝要约的通知到达要约人。

（2）要约人依法撤销要约。

（3）承诺期限届满，受要约人未作出承诺。

（4）受要约人对要约的内容作出实质性变更。

（二）承诺

1．承诺的概念与要件

依《合同法》第21条的规定，承诺是受要约人同意要约的意思表示。承诺的要件包括：

（1）承诺必须由受要约人向要约人作出。承诺是受要约人接受要约人订立合同的提议，因此承诺必须由受要约人向要约人作出，受要约人以外的第三人不享有承诺的权利。

（2）承诺必须在承诺的期限内送达要约人。承诺必须在要约或者法律规定的期限内送达要约人，未能在合理期限内作出承诺并到达要约人，不能成为有效承诺。

（3）承诺的内容应当与要约的内容一致。受要约人对要约的内容作出实质性变更的，为新要约。有关合同标的、数量、质量、价款或者报酬、履行期限、履行地点和方式、违约责任和解决争议方法等的变更，是对要约内容的实质性变更。承诺对要约的内容作出非实质性变更的，除要约人及时表示反对或者要约表明承诺不得对要约的内容作出任何变更的以外，该承诺有效。合同的内容以承诺的内容为准。

（4）承诺的方式须符合要约的规定。要约人规定承诺必须以一定的方式作出，承诺人作出承诺时必须符合要约人规定的承诺方式，否则承诺无效。承诺的方式主要包括以下几种：1）承诺以通知的方式作出，包括以口头或者书面的形式将承诺明确告知要约人。要约中有明确规定的，则应按照要约的规定作出承诺，不符合要求的承诺无效。要约没有明确规定承诺方式的，应该采取与要约相同的方式作出承诺。2）承诺以行为作出。承诺不需要通知的，根据交易习惯或者要约的要求作出承诺的行为时生效。下列情形，不违反法律、行政法规强制性规定的，可以认定为《合同法》所称的"交易习惯"：一是在交易行为当地或者某一领域、某一行业通常采用并为交易对方订立合同时所知道或者应当知道的做法；二是当事人双方经常使用的习惯做法。对于交易习惯，由提出主张的一方当事人承担举证责任。

2．承诺的期限

承诺的期限又称承诺到达的时间，是指承诺到达要约人的时间必须符合要约人的要求或法律的规定。承诺的期限不仅是指受要约人作出承诺的时间，而且包括受要约人将承诺送达要约人的时间。发出要约的方式不同，承诺期限计算的方法就不同。

（1）受要约人作出承诺的期限规定：1）承诺应当在要约确定的期限内送达要约人。2）要约没有确定承诺期限的，承诺应当依照下列规定到达：其一是要约以对话方式作出的，应当即时作出承诺，但当事人另有约定的除外。其二是要约以非对话方式作出的，承诺应当在合理期限内到达。所谓合理期间，即要约到达受要约人的必要时间；受要约人考虑是否承诺所必需的时间；以及承诺发出到达要约人所必需的时间。在合理期间受要约人未承诺，要约失效。

（2）受要约人作出承诺的时间计算方法：1）要约以信件或者电报作出的，承诺期限自信件载明的日期或者电报交发之日开始计算。信件未载明日期的，自投寄该信件的邮戳日期开始计算。2）要约以电话、传真等快速通信方式作出的，承诺期限自要约到达受要约人时开始计算。

3．承诺的效力

承诺生效时合同成立。《合同法》第26条规定，承诺通知到达要约人时生效。承诺不需要通知的，根据交易习惯或者要约的要求作出承诺的行为时生效。

4. 承诺的迟延

承诺的迟延，又称为逾期承诺，是指承诺未在要约规定的承诺期限届满或者未在合理期限内到达要约人的承诺。承诺的期限通常由要约规定，如果要约中未规定，则受要约人应在合理期限内作出承诺。逾期承诺的法律效力分为两种情况：

（1）一般逾期承诺。受要约人超过承诺期限发出承诺的，除要约人及时通知受要约人该承诺有效的以外，为新要约。

（2）意外逾期承诺 。受要约人在承诺期限内发出承诺，按照通常情形能够及时到达要约人，但其他原因导致承诺到达要约人时超过承诺期限的，除要约人及时通知受要约人因承诺超过期限不接受该承诺的以外，该承诺有效。

5. 承诺的撤回

承诺的撤回是承诺人阻止或消灭承诺发生法律效力的意思表示。《合同法》第 27 条规定，承诺可以撤回。撤回承诺的通知应当在承诺通知到达要约人之前或者与承诺通知同时到达要约人。

二、合同的内容

合同的内容是指合同的条款，根据《合同法》第 12 条的规定，包括以下条款：

（1）当事人的名称或者姓名和住所。

（2）标的。即合同当事人权利和义务所指向的对象。

（3）数量和质量。这是合同标的的具体化。数量指标的的多少，直接决定着民事权利义务的大小。质量是合同标的的具体特征，它是标的内在素质和外观形态的综合。

（4）价款或者报酬。价款是取得标的物应支付的代价。报酬是获得服务应支付的代价。价款或报酬是有偿合同的条款。

（5）履行期限、地点和方式。履行期限是履行合同义务的时间界限，涉及当事人的期限利益，也是确定违约与否的因素之一。履行地点是履行合同义务的地点，关系到履行费用负担、风险的承担及合同纠纷的法院管辖等。履行方式指履行合同义务的方式。

（6）违约责任。违约责任是促使当事人履行债务，使守约方免受或少受损失的法律措施，对当事人的利益关系重大，合同应予明确。

（7）解决争议的方法。解决争议的方法是指当事人对合同发生争议时应采用的程序、运用的法律、选择的法院等内容。

三、合同的形式

合同的形式是指合同内容的表现形式，通常使用的合同形式有口头形式、书面形式、默示形式三种。

（一）口头形式

口头形式是当事人以口头语言形式相互为意思表示而订立合同的形式，如当面交谈、电话联系等。其优点是简便易行，缺点是缺少文字依据，在当事人发生纠纷时难于取证。因此，口头形式一般适用于标的额不大、即时清结的合同。

（二）书面形式

书面形式是指以合同书、信件、数据电文（包括电报、电传、传真、电子数据交换和电子邮件）等可以有形地表现所载内容的形式。它一般适用于标的额较大、内容较复杂、不能即时清结的合同。书面形式分为一般书面形式和特殊书面形式。合同书、信件、数据电文等是一般书面形式；公证、鉴证、审批、登记等是特殊书面形式。

（三）默示形式

默示形式指合同当事人以一定的行为表明合同内容的形式。《合同法》第 26 条规定：承诺不需要通知的，根据交易习惯或者要约的要求作出承诺的行为时生效。这是对默示形式的规定。《合同法解释（二）》第 2 条规定：当事人未以书面形式或者口头形式订立合同，但从双方从事的民事行为能够推定双方有订立合同意愿的，人民法院可以认定是以《合同法》第 10 条第 1 款中的“其他形式”订立的合同。但法律另有规定的除外。

（四）合同的格式条款

合同的格式条款，是指当事人为了重复使用而预先拟订，并在订立合同时未与对方协商的条款。格式条款的使用，是由于某些行业进行频繁的、重复性的交易，在其交易过程中为了简化合同订立的程序而形成的。

格式条款具有以下特征：(1) 形式上的定型化。格式条款通常在“协商”“谈判”之前预先拟订，合同的式样、内容都经过标准化处理，固定一致。(2) 内容上不与对方协商。格式条款在使用中往往要求对方“接受或者拒绝”而不容谈判，不能进行讨价还价。(3) 适用对象上的非特定性，适用时间上的重复性和长期性。

采用格式条款订立合同应当遵循的原则：(1) 采用格式条款订立合同的，提供格式条款的一方应当遵循公平原则确定当事人之间的权利和义务。(2) 采取合理的方式提请对方注意免除或者限制其责任的条款，按照对方的要求，对该条款予以说明。“采用合理的方式”，指在合同订立时采用足以引起对方注意的文字、符号、字体等特别标志，并按照对方的要求对该格式条款予以说明。提供格式条款一方对已尽合理提及及说明义务承担举证责任。

合同当事人对格式条款的理解发生争议的解释原则：(1) 对格式条款的理解发生争议的，应当按照通常理解予以解释。通常理解，是指当事人对合同条款的理解有争议的，应当按照合同所使用的词句、合同的有关条款、合同的目的、交易习惯以及诚实信用原则，确定该条款的真实意思。(2) 对格式条款有两种以上解释的，应当作出不利于提供格式条款一方的解释。(3) 格式条款和非格式条款不一致的，应当采用非格式条款。

四、合同成立的时间和地点

（一）合同成立的时间

(1) 承诺生效时合同成立。合同成立的时间是由承诺实际生效的时间决定的。承诺生效时合同成立，是我国法律确定合同成立时间的一般原则。由于我国《合同法》采取到达原则，因此承诺生效的时间以承诺到达要约人的时间为准。

(2) 采用合同书形式的合同自签字或盖章时成立。当事人采用合同书形式订立合同的，自双方当事人签字或者盖章时合同成立。当事人在合同书上摁手印的，其具有与签字或者盖章同等的法律效力。

（3）要求签订确认书的合同自签订确认书时成立。当事人采用信件或者数据电文等形式订立合同的，可以在合同成立之前要求签订确认书。签订确认书时合同成立。

（4）合同需要完成特殊的约定或法律形式才能成立的，以完成合同的约定形式或法定形式的合同成立。

（5）违反形式要求合同的成立。法律、行政法规规定或者当事人约定采用书面形式订立合同，当事人未采用书面形式但一方已经履行主要义务，对方接受的，该合同成立。采用合同书形式订立合同，在签字或者盖章之前，当事人一方已经履行主要义务，对方接受的，该合同成立。

（二）合同成立地点

承诺生效的地点为合同成立的地点。合同成立的地点关系到合同的管辖权。

合同的成立地点有以下几种情况：（1）采用数据电文形式订立合同的，收件人的主营业地为合同成立的地点，没有主营业地的，其经常居住地为合同成立的地点。当事人另有约定的，按照其约定。（2）当事人采用合同书、确认书形式订立合同的，双方当事人签字或者盖章的地点为合同成立的地点。合同没有约定签订地，双方签字或者盖章不在同一地点的，最后签字或者盖章的地点为合同签订地。（3）合同需要完成特殊的约定或法律形式才能成立的，以完成合同的约定形式或法定形式的地点为合同的成立地点。（4）当事人对合同的成立地点另有约定的，按照其约定。合同约定的签订地与实际签字或者盖章地点不符的，约定的签订地为合同签订地。

五、缔约过失责任

（一）缔约过失责任的概念和条件

缔约过失责任，是指在合同订立过程中，一方对因违背其根据诚实信用原则所应负的义务而致另一方信赖利益的损失，应承担的民事责任。

缔约过失责任的构成要件如下：

（1）缔约过失责任必须发生在合同的订立过程中。缔约过失行为只发生在合同缔结过程中，而不是发生在合同成立之后。

（2）主观上有过错。这是构成信赖利益损害赔偿责任的主观要件。主观过错包括故意和过失两种情况。从《合同法》的规定来看，缔约过失的过错程度要求较高，一般指故意或者重大过失，而且多表现为恶意。如缔约过失责任中责任人尽管以缔约人的名义参与谈判，但在主观上根本不具有订立合同的真实意图，订约的磋商具有虚假性。以订约为幌子，诱骗他人参与谈判，以达到其不正当的目的。

（3）在客观上实施了违反诚实信用原则的行为。在合同缔结过程中合同当事人双方关系已经特定化，在他们之间按照民法诚实信用原则形成了一种特殊的信赖关系，虽然合同还未有效成立，但当事人之间已经形成了互相协助、照顾、保护、通知、诚实等必要的注意义务。从性质上讲，此种先合同义务是一种法定义务而不是约定义务。违反先合同义务的，即构成缔约过失。

（4）在后果上给对方造成了损害，应承担损害赔偿责任。缔约过失行为而导致合同不成立、不生效、无效或者被撤销的，缔约过失行为人应对合理信赖合同能够有效成立的对方当事人赔偿基于此项信赖而发生的损害。

（二）缔约过失的行为表现与责任承担

缔约过失责任的类型有：（1）假借订立合同，恶意进行磋商；（2）故意隐瞒与订立合同有关的重要事实或者提供虚假情况；（3）有其他违背诚实信用原则的行为。例如，依照法律、行政法规的规定经批准或者登记才能生效的合同成立后，有义务办理申请批准或者申请登记等手续的一方当事人未按照法律规定或者合同约定办理申请批准或者未申请登记的行为，属于"其他违背诚实信用的行为"。

当事人在订立合同过程中有上列情形之一的，给对方造成损失的，应当承担损害赔偿责任。

（三）缔约过失责任与其他责任的区别

1. 缔约过失责任与违约责任

（1）从责任性质上看，违约责任以有效合同为前提，违反的是合同义务；而缔约过失责任产生的宗旨则是解决没有合同关系的情况下因一方的过错而造成另一方信赖利益的损失问题。

（2）责任方式不同。违约责任的责任形式包括违约金、损害赔偿、实际履行、修补替换、定金等多种形式；缔约过失只以损害赔偿作为其责任形式。

（3）可否由当事人约定不同。违约责任可以由当事人在合同中约定；缔约过失责任是基于法律的直接规定，具有法定性。

（4）赔偿范围不同。违约责任通常要求赔偿期待利益的损失，期待利益既包括了可得利益，也包括了履行本身；在承担缔约过失责任的情况下，当事人只能根据信赖利益的损失而要求赔偿。

（5）责任的构成要件不同。缔约过失责任以当事人主观上有过错为要件；违约责任原则上不以当事人主观有过错为要件，属于严格责任（但《合同法》分则中规定，有的违约责任的归责原则是过错责任）。

2. 缔约过失责任与侵权责任

缔约过失责任与侵权责任的相同之处在于：大都是在没有合同关系的情况下发生的责任；两种责任都以损害赔偿为内容；都以过错为要件。

两者的区别主要表现在：

（1）缔约过失责任的产生具有两个前提条件：双方实际接触并磋商；双方是一种特殊的信赖关系。而侵权责任不存在这一前提和基础。

（2）违反的义务性质不同。缔约过失行为在本质上是违反了依诚实信用原则而产生的附随义务；而侵权行为则违反了不得侵害他人财产和人身的一般义务，行为具有违法性。

（3）缔约过失的赔偿范围是信赖利益的损失；而侵权责任包括精神损害赔偿在内。

第三节　合同的效力

合同的效力，是指已经成立的合同在当事人之间产生的一定的法律约束力。

一、合同的成立与生效

（一）依法成立的合同自成立时生效

合同的成立，是指合同订立过程的完成，当事人经过平等协商对合同的基本内容达成一致意见，形成合意。合同的生效，是指合同开始发生法律效力，产生拘束力的时间界点，是合同效力的起点阶段，合同的生效以合同的成立为前提。依法成立的合同自成立时生效。

（二）合同自法定手续完成时生效

（1）法律、行政法规规定应当办理批准、登记等手续生效的，依照其规定。《最高人民法院关于适用〈中华人民共和国合同法〉若干问题的解释（一）》（简称为《合同法解释（一）》）第9条规定：法律、行政法规规定合同应当办理批准手续，或者办理批准、登记等手续才生效，在一审法庭辩论终结前当事人仍未办理批准手续的，或者仍未办理批准、登记等手续的，人民法院应当认定该合同未生效；法律、行政法规规定合同应当办理登记手续，但未规定登记后生效的，当事人未办理登记手续不影响合同的效力，合同标的物所有权及其他物权不能转移。

（2）法律、行政法规规定应当办理其他手续的，依照其规定。未办理其他手续的合同不生效。例如，《合同法》第210条规定：自然人之间的借款合同，自贷款人提供借款时生效。

（三）附条件的合同自条件成就时生效（或失效）

附条件的合同，是指合同虽已成立，合同当事人约定把一定条件的成就与否作为合同效力是否发生或者消灭的依据的合同。

作为条件的事实必须具备以下要求：（1）这种可能发生的事实在合同成立时没有发生，为将来的事实；（2）这种事实是否发生是不确定的事实，它可能发生也可能不发生，不具有必然性；（3）这种可能发生的事实是否发生，何时发生，当事人在订立合同时是无法预知的；（4）这种可能发生的事实必须是合法的；（5）这种可能发生的事实是由当事人选定的，而不是法律直接规定的。

当事人对合同的效力可以约定附条件。附生效条件的合同，自条件成就时生效。附解除条件的合同，自条件成就时失效。当事人为自己的利益不正当地阻止条件成就的，视为条件已成就；不正当地促成条件成就的，视为条件不成就。

（四）附期限的合同自期限届至时生效（或失效）

附期限的合同，是指合同虽已成立，但合同当事人约定以一定的期限作为合同的效力发生或者终止的条件的合同。

期限必须具备以下条件：（1）期限是当事人约定的而不是由法律直接规定的；（2）期限是确定将来要到来的事实，其到来在时间上是明确可知的；（3）作为期限的将来发生的事实必须是合法的。

当事人对合同的效力可以约定附期限。附生效期限的合同，自期限届至时生效。附终止期限的合同，自期限届满时失效。

二、有效合同

有效合同是指法律承认其效力的合同。有效合同应当具备下列条件：

（1）合同的当事人应当具有相应的民事权利能力和民事行为能力。当事人具有相应的民事权利能力和民事行为能力是当事人有资格、有能力作出意思表示的前提。根据《民法总则》的规定，已满18周岁的成年人为完全民事行为能力人，可以独立实施民事法律行为。16周岁以上的未成年人，以自己的劳动收入为主要生活来源的，视为完全民事行为能力人；8周岁以上的未成年人、不能完全辨认自己行为的成年人为限制民事行为能力人，实施民事法律行为由其法定代理人代理或者经其法定代理人同意、追认，但可以独立实施纯获利益的民事法律行为或者与其年龄、智力、精神健康状况相适应的民事法律行为。

（2）合同当事人意思表示真实。意思表示真实主要包括以下内容：1）意思表示的自愿，是指意思表示应是行为人在自由状态下内心愿望的自我表述和外化而设立、变更、终止合同的行为；2）意思表示的真实，是指当事人的内在愿望和外在表示相一致，表示行为客观地反映内心的意思。当合同背离行为人的真实意图、出现重大误解、显失公平等情形出现时，合同的有效性将会受到影响。

（3）违反法律、行政法规的强制性规定的民事法律行为无效，但是该强制性规定不导致该民事法律行为无效的除外。违背公序良俗的民事法律行为亦无效。

（4）合同必须具备法律所要求的形式。我国《合同法》第44条规定：“依法成立的合同，自成立时生效。法律、行政法规规定应当办理批准、登记等手续生效的，依照其规定。”

三、无效合同

（一）无效合同的概念

无效合同是指合同虽然已经成立，但因其违反法律、行政法规的强制性规定和社会公共利益而不受法律保护，不发生法律拘束力的合同。无效合同具有以下特征：

（1）无效合同具有违法性。无效合同均具有违法性，违反法律和行政法规的强制性规定和损害了国家利益、社会公共利益。此类合同不符合国家的意志和立法的目的，因此国家实行干预，使其不发生效力。

（2）无效合同是自始无效的。自始无效，是指合同从订立时起，就没有法律约束力。由于无效合同在本质上违反了法律规定，因此国家不承认该合同的效力。

（3）无效合同不得履行。无效合同不得履行，是指当事人订立无效合同以后，不得实际履行合同。对于已经履行的，应当通过返还财产、赔偿损失等方式使当事人的财产恢复到合同订立前的状态。

（二）无效合同的类型

有下列情形之一的，合同无效。

1. 一方以欺诈、胁迫的手段订立的损害国家利益的合同

《合同法》将因欺诈、胁迫而订立的合同分为两类：一类是指一方采用欺诈、胁迫手段而使另一方上当受骗或被迫订立合同，损害了国家利益，属于无效合同；另一类是一方

以欺诈、胁迫手段诱使对方当事人作出错误意思表示或迫使对方订立合同，但并没有造成国家利益的损失，此类合同作为可撤销合同对待。而按《民法总则》第148条、第149条和第150条的规定，对于以欺诈和胁迫手段，使对方在违背真实意思的情况下实施的民事法律行为，受欺诈方、受胁迫方有权请求人民法院或者仲裁机构予以撤销。因此，一方以欺诈、胁迫手段订立的合同应一律按可撤销合同对待。

2. 恶意串通，损害国家、集体或者第三人利益的合同

恶意串通的合同，是指合同的双方当事人非法勾结，为牟取私利而共同订立的损害国家、集体或者第三人利益的合同。这种合同有极大的破坏性，为了维护正常的合同交易，此类合同为无效合同。

3. 以合法形式掩盖非法目的而订立的合同

以合法形式掩盖非法目的而订立的合同，又称伪装合同，是指行为人为达到非法目的以迂回的方法逃避法律、行政法规的强制性规定而订立的合同。此类合同必将扰乱市场经济的正常秩序，损害国家、集体或第三人的利益，因此该合同为无效合同。

4. 损害社会公共利益的合同

当事人订立的合同应当符合社会公共利益的要求是一项基本原则，违反这一基本原则的合同无效。

5. 违反法律、行政法规的强制性规定的合同

违反法律、行政法规的强制性规定的合同无效。人民法院确认合同无效，应当以全国人大常委会制定的法律和国务院制定的行政法规为依据，不得以地方性法规、行政规章为依据。法律、行政法规可分为：强制性规定和任意性规定。强制性法律规范对行为人具有强制性，当事人必须按照其内容履行，否则当事人订立的合同无效。

（三）无效的免责条款

1. 合同中的免责条款

合同中的免责条款，是指合同中的当事人在合同中约定的，为免除或者限制一方或者双方当事人未来责任的条款。免责条款已经成为当事人预先规避风险的一种重要策略。免责条款主要具有以下特征：

（1）免责条款具有约定性。免责条款是当事人双方协商同意的合同的组成部分。当事人依据意思自治的原则在合同中约定免责的内容或者范围。

（2）免责条款必须以明示的方式作出。免责条款的提出必须是以明示的方式作出，任何以默示的方式作出的免责都是无效的。

（3）合同中的免责条款具有免责性。免责条款的目的，就是排除或者限制当事人未来的民事责任。免责可以是部分免责，也可以是全部免责。

2. 免责条款无效的情形

合同中的下列免责条款无效：

（1）免除造成对方人身伤害责任的免责条款无效。

（2）因故意或者重大过失造成对方财产损失的免责条款无效。

（3）无效的格式条款。

格式条款具有无效合同、无效免责条款情形的，或者提供格式条款一方免除其责任、加重对方责任、排除对方主要权利的，该条款无效。

（四）合同被确认无效的后果

1. 效力上的后果

（1）无效的合同自始没有法律约束力。合同一旦被确认为无效就将产生溯及力，使合同从订立之时起就不具有法律约束力，并不受当事人实际履行的影响。

（2）合同部分被确认无效的法律后果。无效合同可以分为全部无效合同和部分无效合同。部分无效合同，是指合同中的某些条款违反了法律的规定。合同部分无效，不影响其他部分效力的，其他部分仍然有效。

（3）独立性条款的效力。独立性条款，是指合同中的某些条款尽管为合同的组成部分，但由于起到特殊的功能和作用，合同无效或撤销后并不导致这些条款效力消灭的条款。即合同无效不影响合同中独立存在的有关解决争议方法的条款的效力。

2. 财产后果的处理

合同无效后，因该合同取得的财产，应当予以返还；不能返还或者没有必要返还的，应当折价补偿。有过错的一方应当赔偿对方因此所受到的损失，双方都有过错的，应当各自承担相应的责任。当事人恶意串通，损害国家、集体或者第三人利益的，因此取得的财产收归国家所有或者返回集体、第三人。

四、可撤销合同

（一）可撤销合同的概念

可撤销合同是指因当事人在订立合同的过程中意思表示不真实，经撤销权人请求，由人民法院或者仲裁机构撤销合同，合同被撤销的自始没有法律约束力。可撤销合同具有以下特征：

（1）可撤销合同是撤销权人在意思表示不真实的情况下订立的合同。可撤销合同，由于不能反映当事人的真实意思，为此法律允许受损害方变更或者撤销合同。

（2）可撤销合同在未被撤销前仍然是有效合同。可撤销合同虽然具有可撤销的因素，但在法院或者仲裁机构撤销该合同之前，合同仍然有效，当事人应该按照合同履行义务，任何一方都不得以合同具有可撤销的因素为由拒不履行其合同义务。

撤销权具有以下特点：（1）可撤销合同是撤销权人在意思表示不真实的情况下订立的合同；（2）该撤销权应由撤销权人自由决定行使，当事人不提出撤销请求，法律不应强制干预；（3）撤销权的行使系单方法律行为，无须相对人同意；（4）可撤销合同在被撤销前应为有效，合同一旦被撤销即发生溯及力，使合同自始不发生效力；（5）撤销权人只能通过诉讼或仲裁行使撤销权。

（二）可撤销合同的类型

下列合同，当事人一方有权请求人民法院或者仲裁机构撤销。

1. 因重大误解订立的合同

行为人因对行为的性质，对方当事人，标的物的品种、质量、规格和数量等的错误认识，使行为的后果与自己的意思相悖，并造成较大损失的，可以认定为重大误解。

2. 在订立时显失公平的合同

一方当事人利用优势或者利用对方没有经验，致使双方的权利义务明显违反公平、等价有偿原则的，可以认定为显失公平。

3. 一方以欺诈、胁迫的手段或者乘人之危，使对方在违背真实意思的情况下订立的合同

一方当事人故意告知对方虚假情况，或者故意隐瞒真实情况，诱使对方当事人作出错误意思表示的，可以认定为欺诈行为。

胁迫是指以给予他人的人身或者财产造成损害相威胁，迫使对方作出不真实的意思表示。如以给公民及其亲友的生命、健康、荣誉、名誉、财产等造成损失或者以给法人的荣誉、名誉、财产等造成损害为要挟，迫使对方作出违背真实的意思表示的，可以认定为胁迫行为。

一方当事人乘对方处于危难之机，为牟取不正当利益，迫使对方作出不真实的意思表示，严重损害对方利益的，可以认定为乘人之危。

（三）合同被撤销后的法律后果

1. 效力上的后果

被撤销的合同自始没有法律约束力。合同被撤销不影响合同中独立存在的有关解决争议方法的条款的效力。

撤销权的消灭是对具有撤销权的当事人行使撤销权的必要限制，目的在于促使具有撤销权的当事人及时行使权利和保证交易的稳定。《民法总则》第 152 条规定，有下列情形之一的，撤销权消灭：（1）当事人自知道或者应当知道撤销事由之日起 1 年内、重大误解的当事人自知道或者应当知道撤销事由之日起 3 个月内没有行使撤销权；（2）当事人受胁迫，自胁迫行为终止之日起 1 年内没有行使撤销权；（3）当事人知道撤销事由后明确表示或者以自己的行为表明放弃撤销权。当事人自民事法律行为发生之日起 5 年内没有行使撤销权的，撤销权消灭。

2. 财产后果的处理

合同被撤销后，因该合同取得的财产，应当予以返还；不能返还或者没有必要返还的，应当折价补偿。有过错的一方应当赔偿对方因此所受到的损失，双方都有过错的，应当各自承担相应的责任。

五、效力待定合同

（一）效力待定合同的概念

效力待定合同也称效力未定合同，是指已经成立的合同，但其法律效力尚未确定，有待于其他行为或事实使之确定的合同。

效力待定合同具有以下特征：（1）合同已成立，但并不完全符合法律规定的合同生效条件；（2）效力待定合同是当事人欠缺缔约能力、代理人资格及处分能力等造成的，但这些瑕疵可以通过一定的方式消除；（3）效力待定合同的法律效力最终尚待一定行为或事实的发生。

（二）效力待定合同的情形

1. 限制民事行为能力人订立的合同

限制民事行为能力人订立的合同可分为两类：合同效力待定和合同有效。

（1）限制民事行为能力人依法不能独立订立的合同为效力待定合同。限制民事行为能力人订立的与其年龄、智力、精神健康状况不相适应的合同，为效力待定合同，经法定代理人追认后，合同才有效。相对人可以催告法定代理人在 1 个月内予以追认。法定代理人未作表示的，视为拒绝追认。合同被追认之前，善意相对人有撤销的权利。撤销应当以通知的方式作出。

（2）限制民事行为能力人依法可以独立订立的有效合同。限制民事行为能力人订立的纯获利益的合同或者与其年龄、智力、精神健康状况相适应而订立的合同，不必经法定代理人同意、追认，为有效合同。

2. 无权代理人订立的合同

无权代理分为广义的无权代理和狭义的无权代理。广义的无权代理包括狭义的无权代理和表见代理。狭义的无权代理订立的合同属于效力待定合同；表见代理情况下订立的合同是有效合同。

（1）狭义的无权代理。行为人没有代理权、超越代理权或者代理权终止后以被代理人名义订立的合同，未经被代理人追认，对被代理人不发生效力。相对人可以催告被代理人自收到通知之日起 1 个月内予以追认。被代理人未作表示的，视为拒绝追认。合同被追认之前，善意相对人有撤销的权利。撤销应当以通知的方式作出。

（2）表见代理。表见代理是指行为人没有代理权、超越代理权或者代理权终止后，仍然实施代理行为，相对人有理由相信行为人有代理权的，代理行为有效，该法律行为的效果直接由被代理人承担。表见代理属于无权代理的范畴，但不属于“效力待定的行为”。表见代理在合同中主要表现为两种情况：一是行为人没有代理权、超越代理权或者代理权终止后以被代理人名义订立合同，相对人有理由相信行为人有代理权的，该代理行为有效。二是法定代表人、负责人超越权限订立的合同，除相对人知道或者应当知道其超越权限以外，该代表行为有效。

3. 无处分权人订立的合同

无处分权人订立的合同，又称无权处分行为，是指无处分权人以自己的名义对他人的财产所实施的处分行为。无处分权订立的合同为法律效力待定合同。《合同法》第 51 条规定：“无处分权的人处分他人财产，经权利人追认或者无处分权的人订立合同后取得处分权的，该合同有效。”未经权利人追认或者无处分权人在订立合同后未取得处分权的合同无效。

但应注意，无处分权人订立的合同如果无效，因该合同取得的财产，应当予以返还，但如果相对人是善意取得，则取得该财产所有权。2007 年颁布的《中华人民共和国物权法》（简称《物权法》）第 106 条规定了善意取得制度：无处分权人将不动产或者动产转让给受让人的，所有权人有权追回；除法律另有规定外，符合下列情形的，受让人取得该不动产或者动产的所有权：（1）受让人受让该不动产或者动产时是善意的；（2）以合理的价格转让；（3）转让的不动产或者动产依照法律规定应当登记的已经登记，不需要登记的已经交付给受让人。

第四节　合同的履行

一、合同的履行概述

合同的履行是指债务人按照合同的约定全面地、适当地完成其合同义务，使债权人的债权实现的行为，如交付约定的标的物、提供约定的服务、完成约定的工作并交付工作成果等。

合同的履行是合同的核心内容，具体体现在：合同的订立是合同履行的前提；合同的履行是合同效力的主要内容；合同的担保是促使合同履行、保障债权实现的法律制度；合同的保全可起到间接强制债务人履行合同的作用；合同的转让只是履行主体的变更，并不是对合同履行的否认；违约措施既是违约的补救手段，又是促使债务人履行合同的法律措施；合同的履行是合同关系消灭的原因。

二、合同的履行规则

（一）合同空缺条款的履行规则

合同空缺条款，是指合同生效后，当事人就质量、价款或者报酬、履行地点等内容没有约定或者约定不明确，而给合同的履行带来困难的条款。

1. 合同空缺条款的履行特征

（1）合同空缺条款的存在不影响合同的生效。合同的空缺条款不是合同的必备条款，不对合同的成立、生效构成影响，只是给履行带来困难。如果因某一条款不具备，合同不能成立或虽经成立但无法生效，就不是合同履行意义上的空缺条款。

（2）合同空缺条款可以弥补。合同的空缺条款根据合同的性质、特点及其他情况，具有可以弥补的合理基础。条款可以通过弥补方式加以明确，即使这些条款非常重要，空缺也不足以影响合同的成立。

2. 合同空缺条款履行的弥补程序

（1）协议补充。合同生效后，当事人就质量、价款或者报酬、履行地点等内容没有约定或者约定不明确的，可以协议补充。当事人通过协商的办法订立补充协议，对合同约定不明确的内容，用书面形式加以明确地确认。这也是合同当事人对合同中没有约定或者约定不明确的条款重新加以协商的过程。

（2）按照合同有关条款或者交易习惯确定。合同生效后，当事人就质量、价款或者报酬、履行地点等内容没有约定或者约定不明确的，不能达成补充协议的，按照合同有关条款或者交易习惯确定。

（3）法定补缺条款。合同生效后，当事人就质量、价款或者报酬、履行地点等内容没有约定或者约定不明确的，不能达成补充协议的，按照合同有关条款或者交易习惯也不能确定的，适用法定补缺。

法定补缺条款主要包括：

1）质量。质量要求不明确的，按照国家标准、行业标准履行；没有国家标准、行业标准的，按照通常标准或者符合合同目的的特定标准履行。“通常标准”是指根据履约时有关市场的情况而定，要求达到市场上相同或近似产品的平均质量水准；“特定标准”是指质量标准的要求高于“通常标准”的标准。

2）价款或报酬：价款或者报酬不明确的，按照订立合同时履行地的市场价格履行；依法应当执行政府定价或者政府指导价的，按照规定履行。

3）履行地点。履行地点不明确，给付货币的，在接受货币一方所在地履行；交付不动产的，在不动产所在地履行；其他标的，在履行义务一方所在地履行。

4）履行期限。履行期限不明确的，债务人可以随时履行，债权人也可以随时要求履行，但应当给对方必要的准备时间。

5）履行方式：履行方式不明确的，按照有利于实现合同目的的方式履行。

6）履行费用：履行费用的负担不明确的，由履行义务一方负担。

（二）执行政府定价或者政府指导价的合同履行

执行政府定价或者政府指导价的，在合同约定的交付期限内政府价格调整时，按照交付时的价格计价。逾期交付标的物的，遇价格上涨时，按照原价格执行；价格下降时，按照新价格执行。逾期提取标的物或者逾期付款的，遇价格上涨时，按照新价格执行；价格下降时，按照原价格执行。

（三）涉及第三人的合同履行

涉及第三人的合同，是指当事人约定向第三人履行债务或者由第三人向债权人履行债务的合同。根据合同相对性原则，合同的效力范围仅限于合同当事人之间，合同当事人一方只能向合同的另一方当事人基于合同提出请求，而不能向与其无合同关系的第三人提出合同上的请求。涉及第三人的合同履行分两种情形：

（1）向第三人履行债务的合同。向第三人履行债务的合同，是指债权人与债务人约定由债务人向第三人履行债务，但原债权人的地位不变。《合同法》第64条规定：当事人约定由债务人向第三人履行债务的，债务人未向第三人履行债务或者履行债务不符合约定，应当向债权人承担违约责任。

（2）由第三人履行债务的合同。由第三人履行债务的合同，是指当事人约定由第三人代替债务人实际履行合同的全部或部分义务的合同。《合同法》第65条规定：当事人约定由第三人向债权人履行债务的，第三人不履行债务或者履行债务不符合约定，债务人应当向债权人承担违约责任。

（四）提前履行和部分履行债务

1. 债务人提前履行债务

提前履行债务，是指债务人在合同约定的履行期间前履行合同的行为。当事人在合同中对履行期间作出了明确规定的，债务人应当按照合同约定的期间履行债务。债务人提前履行债务损害债权人利益的，债权人可以拒绝债务人的提前履行。债务人提前履行债务不损害债权人利益的，债权人应当接受债务人的履行。债务人提前履行债务给债权人增加负担的，费用由债务人承担。

2. 债务人部分履行债务

部分履行债务，是指债务人在合同约定的履行期间内部分履行债务的行为。债务人应当按照合同的约定履行债务，债务人部分履行合同义务的，则构成合同的违约。债权人可以拒绝债务人部分履行债务，但部分履行不损害债权人利益的除外。债务人部分履行债务给债权人增加的费用，由债务人负担。

三、双务合同履行中的抗辩权

（一）同时履行抗辩权

同时履行抗辩权是指双务合同的当事人没有先后履行顺序，一方在对方未为对待给付以前，可以拒绝履行自己债务的权利。同时履行抗辩权成立的条件包括：

（1）须由同一双务合同互负债务。同时履行抗辩权产生的根据是双务合同的牵连性。所谓合同的牵连性，是指给付与对待给付具有不可分离的关系。因此，此抗辩权只能适用于双务合同，且给付与对待给付是基于同一双务合同而发生，否则，不能主张同时履行抗辩权。

（2）须当事人履行合同没有先后顺序。合同当事人的履行没有先后顺序，即应同时履行，在双方互负债务均已届清偿期时，一方未履行，对方可行使同时履行抗辩权。

（3）对方未提出给付。双务合同当事人一方在向另一方请求履行时，其自己所负的债务未履行的，另一方因此可主张同时履行抗辩权。

同时履行抗辩权的行使，只是使对方的请求权延期，不具有消灭对方请求权的效力。因此，同时履行抗辩权属于延期的抗辩权。同时履行抗辩权的行使不影响向违约方主张违约责任。

（二）后履行抗辩权

后履行抗辩权是指在有先后履行顺序的双务合同中，先履行一方未履行之前，后履行一方有权拒绝其履行请求，先履行一方履行债务不符合债的本旨，后履行一方有权拒绝其相应的履行请求。后履行抗辩权的成立要件包括：

（1）双方因同一合同互负债务；

（2）债务有先后履行顺序；

（3）先履行一方未为先给付义务。

后履行抗辩权的成立并行使，产生后履行一方可一时中止履行自己债务的效力，对抗先履行一方的履行请求。在先履行一方采取了补救措施而适当履行时，后履行抗辩权消灭，后履行一方须履行其债务。因此，后履行抗辩权也属一时的抗辩权。后履行抗辩权的行使不影响后履行一方主张违约责任。

（三）不安抗辩权

不安抗辩权是指在有先后履行顺序的双务合同中，先履行义务一方在后履行义务一方当事人的财产状况发生恶化而有难以对待给付之虞时，有权要求对方先为对待履行或提供担保，在对方未为对待履行或未提供担保时，有权中止合同而拒绝自己的履行。不安抗辩权成立的要件包括：

（1）一方有先为给付的义务。不安抗辩权是有先后履行顺序的双务合同的先履行一方当事人享有的权利。后履行义务一方不履行时，先履行一方可行使此抗辩权。

（2）有难为给付之状况。应当先履行债务的当事人，只能在有确切证据证明对方有难为给付状况时，才能行使不安抗辩权。依《合同法》第 68 条的规定，这些状况包括：

1）经营状况严重恶化；2）转移财产、抽逃资金，以逃避债务；3）丧失商业信誉；4）有丧失或者可能丧失履行债务能力的其他情形。对方有上述情形之一的，先履行债务的当事人就可以中止履行。

（3）对方未提供担保。先履行义务一方当事人依法中止履行的，应当及时通知对方。对方提供适当担保时，应当恢复履行。中止履行后，对方在合理期限内未恢复履行能力并且未提供适当担保的，中止履行的一方可以解除合同。

不安抗辩权人行使不安抗辩权时，应当及时通知对方，并负有证明对方丧失或可能丧失履行能力的证据。如果没有确切证据而中止履行的，应当负违约责任。

不安抗辩权的效力包括：

第一，在后履行义务人提供适当担保前，先履行义务人可以中止履行合同；

第二，如果后履行义务人对履行合同提供了适当担保，则不安抗辩权即归于消灭，先履行义务人应恢复履行；

第三，在先履行义务人中止履行后，如果对方在合理期限内未恢复履行能力，也未提供适当担保的，中止履行的一方可以解除合同。

四、合同的保全

合同的保全是指债权人为防止债务人的财产不当减少而危害其债权，对债的关系以外的第三人所采取的保护债权的法律措施。合同的保全是债对第三人的效力，属于债的对外效力。合同的保全方式有两种：一是债权人的代位权；二是债权人的撤销权。

（一）债权人的代位权

债权人的代位权是指因债务人怠于行使其到期债权，对债权人造成损害时，债权人以自己的名义向人民法院请求代位行使债务人的债权的权利。

1. 代位权行使的条件

（1）债权人与债务人之间须存在合法的债权债务关系。

（2）债务人怠于行使其到期债权且给债权人造成损害。即债务人不履行其对债权人的到期债务，又不以诉讼方式或者仲裁方式向其债务人主张其享有的具有金钱给付内容的到期债权，致使债权人的到期债权未能实现。

（3）债务人的债权已到期。

（4）债务人的债权不是专属于债务人自身的债权。专属于债务人自身的债权，是指基于扶养关系、抚养关系、赡养关系、继承关系产生的给付请求权和劳动报酬、退休金、养老金、抚恤金、安置费、人寿保险、人身伤害赔偿请求权等权利。

2. 债权人代位权的行使

（1）代位权诉讼的主体。代位权的行使必须通过诉讼的方式进行，债权人既不能自己直接要求第三人清偿债务人的债务，也不能通过仲裁机构等部门来要求行使代位权，只能通过人民法院主张自己的权利。债权人提起代位权诉讼的，由被告住所地人民法院管辖。在债权人提起代位权诉讼中，代位权诉讼的原告只能是债权人，被告是次债务人，而债务人作为第三人参与诉讼。

（2）代位权的行使范围和费用负担。代位权的行使范围以债权人的债权为限。在代位权诉讼中，债权人行使代位权的请求数额超过债务人所负债务额或者超过次债务人对债务人所负债务额的，对超出部分人民法院不予支持。债权人行使代位权的必要费用，由债务人负担。

3. 代位权行使的效力

债权人对代位权行使的结果有权直接受偿。根据《合同法解释（一）》第 20 条的规定，债权人向次债务人提起的代位权诉讼经人民法院审理后认定代位权成立的，由次债务人向债权人履行清偿义务，债权人与债务人、债务人与次债务人之间相应的债权债务关系即予消灭。

在代位诉讼中，次债务人对债务人的抗辩，可以向债权人主张。债务人在代位权诉讼中对债权人的债权提出异议，经审查异议成立的，人民法院应当裁定驳回债权人的起诉。

（二）债权人的撤销权

债权人的撤销权，是指债务人放弃对第三人的债权、实施无偿或低价处分财产的行为而有害于债权人的债权时，债权人可以依法请求法院撤销债务人所实施行为的权利。

1. 债权人行使撤销权的条件

（1）客观要件即债务人客观上实施了一定的危害债权人债权的行为，理论上称诈害行为。构成诈害行为，须符合以下条件：1）债务人具有放弃其到期债权，无偿或者以明显不合理的价格转让财产的行为，并已经生效。债务人放弃其未到期的债权或者放弃债权担保，或者恶意延长到期债权的履行期，对债权人造成损害的，债权人有权提起撤销权诉讼。“明显不合理的价格”，应当以交易当地一般经营者的判断，并参考交易当时交易地的物价部门指导价或者市场交易价，结合其他相关因素综合考虑予以确认。转让价格达不到交易时交易地的指导价或者市场交易价 70%的，一般可以视为明显不合理的低价；对转让价格高于当地指导价或者市场交易价 30%的，一般可以视为明显不合理的高价。债务人以明显不合理的高价收购他人财产，债权人有权行使撤销权。2）债务人的处分行为必须以财产为标的。3）须债务人的行为有害于债权，使债务人的责任财产减少而危及债权实现。

（2）主观要件。主观要件只在债务人有偿处分财产的情况下需要具备。在债务人无偿处分财产的情况下，只需具备客观要件。债务人的处分行为系有偿时，债务人恶意是债权人撤销权成立的要件；第三人恶意，是撤销权行使的要件。债务人恶意，指债务人明知其行为有害于债权人债权而进行。第三人恶意的认定，以在进行行为时知道债务人的行为有害于债权为依据。

2. 债权人撤销权的行使

债权人的撤销权行使的范围以其债权为限。只要撤销权行使的结果足以使债权人的债权得以保全，债权人就不得再对债务人的其他处分财产的行为行使撤销权。债权人的撤销权应在法定期间内进行，否则，撤销权消灭。《合同法》第 75 条规定：“撤销权自债权人知道或者应当知道撤销事由之日起 1 年内行使。自债务人的行为发生之日起 5 年内没有行使撤销权的，该撤销权消灭。”

3. 债权人行使撤销权的效力

（1）对债务人的效力。被撤销的债务人的行为自始无效。已经履行的，产生返还财产、赔偿损失的法律后果；没有履行的，停止履行。

（2）对受益人的效力。已受领债务人的财产的，负有返还不当得利的义务，不能返还的财产折价赔偿；已支付的代价有权请求债务人返还。

(3) 对债权人的效力。行使撤销权的债权人应将行使权利所得财产加入到债务人的责任财产中，作为一般债权人的共同担保，而无优先受偿的权利。如其对债务人的债权已届清偿期，债权人可要求债务人履行。债务人拒绝履行的，债权人可申请法院强制执行，以实现其债权。

(4) 行使撤销权所支出的必要的费用。行使撤销权所支出的必要的费用，由债务人负担；第三人有过错的，应当适当分担。债务人除主债务之外还应当支付利息和费用，当其给付不足以清偿全部债务时，并且当事人没有约定的，人民法院应当按照下列顺序抵充：1) 实现债权的有关费用；2) 利息；3) 主债务。

第五节 合同的变更与转让

一、合同的变更

(一) 合同变更的概念和特征

合同的变更有广义和狭义之分。广义的合同变更包括合同主体的变更和合同内容的变更；狭义的合同变更指合同主体不变，合同的内容发生变化。本节仅讨论狭义的合同变更。

狭义的合同变更具有以下特征：

(1) 合同变更须以有效成立的合同关系为前提。合同无效或当事人之间的合同未成立或已终结，则不存在变更问题。

(2) 合同变更的对象是合同的内容。合同内容的变更包括合同履行期限、地点、方式，标的的数量、价格、质量，担保方式，违约金及合同所附条件的变更等。

(3) 合同变更因一定的法律事实而发生。这些法律事实包括：当事人协商同意变更合同；基于法律的直接规定变更合同。

(二) 合同变更的效力

合同一经变更即产生以下法律效力：

(1) 合同变更部分发生债权债务关系消灭的后果，原合同未变更部分仍继续有效。

(2) 合同变更仅对未履行部分发生法律效力，对已履行部分没有溯及力，当事人不得主张已履行完毕的债务关系按变更后的内容重新履行。

二、合同的转让

合同的转让是指合同的内容不变，合同的主体发生变更。合同的转让包括债权让与、债务转移和债的概括承受三种类型。

(一) 债权让与

1. 债权让与的概念和特征

债权让与是合同的权利主体的变更。即不改变合同的内容，债权人通过与第三人订立合同的方式将债权移转给第三人享有的法律行为。债权人为转让人，第三人为受让人。债权让与具有以下特征：

（1）债权让与具有非要式性。债权人与第三人就让与债权意思表示一致，债权让与合同即告成立，除法律、行政法规规定应当办理批准、登记手续的以外，无须履行特别手续，是否采取书面形式也无特别要求。

（2）债权让与的对象是可转让的债权。

（3）债权让与是处分行为。债权让与是将债权作为一项财产进行处分，让与人对债权应具有处分权。

2. 债权让与的条件

债权让与，一般应具备以下条件：

（1）须有有效的债权存在。有效的债权存在是债权让与的前提。

（2）须让与的债权具有可让与性。依《合同法》第 79 条的规定，下列债权不得让与：第一，根据合同性质不得转让；第二，按照当事人约定不得转让；第三，按照法律规定不得转让。

（3）让与人与受让人须就合同债权的转让达成合意，并且不违反法律的有关规定。

（4）须通知债务人。《合同法》第 80 条规定："债权人转让权利的，应当通知债务人。未经通知，该转让对债务人不发生效力。"

3. 债权让与的法律效力

债权让与有效成立以后，即在让与人、受让人和债务人之间发生一定的法律效果。其中，让与人与受让人之间的效力，称为内部效力；债权让与对债务人的效力，称为外部效力。

（1）债权让与的内部效力包括：

1）法律地位的取代。债权让与生效后，该债权即由让与人转移于受让人，让与人脱离原债的关系，受让人取代让与人成为新债权人。

2）从权利随主债权移转。根据《合同法》的规定，主债权发生移转时，其从权利应随之一同移转，但该从权利专属于债权人自身的除外。

3）让与人应将债权证明文件全部交付受让人，并告知受让人行使债权所必要的一切情况。

4）让与人对其让与的债权应负瑕疵担保义务。当转让债权为有偿时，让与人的瑕疵担任责任准用买卖合同的有关规定。

（2）债权让与的外部效力包括：

1）债务人应向受让人履行债务。受让人因债权让与而取代让与人成为债权人，债务人应向受让人履行债务。

2）债务人对原债权人的抗辩权得向受让人为之。依《合同法》第 82 条的规定，债务人接到债权转让通知后，债务人对让与人的抗辩，可以向受让人主张。

3）债务人得以其债权与让与的债权抵销。依《合同法》第 83 条的规定，债务人接到债权转让通知时，债务人对让与人享有债权，并且债务人的债权先于转让的债权到期或者同时到期的，债务人可以向受让人主张抵销。

（二）债务转移

1. 债务转移的概念和特征

债务转移是债的义务主体的变更。即不改变债的内容，债权人、债务人通过与第三人订立转让债务的协议，将债务全部或部分地移转给第三人承担的行为。债务转移具有以下特征：

（1）债务转移是通过第三人与债权人或债务人订立转让合同，使第三人承受债务或加入到债的关系中成为债务人。债务人与第三人签订转让债务合同，应经债权人同意。

（2）债务转移中转让的债务应是可转让的债务。

2. 债务转移的种类

依转移后原债务人是否免责为标准，债务转移可分为免责的债务转移和并存的债务转移。免责的债务转移是指第三人取代原债务人地位而承受全部债务，原债务人脱离债的关系的一种债务转移方式。并存的债务转移是指原债务人不脱离债的关系，由第三人加入到债的关系中，与债务人共同承担债务的一种债务转移方式。

3. 债务转移的条件

（1）须存在有效的债务。

（2）债务须具有可移转性。

（3）第三人须与债权人或者债务人就债务移转达成合意。

（4）须经债权人同意。

4. 债务转移的法律效力

（1）第三人作为债务人法律地位的产生。免责的债务转移，承担人取代原债务人的地位而成为新债务人，原债务人脱离债的关系，不再承担债务。并存的债务转移，第三人加入债的关系中，与原债务人共同承担债务。

（2）原债务人享有的抗辩权随债务转让而移转。依《合同法》第 85 条的规定，债务人转移义务的，新债务人可以主张原债务人对债权人的抗辩。

（3）从属于主债务的从债务一并移转。依《合同法》第 86 条的规定，债务人转移义务的，新债务人应当承担与主债务有关的从债务，但该从债务专属于原债务人自身的除外。

（三）债的概括承受

债的概括承受又称为债权债务概括移转，是指债的当事人一方将自己的权利义务一并移转给第三人，由第三人概括承受的法律制度。债的概括承受包括：

（1）合同承受。合同承受又称为合同转让，指合同的一方当事人经对方当事人同意，通过与第三人订立合同，将合同上的权利和义务一并移转给第三人。《合同法》第 88 条规定："当事人一方经对方同意，可以将自己在合同中的权利和义务一并转让给第三人。"

（2）法定的概括承受。法定的概括承受指企业的分立、合并引起的债权债务概括移转。《民法总则》第 67 条规定："法人合并的，其权利和义务由合并后的法人享有和承担。法人分立的，其权利和义务由分立后的法人享有连带债权，承担连带债务，但是债权人和债务人另有约定的除外。"

第六节 合同的终止

合同的终止是指合同当事人双方间的权利义务关系不存在。合同的终止包括清偿、解除、抵销、提存、免除、混同、其他 7 种形式。

一、清偿

清偿是指债务人依照法律规定或者合同约定完成义务的行为。清偿与履行的意义相同，只是履行是从债的效力角度论述，而清偿是从债的消灭角度论述。清偿是债的消灭的主要原因。依法律规定或合同的约定，清偿可由第三人进行。代为清偿并非在一切情况下都适用，必须符合一定的条件。专属于债务人的债务，不得代为清偿。

二、解除

（一）合同解除概述

合同解除是指在合同有效成立以后，当解除的条件具备时，因当事人一方或双方的意思表示，使合同关系自始或在将来消灭的行为。

根据合同解除的条件是否由法律直接规定，合同解除可分为法定解除和约定解除。合同解除的条件由法律直接加以规定的，为法定解除。约定解除是当事人以合同形式，约定为一方或双方保留解除权的解除。其中，保留解除权的合意，称为解约条款。解除权可以保留给当事人一方，也可以保留给当事人双方。保留解除权可以在当事人订立合同时约定，也可以在以后另订立保留解除权的合同。

根据解除权人行使解除权是否经对方同意，可分为单方解除和协议解除。单方解除是指解除权人行使解除权将合同解除的行为，不必经对方当事人的同意，只要解除权人将解除合同的意思表示直接通知对方，或经过人民法院或仲裁机构向对方主张，即可发生合同解除的效果。协议解除是指当事人双方通过协商同意将合同解除的行为。

（二）合同解除的条件

合同解除的条件，因解除有法定解除与约定解除之分，而有法定解除的条件和约定解除的条件之别。

1. 法定解除的条件

根据《合同法》第 94 条的规定，法定解除有以下几种情形：

（1）因不可抗力致使不能实现合同目的；

（2）在履行期限届满之前，当事人一方明确表示或者以自己的行为表明不履行主要债务；

（3）当事人一方迟延履行主要债务，经催告后在合理期限内仍未履行；

（4）当事人一方迟延履行债务或者有其他违约行为致使不能实现合同目的；

（5）法律规定的其他情形。

2. 约定解除的条件

约定解除是当事人以合同形式约定为一方或双方保留解除权。因此，约定解除应有解约条款，即保留解除权的合意。约定解除应符合要约和承诺的规则。

当事人必须在规定的期限内行使解除权。法律规定或者当事人约定解除权行使期限，期限届满当事人不行使的，该权利消灭。法律没有规定或者当事人没有约定解除权行使期限，在解除合同通知到达之日起三个月以内，可以向人民法院起诉，否则，人民法院不予支持。

（三）合同解除的效果

根据《合同法》第 97 条、第 98 条的规定，合同解除产生合同关系消灭的法律后果，具体表现在：

（1）合同解除，消灭合同当事人的债权债务关系。尚未履行的，终止履行。

（2）已经履行的，根据履行情况和合同性质，当事人可以要求恢复原状、返还不当得利。

（3）合同解除不影响当事人请求赔偿损失的权利。

（4）合同解除不影响合同中结算和清理条款的效力。

三、抵销

抵销是指二人互负债务时，各以其债权充当债务之清偿，而使其债务与对方的债务在对等额内相互消灭。抵销依其产生的根据不同，可分为法定抵销和合意抵销两种。法定抵销由法律规定其构成要件，当要件具备时，依当事人一方的意思表示即可发生抵销的效力。合意抵销是按照当事人双方的合意所为的抵销。《合同法》第 100 条规定，当事人互负债务，标的物种类、品质不相同的，经双方协商一致，也可以抵销。

抵销为处分债权的行为，故抵销人应有行为能力，并对债权有处分权。依《合同法》第 99 条的规定，当事人主张抵销的，应当通知对方。通知自到达对方时生效。抵销不得附条件或者附期限。

法定抵销应具备以下要件：

（1）必须是双方当事人互负债务，互享债权。

（2）双方互负债务，必须其给付的标的物的种类、品质相同。

（3）必须是双方债务均已届清偿期。

（4）必须是依债务的性质可以抵销。

抵销使双方对等数额的债务消灭。双方债务数额相同时，其互负的债务均归消灭。双方债务数额不等时，债务数额较小一方的债务消灭。对未被抵销的债务数额，债务数额较大的一方仍负清偿义务。

四、提存

提存是指债权人的原因而无法向其交付标的物时，债务人得将该标的物交给提存部门而消灭债的制度。提存的主体，又称提存的当事人，包括提存人、债权人（提存受领人）、提存部门。债务人即提存人，债权人即提存受领人；提存部门，按我国的《提存公证规则》规定，为公证机关。提存的标的，为债务人依约定应当交付的标的物。提存的标的必须与合同标的相符，否则就是违约，而非提存。提存的标的物应适于提存，依《合同法》第 101 条的规定，标的物不适于提存或者提存费用过高的，债务人依法可以拍卖或者变卖标的物，提存所得的价款。此外，作为提存的标的物，应当限于动产。

（一）提存的原因

根据《合同法》第 101 条的规定，有下列情形之一，难以履行债务的，债务人可以将标的物提存：

（1）债权人无正当理由拒绝受领。

（2）债权人下落不明。

（3）债权人死亡未确定继承人或者丧失民事行为能力未确定监护人。

（4）法律规定的其他情形。

（二）提存的效力

提存的法律效力如下：

（1）标的物提存，债权债务关系消灭。合同标的物的所有权自标的物交付时起转移，提存视为标的物的交付。

（2）标的物提存后风险的承担。标的物提存后，毁损、灭失的风险由债权人承担。

（3）标的物提存期间收益的归属和费用的负担。提存期间，标的物的孳息归债权人所有。提存费用由债权人负担。提存费用主要包括公告费、邮费、保管费、评估鉴定费、拍卖变卖费、保险费等因提存产生的各种费用。

（4）债权人领取提存物的权利。债权人可以随时领取提存物，但债权人对债务人负有到期债务的，在债权人未履行债务或者提供担保之前，提存部门根据债务人的要求应当拒绝其领取提存物。

（5）债权人领取提存物的期限。债权人领取提存物的权利，自提存之日起5年内不行使而消灭，提存物扣除提存费用后归国家所有。

五、免除

免除是指债权人抛弃债权，从而全部或部分终止债权债务关系的单方行为。

免除应由债权人向债务人以意思表示为之。向第三人为免除的意思表示，不发生免除的法律效力。

免除是法律行为，因此，民法关于法律行为的规定适用于免除。免除可由债权人的代理人为之，也可以附条件或期限。

免除为单独行为，自向债务人或其代理人表示后，即产生债务消灭的效果。因而，一旦债权人作出免除的意思表示，即不得撤销。

免除发生债务全部或部分消灭的后果，附属于主债务的从债务随同消灭。但保证债务免除后，主债务并不消灭。

六、混同

混同是指债权债务同归一人，致使债权债务消灭的事实。

债权债务的混同，由债权或债务的承受而产生。其承受包括概括承受与特定承受两种。概括承受是发生混同的主要原因。如企业合并使合并前的两个企业的债权债务同归一个企业而消灭。由特定承受而发生的混同，指债务人受让债权人的债权，债权人承受债务人的债务。

债的关系因混同而消灭，但涉及第三人利益的除外。从属于主债权的从权利也因混同而消灭。

第七节　违约责任

一、违约责任的概念、特点和构成要件

（一）违约责任的概念和特点

违约责任，是指合同当事人一方不履行合同义务或者履行合同义务不符合约定，依照

法律规定或者合同约定应当承担的法律责任。合同的违约责任是民事责任的一种形式，不包括行政责任和刑事责任。当事人违反合同规定的义务，应承担法律规定或合同约定的违约责任。

违约责任具有如下特点：

(1) 违约责任的产生以合同当事人不履行合同义务为条件。违约责任是在债务人不履行债务时，国家强制债务人履行债务和承担法律责任的表现。如果当事人违反的不是合同义务，而是法律规定的其他义务，则应负其他责任。

(2) 违约责任具有相对性。合同关系具有相对性，决定了违约责任的相对性，违约责任只能在当事人之间即合同关系的当事人之间发生。

(3) 违约责任主要具有补偿性。违约责任旨在弥补或补偿因违约行为造成的损害后果，所以法律通过违约责任的方式要求违约方对受害方所遭受的损失给予充分的补偿，从而使双方的利益状况达到平衡。

(4) 违约责任可以由当事人约定。违约责任具有一定的任意性，即当事人可以在法律规定的范围内，对一方的违约责任作出事先的安排。

(二) 违约责任的构成要件

违约责任的构成要件是指违约当事人应具备何种条件才应承担违约责任。我国《合同法》在违约责任的归责原则上，一般情况下采取了严格责任原则，特殊情况下为过错责任原则。因此，在不同的归责原则下，违约责任的构成要件并不相同。作为严格责任的违约责任的构成要件主要包括：

(1) 违约责任的主体是合同关系中的当事人。

(2) 有违约行为。违约行为是指合同当事人违反合同义务的行为，即当事人一方不履行合同义务或者履行合同义务不符合约定。

(3) 违约行为在后果上导致对合同债权的侵害。

(4) 不存在法定和约定的免责事由。

二、违约行为形态

违约行为形态，是指根据违约的行为违反义务的性质、特点而对违约行为作出的分类。违约形态的分类有助于当事人在对方违约情况下，选择最合理的方式以维护自己的权利；也有利于司法审判人员根据不同的违约形态而确定违约人所应负的责任。根据我国《合同法》的规定，并借鉴国外的立法经验，以履行期限是否到来为标准而将违约行为分为预期违约和实际违约两种类型。

(一) 预期违约

预期违约，是指合同当事人在合同规定的履行期限届满之前拒绝履行其合同义务的行为。预期违约包括明示毁约和默示毁约。

1. 明示毁约

明示毁约，是指当事人无正当理由，明确肯定地向另一方当事人表示他将在履行期限到来时不履行合同。我国《合同法》第 108 条规定："当事人一方明确表示……不履行合同义务的，对方可以在履行期限届满之前要求其承担违约责任。"此即是明示的预期违约。明示毁约的构成要件有：(1) 债务履行期尚未届至。(2) 明确肯定地向对方表示履行期到来后将不履行合同义务。(3) 表示不履行合同的"主要"义务。(4) 无正当理由。

2. 默示毁约

默示毁约，是指在履行期届至前，债权人有确切的证据证明，在合同履行期届至时，债务人将不履行或者不能履行债务，且债务人拒绝为履行债务提供相应担保的违约形态。默示毁约的构成要件有：(1) 债务履行期尚未届至。(2) 一方当事人以行为表明其将不会履行合同义务。(3) 另一方须有确凿的证据证明对方的行为表明其将不履行合同义务。(4) 以其行为表明将不履行合同义务的一方不提供履行担保。

预期违约的救济方式：由于履行期未到，债权人为了争取合同的履行，可以给对方补救的机会，等待履行期的到来，要求对方履行；如果对方仍不履行，则预期违约已经转化为实际违约，债权人可采取实际违约的救济方式。或者，债权人可以在对方预期违约时就要求承担违约责任。

(二) 实际违约

实际违约，是指事实上已经发生了不履行合同或不适当履行合同的情形。实际违约包括履行不能、拒绝履行、迟延履行、不完全履行四类。

(1) 履行不能。履行不能是指作为债权之客体的给付不可能的状态。

(2) 拒绝履行。拒绝履行是指在合同期限到来之后，一方当事人无正当理由拒绝履行合同规定的全部义务。

(3) 迟延履行。指债务人能够履行，但在履行期限届满时无正当理由却未履行债务的现象，即违反了履行期限的规定。

(4) 不完全履行。指债务人虽然履行了债务，但该履行行为不符合合同的约定。

三、免责事由

当事人并不是对所有的违约行为都要承担违约责任，符合法律或当事人约定的条件，可以免除其违约责任。根据《合同法》的规定，免责事由有以下几种类型：

(1) 不可抗力。不可抗力是违约责任免责的法定事由。所谓不可抗力，是指不能预见、不能避免并不能克服的客观情况。《合同法》第 117 条规定，因不可抗力不能履行合同的，根据不可抗力的影响，部分或者全部免除责任，但法律另有规定的除外。

(2) 债权人有过错。债权人的过错致使债务人不履行合同，债务人不负违约责任。

(3) 免责条款。免责条款是指合同因双方当事人在合同中约定一定的事由或条件，当违约符合所约定的事由或条件时，可免除违约方的违约责任。免责条款并非法律的直接规定，而是双方事先在合同中约定的，只要这种约定不违背法律、社会公共利益和公序良俗，就可依此约定免除违约方应承担的违约责任。

四、违约责任的方式

根据《合同法》第 107 条的规定，违约责任的承担方式主要有以下几种。

1. 强制实际履行

强制实际履行又叫继续履行，是指在违约方不履行合同时，由法院强制违约方继续履行合同义务的违约责任方式。

《合同法》第 109 条规定：当事人一方未支付价款或者报酬的，对方可以要求其支付价款或者报酬。根据《合同法》第 110 条的规定，当事人一方不履行非金钱债务或者履行非金钱债务不符合约定的，对方可以要求履行，但有下列情形之一的除外：(1) 法律上或者事实上不能履行；(2) 债务的标的不适于强制履行或者履行费用过高；(3) 债权人在合理期限内未要求履行。

2. 违约金

违约金是指当事人在合同中约定，在债务人不履行或不适当履行合同义务时，向对方当事人支付的一定数额的金钱。《合同法》第 114 条规定，当事人可以约定一方违约时应当根据违约情况向对方支付一定数额的违约金。违约金的性质依《合同法》的规定，应属于赔偿性违约金，如《合同法》第 114 条规定，约定的违约金低于造成的损失的，当事人可以请求人民法院或者仲裁机构予以增加；约定的违约金过分高于造成的损失的，当事人可以请求人民法院或者仲裁机构予以适当减少。第 116 条规定，当事人既约定违约金，又约定定金的，一方违约时，对方可以选择适用违约金或定金条款。这些都体现了违约金的赔偿性。但当事人就迟延履行约定违约金的，违约方支付违约金后，还应当履行债务。

3. 损害赔偿

损害赔偿是指债务人不履行合同债务给债权人造成财产损失时，依法或依合同的规定应承担赔偿损失的责任。《合同法》第 107 条规定，当事人一方不履行合同义务或者履行合同义务不符合约定的，应当承担赔偿损失等违约责任。

(1) 损害赔偿的范围。损害赔偿的范围可依合同当事人的事先约定。在签订合同时，事先约定了损害赔偿金的数额或计算方法的，应依约定支付赔偿金。当事人未约定的，赔偿损害的范围应包括违约行为给对方当事人所造成的财产直接损失和间接损失。所谓直接损失，是指因违约行为而造成对方当事人现有物质财富的减少。间接损失是指因违约行为而造成对方当事人未来可得利益的损失，如利润损失。

(2) 损害赔偿的限制。损害赔偿的限制应当遵循两条原则：第一，合理预见原则，即损害赔偿额不得超过违约方在订立合同时预见到或应当预见到的因违反合同可能造成的损失。第二，减轻损害规则，即当事人一方违约后，对方应当采取适当措施防止损失的扩大，没有采取适当措施致使损失扩大的，不得就扩大的损失要求赔偿。

4. 其他补救措施

根据《合同法》第 111 条的规定，质量不符合约定的，当事人对违约责任没有约定或者约定不明确，依照法律规定仍不能确定的，受损害方根据标的的性质以及损失的大小，可以合理选择要求对方承担修理、更换、重作、退货、减少价款或者报酬等违约责任。

五、违约责任与侵权行为的竞合

违约责任与侵权行为的竞合，是指当事人一方的行为，既符合违约要件，又符合侵权要件，导致违约责任与侵权责任一并产生，违约责任引发受害方索赔的请求权，侵权责任也引发受害方索赔的请求权，两个请求权有重叠之处，形成请求权的竞合。如果允许债权人不受限制地行使两个请求权，就会导致债务人因请求权的重叠而承担双重民事责任，造成不公。《合同法》第 122 条规定：因当事人一方的违约行为，侵害对方人身、财产权益的，受损害方有权选择依照该法要求其承担违约责任或者依照其他法律要求其承担侵权责任。

导入案例解析

本案涉及的法律问题主要有：(1) 双务合同中的抗辩权；(2) 违约责任及承担方式。

一、乙方周某行使不安抗辩权的理由不成立

本案乙方对一审判决不服，上诉至重庆市第一中级人民法院，在二审中提出本案属于同时履行的合同，购房者没有先履行合同的义务，在看见所购小区的房屋停工停建、甲方董事长李某强被刑事调查、账户被查封的情况下，有理由怀疑甲方无法按期交房，可以单方面行使不安抗辩权，中止房屋尾款的交付。乙方这一主张是不成立的。所谓不安抗辩权，是指在双务合同中，应先履行债务的一方当事人在有对方当事人（后履行一方）将难以履行合同的确切证据时，可以暂时中止履行合同的权利。

1. 甲、乙双方履行合同义务有先后履行顺序

行使不安抗辩权是合同先履行一方的权利。而乙方却主张，合同没有先后履行顺序，应当同时履行，这显然不符合不安抗辩权的适用条件，而是同时履行抗辩权的条件。从甲乙双方签订的购房合同第 8 条第 2 款表达的含义来看，该合同的履行有先后顺序，乙方先付清所有合同价款，甲方才履行交房义务。所以乙方若要行使不安抗辩权，必须承认合同有先后履行顺序。

2. 乙方必须有甲方不能履行合同或者履行不能的确切证据

《合同法》第 68 条规定：应当先履行债务的当事人，有确切证据证明对方有下列情形之一的，可以中止履行，包括：经营状况严重恶化；转移财产、抽逃资金，以逃避债务；丧失商业信誉；有丧失或者可能丧失履行债务能力的其他情形。

乙方称：在合同约定的房款交付日期之前，发现所购小区的房屋停工停建，甲方董事长李某强被刑事调查，甲方财务资料、银行账户以及包括部分项目在内的资产先后被查封、冻结或扣押等情况出现，有理由怀疑甲方无法按期交房，可以单方面行使不安抗辩权，中止房屋尾款的交付。但乙方没有核实上述情况能否导致甲方不能按期交房，想当然地中止余款的履行，由主动变被动，反而自己构成了违约。

3. 乙方不支付余款必须及时通知甲方

《合同法》第 69 条规定，当事人依照该法第 68 条的规定中止履行的，应当及时通知对方。乙方发现甲方当时具有不能按期交房的可能性，未及时与对方沟通核实，在未通知对方的情况下就自行中止了合同的履行，不符合不安抗辩权的行使条件和履行规范，其不安抗辩权不能成立。

二、甲方行使后履行抗辩权，延期交房不构成违约

后履行抗辩权属延期的抗辩权，只是暂时阻止当事人请求权的行使。先履行一方当事人全面履行合同义务，后履行抗辩权随之消灭。当事人行使后履行抗辩权致使合同迟延履行的，迟延履行责任由过错方当事人承担。本案中，甲方未按合同约定的时间向乙方交付房屋是事实，但合同中明确约定乙方应付清全部房款等费用后，方可进行房屋交接，即乙方应该先履行付款的义务，甲方才履行交房的义务。甲方在未收到先履行者乙方支付的全部价款之前，可以行使后履行抗辩权，有权利不履行交房义务。

三、购房合同的履行及违约责任的承担

当事人应当按照合同约定全面履行自己的义务，如果合同当事人一方不履行合同义务

或者履行合同义务不符合约定，依照法律规定或者合同约定应当承担违约责任。因此，应首先根据双方签订的合同约定来确定双方的权利义务。二审中，乙方称其到甲方履行义务，其售房部已关门，但并无证据提交，且如其不能直接履行义务，也可采取其他方式履行付款的义务，如提存等方式。另外，乙方提出其是行使不安抗辩权，但根据上述分析，其不安抗辩权不能成立。因此，乙方延期支付房款，实际上已构成违约。

虽然购房合同中规定，甲方应在 2011 年 7 月 30 日前将该房交付给乙方，逾期交房超过 30 日而乙方要求继续履行合同的，合同继续履行，甲方应当自约定的最后交付期限的第 2 天起至实际交付之日止按日向乙方支付已付房款的万分之四的违约金。但合同第 8 条第 2 款约定了乙方需付清全部房款、付清政府部门规定的费用且无银行按揭欠款方可进行房屋交接，由于乙方 2014 年 3 月 12 日才付清房屋余款 13 434 元，且未提交相关证据证明甲方拒绝其履行付款义务，因此，甲方可以行使后履行抗辩权，延期交房不构成违约，无须承担违约责任。

思考题

1. 简述合同的概念和特征。
2. 简述合同法的基本原则。
3. 试述合同订立的程序。
4. 试述无效合同、可撤销合同、效力待定合同的适用情形。
5. 试论述双务合同履行中的抗辩权。
6. 试述债权人的代位权和撤销权的适用条件及效力。
7. 简述违约行为的形态。
8. 违约责任与缔约过失责任有何不同？

第六章　担保法

担保是在市场经济活动中保障债权实现的重要法律制度，担保不仅能促使债务人履行债务，保障债权人的债权实现，并且具有促进资金融通和充分发挥财产效用的功能。我国于1995年颁布了《中华人民共和国担保法》（简称《担保法》），确定了担保的范围和方式，2007年《物权法》再次对担保行为进行了规范。本章系统分析了担保的法律制度，全面阐述了保证、抵押、质押、留置和定金五种担保形式的法律规定。

学习目标

1. 了解担保的概念、适用范围和方式；
2. 熟悉保证的相关规定；
3. 掌握抵押的概念、特点，抵押物的范围，抵押权的效力及抵押权的实现；
4. 掌握质押的概念、质押的效力；
5. 掌握留置的概念、适用条件和留置的法律效力；
6. 掌握定金的概念和罚则；
7. 能够运用担保法的基本原理分析和解决担保事务中的问题。

导入案例　潜山支行与顺达公司保证合同纠纷案

原告：中国农业银行股份有限公司潜山县支行（简称“潜山支行”）

被告：潜山县顺达汽车销售服务有限公司（简称“顺达公司”）

2012年6月20日，郑某与潜山支行签订一份《金穗贷记卡汽车分期业务担保抵押借款合同》（简称《借款合同》），约定郑某可通过信用卡从该行透支消费6.5万元用于购买汽车，自2012年8月16日起至2015年7月16日期间于每月16日前等额还款，共分成36个月还清；郑某以其所购汽车为该贷款提供抵押，并办理了抵押登记。该《借款合同》中还约定，如郑某出现未按期足额偿还分期资金及费用等违约事实，潜山支行可就全部未还款要求郑某提前还款等。2013年11月18日起，因郑某未按约还款，潜山支行遂于2014年11月5日向潜山县人民法院提起诉讼，要求郑某归还全部欠款及所欠利息，该院已作出（2014）潜民二初字第00580号判决书，判决郑某应于该判决书生效之日起15日内归还所欠潜山支行借款本金40 339.45元及其自2014年11月5日起至付清日止按中国人民银行同类贷款利率计算的利息，同时潜山支行对郑某提供抵押的皖H号北京现代牌小型轿车享有优先受偿权。

2015年5月8日，潜山支行向潜山县人民法院申请执行上述判决书，该案现已进入执行阶段。郑某已于2015年12月19日还款2 000元、于2016年1月20日还款1 500元，至今郑某尚欠潜山支行贷款本金为36 839.45元及上述判决书确定的利息（应扣除已还款2 000元、1 500元自其各自还款日后的利息）。在签订上述《借款合同》的同时，顺达公司向潜山支行出具了一份《担保函》，注明“郑某在我公司购买北京现代瑞纳汽车在贵行申请汽车按揭贷款，我公司愿意为其提供担保，若郑某汽车按揭贷款逾期不还则我公司负责还款”。据此，2016 年 5 月 20 日，潜山支行提起本案诉讼，要求判令顺达公司对郑某的上述债务承担连带保证责任，立即清偿上述欠款本金及利息。

第一节　担保法概述

一、担保、担保法的含义及担保法的适用范围

（一）担保的含义

担保是指在民商事法律关系中发生的，担保人对债权人承诺，在债务人未能或不能清偿债务时，替代债务人清偿债务，或债务人或第三人在特定的财产上设定的具有变价权和优先受偿权内容的一种法律制度。担保是促使债务人履行其债务，保障债权人的债权得以实现的法律措施。

债的担保可以分为人的担保和物的担保。人的担保是以第三人的信用作担保以确保债权的实现。物的担保是以债务人或第三人的特定财产确保债权人债权的实现。《担保法》规定了五种形式的担保：保证、抵押、质押、留置、定金。《物权法》规定了三种：抵押权、质权和留置权。

（二）担保法的含义

担保法，是指国家为确保债权的实现而制定或认可的调整债务人、担保人与债权人之间所发生的民商事担保关系的法律规范的总称。这里所说的担保关系，是指平等主体之间为了保全债权的需要而设定的担保方式的关系，诸如保证、抵押、质押、留置、定金等，以及这些担保方式运行过程中所产生的其他关系。

在我国，狭义上的担保法是指 1995 年 6 月 30 日颁布的《担保法》，广义的担保法还包括其他法律、法规和司法解释中关于担保的法律规范，如《海商法》中关于船舶优先权、船舶抵押权、船舶留置权的有关规定；《合同法》第 115 条关于债务履行的有关规定；《物权法》第四编“担保物权”的规定以及最高人民法院于 2000 年 12 月颁布的《关于适用〈中华人民共和国担保法〉若干问题的解释》（简称《担保法解释》）等。

（三）担保法的适用范围

《担保法》第 2 条规定，在借贷、买卖、货物运输、加工承揽等经济活动中，债权人需要以担保方式保障其债权实现的，可以依照该法规定设定担保。但这并不意味着担保方式只适用于该范围，《担保法解释》第 1 条中指出，当事人对由民事关系产生的债权，在不违反法律、法规强制性规定的情况下，以《担保法》规定的方式设定担保的，可以认定为有效。此规定排除了国家经济管理行为中产生的债权债务关系对《担保法》的适用，也排除了因人格、身份关系而产生的债权债务关系对《担保法》的适用。

《物权法》第 171 条第 1 款规定，债权人在借贷、买卖等民事活动中，为保障实现其

债权，需要担保的，可以依照该法和其他法律的规定设立担保物权。

担保法的适用范围很广，可以广泛适用于买卖合同、金融信贷、开立信用证、信用卡等经济活动，凡是在债权的地方就会对担保有需要。精通担保法，在合理而有效地为债权设定担保和正确解决因担保而发生的纠纷两个方面都是必不可少的。按照担保法的规定，在担保活动中应遵循平等、自愿、公平、诚实信用的原则。

根据《物权法》的规定，当担保法与物权法的规定不一致的，应适用物权法，即物权法优先于担保法。

二、反担保

《担保法》第 4 条第 1 款规定：第三人为债务人向债权人提供担保时，可以要求债务人提供反担保。《物权法》第 171 条第 2 款也有相同的规定。

所谓反担保，是指第三人为债务人向债权人提供担保时，由债务人或者债务人之外的其他人，向第三人提供的确保第三人追偿权得以实现的一种担保制度。第三人或者债务人向债权人提供的担保称为本担保，债务人或者第三人为本担保所提供的担保为反担保。

反担保的构成条件如下：

（1）本担保是由债务人以外的第三人提供的；

（2）主债权和本担保合法有效；

（3）反担保符合担保法所规定的设立担保应具备的条件。

反担保的实现应具备的条件：

（1）第三人依照原始担保合同代债务人向主债权人实际承担了担保责任；

（2）债务人于期限届满时未对担保人因承担担保责任而遭受的损失给予补偿；

（3）反担保合同合法有效。

反担保的适用范围不如本担保广泛，只适用于第三人为主债权人提供担保的情况。

反担保方式本身也是有限制的。《担保法解释》第 2 条第 2 款规定：“反担保方式可以是债务人提供的抵押或者质押，也可以是其他人提供的保证、抵押或者质押。”因此，留置和定金不能作为反担保的方式。

三、担保合同

《物权法》第 172 条第 1 款规定：“设立担保物权，应当依照本法和其他法律的规定订立担保合同。担保合同是主债权债务合同的从合同。主债权债务合同无效，担保合同无效，但法律另有规定的除外。”第 2 款规定：“担保合同被确认无效后，债务人、担保人、债权人有过错的，应当根据其过错各自承担相应的民事责任。”

（一）担保合同的含义和分类

担保合同是债权人与担保人约定的，以担保法规定的担保方式，担保债权实现的合同。

担保合同按照不同的标准可以有不同的分类：

（1）根据担保主体的不同，担保合同可以分为债务人担保合同和第三人担保合同。债务人担保合同，是指债务人以其自身的财产提供担保而订立的合同；第三人担保合同，是指债务人以外的自然人或法人以其自身的财产和信誉为债务人提供担保而订立的合同。

（2）根据担保方式的不同，担保合同可以分为人的担保合同和物的担保合同。人的担保合同，是指保证人作为债务人的关系人，以自身的信誉向债权人作履行债权的担保合同；物的担保合同，是指债务人或第三人以其自身的财产为债务人提供担保的合同。

（二）担保合同的性质与法律效力

担保合同是从合同，它以主合同的存在为前提，主合同的效力约束从合同的效力。一般而言，主债权债务合同无效，担保合同也无效，但法律另有规定或当事人另有约定的除外。

担保合同被确认无效后，债务人、担保人、债权人有过错的，应当根据其过错各自承担相应的民事责任。根据《担保法解释》第7条、第8条的规定，无效担保的法律后果根据不同情形，分别确认其法律后果，具体表现为：

（1）主合同有效而担保合同无效，债权人无过错的，担保人与债务人对主合同债权人的经济损失，承担连带赔偿责任；债权人、担保人有过错的，担保人承担民事责任的部分，不应超过债务人不能清偿部分的1/2。

（2）主合同无效而导致担保合同无效，担保人无过错的，担保人不承担民事责任；担保人有过错的，担保人承担民事责任的部分，不应超过债务人不能清偿部分的1/3。

在担保无效的情形下，担保人承担的责任不是担保责任，而是担保无效后的其他民事责任，这种责任要求当事人有过错。同时法律有规定，担保人因无效担保合同向债权人承担赔偿责任后，可以向债务人追偿，或者在承担赔偿责任的范围内，要求有过错的反担保人承担赔偿责任。

第二节　保证

一、保证的含义及特征

（一）保证的含义

保证，是指第三人和债权人约定，当债务人不履行债务时，该第三人按约定向债权人履行债务或承担责任的行为。“第三人”被称为保证人；“债权人”既是主债的债权人，也是保证合同中的债权人。保证是保证人与债权人之间的合同关系，在保证合同关系中，保证人向债权人承诺，当债务人不履行债务时，由其履行责任；而债权人对保证人享有保证请求权，即在债务人不履行债务时，有权要求保证人代为履行债务或者承担赔偿责任。保证实际上是以保证人的全部和不特定财产作为对主债务人财产的补充，并以此作为履行责任的后盾，以增强债权的可实现性。

（二）保证的特征

保证具有人身性、从属性、补充性、相对独立性和单务性等法律特征。

（1）人身性。保证是人的担保，其建立同自然人或法人的人格或人身密不可分，是保证人以自身的信誉和不特定的财产为他人提供担保，客观上不能完全离开人身属性而单独存在于财产之上，主债务人和保证人之间相互信任的关系是保证担保存在的主要基础。

（2）从属性。首先，在成立方面具有从属性。即保证债务以主合同的存在为前提，没有主合同的存在，就谈不上保证的成立。其次，在范围方面具有从属性。保证责任的范围只能等于或小于主合同责任的范围，不得大于主合同责任。再次，在变更和消灭方面具有从属性。在不改变主债务内容同一性及不加重保证人负担的前提下，因主债务的变更，保证债务也随之变更。主债务消灭时，保证债务当然消灭。最后，在移转方面具有从属性。即主债权移转，保证责任也随之移转。

（3）补充性。保证人只有在主债务人不能履行债务或者在主合同规定的债务履行期限届满没有履行债务时才承担责任。保证的这一特征决定了只有在债务人不能履行并且债权人提出请求的情况下才能发生。

（4）相对独立性。保证的相对独立性表现在保证合同并不因主合同无效而当然无效，保证合同无效、撤销或者解除其效力不及于主债务；保证人享有债务人的抗辩权，债务人放弃对债务的抗辩权的，保证人仍有权抗辩等。

（5）单务性。在保证关系中，仅保证人对债权人负保证债务，债权人对保证人并不负对价给付义务。

二、保证人

（一）保证人的资格

保证人是担保法律关系中的重要主体，是保证合同中的当事人。因此对保证人的资格法律有一定的要求，《担保法》第 7 条规定：具有代为清偿债务能力的法人、其他组织或者公民，可以作保证人。这是对当事人作保证人的基本资格要求。作为保证人，最重要的是具有清偿能力，代为清偿的能力既包括代为金钱性质的清偿，也包括代为履行合同之债。《担保法解释》第 14 条规定：不具有完全代偿能力的法人、其他组织或者自然人，以保证人身份订立保证合同后，又以自己没有代偿能力要求免除保证责任的，人民法院不予支持。因此，该条规定在性质上属于指导性条款，如果保证人不具有代为清偿的能力，不能据此认定保证合同不具有法律效力。

（二）不能为保证人的主体

《担保法》第 8 条、第 9 条、第 10 条及《担保法解释》规定，不能为保证人的主体有：

（1）国家机关不得为保证人，但经国务院批准为使用外国政府或者国际经济组织贷款进行转贷的除外。

（2）学校、幼儿园、医院等以公益为目的的事业单位、社会团体不得为保证人。但从事经营活动的事业单位、社会团体，可以担任保证人。

（3）企业法人的分支机构、职能部门不得为保证人。企业法人的分支机构有法人书面授权的，可以在授权范围内提供保证。

三、保证合同

（一）保证合同的概念

保证合同，是债权人与保证人签订的，在主债务人不履行到期债务时由保证人承担保证债务履行的协议。保证人与债权人可以就单个主合同分别订立保证合同，也可协议在最高债权限度内就一定期间连续发生的借款合同或某项商品交易订立一个保证合同。

保证合同的内容，是确定保证合同当事人权利和义务的根据以及确定保证合同是否合法、有效的要件。根据《担保法》第15条的规定，保证合同应当包括以下内容：

（1）被保证的主债权的种类、数额；

（2）债务人履行债务的期限；

（3）保证的方式；

（4）保证担保的范围；

（5）保证的期间；

（6）双方认为需要约定的其他事项。

保证合同不完全具备上述内容的，可以补正。

（二）保证合同的成立

因为保证合同是由保证人与债权人以书面形式订立合同后而成立，所以保证合同属于要式合同。但根据《担保法解释》，在下列情况下保证合同也成立：

（1）第三人单方以书面形式向债权人出具担保书，债权人接受且未提出异议的，保证合同成立。

（2）保证人在债权人与被保证人签订的订有保证条款的主合同上，以保证人身份签字或者盖章的，保证合同成立。

（3）主合同中虽然没有保证条款，但是，保证人在主合同上以保证人的身份签字或者盖章的，保证合同成立。

（三）保证合同的无效、可撤销及相应责任

1. 保证合同的无效及相应责任

根据《担保法》及《担保法解释》的规定，保证合同归于无效的原因如下：

（1）担保合同因主合同无效而无效。在担保合同被确认无效后，债务人、担保人、债权人有过错的，应当根据其过错各自承担相应的民事责任。

（2）企业法人的分支机构未经法人书面授权或者超出授权范围与债权人订立保证合同的，该合同无效或者超出授权范围的部分无效，债权人和企业法人有过错的，应当根据其过错各自承担相应的民事责任；债权人无过错的，由企业法人承担民事责任。

（3）企业法人的职能部门提供保证的，保证合同无效。债权人知道或者应当知道保证人为企业法人的职能部门的，因此造成的损失由债权人自行负担。债权人不知保证人为企业法人的职能部门，因此造成的损失，可以根据其过错各自承担相应的民事责任。

（4）在以下三种情形下，保证人由于被胁迫、欺诈等而违背自己的真实意思提供的担保，保证合同无效，保证人不承担民事责任：1）主合同当事人双方串通，骗取保证人提供保证的；2）主合同债权人采取欺诈、胁迫等手段，使保证人在违背真实意思的情况下提供保证的；3）主合同债务人采取欺诈、胁迫等手段，使保证人在违背真实意思的情况下提供担保的，债权人知道或者应当知道欺诈、胁迫事实的。

另外，国家机关未经国务院批准而与债权人订立的保证合同，学校、幼儿园、医院等以公益为目的的事业单位与债权人订立的保证合同，以及无民事行为能力人作为保证人签订的保证合同，都属于无效合同。

2. 保证合同的撤销及相应责任

债务人与保证人共同欺骗债权人，订立主合同和保证合同的，债权人可以请求人民法院予以撤销。因此给债权人造成损失的，由保证人和债务人承担连带赔偿责任。

四、保证方式

（一）一般保证和连带责任保证

根据《担保法》的规定，保证的方式分为两种：一般保证和连带责任保证。

1. 一般保证

一般保证是指当事人在保证合同中约定，只有在债务人不能履行债务时，才由保证人承担保证责任的保证。一般保证的保证人享有先诉抗辩权，即在主合同纠纷未经审判或者仲裁，并就债务人财产依法强制执行仍不能履行债务前，保证人可以拒绝承担担保责任。同时，一般保证人在一定条件下可以免责，如果一般保证的保证人在主债权履行期间届满后，向债权人提供了债务人可供执行财产的真实情况的，债权人放弃或者怠于行使权利致使该财产不能被执行，保证人可以请求人民法院在其提供可供执行财产的实际价值范围内免除保证责任。

2. 连带责任保证

连带责任保证，是指当事人在保证合同中约定保证人与债务人对债务承担连带责任的保证。在这种合同中，只要债务人到期未履行债务，债权人就可以要求保证人在其保证的范围内承担保证责任。它与一般保证之间的最大区别在于保证人不享有先诉抗辩权。另外需要注意的是，当事人对保证方式没有约定或约定不明确的，按照连带责任保证承担保证责任。

（二）单独保证和共同保证

从保证人的数量划分，保证可以分为单独保证和共同保证。单独保证是指只有一个保证人担保某一债权的保证。共同保证是指数个保证人担保同一债权的保证。共同保证按照保证人是否约定各自承担的担保份额，又可分为按份共同保证和连带共同保证。按份共同保证是保证人与债权人约定份额对主债务承担保证义务的共同保证；连带共同保证是各保证人约定均对全部债务承担保证义务或者保证人与债权人之间没有约定所承担保证份额的共同保证。

根据《担保法解释》，按份共同保证的保证人按照保证合同约定的保证份额承担保证责任后，在其履行保证责任的范围内对债务人行使追偿权。两个以上保证人对同一债务同时或者分别提供保证时，各保证人与债权人没有约定保证份额的，应当认定为连带共同保证。连带共同保证的保证人以其相互之间约定各自承担的份额对抗债权人的，人民法院不予支持。连带共同保证的债务人在主合同规定的债务履行期届满没有履行债务的，债权人可以要求债务人履行债务，也可以要求任何一个保证人承担全部保证责任。连带共同保证的保证人承担保证责任后，向债务人不能追偿的部分，由各连带保证人按其内部约定的比例分担。没有约定的，平均分担。

五、保证责任

(一) 保证担保的范围

保证担保的范围，是指保证合同中保证人所承担保证责任的范围，也是保证债务的范围。保证担保的范围分两种情形：

(1) 约定保证担保的范围。约定保证担保的范围由保证人与债权人在担保合同中加以约定，约定保证担保的范围优先于法定保证担保的范围。

(2) 法定保证担保的范围。根据《担保法》第 21 条第 1 款的规定，保证范围包括主债权及利息、违约金、损害赔偿金和实现债权的费用等。在保证范围中，主债权是最重要的，因为其他都是在主债权之上派生出来的。主债权就是主合同债权人请求债务人为特定行为的权利；主债权的利息通常指因债务人未按照合同约定履行义务而产生的利息。实现债权的费用是指债务履行期限届满债务人不履行债务后，债权人为实现其债权而付出的费用，包括诉讼费、仲裁费、通知保证人的费用以及其他合理费用。

(二) 保证期间和保证责任的诉讼时效

1. 保证期间

保证期间，是指保证责任的存续期间。其性质上属于除斥期间，期间届满时保证人的权利当然消灭。保证期间为不变期间，不因任何事由而发生中止、延长。

保证期间可以通过合同约定确定。未约定的，若是一般保证，保证期间为主债务履行期届满之日起 6 个月。在保证期间，如果债权人对债务人提起诉讼或仲裁，保证期间中断，此前经过的保证期间归于无效，保证期间重新计算。若是连带保证，未约定保证期间的，债权人有权自主债务履行期限届满之日起 6 个月内要求保证人承担保证责任。在起算点问题上，两种保证方式是一致的。对于当事人没有约定主债务履行期限的，或者对主债务履行期限约定不明的，根据司法解释的规定，保证期间自债权人要求债务人履行义务的宽限期届满之日起计算。

保证合同约定的保证期间早于或者等于主债务履行期限的，视为没有约定，保证期间为主债务履行期间届满之日起 6 个月。如果保证合同约定了保证人承担保证责任直至主债务本息还清时为止等类似内容的，视为约定不明，保证期间为主债务履行期届满之日起 2 年。

最高额保证合同对保证期间没有约定或者约定不明的，如最高额保证合同约定有保证人清偿债务期限的，保证期间为清偿期届满之日起 6 个月。没有约定债务清偿期限的，保证期间自最高额保证终止之日或自债权人收到保证人终止保证合同的书面通知到达之日起 6 个月。

2. 保证责任的诉讼时效

保证责任的诉讼时效由于《担保法》没有规定，因此按照《民法总则》的规定应为 3 年。一般保证的债权人在保证期间届满前对债务人提起诉讼或者申请仲裁的，从判决或者仲裁裁决生效之日起，开始计算保证合同的诉讼时效。连带责任保证的债权人在保证期间届满前要求保证人承担保证责任的，从债权人要求保证人承担保证责任之日起，开始计算保证合同的诉讼时效。保证人对已经超过诉讼时效期间的债务承担保证责任或者提供保证的，又以超过诉讼时效为由抗辩的，人民法院不予支持。一般保证中，主债务诉讼时效中断，保证债务诉讼时效中断；连带责任保证中，主债务诉讼时效中断，保证债务诉讼时效不中断。一般保证和连带责任保证中，主债务诉讼时效中止的，保证债务的诉讼时效同时中止。

（三）主债权债务的转让、主合同的变更对保证责任的影响

1. 主债权债务的转让对保证责任的影响

保证期间，债权人依法将主债权转让给第三人的，保证债权同时转让，保证人在原保证担保的范围内对受让人承担保证责任。但是保证人与债权人事先约定仅对特定的债权人承担保证责任或者禁止债权人转让的，保证人不再承担保证责任。

保证期间，债权人许可债务人转让债务的，应当取得保证人的书面同意，保证人对未经其同意转让的债务，不再承担保证责任。如果是未经保证人书面同意转让部分债务的，保证人对未经其同意转让部分的债务，不再承担保证责任，但仍应当对未转让的部分的债务承担保证责任。

2. 主合同的变更对保证合同的影响

主合同变更与保证人责任之间的关系，分三种情况：

（1）保证期间，债权人与债务人对主合同数量、价款、币种、利率等内容作了变动，未经保证人同意的，如果减轻债务人的债务的，保证人仍应当对变更后的合同承担保证责任；如果加重债务人的债务的，保证人对加重的部分不承担保证责任。

（2）债权人与债务人对主合同履行期限作了变动，未经保证人书面同意的，保证期间为原合同约定的或者法律规定的期间。

（3）债权人与债务人协议变动主合同内容，但并未实际履行的，保证人仍应当承担保证责任。

（四）保证与担保物并存的担保责任

在同一债权上既有保证又有物的担保的，属于共同担保。根据《担保法》第 28 条、《担保法解释》第 38 条和《物权法》第 176 条的规定，分以下几种情况处理：

（1）合同有约定的，按照约定实现债权。即被担保的债权既有物的担保又有人的担保的，债务人不履行到期债务或者发生当事人约定的实现担保物权的情形，债权人应当按照约定实现债权。

（2）没有约定或者约定不明确，债务人自己提供物的担保的，债权人应当先就该物的担保实现债权，保证人对物的担保以外的债权承担保证责任。债权人放弃物的担保的，保证人在债权人放弃权利的范围内免除保证责任。

（3）没有约定或者约定不明确，第三人提供物的担保的，债权人可以就物的担保实现债权，也可以要求保证人承担保证责任。提供担保的第三人承担担保责任后，有权向债务人追偿。

（4）同一债权既有保证又有物的担保的，物的担保合同被确认无效或者被撤销，或者担保物因不可抗力的原因灭失而没有代位物的，保证人仍应当依合同的约定或者法律的规定承担保证责任。

（5）债权人在主合同履行期届满后怠于行使担保物权，致使担保物的价值减少或者毁损、灭失的，视为债权人放弃部分或者全部物的担保。保证人在债权人放弃权利的范围内减轻或者免除保证责任。

第三节　抵押

一、抵押及抵押权

抵押，是指为担保债务的履行，债务人或者第三人不转移财产的占有，向债权人提供该财产作为债权的担保，当债务人不履行到期债务或者发生当事人约定的实现抵押权的情形，债权人有权就该财产优先受偿。其中，债务人或者第三人为抵押人，债权人为抵押权人，提供担保的财产为抵押财产。

因抵押关系产生的权利为抵押权。我国《担保法》规定，抵押物既可以是不动产，也可以是动产。抵押权具有的法律特征主要表现在以下几个方面：

（1）抵押权是不转移标的物占有权的物权；

（2）抵押权是担保物权，在法律上物权优于债权；

（3）抵押权人有权就抵押物卖得价款优先受偿；

（4）抵押权是债务人或第三人就其财产所设定的物权，因此他只能对自己所有的或依法有权处分的财产设定抵押。

二、抵押财产

（一）抵押担保的财产范围

抵押财产又称为抵押物，它是抵押权的标的物或客体。抵押财产必须合法，根据我国《物权法》第 180 条的规定，债务人或者第三人有权处分的下列财产可以抵押：

（1）建筑物和其他土地附着物；

（2）建设用地使用权；

（3）以招标、拍卖、公开协商等方式取得的荒地等土地承包经营权；

（4）生产设备、原材料、半成品、产品；

（5）正在建造的建筑物、船舶、航空器；

（6）交通运输工具；

（7）法律、行政法规未禁止抵押的其他财产。

抵押人可以将上述所列财产一并抵押。

（二）不得用于抵押的财产范围

根据我国《担保法》第 37 条和《物权法》第 184 条的规定，下列财产不得抵押：

（1）土地所有权；

（2）耕地、宅基地、自留地、自留山等集体所有的土地使用权，但法律规定可以抵押的除外；

（3）学校、幼儿园、医院等以公益为目的的事业单位、社会团体的教育设施、医疗卫生设施和其他社会公益设施；

（4）所有权、使用权不明或者有争议的财产；

（5）依法被查封、扣押、监管的财产；

（6）法律、行政法规规定不得抵押的其他财产。

三、抵押合同及抵押物的登记

（一）抵押合同

抵押合同是债权人与抵押人之间订立的确定双方权利和义务的书面协议。抵押合同一般包括下列条款：（1）被担保债权的种类和数额；（2）债务人履行债务的期限；（3）抵押物的名称、数量、质量、状况、所在地、所有权归属或者使用权归属；（4）担保的范围。

在订立抵押合同时要注意的是：抵押合同应当采用书面形式；抵押权人在债务履行期届满前，不得与抵押人约定债务人不履行到期债务时抵押财产归债权人所有。

（二）抵押物的登记

抵押物的登记是导致抵押权获取公信力的有效和必要的途径，它对于维护市场经济条件下交易的安全，保护抵押财产关系人和第三人的利益，强化抵押担保的社会功能，避免纠纷的发生，具有重要的法律意义。

根据我国《物权法》的规定，抵押物登记有以下两种情况：

（1）抵押财产必须登记，而且登记是抵押权设立的必要条件。根据《物权法》第187条的规定，以债务人或者第三人有权处分的下列财产抵押的，应当办理抵押登记：1）建筑物和其他土地附着物；2）建设用地使用权；3）以招标、拍卖、公开协商等方式取得的荒地等土地承包经营权；4）正在建造的建筑物。抵押权自登记时设立。即以上述财产设立抵押并办理了抵押财产登记的，抵押合同才生效，抵押财产登记是抵押权设立的必备要件。

（2）抵押财产可办理登记，未登记则不得对抗善意第三人。《物权法》第188条、第189条规定，以生产设备、原材料、半成品、产品；交通运输工具；正在建造的船舶、航空器抵押的，或者企业、个体工商户、农业生产经营者以现有的以及将有的生产设备、原材料、半成品、产品抵押的，抵押权自抵押合同生效时设立；未经登记，不得对抗善意第三人。当事人以上述财产作抵押合同的标的的，可根据自愿原则决定是否办理登记，未办理登记的，不得对抗善意第三人。此种情况下抵押财产登记只是产生对抗效力，而不影响抵押权的设立。

四、抵押的效力

抵押的效力是指作为一种担保物权应有的效力及担保范围，抵押的效力主要表现在以下几个方面。

（一）抵押权担保的债权的范围

抵押权担保的债权的范围一般是：主债权及其利息、违约金、损害赔偿金和实现担保物权的费用。抵押合同另有约定的，按照约定。抵押标的物的范围是主物、从物、从债权及孳息。债务履行期限届满，债务人不履行债务致使抵押物被人民法院扣押，自扣押之日起，债权人有权收取由抵押物产生的天然孳息及法定孳息，但前提是债权人应当将扣押的事实通知应当清偿法定孳息的义务人，否则抵押的效力不涉及该孳息。

（二）抵押权对租赁的影响

《物权法》第190条规定："订立抵押合同前抵押财产已出租的，原租赁关系不受该抵押权的影响。抵押权设立后抵押财产出租的，该租赁关系不得对抗已登记的抵押权。"即租赁关系在先的，根据买卖不破租赁的原则，即使租赁标的物让与第三人所有，但设定在抵押物上的租赁关系对第三人仍然存在。租赁关系在后的，根据物权优于债权的原则，在实现抵押权时，租赁关系应当解除。

（三）抵押权对抵押物处分权的影响

抵押权只是就抵押物的交换价值优先受偿，所以抵押人可以处分即转让抵押物。但是抵押权对处分权有一些其他的影响：

（1）抵押期间，抵押人经抵押权人同意转让抵押财产的，应当将转让所得的价款向抵押权人提前清偿债务或者提存。转让的价款超过债权数额的部分归抵押人所有，不足部分由债务人清偿。

（2）抵押期间，抵押人未经抵押权人同意，不得转让抵押财产，但受让人代为清偿债务消灭抵押权的除外。

（3）转让抵押物的价款不能明显低于其价值，否则抵押权人可以要求抵押人提供担保，抵押人不提供担保的，不得转让抵押物。

（4）抵押权不得与债权分离而单独转让或者作为其他债权的担保。债权转让的，担保该债权的抵押权一并转让，但法律另有规定或者当事人另有约定的除外。

（四）抵押权的保全

一般抵押人有用益权，但因用益而对抵押物减少或损害的，应当恢复抵押物的价值或对抵押物进行赔偿或提供担保。

抵押人的行为足以使抵押财产价值减少的，抵押权人有权要求抵押人停止其行为。抵押财产价值减少的，抵押权人有权要求恢复抵押财产的价值，或者提供与减少的价值相应的担保。抵押人不恢复抵押财产的价值也不提供担保的，抵押权人有权要求债务人提前清偿债务。

（五）抵押权的放弃或变更

抵押人可以放弃抵押权或者抵押权的顺位。抵押权人与抵押人可以协议变更抵押顺位以及被担保的债权数额等内容，但抵押权的变更，未经其他抵押权人书面同意，不得对其他抵押权人产生不利影响。债务人以自己的财产设定抵押，抵押权人放弃该抵押权、抵押顺位或者变更抵押权的，其他担保人在抵押权人丧失优先受偿权益的范围内免除担保责任，但其他担保人承诺仍然提供担保的除外。

五、抵押权的实现

债务人履行期限届满后未履行债务或者发生当事人约定的实现抵押权的情形的，抵押权人可以处分抵押物以实现债权。当事人若达成协议，则按协议方式实现债权，其主要方式为折价、拍卖、变卖三种。当事人达不成协议的，可以向人民法院提起诉讼。

抵押财产折价或者拍卖、变卖后，其价款超过债权数额的部分归抵押人所有，不足部分由债务人清偿。若同一财产向两个以上债权人抵押的，拍卖、变卖抵押财产所得的价款依照下列规定清偿：（1）抵押权已登记的，按照登记的先后顺序清偿；顺序相同的，按照债权比例清偿；（2）抵押权已登记的先于未登记的受偿；（3）抵押权未登记的，按照债权比例清偿。

建设用地使用权抵押后，该土地上新增的建筑物不属于抵押财产。该建设用地使用权实现抵押权时，应当将该土地上新增的建筑物与建设用地使用权一并处分，但新增建筑物所得的价款，抵押权人无权优先受偿。

以招标、拍卖、公开协商等方式取得的荒地等土地承包经营权抵押的，或者以乡镇、村企业的厂房等建筑物占用范围内的建设用地使用权一并抵押的，实现抵押权后，未经法定程序，不得改变土地所有权的性质和土地用途。

第四节　质押

一、质押的含义和特征

（一）质押的含义

质押，是指债务人或者第三人将其动产或财产权利出质给债权人占有，债务人不履行到期债务或者发生当事人约定的实现质权的情形，债权人有权就该财产优先受偿的一种担保制度。其中债务人或第三人是出质人，移交的动产或财产权利是质物，债权人为质权人。

（二）质押的特征

与其他担保形式相比，质押具有以下主要特征：

（1）转移质物的占有。即质押合同成立以后，出质人将质物交债权人占有。这样既可以起到公示作用，又方便债权人实现质权。

（2）质押是就动产和财产权利而设定的。根据质物性质的不同，质押可以分为动产质押和权利质押。

二、动产质押

（一）动产质押合同的内容、生效条件

动产质押是以动产标的设定的质押，因此其标的必须有让与性。质押合同应当采用书面形式，主要内容包括：（1）被担保的债权的种类和数额；（2）债务人履行债务的期限；（3）质物的名称、数量、质量、状况；（4）担保的范围；（5）质物交付的时间；（6）其他需要约定的事项。

质权自出质人交付质押财产时设立。这是动产质押的基本特征和基本要求，这一规定有利于保障交易的安全和债权人的利益，避免出质人任意对质物进行处分。如果债务人或者第三人未按质押合同约定的时间移交质物，因此给质权人造成损失的，出质人应当根据其过错承担赔偿责任。

（二）质权人的权利和义务

1．质权人的权利

在质押期间，质权人的权利包括：

（1）占有质物。对质物的占有，既是质权的成立要件，也是质权的存续要件。

（2）收取质物的孳息。质权人有权收取质押财产的孳息，但合同另有约定的除外。

（3）有权要求出质人提供担保或提前清偿。因不能归责于质权人的事由可能使质押财产毁损或者价值明显减少，足以危害质权人权利的，质权人有权要求出质人提供相应的担保；出质人不提供的，质权人可以拍卖、变卖质押财产，并与出质人通过协议将拍卖、变卖所的价款提前清偿债务或者提存。

（4）优先受偿权。质押期限届满后，出质人不履行债务，质权人有拍卖或变卖质物而优先受偿的权利，所得价款受偿后有余额的，余额归出质人，所得价款不足抵偿的，不足部分由债务人清偿。

2. *质权人的义务*

质权人的主要义务如下：

（1）妥善保管质物。质权人负有妥善保管质押财产的义务；因保管不善致使质押财产毁损、灭失的，应当承担赔偿责任。

（2）质权人在质权存续期间，未经出质人同意，擅自使用、处分质押财产，给出质人造成损害的，应当承担赔偿责任。

（3）质权人在质权存续期间，未经出质人同意转质，造成质押财产毁损、灭失的，应当向出质人承担赔偿责任。

（4）债务人履行债务或者出质人提前清偿所担保的债权的，质权人应当返还质押财产。

三、权利质押

权利质押，是指以可转让的财产权利为标的物设定的质押，即物权、债权、无形财产等可以用金钱估价的权利。权利质押的标的是权利，主要表现在质权人对出质人行使已出质的权利的控制上。《担保法》和《物权法》仅就权利质押作了一些特殊规定，对一般性问题未作规定的适用动产质押的规定。

（一）权利质押的标的

权利质押的标的为权利，但不是任何权利都可以成为权利质押的标的。能够作为权利质押的标的应具备下列条件：

第一，必须是债务人或者第三人有权处分的权利；

第二，必须是财产权利；

第三，必须是可以让与的权利。

根据《担保法》第75条及《物权法》第223条的规定，可以作为权利质押的是债务人或者第三人有权处分的下列权利：（1）汇票、支票、本票；（2）债券、存款单；（3）仓单、提单；（4）可以依法转让的基金份额、股权；（5）可以依法转让的注册商标专用权、专利权、著作权等知识产权中的财产权；（6）应收账款；（7）法律、行政法规规定可以出质的其他财产权利。

（二）权利质押的生效

1. *有价证券的质押*

以汇票、支票、本票、债券、存款单、仓单、提单出质的，当事人应当订立书面合同。质权自权利凭证交付质权人时设立；没有权利凭证的，质权自有关部门办理出质登记时设立。

汇票、支票、本票、债券、存款单、仓单、提单的兑现日期或者提货日期先于主债权到期的，质权人可以兑现或者提货，并与出质人协议将兑现的价款或者提取的货物提前清偿债务或者提存。

2. *可以转让的基金份额、股权的质押*

以基金份额、股权出质的，当事人应当订立书面合同。以基金份额、证券登记结算机构登记的股权出质的，质权自证券登记结算机构办理出质登记时设立；以其他股权出质的，质权自工商行政管理部门办理出质登记时设立。

基金份额、股权出质后，不得转让，但经出质人与质权人协商同意的除外。出质人转让基金份额、股权所得的价款，应当向质权人提前清偿债务或者提存。

3. *知识产权中的财产权质押*

以注册商标专用权、专利权、著作权等知识产权中的财产权出质的，当事人应当订立书面合同。质权自有关主管部门办理出质登记时设立。

知识产权中的财产出质后，出质人不得转让或者许可他人使用，但经出质人与质权人协商同意的除外。出质人转让或者许可他人使用出质的知识产权中的财产权所得的价款，应当向质权人提前清偿债务或者提存。

4. *应收账款出质*

以应收账款出质的，当事人应当订立书面合同。质权自信贷征信机构办理出质登记时设立。

应收账款出质后，不得转让。但经出质人与质权人协商同意的除外。出质人转让应收账款所得的价款，应当向质权人提前清偿债务或者提存。

第五节　留置

一、留置权的含义

留置权，是指债务人不履行到期债务，债权人可以扣留已经合法占有的债务人的动产，并有权就该动产优先受偿。其中，债权人为留置权人，占有的动产为留置财产。可见留置权是债权人因一定债权关系而占有留置财产，在债权不能如约获得清偿时，留置该物并从中受偿的权利。留置权与质权是不同的，质权是约定担保物权，可以依双方的合意而成立。而留置是一种法定的担保物权，它是由法律直接规定，并非当事人双方自由约定。

二、留置权成立的条件

在我国，留置权是一种法定的债权的担保方式。根据我国《物权法》和《担保法》的规定，留置权的成立必须具备以下条件：

第一，债权人必须合法地占有债务人的动产。

（1）留置权的标的必须是动产，对不动产不能产生留置权；

（2）债权人占有的动产应当是合法地占有；

（3）该动产为债务人所有。

第二，占有的动产与债权有牵连关系。

留置权中的牵连关系是指债权人留置的动产，应当与债权属于同一法律关系，即债权债务是因债权人取得占有的合同而设定，债权与物之返还请求的原因是同一法律事实。我国《担保法》对留置担保的适用范围限制在保管合同、运输合同、加工承揽合同和法律规定可以留置的其他合同发生的债权，在债务人不履行债务时，债权人有留置权。而《物权法》没有列举具体合同关系，只是规定：债权人留置的动产，应当与债权属于同一法律关系，但企业之间留置的除外；法律规定或者当事人约定不得留置的动产，不得留置。对合同的种类，《物权法》没有限制。

第三，债务人逾期不履行债务。

即债权已到受偿期，债权人方可行使留置权，若未到期，债务人是否自觉清偿债务还不知道，所以行使留置权对债务人是不公平的。确定是否已到清偿期的方法是：合同中有规定的，合同期满为已到清偿期限，合同中无规定的，应依债权人发出的催告时间来确定。

三、留置权的实现

留置权的实现方式有债权人折价、依法拍卖、变卖留置物，对所得价款债权人有优先受偿权，超过债权数额的部分返还债务人，不足的部分由债务人清偿。但是债权人留置财产后，不能立即进行折价、拍卖或变卖，《物权法》第 236 条规定：留置权人与债务人应当约定留置财产后的债务履行期间；没有约定或者约定不明确的，留置权人应当给债务人 2 个月以上履行债务的期间，但鲜活易腐等不易保管的动产除外。

同一动产上已设立抵押权或者质权，该动产又被留置的，留置权人优先受偿。

第六节 定金

一、定金的含义

定金，是指以确保合同的履行为目的，依据双方当事人的约定，由当事人一方先交付给另一方作为债权担保的货币。定金是债的一种担保方式，其担保作用通过定金罚则体现出来。

二、定金的分类

按照定金的目的和功能，可以把定金分为立约定金、成约定金、证约定金、违约定金、解约定金。

（一）立约定金

立约定金，是指当事人为订立正式合同而设立的定金。《担保法解释》第 115 条规定了立约定金：当事人约定以交付定金作为订立主合同担保的，给付定金的一方拒绝订立主合同的，无权要求返还定金；收受定金的一方拒绝订立合同的，应当双倍返还定金。

（二）成约定金

成约定金，是指以给付定金为主合同成立或生效的要件，无定金交付，则主合同不成立或不生效，当事人在合同中设定的权利义务也不发生法律拘束力。《担保法解释》第116条规定：当事人约定以交付定金作为主合同成立或者生效要件的，给付定金的一方未支付定金，但主合同已经履行或者已经履行主要部分的，不影响主合同的成立或者生效。此规定承认当事人可以约定成约定金，但不能绝对化，如果当事人自愿履行了合同或者履行了合同的主要部分，即使未交付定金，合同也成立或生效，肯定了实际履行合同行为在合同生效上的积极意义。

（三）证约定金

证约定金，是指以定金作为合同成立的证明。证约定金不是合同有效成立的构成要件，仅是证明合同关系存在的证明。我国现行法律对证约定金没有作出明确规定。

（四）违约定金

违约定金，是指定金设立的目的是保证合同得以履行。我国《担保法》中所规定的定金原则上属于违约定金。

（五）解约定金

解约定金，是指合同双方当事人以定金作为保留合同解除权的代价，其功能是担保当事人不至于轻易解除合同。《担保法解释》第117条规定：定金交付后，交付定金的一方可以按照合同的约定以丧失定金为代价而解除主合同，收受定金的一方可以双倍返还定金为代价而解除主合同。第118条规定：当事人交付留置金、担保金、保证金、订约金、押金或者订金等，但没有约定定金性质的，当事人主张定金权利的，人民法院不予支持。

三、定金合同的订立

定金合同应当以书面的形式订立，它可以单独订立，即单独的定金合同，也可以作为主合同中的担保条款。在许多情况下，定金往往通过主合同中的担保条款表现出来。定金合同的成立不但要当事人达成合意，而且要有交付定金的实际行为，因为定金合同是实践性合同，所以定金合同从交付定金时生效。

四、违约定金的效力

（一）定金罚则

给付定金的一方不履行合同或者拒绝履行合同时，无权要求返还定金；收受定金的一方不履行约定的债务的，应当双倍返还定金。

（二）定金数额

定金的数额由当事人约定，但不得超过主合同标的额的20%。实际交付的定金数额多于或者少于约定数额，视为变更定金合同；收受定金一方提出异议并拒绝接受定金的，定金合同不生效。当事人约定的定金数额超过主合同标的额20%的，超过的部分，人民法院不予支持。

（三）定金罚则的适用

当事人一方迟延履行或者其他违约行为，致使合同目的不能实现，可以适用定金罚则，但法律另有规定或者当事人另有约定的除外。当事人一方不完全履行合同的，应当按照未履行部分所占合同约定内容的比例，适用定金罚则。不可抗力、意外事件致使主合同不能履行的，不适用定金罚则。合同关系以外的第三人的过错，致使主合同不能履行的，适用定金罚则。受定金处罚的一方当事人，可以依法向第三人追偿。

（四）定金罚则与损害赔偿、违约金的适用

（1）根据《担保法解释》第 117 条的规定，在利用解约定金解除合同时，除适用定金罚则外，还应按照《合同法》的有关规定处理。如《合同法》第 97 条规定：合同解除后，尚未履行的，终止履行；已经履行的，根据履行情况和合同性质，当事人可以要求恢复原状、采取其他补救措施，并有权要求赔偿损失。可见定金罚则与损害赔偿可同时适用。

（2）《合同法》第 116 条规定："当事人既约定违约金，又约定定金的，一方违约时，对方可以选择适用违约金或者定金条款。"说明在同一合同中，如果当事人既约定了违约金，又约定了违约定金的，在一方违约时，当事人只能选择其一，不能同时行使。但对于解约定金，由于其与违约金指向不同的行为，只要条件均成就，应可以适用并罚。

导入案例解析

本案涉及的法律问题主要有：（1）保证的方式；（2）保证责任与保证期间；（3）保证担保与物的担保并存的保证责任。

一、被告顺达公司保证的方式是连带责任保证

我国《担保法》第 16 条规定的保证方式有：一般保证和连带责任保证。而一般保证是指当事人在保证合同中约定，债务人不能履行债务时，由保证人承担保证责任的保证。连带责任保证是指当事人在保证合同中约定保证人与债务人对债务承担连带责任的保证，即当债务履行期限届满而债务人没有履行债务时，债权人既可以要求债务人履行债务，也可以要求保证人在其保证范围内承担保证责任，而不必考虑债务人是否真的没有履行能力。两者最大的区别在于：在一般保证中，保证人享有先诉抗辩权，债权人必须先通过诉讼或者仲裁的方式向债务人主张权利，并且已经对债务人的财产进行了强制执行，债务人仍不能履行债务的，债权人才能要求一般保证人承担保证责任，替债务人清偿债务。

对保证责任约定的不明确，《担保法》第 19 条规定："当事人对保证方式没有约定或者约定不明确的，按照连带责任保证承担保证责任。"最高人民法院 2002 年下发的《关于涉及担保纠纷案件的司法解释的适用和保证责任方式认定问题的批复》中曾针对保证方式约定不明的情况确立了两项判断原则：（1）保证合同中明确约定保证人在债务人不能履行债务时承担保证责任的，视为一般保证；（2）保证合同中明确约定保证人在被保证人不履行债务时承担保证责任，且根据当事人订立合同的本意推定不出为一般保证责任的，视为连带责任保证。该批复确立了一般保证和连带责任保证的区别原则，即以"不"和"不能"作为区分的标准。

具体到本案来看，因顺达公司向债权人潜山支行出具的《担保函》对担保方式仅注明为“若郑某汽车按揭贷款逾期不还则我公司负责还款”，而债权人潜山支行所提交的证据不能证明主债务人郑某是“不能”履行债务，即推定不出保证人提供的保证是一般保证，故根据以上原则，对顺达公司提供的保证应视为连带责任保证。

二、超出保证期间，顺达公司不承担保证责任

连带责任保证期间，是根据当事人约定或者法律规定，债权人应当向保证人主张权利的期间。债权人没有在该期间主张权利，则保证人不再承担责任。保证期间是能够产生消灭债权效力的特殊期间。

1. 保证期间的确定

保证期间可分为：约定保证期间和法定保证期间。约定保证期间优于法定保证期间。法定保证期间又分为 6 个月和 2 年两种规定。我国《担保法》第 26 条规定：连带责任保证的保证人与债权人未约定保证期间的，债权人有权自主债务履行期届满之日起 6 个月内要求保证人承担保证责任。本案的保证期间属于没有约定的，按照法律规定应为 6 个月。

2. 保证期间的起算

主债务系分期履行时，在当事人没有明确约定的情况下，就涉及保证期间究竟从哪一笔债务履行期届满之日起算的问题，即是从每笔债务履行期限届满之日起算，还是从最后一笔债务履行期限届满之日起算，对此《担保法》及司法解释没有规定。《民法总则》第 189 条规定：当事人约定同一债务分期履行的，诉讼时效期间自最后一期履行期限届满之日起计算。而对于此种情况的保证期间也应从最后一笔债务履行期限届满起算，原因在于尽管保证人仅对某一笔或者某几笔债务提供担保，但该一笔债务或者几笔债务是整个债务的一部分，给付每一笔债务的诉讼时效是从最后一笔履行期限届满之日起算，故保证期间的起算点处理应与诉讼时效一致，从最后一笔债务履行期限届满之日起算。

3. 顺达公司对超过保证期间的债务免除保证责任

本案中，由于《担保函》未约定担保期限，根据《担保法》的规定，债权人潜山支行有权自主债务履行期届满之日起 6 个月内要求保证人顺达公司承担保证责任，在该保证期间，债权人未要求保证人承担保证责任的，保证人免除保证责任。鉴于上述《借款合同》约定的还款方式为分期付款，其最后一期还款期限届满日为 2015 年 7 月 16 日，潜山支行有权在其债务履行期届满后的 6 个月内要求保证人顺达公司承担相应保证责任，但截至 2015 年 7 月 16 日之后的 6 个月内即 2016 年 1 月 16 日前，潜山支行均未向保证人顺达公司主张保证权利，因此保证人顺达公司的保证责任应当免除。

三、债权人潜山支行应如何实现其债权

本案中，债权人潜山支行的债权既有债务人郑某提供的汽车抵押担保，又有第三人顺达公司提供的人的保证，在债务人郑某不履行义务时，债权人没有很好地行使自己的权利，从而造成自己的债权无法得到及时实现的结果。

1. 没有对保证人顺达公司及时提出履行保证责任的请求

《担保法解释》第 36 条第 1 款明确规定：连带责任保证中，主债务诉讼时效中断，保证债务诉讼时效不中断。因此，在连带责任保证中，债权人仅仅向债务人提出主张，并不发生对保证人诉讼时效中断的后果，还必须在保证期间向保证人提出主张，否则，保证期间一过，保证人将不再承担保证义务。

本案中，债权人潜山支行在确定郑某 2013 年 11 月 18 日有违约事实的发生后，于 2014 年 11 月 5 日向潜山县人民法院起诉，却只将债务人郑某作为被告起诉，而没有把保证人顺达公司作为共同被告予以起诉。从《借款合同》分期还款计划约定的最后一笔款项还款日 2015 年 7 月 16 日起开始计算，至 2016 年 5 月 20 日已逾债权人潜山支行可向保证人顺达公司主张保证责任的期间，导致无权从保证人那里实现债权。

2. 没有有效地实现抵押权

根据《物权法》第 176 条的规定，被担保的债权既有物的担保又有人的担保的，债务人不履行到期债务或者发生当事人约定的实现担保物权的情形，债权人应当按照约定实现债权；没有约定或者约定不明确，债务人自己提供物的担保的，债权人应当先就该物的担保实现债权；第三人提供物的担保的，债权人可以就物的担保实现债权，也可以要求保证人承担保证责任。提供担保的第三人承担担保责任后，有权向债务人追偿。

本案中，债权人潜山支行的债权有债务人郑某自己提供的汽车抵押担保，并且办理了抵押登记，潜山支行可以与抵押人协议以抵押财产折价或者拍卖、变卖该车所得的价款优先受偿。如果双方未就抵押权实现方式达成协议的，潜山支行可以请求人民法院拍卖、变卖抵押财产。

思考题

1. 什么是担保和反担保？
2. 简述担保合同及其法律性质。
3. 一般保证与连带责任保证有何不同？
4. 什么是抵押？抵押的效力是什么？
5. 抵押和质押登记法律制度的主要内容是什么？
6. 留置权行使的条件是什么？
7. 试述定金的效力。

第七章　市场秩序法

市场经济是法治经济。市场秩序法是调整市场经济秩序的法律规范的总和，在市场经济中起到了经济宪法的作用。我国市场秩序法保障了社会主义市场经济的公正、公平竞争，有利于优化国内市场环境，更好地与国际接轨，有力地保护了消费者的合法权益。本章主要对反不正当竞争法、反垄断法、消费者权益保护法、产品质量法进行较为全面的阐述，以便读者对这一领域的法律规定有一定的了解和掌握。

学习目标

1. 了解不正当竞争的行为方式和法律责任；
2. 掌握垄断行为及法律规制；
3. 熟悉消费者的权利和经营者的义务；
4. 掌握生产者、销售者的产品质量义务；
5. 能够运用市场秩序法的基本原理分析和解决实践中的相关问题。

导入案例　“3Q大战”

奇虎360与腾讯的纠葛由来已久，被业界形象地称为“3Q大战”。这源于2010年双方“明星产品”之间的“互掐”。2010年9月27日，360发布了其新开发的“隐私保护器”，专门搜集QQ软件是否侵犯用户隐私。随后，QQ立即指出360浏览器涉嫌借黄色网站推广。2010年11月3日，腾讯宣布在装有360软件的电脑上停止运行QQ软件，用户必须卸载360软件才可登录QQ，强迫用户“二选一”。为了各自的利益，从2010年到2014年，两家公司展开了一系列互联网之战，并走上了诉讼之路。

一、腾讯于北京诉奇虎360

起诉：2010年10月14日，针对360隐私保护器曝光QQ偷窥用户隐私事件，腾讯正式宣布起诉360不正当竞争，要求奇虎及其关联公司停止侵权、公开道歉并作出赔偿。

审判结果：经过两审，2011年9月29日，北京市第二中级人民法院宣布：北京奇虎、奇智软件以及三际无限的行为构成不正当竞争，判决三家公司停止侵权；三家公司需要在本判决生效起30天内在360网站的首页及《法制日报》上公开发表声明以消除影响，并赔偿原告腾讯经济损失40万元。

二、腾讯于广东诉奇虎360

起诉：2011年6月10日，腾讯向广东高院提起诉讼，称奇虎360的“扣扣保镖”是打着保护用户利益的旗号，污蔑、破坏和篡改腾讯QQ软件的功能，并通过虚假宣传，鼓励和诱导用户删除QQ软件中的增值业务插件、屏蔽原告的客户广告，而将其产品和服务嵌入QQ软件界面，借机宣传和推广自己的产品。腾讯索赔1.25亿元。

审判结果：2014 年 2 月 18 日，最高人民法院作出二审终审判决，驳回奇虎 360 的上诉，维持一审法院的判决——奇虎 360 构成不正当竞争，判令其赔偿腾讯经济损失及合理维权费用 500 万元。此外，一审案件受理费 66.68 万元，腾讯公司承担 16.68 万元，奇虎 360 承担 50 万元；二审案件受理费 66.68 万元全部由奇虎 360 承担。

三、奇虎 360 于广东诉腾讯

起诉：2011 年 11 月 15 日，奇虎 360 诉至广东省高级人民法院，指控腾讯滥用其在即时通信软件及服务相关市场的市场支配地位，索赔 1.5 亿元。

审判结果：经过两审，2014 年 10 月 8 日，最高人民法院对奇虎 360 诉腾讯垄断案进行终审宣判：认定腾讯旗下的 QQ 并不具备市场支配地位，驳回奇虎 360 的上诉，维持一审法院判决，并由奇虎 360 公司承担二审案件受理费 79.68 万元。

持续四年之久的“3Q 大战”终于落下帷幕。

第一节　反不正当竞争法

一、竞争法律制度概述

竞争是市场经济的本质特征，市场主体在利益导向的支配下，为追求赢利最大化和资产的积累增值，必然为争夺有利的生产和交换条件而激烈竞争。但市场竞争不能自由放任，竞争必须有序进行，竞争者应该遵守基本规则等理念。这已成为市场经济国家的共识。19 世纪下半叶以来，许多国家都通过各种形式的竞争立法来制止垄断、限制竞争和不正当竞争的行为。我国的竞争法是以《中华人民共和国反不正当竞争法》（1993 年 9 月通过，2017 年 11 月修订，简称《反不正当竞争法》）为核心组成，此外，还包括其他单行法和国务院的一系列规范性文件。

竞争法通常包括以下三个方面：

（1）反垄断法。竞争法中所制止的垄断主要是指占有市场优势地位的企业滥用其优势，消除或削弱竞争的不正当行为；以及少数处于强大地位的经营者以合谋、指定交易等方式限制企业之间的竞争，或多个竞争者之间通过共谋和协议的方式达成相互不竞争的一致行动等限制竞争行为。

（2）反不正当竞争法。不正当竞争行为是经营者在生产经营活动中为了争夺市场竞争优势，违反法律和商业道德，采用各种欺诈、排挤对手等手段破坏竞争，扰乱市场竞争秩序，损害其他经营者或者消费者的合法权益的行为。不正当竞争行为是以非法手段获得竞争优势、谋取不当利益为动机，最终以扰乱市场竞争秩序、侵害其他经营者或消费者的合法权益为结果。

（3）反倾销和反补贴法。倾销是指恶意以低于成本的价格进行销售，企图非法扩大市场占有份额；补贴是指政府以财政力量支持某一企业的产品市场和销售，参与争夺市场份额。倾销和补贴行为实际上是扶持和保护落后、抵制先进，是对社会资源的浪费，也从根本上违背了“优胜劣汰”的市场机制。

竞争法对于规范经济运行、维护市场秩序、保障社会根本利益，有着不可替代的重要作用，因此，竞争法被各国称为“经济宪法”。

二、不正当竞争行为与反不正当竞争法

不正当竞争行为是指经营者在生产经营活动中，违反《反不正当竞争法》的规定，扰乱市场竞争秩序，损害其他经营者或者消费者的合法权益的行为。

不正当竞争行为具有以下三项特征：一是主体的特定性。不正当竞争行为的主体都是在经济活动中参与竞争的经营者，即从事商品生产、经营或者提供服务（以下所称商品包括服务）的自然人、法人和非法人组织。二是不正当竞争行为的违法性。行为人为获得正常情况下得不到的竞争优势，违背诚实信用原则，不惜采用违反法律规定或商业道德的方法作为竞争手段。三是行为后果的社会危害性。不正当竞争行为不仅扰乱市场竞争秩序，而且损害其他经营者或者消费者的合法权益。

反不正当竞争法是调整国家在制止不正当竞争行为过程中发生的市场监管关系的法律规范的总称。反不正当竞争法是国家为了维护市场竞争秩序和大多数人的利益，对市场经营者的竞争行为进行适度干预的制度。反不正当竞争法通过界定不正当竞争行为的表现与特征，明确行为人所应承担的法律责任，规定政府监管机构的职责与权限，来创设公平的竞争环境，制止不正当竞争行为，保护经营者和消费者的合法权益，保障市场经济健康发展。

三、不正当竞争行为及其法律责任

（一）混淆行为

混淆行为是指经营者在市场经营活动中，为了争夺竞争优势，采取假冒、盗用和虚假表示等欺骗手段，擅自使用他人有一定影响的商品的标识、企业名称等，引人误认为是他人商品或者与他人存在特定联系，扰乱市场竞争秩序、损害其他经营者或者消费者合法权益的行为。根据《反不正当竞争法》第 6 条的规定，混淆行为具体有以下几种情形。

1. 擅自使用与他人有一定影响的商品名称、包装、装潢等相同或者近似的标识

《反不正当竞争法》第 6 条第 1 项规定，不得“擅自使用与他人有一定影响的商品名称、包装、装潢等相同或者近似的标识”。“有一定影响的商品名称、包装和装潢”一般理解为包括了“知名商品特有的名称、包装和装潢”。

知名商品是在中国境内具有一定的市场知名度，为相关公众所知悉的商品。法律禁止擅自使用知名商品特有的名称、包装、装潢等标识，或者使用与知名商品特有的名称、包装、装潢等相近似的标识，造成与他人的知名商品相混淆，使购买者误认为是该知名商品的混淆行为。

根据《最高人民法院关于审理不正当竞争民事案件应用法律若干问题的解释》（简称《解释》，2007 年 2 月 1 日起施行）第 1 条第 2 款的规定，在不同地域范围内使用相同或者近似的知名商品特有的名称、包装、装潢，在后使用者能够证明其善意使用的，不构成不正当竞争行为。此外，《解释》第 2 条第 3 款还规定，知名商品特有的名称、包装、装潢中含有本商品的通用名称、图形、型号，或者直接表示商品的质量、主要原料、功能、用

途、重量、数量以及其他特点，或者含有地名，他人因客观叙述商品而正当使用的，也不构成不正当竞争行为。

2. 擅自使用他人有一定影响的企业名称、社会组织名称、姓名

企业名称是指企业登记主管机关依法登记注册的企业名称，以及在中国境内进行商业使用的外国（地区）企业名称。具有一定的市场知名度、为相关公众所知悉的企业名称中的字号、简称等，可以认定为“企业名称”。经营者在生产经营活动中使用的具有一定影响的自然人的笔名、艺名、译名等，可以认定为《反不正当竞争法》第6条第2项规定的“姓名”。

企业名称、商号、字号、简称以及经营者个人的姓名等的专用权，同样是企业和经营者所拥有的合法独占的无形财产，代表了企业的外在形象，也关系到该企业和经营者商誉，是受法律保护的。擅自使用他人有一定影响的企业名称或姓名，导致购买者混淆假冒者和被假冒者的商品或服务或误认为与被假冒者存在特定联系，构成不正当竞争。

3. 擅自使用他人有一定影响的域名主体部分、网站名称、网页等

域名主体部分，有着较强的搜索、访问网站的指引功能，具有商业标识意义上的识别性；网站名称一般出现在网站首页上，起到区别网站的目的。而且网站名称对营销有品牌效应的重要性；网页是构成网站的基本元素，是承载各种网站应用的平台。以上内容的民事权益应当受到法律保护。如果行为人擅自使用他人有一定影响的域名主体部分、网站名称或网页，足以造成相关公众的误认，而行为人对该域名、网站名称或网页不享有权益，也无使用该域名、网站名称、网页的正当理由（如未经授权许可使用），或者是对该域名主体部分、网站名称、网页的注册、使用本身就是具有恶意的，则行为人的混淆行为构成不正当竞争。

4. 其他足以引人误认为是他人商品或者与他人存在特定联系的混淆行为

混淆行为是一种严重危害市场经济秩序的行为，根据我国《反不正当竞争法》的相关规定，经营者实施混淆行为应当承担损害赔偿责任，因不正当竞争行为受到损害的经营者的赔偿数额，按照其因被侵权所受到的实际损失确定；实际损失难以计算的，按照侵权人因侵权所获得的利益确定。赔偿数额还应当包括经营者为制止侵权行为所支付的合理开支。经营者违反《反不正当竞争法》第6条规定的，权利人因被侵权所受到的实际损失、侵权人因侵权所获得的利益难以确定的，由人民法院根据侵权行为的情节判决给予权利人300万元以下的赔偿。

经营者违反《反不正当竞争法》第6条的规定实施混淆行为的，由监督检查部门责令停止违法行为，没收违法商品。违法经营额5万元以上的，可以并处违法经营额5倍以下的罚款；没有违法经营额或者违法经营额不足5万元的，可以并处25万元以下的罚款。情节严重的，吊销营业执照。构成犯罪的，依法追究刑事责任。

（二）商业贿赂行为

商业贿赂行为是指经营者为了销售或购买商品而采用财物或者其他手段贿赂交易相对方（包括单位或者个人）的行为，是经营者通过收买交易相对方获取交易机会和竞争优势的不正当竞争活动。

商业贿赂行为具有以下四个方面的基本特征：

（1）商业贿赂主体一方是行贿人，即不正当经营者及其工作人员。经营者的工作人员

进行贿赂的，应当认定为经营者的行为，但是，经营者有证据证明该工作人员的行为与为经营者谋取交易机会或者竞争优势无关的除外。另一方是受贿人，包括：1）交易相对方的工作人员；2）受交易相对方委托办理相关事务的单位或者个人；3）利用职权或者影响力影响交易的单位或者个人。

（2）商业贿赂行为人主观上以排斥商业竞争为目的，经营者借用贿赂手段促成交易或在交易中排挤同业竞争者，取得竞争优势。买方或卖方都可能进行商业贿赂。

（3）商业贿赂具有违法性。商业贿赂表现为向单位或单位的有关人员提供钱款财物或其他利益，支付与个人收受过程都是通过隐秘的方式进行的，通常采用不入账或伪造会计账册的形式进行掩盖。

（4）商业贿赂违背了诚实信用原则和商业道德，导致商业腐败，损害了其他经营者的合法权益，扰乱了市场竞争秩序。

商业贿赂的主要表现形式是"回扣"。回扣是指经营者销售商品时在账外暗中以现金、实物或者其他方式退给交易相对方的一定比例的商品价款，其核心是"账外暗中"，即未在依法设立的反映其生产经营活动或者行政事业经费收支的财务账上按照财会制度规定明确、如实记载，包括不计账、转入其他财务账或者做伪账等行为。

回扣与折扣、佣金有所区别。折扣也称为让利，是指在商品购销活动中卖方在所成交的价款或数量上以明示的方式给买方一定的比例减让返还以促成交易的一种促销手段，其特点是"明折明扣"。佣金是经营者在市场中给予为其提供服务的中间人的劳务报酬，发生在经营者与中间人之间。佣金收付明示公开，而且佣金收取人必须是有合法经营资格的中介机构。经营者在交易活动中，可以以明示方式向交易相对方支付折扣，或者向中间人支付佣金。经营者向交易相对方支付折扣、向中间人支付佣金的，应当如实入账。接受折扣、佣金的经营者也应当如实入账。

商业贿赂的表现形式还有提供其他利益，包括高消费招待、娱乐、出国或国内旅游观光、住房装修、为对方提供明显可营利的业务项目，以及提供色情服务等非货币、非实物性质的贿赂。

我国《反不正当竞争法》第 19 条规定："经营者违反本法第七条规定贿赂他人的，由监督检查部门没收违法所得，处十万元以上三百万元以下的罚款。情节严重的，吊销营业执照。"此外，构成犯罪的，依法追究刑事责任。

（三）虚假商业宣传行为

虚假商业宣传行为是指行为人为获取市场竞争优势和不正当利益，利用广告或其他形式，对其商品的性能、功能、质量、销售状况、用户评价、曾获荣誉等作虚假或者引人误解的商业宣传，欺骗、误导消费者的行为，或通过组织虚假交易等方式，帮助其他经营者进行虚假或者引人误解的商业宣传的行为。

根据《解释》第 8 条规定，经营者具有下列行为之一，足以造成相关公众误解的，可以认定为《反不正当竞争法》第 8 条第 1 款规定的虚假或引人误解的商业宣传行为：

（1）对商品作片面的宣传或者对比的；

（2）将科学上未定论的观点、现象等当作定论的事实用于商品宣传的；

（3）以歧义性语言或者其他引人误解的方式进行商品宣传的。

如果经营者以明显的夸张方式宣传商品，不足以造成相关公众误解的，不属于引人误解的虚假宣传行为。

虚假商业宣传行为违反诚实信用原则，行为人不劳而获，诚实经营者劳而无功，扭曲了市场竞争，造成市场竞争秩序的混乱。因此，《反不正当竞争法》第20条规定：“经营者违反本法第八条规定对其商品作虚假或者引人误解的商业宣传，或者通过组织虚假交易等方式帮助其他经营者进行虚假或者引人误解的商业宣传的，由监督检查部门责令停止违法行为，处二十万元以上一百万元以下的罚款；情节严重的，处一百万元以上二百万元以下的罚款，可以吊销营业执照。经营者违反本法第八条规定，属于发布虚假广告的，依照《中华人民共和国广告法》的规定处罚。”根据《中华人民共和国广告法》的相关规定，发布虚假广告，应承担相应民事责任、行政责任，构成犯罪的，依法追究刑事责任。

(四) 侵犯商业秘密的行为

商业秘密是指不为公众所知悉、具有商业价值并经权利人采取相应保密措施的技术信息和经营信息。商业秘密包括数据、工艺配方、设计图纸等技术秘密（也叫“专有技术”和“技术诀窍”)，以及客户名单、供销渠道、经营方法等经营秘密。

1. 商业秘密的特征

(1) 秘密性，也称新颖性。商业秘密中的信息不为公众所知悉，公众也不易通过正当途径获得或探明，这就使商业秘密区别于通过技术公开而获得法律保护的专利。根据《解释》第9条第2款的规定，具有下列情形之一的，不具有秘密性：1) 该信息为其所属技术或者经济领域的人的一般常识或者行业惯例；2) 该信息仅涉及产品的尺寸、结构、材料、部件的简单组合等内容，进入市场后相关公众通过观察产品即可直接获得；3) 该信息已经在公开出版物或者其他媒体上公开披露；4) 该信息已通过公开的报告会、展览等方式公开；5) 该信息从其他公开渠道可以获得；6) 该信息无须付出一定的代价而容易获得。

(2) 保密性，也称管理性。商业秘密需要通过权利人采取适当的保密措施，即要求权利人采取合理的保密管理措施进行自我保护。根据《解释》第11条第3款的规定，具有下列情形之一，在正常情况下足以防止涉密信息泄露的，应当认定权利人采取了保密措施：1) 限定涉密信息的知悉范围，只对必须知悉的相关人员告知其内容；2) 对于涉密信息载体采取加锁等防范措施；3) 在涉密信息的载体上标有保密标志；4) 对于涉密信息采用密码或者代码等；5) 签订保密协议；6) 对于涉密的机器、厂房、车间等场所限制来访者或者提出保密要求；7) 确保信息秘密的其他合理措施。

(3) 经济性，也称实用性。根据《解释》第10条的规定，有关信息具有现实的或者潜在的商业价值，能为权利人带来竞争优势的，即具有经济性。

2. 侵害商业秘密行为的表现形式

侵害商业秘密行为的表现形式主要有：

(1) 以盗窃、贿赂、欺诈、胁迫或者其他不正当手段获取权利人的商业秘密；

(2) 披露、使用或者允许他人使用以前项手段获取的权利人的商业秘密；

(3) 违反约定或者违反权利人有关保守商业秘密的要求，披露、使用或者允许他人使用其所掌握的商业秘密；

(4) 第三人明知或者应知商业秘密权利人的员工、前员工或者其他单位、个人实施上述所列违法行为，仍获取、披露、使用或者允许他人使用该商业秘密的，视为侵犯商业秘密。

如果通过自行开发研制或者反向工程等方式获得的商业秘密，不认定为侵犯商业秘密行为。

侵犯商业秘密是对他人正当权利的侵犯，理应受到法律的制裁。《反不正当竞争法》第 21 条规定：经营者违反该法第 9 条规定侵犯商业秘密的，由监督检查部门责令停止违法行为，处 10 万元以上 50 万元以下的罚款；情节严重的，处 50 万元以上 300 万元以下的罚款。根据《中华人民共和国刑法》第 219 条和第 220 条的相关规定，给商业秘密的权利人造成重大损失、构成犯罪的，处 3 年以下有期徒刑或者拘役，并处或者单处罚金；造成特别严重后果的，处 3 年以上 7 年以下有期徒刑，并处罚金；单位侵犯他人商业秘密的，对单位判处罚金，并对其直接负责的主管人员和其他责任人员依照上述规定处罚。

（五）不正当有奖销售行为

有奖销售是指经营者销售商品或提供服务时，以促销为目的，向购买者赠与物品、金钱或者其他经济利益的一种行为。作为一种促销手段，有奖销售在刺激消费欲望、活跃销售市场、促进经济增长方面有一定的作用。然而过度无节制的有奖销售也会违反公平竞争原则，对市场秩序造成危害。

不正当有奖销售的表现形式主要有以下几种：

(1) 有奖销售信息不明确。即所设奖的种类、兑奖条件、奖金金额或者奖品等有奖销售信息不明确，影响兑奖。

(2) 欺骗性有奖销售。即采用谎称有奖或者故意让内定人员中奖的欺骗方式进行有奖销售。

(3) 超过法定限额奖金的有奖销售。根据《反不正当竞争法》第 10 条第 3 项的规定，抽奖式的有奖销售，最高奖的金额不得超过 5 万元。

有奖销售是否违法，主要根据所赠的奖品或奖金是否影响竞争和交易秩序、是否属于竞争法禁止的范围来确定。违反有奖销售法律规定的，要承担民事、行政责任，甚至是刑事责任。我国《反不正当竞争法》第 22 条规定，经营者违反该法第 10 条的规定进行有奖销售的，由监督检查部门责令停止违法行为，处 5 万元以上 50 万元以下的罚款。

（六）诋毁商誉行为

诋毁他人商誉，是指行为人以编造、传播虚假信息或误导性信息的方式，损害竞争对手的商业信誉或商品声誉的行为。商业信誉是经营者的信用、资产、经营能力和经营作风的社会评价，商品声誉是商品的质量、性能、效用等的市场影响，两者都是经营者在社会经济生活中的地位和尊严的体现，与经营者的财产利益密切相关。行为人编造、传播虚假信息或误导性信息贬低对手，必然导致竞争对手的社会评价和信任程度的降低，破坏了对手的竞争能力。这就严重损害了正当经营者的合法权益，也危害了公平竞争的经济秩序。

根据《反不正当竞争法》第 23 条的规定，经营者违反该法第 11 条的规定损害竞争对手商业信誉、商品声誉的，由监督检查部门责令停止违法行为、消除影响，处 10 万元以上 50 万元以下的罚款；情节严重的，处 50 万元以上 300 万元以下的罚款。此外，造成竞争对手损害的还应承担赔偿责任。构成犯罪的，依法追究刑事责任。

（七）妨碍、破坏网络产品或者服务正常运行的行为

随着互联网进入商业应用，利用网络从事生产经营活动已成为企业整体营销战略的一个组成部分，网络营销是企业为实现总体经营目标，以互联网为基本手段营造网上经营环境而进行各种经营的活动，是科技进步、顾客价值变革、市场竞争等综合因素所促成的，是信息化社会的必然产物。

根据我国《反不正当竞争法》第 12 条的规定，经营者利用网络从事生产经营活动，应当遵守该法的各项规定。经营者不得利用技术手段，通过影响用户选择或者其他方式，实施下列妨碍、破坏其他经营者合法提供的网络产品或者服务正常运行的行为：

（1）未经其他经营者同意，在其合法提供的网络产品或者服务中，插入链接、强制进行目标跳转；

（2）误导、欺骗、强迫用户修改、关闭、卸载其他经营者合法提供的网络产品或者服务；

（3）恶意对其他经营者合法提供的网络产品或者服务实施不兼容；

（4）其他妨碍、破坏其他经营者合法提供的网络产品或者服务正常运行的行为。

我国《反不正当竞争法》第 24 条规定，经营者违反该法第 12 条的规定妨碍、破坏其他经营者合法提供的网络产品或者服务正常运行的，由监督检查部门责令停止违法行为，处 10 万元以上 50 万元以下的罚款；情节严重的，处 50 万元以上 300 万元以下的罚款。此外，构成犯罪的，依法追究刑事责任。

第二节　反垄断法

一、反垄断法概述

（一）垄断的概念和分类

垄断是指经营者以独占或有组织的联合行动等方式，凭借经济优势或行政权力，操纵或支配市场，限制和排斥竞争的行为。垄断由自由竞争发展而来，是竞争参与者在取得支配地位后向排斥和限制他人竞争转化而形成的。垄断与市场经济自由公平原则背道而驰，窒息了市场竞争的活力，阻碍了经济持久健康发展。

（1）垄断可根据市场占有的情况，分为独占垄断、寡头垄断和联合垄断。独占垄断也称为完全垄断，是指一家企业对整个行业的生产、销售和价格有完全的排他性的控制能力，在该行业内不存在任何竞争。寡头垄断，是指市场上只有为数不多的企业生产、销售某种特定的产品或者服务，每个企业都占有一定的市场份额，对价格实施了排他性的控制，但它们相互之间又存在一定的竞争。联合垄断，是指多个相互间有竞争关系并有相当经济实力的企业，通过限制竞争协议等的形式，联合控制某一行业市场的状态。

（2）垄断也可根据产生的原因，分为经济性垄断、国家垄断、行政垄断和自然垄断。经济性垄断又称市场垄断，是指市场主体通过自身的力量设置市场障碍而形成的垄断，这是一般的垄断。国家垄断，是指国家出于保护目的，对某一行业市场的生产、销售等进行直接控制，不允许其他市场主体进入该市场领域的情况。行政垄断，是指由政府行政机构违法设置市场障碍而形成的垄断，如在计划经济向市场经济转轨时期，一些地方和部门的保护主义就是典型行政性垄断。自然垄断，是指由于市场的自然条件而产生的独占经营，即某些行业不适合竞争经营，否则将导致社会资源的浪费或市场秩序的混乱，如公用事业。

（二）反垄断法的概念

反垄断法是调整国家在制止市场主体以控制市场为目的的反竞争行为过程中所发生的经济关系的法律规范的总和。

《中华人民共和国反垄断法》（简称《反垄断法》）于2007年8月30日通过，自2008年8月1日起施行。其目的是预防和制止垄断行为，保护市场公平竞争，提高经济运行效率，维护消费者利益和社会公共利益，促进社会主义市场经济健康发展。《反垄断法》所禁止的并不是所有的垄断行为，只是法律规定的特定垄断行为。

（三）《反垄断法》的适用及适用例外

《反垄断法》适用于在我国境内经济活动中的垄断行为及我国境外的对境内市场竞争产生排除、限制影响的垄断行为。

反垄断法的适用例外，是指国家为了适应一定时期政策、利益的需要，保护国民经济的发展，而在反垄断法中保持一定的灵活性，对特定的行业或企业的特定行为规定了例外条款或适用豁免制度。适用除外对于鼓励适当的规模经济、调控国民经济各部门协调发展、维护民族经济利益等都具有重要意义。我国《反垄断法》的适用例外表现在对知识产权的例外和特定生产者的例外。《反垄断法》第55条规定，经营者依照有关知识产权的法律、行政法规规定行使知识产权的行为，不适用该法；但是，经营者滥用知识产权，排除、限制竞争的行为，适用该法。该法第56条还规定，农业生产者及农村经济组织在农产品生产、加工、销售、运输、储存等经营活动中实施的联合或者协同行为，不适用该法。

二、垄断行为及其法律规制

《反垄断法》第3条规定了三种垄断行为，包括：经营者达成垄断协议；经营者滥用市场支配地位；具有或者可能具有排除、限制竞争效果的经营者集中。另外，行政垄断也是一种常见的垄断行为。

（一）垄断协议

1. 垄断协议的概念和特征

垄断协议，就是通常所说的卡特尔，是指经营者达成或者采取的旨在排除、限制竞争的协议、决定或者其他协同行为。

垄断协议的特征表现为：

（1）当事人必须有两个以上，且互相独立，自由经营，在业务上具有竞争关系，是竞争对手。这是垄断协议与滥用市场支配地位的最本质区别。

（2）其垄断方式是协议、决定或者其他协调一致的行为。无论何种方式，都要有“共谋”（Collusion）、“协定”（Agreement）和“联合”（Combination），即通过共谋达成协定联合行动。无意的、偶然的巧合不在此列。

(3) 垄断协议目的是限制竞争。

2. 垄断协议的类型

垄断协议分为横向垄断协议和纵向垄断协议。

(1) 横向垄断协议。即处于同一市场层次的当事人，如制造商与制造商、销售商与销售商之间达成的限制竞争协议。根据《反垄断法》第 13 条的规定，具有竞争关系的经营者达成的下列协议属于横向垄断协议：1) 固定或者变更商品价格；2) 限制商品的生产数量或者销售数量；3) 分割销售市场或者原材料采购市场；4) 限制购买新技术、新设备或者限制开发新技术、新产品；5) 联合抵制交易；6) 国务院反垄断执法机构认定的其他垄断协议。

(2) 纵向垄断协议。即处于不同市场层次的当事人，如制造商、批发商与零售商等上游企业与下游企业之间所达成的排除或限制竞争的协议。根据《反垄断法》第 14 条的规定，经营者与交易相对人达成的下列垄断协议属于纵向垄断协议：1) 固定向第三人转售商品的价格；2) 限定向第三人转售商品的最低价格；3) 国务院反垄断执法机构认定的其他垄断协议。

3. 垄断协议的例外（豁免）

《反垄断法》第 15 条规定，经营者能够证明所达成的协议属于下列情形之一的，不适用该法第 13 条、第 14 条的规定：

(1) 为改进技术、研究开发新产品的；

(2) 为提高产品质量、降低成本、增进效率，统一产品规格、标准或者实行专业化分工的；

(3) 为提高中小经营者经营效率，增强中小经营者竞争力的；

(4) 为实现节约能源、保护环境、救灾救助等社会公共利益的；

(5) 因经济不景气，为缓解销售量严重下降或者生产明显过剩的；

(6) 为保障对外贸易和对外经济合作中的正当利益的；

(7) 法律和国务院规定的其他情形。

属于以上第 (1) 项至第 (5) 项情形，不适用该法第 13 条、第 14 条规定的，经营者还应当证明所达成的协议不会严重限制相关市场的竞争，并且能够使消费者分享由此产生的利益。

4. 垄断协议的法律规制

《反垄断法》对达成并实施垄断协议的行为规定了行政责任、民事责任和刑事责任。该法第 46 条规定：(1) 经营者违反该法规定，达成并实施垄断协议的，由反垄断执法机构责令停止违法行为，没收违法所得，并处上一年度销售额 1%以上 10%以下的罚款；尚未实施所达成的垄断协议的，可以处 50 万元以下的罚款。经营者主动向反垄断执法机构报告达成垄断协议的有关情况并提供重要证据的，反垄断执法机构可以酌情减轻或者免除对该经营者的处罚。(2) 行业协会违反该法规定，组织本行业的经营者达成垄断协议的，反垄断执法机构可以处 50 万元以下的罚款；情节严重的，社会团体登记管理机关可以依法撤销登记。该法第 50 条规定，经营者实施垄断行为，给他人造成损失的，依法承担民事责任。该法第 52 条还规定，对反垄断执法机构依法实施的审查和调查，拒绝提供有关材料、信息，或者提供虚假材料、信息，或者隐匿、销毁、转移证据，或者有其他拒绝、阻碍调查行为的，由反垄断执法机构责令改正，对个人可以处 2 万元以下的罚款，对单位可以处 20 万元以下的罚款；情节严重的，对个人处 2 万元以上 10 万元以下的罚款，对单位处 20 万元以上 100 万元以下的罚款；构成犯罪的，依法追究刑事责任。

（二）滥用市场支配地位

1. 对市场支配地位的界定

市场支配地位，是指经营者在相关市场内具有能够控制商品价格、数量或者其他交易条件，或者能够阻碍、影响其他经营者进入相关市场能力的市场地位。其中，相关市场是指经营者在一定时期内就特定商品或者服务（以下统称商品）进行竞争的商品范围和地域范围；支配地位是指企业因享有某种市场力量而具有的地位，这种力量使其可以自由决定自己的市场策略而无须过多考虑其竞争对手或购买者的反应。

认定经营者具有市场支配地位，应当依据下列因素：

（1）该经营者在相关市场的市场份额，以及相关市场的竞争状况；

（2）该经营者控制销售市场或者原材料采购市场的能力；

（3）该经营者的财力和技术条件；

（4）其他经营者对该经营者在交易上的依赖程度；

（5）其他经营者进入相关市场的难易程度；

（6）与认定该经营者市场支配地位有关的其他因素。

有下列情形之一的，可以推定经营者具有市场支配地位：

（1）一个经营者在相关市场的市场份额达到 1/2 的；

（2）两个经营者在相关市场的市场份额合计达到 2/3 的；

（3）三个经营者在相关市场的市场份额合计达到 3/4 的。

有第（2）项、第（3）项规定的情形，其中有的经营者市场份额不足 1/10 的，不应当推定该经营者具有市场支配地位。被推定具有市场支配地位的经营者，有证据证明不具有市场支配地位的，不应当认定其具有市场支配地位。

2. 对滥用市场支配地位行为的确认

滥用行为，简言之，就是具有市场支配地位的企业不正当地利用自身优势，并实质性地限制或排除竞争，损害消费者利益的行为。

滥用市场支配地位的行为通常表现为：

（1）以不公平的高价销售商品或者以不公平的低价购买商品；

（2）没有正当理由，以低于成本的价格销售商品；

（3）没有正当理由，拒绝与交易相对人进行交易；

（4）没有正当理由，限定交易相对人只能与其进行交易或者只能与其指定的经营者进行交易；

（5）没有正当理由搭售商品，或者在交易时附加其他不合理的交易条件；

（6）没有正当理由，对条件相同的交易相对人在交易价格等交易条件上实行差别待遇；

（7）国务院反垄断执法机构认定的其他滥用市场支配地位的行为。

3. 我国对滥用市场支配地位行为的法律规制

经营者滥用市场支配地位的，依据《反垄断法》第 47 条、第 50 条、第 52 条的相关规定，须依法承担行政责任、民事责任或刑事责任。

（三）经营者集中

1. 经营者集中的概念和表现形式

经营者集中，是指经营者合并，或通过取得其他经营者的股权、资产，或通过合同等方式取得对其他经营者的控制权，或者能够对其他经营者施加决定性影响的情形。

《反垄断法》第 20 条规定了经营者集中的三种情形：（1）经营者合并；（2）经营者通过取得股权或者资产的方式取得对其他经营者的控制权；（3）经营者通过合同等方式取得对其他经营者的控制权或者能够对其他经营者施加决定性影响。

2. 经营者集中的法律控制程序

《反垄断法》对经营者集中的控制所采取的主要手段是对经营者集中实行事先申报制度，并由反垄断执法机构进行审查，决定是否允许经营者实施集中。

（1）经营者申报。

经营者集中达到国务院规定的申报标准的，经营者应当事先向国务院反垄断执法机构申报，未申报的不得实施集中。经营者向国务院反垄断执法机构申报集中，应当提交下列文件、资料：1）申报书（申报书应当载明参与集中的经营者的名称、住所、经营范围、预定实施集中的日期和国务院反垄断执法机构规定的其他事项）；2）集中对相关市场竞争状况影响的说明；3）集中协议；4）参与集中的经营者经会计师事务所审计的上一会计年度财务会计报告；5）国务院反垄断执法机构规定的其他文件、资料。经营者提交的文件、资料不完备的，应当在国务院反垄断执法机构规定的期限内补交文件、资料。经营者逾期未补交文件、资料的，视为未申报。

但是，经营者集中有下列情形之一的，可以不向国务院反垄断执法机构申报：1）参与集中的一个经营者拥有其他每个经营者 50%以上有表决权的股份或者资产的；2）参与集中的每个经营者 50%以上有表决权的股份或者资产被同一个未参与集中的经营者拥有的。

（2）反垄断执法机构的审查、决定。

1）初步审查。国务院反垄断执法机构应当自收到经营者提交的符合法定的文件、资料之日起 30 日内，对申报的经营者集中进行初步审查，作出是否实施进一步审查的决定，并书面通知经营者。国务院反垄断执法机构作出决定前，经营者不得实施集中。国务院反垄断执法机构作出不实施进一步审查的决定或者逾期未作出决定的，经营者可以实施集中。

2）进一步审查及审查期限。国务院反垄断执法机构决定实施进一步审查的，应当自决定之日起 90 日内审查完毕，作出是否禁止经营者集中的决定，并书面通知经营者。作出禁止经营者集中的决定，应当说明理由。审查期间，经营者不得实施集中。有下列情形之一的，国务院反垄断执法机构经书面通知经营者，可以延长前述规定的审查期限，但最长不得超过 60 日：a. 经营者同意延长审查期限的；b. 经营者提交的文件、资料不准确，需要进一步核实的；c. 经营者申报后有关情况发生重大变化的。国务院反垄断执法机构逾期未作出决定的，经营者可以实施集中。

（3）审查内容。

审查经营者集中，应当考虑下列因素：1）参与集中的经营者在相关市场的市场份额及其对市场的控制力；2）相关市场的市场集中度；3）经营者集中对市场进入、技术进步的影响；4）经营者集中对消费者和其他有关经营者的影响；5）经营者集中对国民经济发展的影响；6）国务院反垄断执法机构认为应当考虑的影响市场竞争的其他因素。

（4）审查标准及决定。

经营者集中具有或者可能具有排除、限制竞争效果的，国务院反垄断执法机构应当作出禁止经营者集中的决定。但是，经营者能够证明该集中对竞争产生的有利影响明显大于不利影响，或者符合社会公共利益的，国务院反垄断执法机构可以作出对经营者集中不予禁止的决定。对不予禁止的经营者集中，国务院反垄断执法机构可以决定附加减少集中对竞争产生不利影响的限制性条件。国务院反垄断执法机构应当将禁止经营者集中的决定或者对经营者集中附加限制性条件的决定，及时向社会公布。对外资并购境内企业或者以其他方式参与经营者集中，涉及国家安全的，除依照《反垄断法》的规定进行经营者集中审查外，还应当按照国家有关规定进行国家安全审查。

3. 经营者集中的例外

由于经营者集中的结果具有两面性，一方面有利于形成规模经济，提高经营者的竞争力，另一方面又可能产生或者加强市场支配地位，对市场竞争产生不利影响，因此，《反垄断法》对经营者集中实行必要的控制，在禁止过于集中而影响市场竞争的行为同时，又规定了经营者集中的豁免。《反垄断法》第 28 条规定：经营者集中具有或者可能具有排除、限制竞争效果的，国务院反垄断执法机构应当作出禁止经营者集中的决定。但是，经营者能够证明该集中对竞争产生的有利影响明显大于不利影响，或者符合社会公共利益的，国务院反垄断执法机构可以作出对经营者集中不予禁止的决定。

4. 经营者集中的法律规制

经营者违反《反垄断法》的规定，实施集中的，根据该法第 48 条、第 49 条、第 52 条的规定，承担相应的民事责任、行政责任或刑事责任。

（四）行政垄断行为

行政垄断或称行政性垄断，是行政机关和法律、法规授权的具有管理公共事务职能的组织滥用行政权力，排除、限制竞争的行为。行政垄断是政府违背市场规律及行政规范，参与市场竞争、干涉市场主体行为、分享市场资源、破坏经济自由的不正常状况。

行政垄断具有明显的危害：损害市场主体的合法权益，保护落后，削弱企业竞争能力；阻碍了政府职能的转变，助长腐败；破坏社会主义市场经济运行机制。因此，《反垄断法》明确规定，行政机关和法律、法规授权的具有管理公共事务职能的组织不得滥用行政权力，排除、限制竞争。

我国《反垄断法》所禁止的行政垄断具有以下几种：

（1）滥用行政权力，限定或者变相限定单位或者个人经营、购买、使用其指定的经营者提供的商品。

（2）滥用行政权力，实施下列行为，妨碍商品在地区之间的自由流通：1）对外地商品设定歧视性收费项目、实行歧视性收费标准，或者规定歧视性价格；2）对外地商品规定与本地同类商品不同的技术要求、检验标准，或者对外地商品采取重复检验、重复认证等歧视性技术措施，限制外地商品进入本地市场；3）采取专门针对外地商品的行政许可，限制外地商品进入本地市场；4）设置关卡或者采取其他手段，阻碍外地商品进入或者本地商品运出；5）妨碍商品在地区之间自由流通的其他行为。

（3）滥用行政权力，以设定歧视性资质要求、评审标准或者不依法发布信息等方式，排斥或者限制外地经营者参加本地的招标投标活动。

（4）滥用行政权力，采取与本地经营者不平等待遇等方式，排斥或者限制外地经营者在本地投资或者设立分支机构。

（5）滥用行政权力，强制经营者从事《反垄断法》规定的垄断行为。

（6）滥用行政权力，制定含有排除、限制竞争内容的规定。

三、反垄断的机构及对涉嫌垄断行为的调查

（一）反垄断的机构及职责

国务院设立反垄断委员会，负责组织、协调、指导反垄断工作；国务院规定的承担反垄断执法职责的机构（以下统称国务院反垄断执法机构）依照《反垄断法》的规定，负责反垄断执法工作。国务院反垄断执法机构根据工作需要，可以授权省、自治区、直辖市人民政府相应的机构，依照《反垄断法》的规定负责有关反垄断执法工作。

国务院反垄断委员会履行下列职责：

（1）研究拟订有关竞争政策；

（2）组织调查、评估市场总体竞争状况，发布评估报告；

（3）制定、发布反垄断指南；

（4）协调反垄断行政执法工作；

（5）国务院规定的其他职责。

（二）对涉嫌垄断行为的调查

对涉嫌垄断行为，任何单位和个人有权向反垄断执法机构举报。反垄断执法机构应当为举报人保密。举报采用书面形式并提供相关事实和证据的，反垄断执法机构应当进行必要的调查。

1. 调查措施

反垄断执法机构调查涉嫌垄断行为，可以采取的措施有：

（1）进入被调查的经营者的营业场所或者其他有关场所进行检查；

（2）询问被调查的经营者、利害关系人或者其他有关单位或者个人，要求其说明有关情况；

（3）查阅、复制被调查的经营者、利害关系人或者其他有关单位或者个人的有关单证、协议、会计账簿、业务函电、电子数据等文件、资料；

（4）查封、扣押相关证据；

（5）查询经营者的银行账户。

采取上述规定的措施，应当向反垄断执法机构主要负责人书面报告，并经批准。

2. 调查程序

（1）反垄断执法机构调查涉嫌垄断行为，执法人员不得少于 2 人，并应当出示执法证件。

（2）执法人员进行询问和调查，应当制作笔录，并由被询问人或者被调查人签字。

（3）反垄断执法机构及其工作人员对执法过程中知悉的商业秘密负有保密义务。

3. 被调查者及利害关系人的权利和义务

被调查的经营者、利害关系人或者其他有关单位或者个人应当配合反垄断执法机构依法履行职责，不得拒绝、阻碍反垄断执法机构的调查。

被调查的经营者、利害关系人有权陈述意见。反垄断执法机构应当对被调查的经营者、利害关系人提出的事实、理由和证据进行核实。

4. 调查处理决定

反垄断执法机构对涉嫌垄断行为调查核实后，认为构成垄断行为的，应当依法作出处理决定，并可以向社会公布。

对反垄断执法机构调查的涉嫌垄断行为，被调查的经营者承诺在反垄断执法机构认可的期限内采取具体措施消除该行为后果的，反垄断执法机构可以决定中止调查。中止调查的决定应当载明被调查的经营者承诺的具体内容。

反垄断执法机构决定中止调查的，应当对经营者履行承诺的情况进行监督。经营者履行承诺的，反垄断执法机构可以决定终止调查。

有下列情形之一的，反垄断执法机构应当恢复调查：

（1）经营者未履行承诺的；

（2）作出中止调查决定所依据的事实发生重大变化的；

（3）中止调查的决定是基于经营者提供的不完整或者不真实的信息作出的。

第三节　消费者权益保护法

一、消费者权益保护法的概念

消费者权益保护法是调整在保护消费者权益的过程中发生的经济关系的法律规范的总称。消费者权益保护法的最重要的主体是消费者。消费者是为了满足个人或家庭生活消费的需要而购买、使用商品或者接受服务的人。消费者权益保护法保护的核心是消费者权益。在经济法体系中，消费者权益保护法是市场秩序法的重要组成部分，它与竞争法存在着十分密切的关系。

消费者权益保护法的立法体例从世界各国来看可以分为两大类：一类是专门立法，另一类是在其他的立法中加入有关消费者保护方面的法律规范。我国在立法上实行专门立法的体例。《中华人民共和国消费者权益保护法》（简称《消费者权益保护法》）是我国第一部保护消费者权益的专门法律，也是我国消费者保护立法的核心法、骨干法。

各国立法通例是，消费者权益保护法应当包括三大原则：一是尊重和保障人权原则；二是保障社会经济秩序原则；三是依法进行交易的原则。

我国《消费者权益保护法》为维护社会经济秩序、促进社会主义市场经济的健康发展，规定了消费者权益保护法的四项原则：

（1）经营者应当依法提供商品或者服务的原则；

（2）经营者与消费者进行交易应当遵循自愿、平等、公平、诚实信用的原则；

（3）国家保护消费者的合法权益不受侵犯的原则；

（4）一切组织和个人对损害消费者合法权益的行为进行社会监督的原则。

总之，消费者权益保护的立法，需要站在经济、社会的总体立场上，从人权、经济与社会秩序的高度，切实使消费者的权益得到应有的保护。

二、消费者的权利和经营者的义务

消费者的权利和经营者的义务是一个问题的两个方面，是辩证的统一。要有效地保护消费者的权利，就必须使经营者能够全面地履行其相应的义务，而经营者义务的履行对于确保消费者权利的实现具有重要的作用。我国《消费者权益保护法》规定了消费者权利和经营者义务总体适用范围：消费者为生活需要购买、使用商品或者接受服务，其权益受该法保护；经营者为消费者提供其生产、销售的商品或者提供服务，应当遵守该法；对于上述具体情况该法未作规定的，应当适用其他有关法律、法规的规定。另外，农民购买、使用直接用于农业生产的生产资料，应参照该法执行。

（一）消费者的具体权利

（1）保障安全权。保障安全权是消费者在购买、使用商品和接受服务时所享有的保障其人身、财产安全不受侵害的权利。消费者依法有权要求经营者提供的商品和服务必须符合保障人身、财产安全的要求。

（2）知悉真情权。知悉真情权，或称知情权、了解权、获取信息权，是消费者享有的知悉其购买、使用的商品或者接受的服务的真实情况的权利。消费者有权根据商品或者服务的不同情况，要求经营者提供商品的价格、产地、生产者、用途、性能、规格、等级、主要成分、生产日期、有效期限、检验合格证明、使用方法说明书、售后服务，或者服务的内容、规格、费用等有关情况。

（3）自主选择权。自主选择权是指消费者享有的自主选择商品或者服务的权利。消费者有权自主选择提供商品或者服务的经营者，自主选择商品品种或者服务方式，自主决定购买或者不购买任何一种商品、接受或者不接受任何一项服务。消费者在自主选择商品或者服务时，有权进行比较、鉴别和挑选。

（4）公平交易权。消费者享有公平交易的权利，是指消费者在购买商品或者接受服务时所享有的获得质量保障和价格合理、计量正确等公平交易条件的权利。消费者有权拒绝经营者的强制交易行为。

（5）依法求偿权。依法求偿权是指消费者在因购买、使用商品或者接受服务而受到人身、财产损害时，享有依法获得赔偿的权利。

（6）依法结社权。依法结社权，是指消费者享有的依法成立维护自身合法权益的社会组织的权利。

（7）接受教育权。接受教育权，也叫获取知识权，是从知悉真情权中引申出来的一种消费者权利，它是消费者所享有的获得有关消费和消费者权益保护方面的知识的权利。消费者应当努力掌握所需商品或者服务的知识和使用技能，正确使用商品，提高自我保护意识。

（8）获得尊重权。获得尊重权是指消费者在购买、使用商品和接受服务时，享有人格尊严、民族风俗习惯得到尊重的权利，享有个人信息依法得到保护的权利。

（9）监督批评权。监督批评权是指消费者享有对商品和服务以及保护消费者权益工作进行监督的权利。我国消费者依法有权检举、控告侵害消费者权益的行为和国家机关及其工作人员在保护消费者权益工作中的违法失职行为，有权对保护消费者权益工作提出批评、建议。

（二）经营者的具体义务

（1）依法定或约定履行义务。经营者向消费者提供商品或服务，应当依照《消费者权益保护法》和其他有关法律、法规的规定履行义务。经营者和消费者有约定的，应当按照约定履行义务，但双方的约定不得违背法律、法规的规定。经营者向消费者提供商品或者服务，应当恪守社会公德，诚信经营，保障消费者的合法权益；不得设定不公平、不合理的交易条件，不得强制交易。

（2）听取意见和接受监督。经营者应当听取消费者对其提供的商品或者服务的意见，接受消费者的监督。

（3）保障人身和财产安全。经营者应当保证其提供的商品或者服务符合保障人身、财产安全的要求。对可能危及人身、财产安全的商品和服务，应当向消费者做出真实的说明和明确的警示，并说明和标明正确使用商品或者接受服务的方法以及防止危害发生的方法。宾馆、商场、餐馆、银行、机场、车站、港口、影剧院等经营场所的经营者，应当对消费者尽到安全保障义务。

（4）报告和告知义务。经营者发现其提供的商品或者服务存在缺陷，有危及人身、财产安全危险的，应当立即向有关行政部门报告和告知消费者，并采取停止销售、警示、召回、无害化处理、销毁、停止生产或者服务等措施。采取召回措施的，经营者应当承担消费者因商品被召回而支出的必要费用。

（5）不作虚假宣传。经营者向消费者提供有关商品或者服务的质量、性能、用途、有效期限等信息，应当真实、全面，不得作虚假或者引人误解的宣传。经营者对消费者就其提供的商品或者服务的质量和使用方法等问题提出的询问，应当作出真实、明确的答复。经营者提供商品或者服务应当明码标价。

（6）标明真实名称和标记。经营者应当标明其真实名称和标记。租赁他人柜台或者场地的经营者，应当标明其真实名称和标记。

（7）出具相应的凭证和单据。经营者提供商品或者服务，应当按照国家有关规定或者商业惯例向消费者出具发票等购货凭证或者服务单据；消费者索要购货凭证或者服务单据的，经营者必须出具。

（8）提供符合要求的商品和服务。经营者应当保证在正常使用商品或者接受服务的情况下其提供的商品或者服务应当具有的质量、性能、用途和有效期限；但消费者在购买该商品或者接受该服务前已经知道其存在瑕疵，且存在该瑕疵不违反法律强制性规定的除外。经营者以广告、产品说明、实物样品或者其他方式表明商品或者服务的质量状况的，应当保证其提供的商品或者服务的实际质量与表明的质量状况相符。经营者提供的机动车、计算机、电视机、电冰箱、空调、洗衣机等耐用商品或者装饰装修等服务，消费者自接受商品或者服务之日起6个月内发现瑕疵，发生争议的，由经营者承担有关瑕疵的举证责任。

（9）履行退货、更换、修理等义务。经营者提供的商品或者服务不符合质量要求的，消费者可以依照国家规定、当事人约定退货，或者要求经营者履行更换、修理等义务。没有国家规定和当事人约定的，消费者可以自收到商品之日起7日内退货；7日后符合法定解除合同条件的，消费者可以及时退货，不符合法定解除合同条件的，可以要求经营者履行更换、修理等义务。依照前述规定进行退货、更换、修理的，经营者应当承担运输等必要费用。

（10）接受7日内无理由的退货。经营者采用网络、电视、电话、邮购等方式销售商品，消费者有权自收到商品之日起7日内退货，且无须说明理由，但下列商品除外：1）消费者定做的；2）鲜活易腐的；3）在线下载或者消费者拆封的音像制品、计算机软件等数字化商品；4）交付的报纸、期刊。除前述所列商品外，其他根据商品性质并经消费者在购买时确认不宜退货的商品，不适用无理由退货。消费者退货的商品应当完好。经营者应当自收到退回商品之日起7日内返还消费者支付的商品价款。退回商品的运费由消费者承担；经营者和消费者另有约定的，按照约定。

（11）提请注意和说明的义务，不得从事不公平、不合理的交易。经营者在经营活动中使用格式条款的，应当以显著方式提请消费者注意商品或者服务的数量和质量、价款或者费用、履行期限和方式、安全注意事项和风险警示、售后服务、民事责任等与消费者有重大利害关系的内容，并按照消费者的要求予以说明。经营者不得以格式条款、通知、声明、店堂告示等方式，作出排除或者限制消费者权利、减轻或者免除经营者责任、加重消费者责任等对消费者不公平、不合理的规定，不得利用格式条款并借助技术手段强制交易。格式条款、通知、声明、店堂告示等含有前述所列内容的，其内容无效。

（12）不得侵犯消费者的人身权。消费者的人身自由、人格尊严不受侵犯。经营者不得对消费者进行侮辱、诽谤，不得搜查消费者的身体及其携带的物品，不得侵犯消费者的人身自由。

（13）提供相关信息。采用网络、电视、电话、邮购等方式提供商品或者服务的经营者，以及提供证券、保险、银行等金融服务的经营者，应当向消费者提供经营地址、联系方式、商品或者服务的数量和质量、价款或者费用、履行期限和方式、安全注意事项和风险警示、售后服务、民事责任等信息。

（14）不得违法收集、使用消费者个人信息。经营者收集、使用消费者个人信息，应当遵循合法、正当、必要的原则，明示收集、使用信息的目的、方式和范围，并经消费者同意。经营者收集、使用消费者个人信息，应当公开其收集、使用规则，不得违反法律、法规的规定和双方的约定收集、使用信息。经营者及其工作人员对收集的消费者个人信息必须严格保密，不得泄露、出售或者非法向他人提供。

三、国家与社会对消费者权益的保护

（一）国家保护

依照我国《消费者权益保护法》第四章的规定，国家对消费者权益的保护主要体现在三个方面。

1. 立法保护

国家在制定有关消费者权益保护的法律、法规规章和强制性标准时，应当听取消费者和消费者协会等组织的意见。

2. 行政保护

各级人民政府应当加强领导，组织、协调、督促有关行政部门做好保护消费者合法权益的工作，落实保护消费者合法权益的职责。各级人民政府应当加强监督，预防危害消费者人身、财产安全行为的发生，及时制止危害消费者人身、财产安全的行为。

各级人民政府工商行政管理部门和其他有关行政部门应当依照法律、法规的规定，在各自的职责范围内，采取措施，保护消费者的合法权益。有关行政部门应当听取消费者和消费者协会等组织对经营者交易行为、商品和服务质量问题的意见，及时调查处理。

有关行政部门在各自的职责范围内，应当定期或者不定期对经营者提供的商品和服务进行抽查检验，并及时向社会公布抽查检验结果。有关行政部门发现并认定经营者提供的商品或者服务存在缺陷，有危及人身、财产安全危险的，应当立即责令经营者采取停止销售、警示、召回、无害化处理、销毁、停止生产或者服务等措施。

3. 司法保护

有关国家机关应当依照法律、法规的规定，惩处经营者在提供商品和服务中侵害消费者合法权益的违法犯罪行为。人民法院应当采取措施，方便消费者提起诉讼，对符合《中华人民共和国民事诉讼法》起诉条件的消费者权益争议，必须受理，及时审理。

（二）社会保护

保护消费者权益是全社会的共同责任，国家鼓励、支持一切组织和个人对损害消费者合法权益的行为进行社会监督。国际国内消费者组织的出现和发展有力地促进了消费者权益的社会保护。我国《消费者权益保护法》第五章专门对消费者组织作了明文规定。消费者组织不得从事商品经营和营利性服务，不得以牟利为目的，向社会推荐商品和服务。消费者协会（俗称“消协”）和其他消费者组织是依法成立的对商品和服务进行社会监督的保护消费者合法权益的社会组织。

消费者协会履行下列公益性职责：

（1）向消费者提供消费信息和咨询服务，提高消费者维护自身合法权益的能力，引导文明、健康、节约资源和保护环境的消费方式；

（2）参与制定有关消费者权益的法律、法规、规章和强制性标准；

（3）参与有关行政部门对商品和服务的监督、检查；

（4）就有关消费者合法权益的问题，向有关部门反映、查询，提出建议；

（5）受理消费者的投诉，并对投诉事项进行调查、调解；

（6）投诉事项涉及商品和服务质量问题的，可以委托具备资格的鉴定人鉴定，鉴定人应当告知鉴定意见；

（7）就损害消费者合法权益的行为，支持受损害的消费者提起诉讼或者依照《消费者权益保护法》提起诉讼；

（8）对损害消费者合法权益的行为，通过大众传播媒介予以揭露、批评。

四、争议的解决与法律责任

（一）消费者权益争议的解决途径

消费者权益争议，是指在消费领域中消费者与经营者之间因权利义务关系而产生的矛盾纠纷。我国《消费者权益保护法》第39条规定，消费者权益争议解决的途径有下列五种：

（1）与经营者协商和解；

（2）请求消费者协会或者依法成立的其他调解组织调解；

（3）向有关行政部门申诉；

（4）根据与经营者达成的仲裁协议提请仲裁机构仲裁；

（5）向人民法院提起诉讼。

（二）责任主体的确定

为了解决消费者权益争议，应依法确定最终承担损害赔偿责任的主体：

（1）消费者在购买、使用商品时，其合法权益受到损害的，可以向销售者要求赔偿。销售者赔偿后，属于生产者的责任或者属于向销售者提供商品的其他销售者的责任的，销售者有权向生产者或其他销售者追偿。

（2）消费者或者其他受害人因商品缺陷造成人身、财产损害的，可以向销售者要求赔偿，也可以向生产者要求赔偿。属于生产者责任的，销售者赔偿后，有权向生产者追偿。属于销售者责任的，生产者赔偿后，有权向销售者追偿。

（3）消费者在接受服务时，其合法权益受到损害的，可以向服务者要求赔偿。

（4）消费者在购买、使用商品或者接受服务时，其合法权益受到损害，因原企业分立、合并的，可以向变更后承受其权利和义务的企业要求赔偿。

（5）使用他人营业执照的违法经营者提供商品或者服务，损害消费者合法权益的，消费者可以向其要求赔偿，也可以向营业执照的持有人要求赔偿。

（6）消费者在展销会、租赁柜台购买商品或者接受服务，其合法权益受到损害的，可以向销售者或者服务者要求赔偿。展销会结束或者柜台租赁期满后，也可以向展销会的举办者、柜台的出租者要求赔偿。展销会的举办者、柜台的出租者赔偿后，有权向销售者或者服务者追偿。

（7）消费者通过网络交易平台购买商品或者接受服务，其合法权益受到损害的，可以向销售者或者服务者要求赔偿。网络交易平台提供者不能提供销售者或者服务者的真实名称、地址和有效联系方式的，消费者也可以向网络交易平台提供者要求赔偿；网络交易平台提供者作出更有利于消费者的承诺的，应当履行承诺。网络交易平台提供者赔偿后，有权向销售者或者服务者追偿。网络交易平台提供者明知或者应知销售者或者服务者利用其平台侵害消费者合法权益，未采取必要措施的，依法与该销售者或者服务者承担连带责任。

（8）消费者因经营者利用虚假广告或者其他虚假宣传方式提供商品或者服务，其合法权益受到损害的，可以向经营者要求赔偿。广告经营者、发布者发布虚假广告的，消费者可以请求行政主管部门予以惩处。广告经营者、发布者不能提供经营者的真实名称、地址和有效联系方式的，应当承担赔偿责任。

（三）法律责任

1. 民事责任

（1）侵害人身权利的民事责任。经营者提供商品或者服务，造成消费者或者其他受害人人身伤害的，应当赔偿医疗费、护理费、交通费等为治疗和康复支出的合理费用，以及因误工减少的收入。造成残疾的，还应当赔偿残疾生活辅助具费和残疾赔偿金。造成死亡的，还应当赔偿丧葬费和死亡赔偿金。经营者侵害消费者的人格尊严、侵犯消费者人身自由或者侵害消费者个人信息依法得到保护的权利的，应当停止侵害、恢复名誉、消除影响、赔礼道歉，并赔偿损失。经营者有侮辱诽谤、搜查身体、侵犯人身自由等侵害消费者或者其他受害人人身权益的行为，造成严重精神损害的，受害人可以要求精神损害赔偿。经营者明知商品或者服务存在缺陷，仍然向消费者提供，造成消费者或者其他受害人死亡或者健康严重损害的，受害人有权要求经营者依照《消费者权益保护法》第 49 条、第 51 条等规定赔偿损失，并有权要求所受损失 2 倍以下的惩罚性赔偿。

（2）侵犯财产权的民事责任。经营者提供商品或者服务，造成消费者财产损害的，应当依照法律规定或者当事人约定承担修理、重作、更换、退货、补足商品数量、退还货款和服务费用或者赔偿损失等民事责任。经营者以预收款方式提供商品或者服务的，应当按照约定提供。未按照约定提供的，应当按照消费者的要求履行约定或者退回预付款；并应当承担预付款的利息、消费者必须支付的合理费用。依法经有关行政部门认定为不合格的商品，消费者要求退货的，经营者应当负责退货。

（3）依照其他法律、法规承担民事责任的情形。经营者提供商品或者服务有下列情形之一的，除《消费者权益保护法》另有规定外，应当依照其他有关法律、法规的规定，承担民事责任：1）商品或者服务存在缺陷的；2）不具备商品应当具备的使用性能而出售时未作说明的；3）不符合在商品或者其包装上注明采用的商品标准的；4）不符合商品说明、实物样品等方式表明的质量状况的；5）生产国家明令淘汰的商品或者销售失效、变质的商品的；6）销售的商品数量不足的；7）服务的内容和费用违反约定的；8）对消费者提出的修理、重作、更换、退货、补足商品数量、退还货款和服务费用或者赔偿损失的要求，故意拖延或者无理拒绝的；9）法律、法规规定的其他损害消费者权益的情形。

2. 行政责任

我国《消费者权益保护法》第 56 条规定，经营者有下列情形之一，除承担相应的民事责任外，其他有关法律、法规对处罚机关和处罚方式有规定的，依照法律、法规的规定执行；法律、法规未作规定的，由工商行政管理部门或者其他有关行政部门责令改正，可以根据情节单处或者并处警告、没收违法所得、处以违法所得 1 倍以上 10 倍以下的罚款，没有违法所得的，处以 50 万元以下的罚款；情节严重的，责令停业整顿、吊销营业执照：

（1）提供的商品或者服务不符合保障人身、财产安全要求的；

（2）在商品中掺杂、掺假，以假充真，以次充好，或者以不合格商品冒充合格商品的；

（3）生产国家明令淘汰的商品或者销售失效、变质的商品的；

（4）伪造商品的产地，伪造或者冒用他人的厂名、厂址，篡改生产日期，伪造或者冒用认证标志等质量标志的；

（5）销售的商品应当检验、检疫而未检验、检疫或者伪造检验、检疫结果的；

（6）对商品或者服务作虚假或者引人误解的宣传的；

（7）拒绝或者拖延有关行政部门责令对缺陷商品或者服务采取停止销售、警示、召回、无害化处理、销毁、停止生产或者服务等措施的；

（8）对消费者提出的修理、重作、更换、退货、补足商品数量、退还货款和服务费用或者赔偿损失的要求，故意拖延或者无理拒绝的；

（9）侵害消费者人格尊严、侵犯消费者人身自由或者侵害消费者个人信息依法得到保护的权利的；

（10）法律、法规规定的对损害消费者权益应当予以处罚的其他情形。

3. 刑事责任

（1）经营者提供商品或者服务，侵害消费者合法权益，构成犯罪的，依法追究刑事责任。

（2）以暴力、威胁等方法阻碍有关行政部门工作人员依法执行职务的，依法追究刑事责任；拒绝、阻碍有关行政部门工作人员依法执行职务，未使用暴力、威胁方法的，由公安机关依照《中华人民共和国治安管理处罚法》的规定处罚。

（3）国家机关工作人员玩忽职守或者包庇经营者侵害消费者合法权益的行为，由其所在单位或者上级机关给予行政处分；情节严重，构成犯罪的，依法追究刑事责任。

第四节　产品质量法

一、产品质量法的概念

产品质量法是调整产品质量关系的法律。在我国，产品质量法是指调整在生产、流通以及监督管理过程中，因产品质量而发生的各种经济关系的法律规范的总称。产品质量是指国家有关法律法规、质量标准以及合同约定的对产品适用、安全和其他特性的要求。

《中华人民共和国产品质量法》（1993 年颁布，2000 年、2009 年修正，简称《产品质量法》）第 2 条规定："本法所称产品是指经过加工、制作，用于销售的产品。"也就是说，《产品质量法》只适用于生产、流通的产品，即各种动产，而不包括不动产。在中华人民共和国境内从事产品的生产、销售活动，包括销售进口商品，必须遵守《产品质量法》。《产品质量法》的适用主体是生产者、销售者和消费者（用户）以及监督管理机构。

二、产品质量监督管理制度

《产品质量法》第 8 条第 1 款规定："国务院产品质量监督部门主管全国产品质量监督工作。"第 2 款规定："县级以上地方产品质量监督部门主管本行政区域内的产品质量监督工作。县级以上地方人民政府有关部门在各自的职责范围内负责产品质量监督工作。"根据这一规定，国务院和县级以上地方人民政府现在均设立了质量技术监督部门。国家质量监督检验检疫总局领导全国产品质量技术监督业务工作，是宏观上的、政策性的、指导性的和组织协调性的。地方质量技术监督局具体负责在本行政区域内产品质量监督管理工作，其中包括依法查处生产、销售伪劣商品等质量违法行为。

产品质量监督的各项具体制度包括：

（1）产品质量检验制度。产品质量应当检验合格，不得以不合格产品冒充合格产品。

（2）产品质量标准制度。可能危及人体健康和人身、财产安全的工业产品，必须符合保障人体健康和人身、财产安全的国家标准、行业标准；未制定国家标准、行业标准的，必须符合保障人体健康和人身、财产安全的要求。国家对少量的直接涉及人身安全、健康的产品发放生产许可证。

（3）企业质量体系认证制度。企业质量体系认证是指通过国务院产品质量监督部门认可的或者国务院产品质量监督部门授权的部门认可的认证机构的独立评审，对于经认证合格的，由认证机构颁发企业质量体系认证证书，从而证明该企业的质量体系达到相应的标准。国家根据国际通用的质量管理标准，推行企业质量体系认证制度。企业可以自愿提出申请认证。

（4）产品质量认证制度。产品质量认证是指通过国务院产品质量监督部门认可的或者国务院产品质量监督部门授权的部门认可的认证机构的独立评审，对于经认证合格的，由认证机构颁发产品质量认证证书并准许企业在产品或者其包装上使用产品质量认证标志，从而证明某一产品达到相应标准。

（5）产品质量监督检查制度。国家对产品质量实行以抽查为主要方式的监督检查制度。对依法进行的产品质量监督检查，生产者、销售者不得拒绝。拒绝接受依法进行的产品质量监督检查的，给予警告，责令改正；拒不改正的，责令停业整顿；情节特别严重的，吊销营业执照。依照《产品质量法》的规定进行监督抽查的产品质量不合格的，由实施监督抽查的产品质量监督部门责令其生产者、销售者限期改正。逾期不改正的，由省级以上人民政府产品质量监督部门予以公告；公告后经复查仍不合格的，责令停业，限期整顿；整顿期满后经复查产品质量仍不合格的，吊销营业执照。

三、生产者、销售者的产品质量义务

（一）生产者的产品质量义务

1. 作为的义务

（1）产品应当符合内在质量的要求。产品不应存在危及人身、财产安全的不合理的危险；产品已有保障人体健康和人身、财产安全的国家标准、行业标准的，应当符合该标准。产品应当具备规定的使用性能，但是，对产品存在使用性能的瑕疵作出说明的除外。产品应符合在产品或者其包装上注明采用的产品标准，符合以产品说明、实物样品等方式表明的质量状况。

（2）产品或者其包装上的标识必须真实，并应当符合要求。包括：产品质量检验合格证明；有中文标明的产品名称、生产厂厂名和厂址；根据产品的特点和使用要求，需要标明产品规格、等级、所含主要成分的名称和含量的，用中文相应予以标明；需要事先让消费者知晓的，应当在外包装上标明，或者预先向消费者提供有关资料；限期使用的产品，应当在显著位置清晰地标明生产日期和安全使用期或者失效日期；使用不当，容易造成产品本身损坏或者可能危及人身、财产安全的产品，应当有警示标志或者中文警示说明。裸装的食品和其他根据产品的特点难以附加标识的裸装产品，可以不附加产品标识。

（3）特殊产品的包装必须符合要求。主要指易碎、易燃、易爆、有毒、有腐蚀性、有放射性等危险物品以及储运中不能倒置、有其他特殊要求的产品的包装质量应符合相应要求，依照国家有关规定作出警示标志或者中文警示说明，标明储运注意事项。

2. 不作为的义务

生产者不得生产国家明令淘汰的产品；不得伪造产地，不得伪造或者冒用他人的厂名、厂址；不得伪造或者冒用认证标志、名优标志等质量标志；生产产品，不得掺杂、掺假，不得以假充真、以次充好，不得以不合格产品冒充合格产品。

（二）销售者的产品质量义务

1. 作为的义务

销售者应当建立并执行进货检查验收制度，验明产品合格证明和其他标识；在进货之后，销售者应当采取措施，保持销售产品的质量；销售的产品的标识应当符合有关的规定。

2. 不作为的义务

销售者不得销售国家明令淘汰并停止销售的产品和失效、变质的产品；不得伪造产地，伪造或者冒用他人的厂名、厂址；不得伪造或者冒用认证标志、名优标志等质量标志；销售产品，不得掺杂、掺假，以假充真、以次充好，以不合格产品冒充合格产品。

四、产品质量争议解决方式

（一）解决方式

《产品质量法》第47条规定："因产品质量发生民事纠纷时，当事人可以通过协商或者调解解决。当事人不愿通过协商、调解解决或者协商、调解不成的，可以根据当事人各方的协议向仲裁机构申请仲裁；当事人各方没有达成仲裁协议或者仲裁协议无效的，可以直接向人民法院起诉。"《产品质量法》授权产品质量监督部门、工商行政管理部门及有关部门对消费者（用户）的申诉"负责处理"。对产品质量问题的行政争议，可通过行政复议或行政诉讼来解决。

（二）判定产品质量责任的依据

1. 违法与违约

《产品质量法》主要针对没有合同关系的产品质量侵权行为进行规制。只要产品质量不合格，侵害了消费者（用户）的财产权、人身权，一般情况下都是违法的，构成犯罪的，需要承担刑事责任。

生产者之间，销售者之间，生产者与销售者之间，生产者、销售者与消费者（用户）之间，所订立的产品买卖合同、承揽合同对质量要求另有约定的，按照合同约定执行。此时，质量不合格属于违约责任。

因经营者的违约行为，侵害了消费者（用户）的人身、财产权益的，受损害方有权选择依照《合同法》要求其承担违约责任，或者依照《产品质量法》要求其承担侵权责任。

2. 缺陷与瑕疵

产品质量责任的发生，以该产品是否存在质量问题为前提条件。质量问题简单地可以分为一般性的质量问题和严重的质量问题，这反映在法律上就是两个基本概念：瑕疵与缺陷。

《产品质量法》第46条规定："本法所称缺陷，是指产品存在危及人身、他人财产安全的不合理的危险；产品有保障人体健康和人身、财产安全的国家标准、行业标准的，是指不符合该标准。”也就是说，“缺陷”是针对较大的质量问题而言的，“瑕疵”则是指一般性的质量问题，如产品的外观、使用性能等方面。

瑕疵和缺陷的共同点表现为：第一，都不符合产品质量要求；第二，都应当承担质量责任（但对瑕疵，经营者作出了明确说明或者消费者（用户）在购买该产品前已经知道的除外）。

瑕疵和缺陷的区别主要表现为：（1）程度不同。一“小”一“大”，或一“轻”一“重”。（2）可否接受。对瑕疵，因尚未丧失产品原有的使用价值，消费者（用户）可以自行决定是否接受，但购买时销售者已作出说明的除外；对缺陷，因存在不合理的危险，原则上不应接受。（3）索赔对象不同。对瑕疵，直接向销售者要求赔偿；对缺陷，可以向销售者，也可向生产者要求赔偿。（4）赔偿方式和标准不同。对瑕疵，由销售者依照法律规定或者合同约定，负责修理、更换、退货以至赔偿损失；对缺陷，以损害赔偿为原则。

五、产品质量争议的法律责任

（一）民事责任

1. 产品瑕疵责任

按照《产品质量法》第 40 条的规定，售出的产品有下列情形之一的，销售者应当负责修理、更换、退货；给购买产品的消费者造成损失的，销售者应当赔偿损失：

（1）不具备产品应当具备的使用性能而事先未作说明的；

（2）不符合在产品或者其包装上注明采用的产品标准的；

（3）不符合以产品说明、实物样品等方式表明的质量状况的。

销售者依照上述规定负责修理、更换、退货、赔偿损失后，属于生产者的责任或者属于向销售者提供产品的其他销售者（即供货者）的责任的，销售者有权向生产者、供货者追偿。

2. 产品缺陷责任

《产品责任法》第 41 条至第 45 条对产品缺陷赔偿责任作出了详细的规定：

（1）生产者承担缺陷责任的条件：1）产品存在缺陷；2）造成了他人人身、缺陷产品以外的其他财产（以下简称他人财产）损害；3）缺陷与损害之间存在因果关系。承担缺陷产品责任的生产者适用的是无过错原则，又称严格责任原则，即只要产品存在缺陷，造成消费者、使用者或第三人人身伤害或财产损失，不论生产者主观上是否有过错，都要承担责任。但是，如果生产者能够证明有下列情形之一的，则不需要承担赔偿责任：其一，未将产品投入流通；其二，产品投入流通时，引起损害的缺陷尚不存在；其三，将产品投入流通时的科学技术水平尚不能发现缺陷的存在。产品投入流通后发现存在缺陷的，生产者、销售者应当及时采取警示、召回等补救措施。未及时采取补救措施或者补救措施不力造成损害的，应当承担侵权责任。

（2）销售者承担缺陷责任的条件。销售者的过错使产品存在缺陷，造成人身或他人财产损害的，销售者应当承担赔偿责任；销售者不能指明缺陷产品的生产者也不能指明缺陷产品的供货者时，销售者应当承担赔偿责任。

（3）赔偿方式与赔偿标准。因产品存在缺陷造成受害人人身伤害的，侵害人应当赔偿医疗费、治疗期间的护理费、因误工减少的收入等费用；造成残疾的，还应当支付残疾者生活自助具费、生活补助费、残疾赔偿金以及由其扶养的人所必需的生活费等费用；造成受害人死亡的，并应当支付丧葬费、死亡赔偿金以及由死者生前扶养的人所必需的生活费等费用。因产品存在缺陷造成受害人财产损失的，侵害人应当恢复原状或者折价赔偿。受害人因此遭受其他重大损失的，侵害人应当赔偿损失。关于精神损害赔偿，虽然《产品质量法》没有规定，但最高人民法院于2001年公布的《关于确定民事侵权精神损害赔偿责任若干问题的解释》中明确规定了精神损害的赔偿，这是受害者在人身受到缺陷产品伤害时要求精神损失赔偿的法律依据。

（二）行政责任

承担行政责任的主要形式是行政处罚，包括：警告，责令改正，责令停业整顿，罚款，没收违法生产、销售的产品，没收违法所得，责令停止生产、销售，吊销营业执照。依照《产品质量法》的规定，生产者、销售者承担行政责任的违法行为有：

（1）生产、销售不符合保障人体健康和人身、财产安全的国家标准、行业标准的产品。

（2）生产国家明令淘汰的产品，销售国家明令淘汰并停止销售的产品。

（3）销售失效、变质的产品。

（4）生产者、销售者在产品中掺杂、掺假，以假充真、以次充好，或者以不合格产品冒充合格产品；伪造产品产地，伪造或者冒用他人的厂名、厂址；伪造或者冒用认证标志、名优标志等质量标志。

（5）产品标识或者有包装的产品标识不符合法律规定。

（三）刑事责任

生产、销售不符合保障人体健康和人身、财产安全的国家标准、行业标准的产品的；在产品中掺杂、掺假，以假充真，以次充好，或者以不合格产品冒充合格产品的；销售失效、变质的产品的；知道或者应当知道属于《产品责任法》规定禁止生产、销售的产品而为其提供运输、保管、仓储等便利条件的，或者为以假充真的产品提供制假生产技术的，构成犯罪的，依法追究刑事责任。另外，根据我国《刑法》的规定，对生产、销售伪劣商品犯罪行为负有追究责任的国家机关工作人员，徇私舞弊，不履行法律规定的追究职责的，情节严重的，处5年以下有期徒刑或者拘役。

导入案例解析

腾讯QQ和奇虎360是当时国内最大的两个客户端软件。2012年，腾讯即时通信服务的活跃账户数达6.125亿，在网络游戏、新闻门户、电子商务、电子邮件、音像领域均占有较大的市场优势。360公司于2006年7月推出主打互联网安全的“360安全卫士”软件，不到一年即成为国内用户量最大的安全软件。2012年，其用户数量已经超过3亿，覆盖了75%以上的中国互联网用户，成为国内第二大桌面客户端软件。双方为了各自的利益，展开了前所未有的互联网之战。

一、腾讯于北京诉奇虎360

诋毁商誉行为是指经营者编造、传播虚假信息或者误导性信息，损害竞争对手的商业信誉、商品声誉的行为。商业信誉，是指社会公众对某一经营者的经济能力、信用状况等所给予的社会评价，即该经营者在经济生活中信用、名誉的地位。商品声誉是指社会公众对一经营者的商品性能、品质所给予的社会评价，即该商品在经济生活中的地位。构成诋毁商誉必须有编造行为，即无中生有，凭空编造，或者以小夸大，引人误解；同时必须加以传播，即以文字、语言为手段将虚构或歪曲某种不利于竞争对手的事实在社会或一定范围内加以传播、扩散，以便第三人知晓。其结果是损害了竞争对手的商业信誉、商品声誉。

本案中奇虎360实施了诋毁腾讯商誉的行为。2010年9月27日，360发布直接针对QQ的“隐私保护器”工具，无事实依据地宣称QQ软件会对用户电脑硬盘隐私文件强制性查看，并且以自己的标准对QQ软件进行评判并宣称QQ存在严重的健康问题，造成了用户对QQ软件及其服务的恐慌和负面评价，该评论已超出正当商业评价、评论的范畴，突破了法律界限，构成不正当竞争。

二、腾讯于广东诉奇虎360

违反《反不正当竞争法》的规定，损害其他经营者的合法权益，扰乱社会经济秩序的行为属于不正当竞争。本案奇虎公司等为达到其商业目的，诱导并提供工具积极帮助用户改变QQ软件的运行方式，并同时引导用户安装360安全卫士，替换QQ软件安全中心，破坏了QQ软件相关服务的安全性并对QQ软件整体具有很强的威胁性，减少了腾讯公司经济收益和增值服务交易机会，违反了诚实信用原则和公认的商业道德。奇虎公司等在经营扣扣保镖时，将自己的产品和服务嵌入QQ软件界面，取代了QQ软件的部分功能，其根本目的在于依附QQ软件强大用户群，通过对QQ软件及其服务进行贬损的手段来推销、推广360安全卫士，从而增加自己的市场交易机会并获取市场竞争优势，此行为本质上属于不正当地利用他人市场成果，为自己谋取商业机会从而获取竞争优势的行为，违反了诚实信用和公平竞争原则，构成不正当竞争。

三、奇虎于广东诉腾讯

腾讯旗下的QQ并不具备市场支配地位，其行为不属于滥用市场支配地位，所以不构成垄断。我国《反垄断法》所规制的垄断行为包括：垄断协议、滥用市场支配地位和经营者集中。在滥用市场支配地位的案件中，通常要界定相关市场、是否具有市场支配地位，是否实施了滥用市场支配地位的行为。

（一）相关市场

相关市场是指经营者在一定时期内就特定商品或者服务进行竞争的商品范围和地域范围。相关市场的界定通常是对竞争性进行分析的起点，是反垄断执法工作的重要步骤。只有在界定相关产品市场，相关地域市场之后，才能够进一步考察经营者是否在这个相关市场内具有市场的支配地位，从而进一步判断经营者是不是滥用市场支配地位，实施了排出限制竞争的行为。

1. 商品范围——即时通信产品

（1）综合性即时通信产品和单一功能即时通信产品属于同一相关市场的商品集合。只要能实现文字、语音或视频中的任何一种信息传输格式的实时在线沟通服务，就属于即时通信服务。

（2）社交网站、微博属于本案同一相关市场的商品集合。从需求替代的角度出发，大量证据表明，使用社交网站、微博中的聊天服务的用户比例非常高。从供给替代的角度出发，人人网等社交网站和新浪等微博都从2009年、2010年开始就推出了即时通信功能。

（3）移动端即时通信服务、电子邮箱、手机及短信属于本案同一相关市场的商品集合。

2. 地域范围

本案相关地域市场应为全球市场。相关地域市场的界定应当充分考虑互联网产业动态竞争的特点，不能以某一孤立的时点进行判断，大量境外即时通信经营者早已进入中国开展竞争。

（二）腾讯在相关市场不具有市场支配地位

（1）腾讯不具有控制商品价格、数量或其他交易条件的能力。奇虎 360 所称即时通信产品市场上现有的“零价格”是被腾讯的一种极强的价格控制没有事实依据。即时通信用户对即时通信产品及服务具有高度价格敏感度，几乎所有的即时通信软件及服务都是免费向用户提供的。

（2）腾讯并不具有阻碍、影响其他经营者进入相关市场的能力。即时通信软件及服务市场是一个完全开放且充满竞争活力的新兴行业，市场进入壁垒和扩张阻碍较小，市场参与者众多，市场竞争十分激烈。奇虎 360 所称“网络效应”也没有任何事实依据。新进入经营者完全可以通过在原有产品上增加即时通信功能等方式迅速转化、积累海量用户。用户也从来不会因为所谓“网络效应”被绑定在一款即时通信软件上。

（三）腾讯的行为不构成滥用市场支配地位

1. 腾讯“二选一”行为并非限制交易的行为

（1）腾讯实施的“二选一”行为具有合理性。1）腾讯合法权益当时的确处于危险状态之中，通过公力救济手段无法及时防止损害的进一步扩大，有必要采取正当防卫手段。2）腾讯实施的“二选一”行为在合理的限度之内。“二选一”行为实际只有一天，腾讯在奇虎召回其侵权产品的同时即恢复了产品的兼容。3）腾讯实施的“二选一”行为也是为了维护广大用户的权益。上诉人所推出的扣扣保镖是一个侵权软件，影响 QQ 用户正常使用 QQ 相关服务，且危及 QQ 软件安全。为了维护用户的权益，腾讯不得不实施“二选一”行为。

（2）腾讯实施的“二选一”行为不会产生反垄断法下反竞争效果。如果一种行为在反垄断法下是反竞争的，那么它必须使得实施该行为的企业能够在市场中可以排斥其大部分竞争对手。腾讯的“二选一”行为没有损害安全软件提供商之间的竞争，却客观上促进了即时通信服务提供商之间的竞争。

2. 腾讯不存在《反垄断法》所禁止的无正当理由搭售行为

（1）腾讯没有限制用户的选择权。腾讯在 QQ 软件打包安装 QQ 软件管理时，为用户提供了 QQ 软件管理的卸载功能，对用户没有强制性。QQ 软件管理与 QQ 医生升级为 QQ 电脑管家的行为也不构成搭售，对用户电脑中已安装的软件进行功能升级，符合行业惯例，且腾讯已经告知用户并给予了用户选择权。

（2）QQ 软件管理与 QQ 软件的打包安装作为产品的功能整合具有经济合理性，符合互联网平台竞争的特点，是业内通常做法。

（3）奇虎没有任何证据可证明被腾讯相关的打包安装行为导致奇虎同类商品的市场占有率显著下降，也无证据证明该行为对同一市场内其他竞争者产生了限制或排除竞争的后果。

（四）奇虎 360 没有证据证明所遭受的巨大损失

奇虎 360 没有任何证据证明其遭受了所谓的巨大损失。奇虎 360 声称有 8.25 亿元的经济损失并主张 1.5 亿元的损失赔偿，却没有提交任何证据。所以法院没有支持其主张。

思考题

1. 简述市场秩序法的意义与体系。
2. 简述竞争法的内容。
3. 试述不正当竞争行为及其法律责任。
4. 试比较反倾销、反补贴的异同点。
5. 消费者有哪些基本权利？如何保护消费者权利？
6. 解决消费争议有哪些途径？怎样承担损害消费者权益的责任？
7. 经营者有哪些质量义务？如何承担产品质量责任？

第八章　电子签名与电子认证服务法律制度

电子文件无法手书签名，这是它与书面文件的直观区别之一，也是电子商务发展中的主要法律障碍之一。2002 年 1 月联合国正式通过了《联合国国际贸易法委员会电子签名示范法》，2005 年 4 月我国正式实施《中华人民共和国电子签名法》（2015 年 4 月修正，简称《电子签名法》）。这些法律措施为电子商务的推广与应用打开了通道。本章从电子签名的概念入手，介绍了电子签名和数字认证的基本原理，阐述了电子签名的法律地位，并讨论了电子签名中当事各方的基本行为规范。

学习目标

1. 掌握电子签名的概念与功能；
2. 熟悉可靠电子签名的使用与法律效力；
3. 熟悉电子签名的适用前提与适用范围；
4. 掌握数字证书的概念与构成；
5. 了解电子认证服务法律关系；
6. 了解电子认证服务机构的监督管理。

导入案例　法大大在 P2P 网贷平台中应用电子签名

深圳法大大网络科技有限公司（简称“法大大”，https://www.fadada.com/）是国内领先的第三方电子合同服务平台，服务群体覆盖政府、电商、金融等领域。法大大目前已通过 ISO27001 安全认证并获得众安保险承保，用户量超过 5 500 万（截至 2017 年底）。围绕电子签名，法大大主要提供两大类服务：一是电子签名 API（Application Program Interface）服务，包括电子签名、实名认证、时间戳等；二是电子签名应用服务，包括电子合同服务、数字版权服务、电子证据鉴证等。2016 年电子合同签署量超过 2 300 万份，并实现了 B 轮投资，业务量不断攀升。

法大大电子签名产品采用开放式云端 SaaS 服务模式，平台操作简易，业务流程如图 8－1 所示。

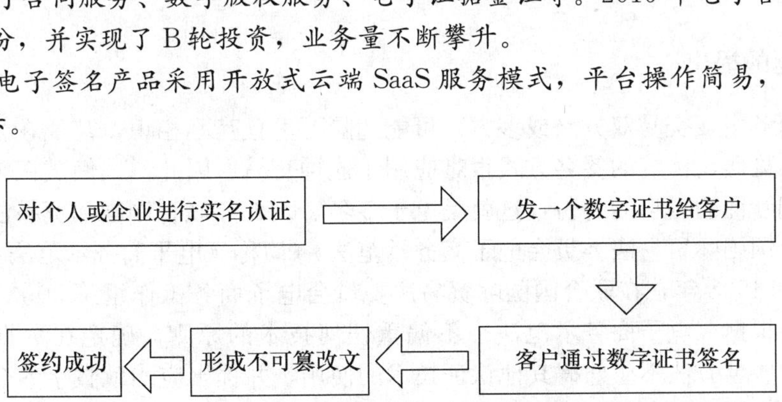

图 8－1　法大大电子签名业务流程

法大大将电子签名应用到P2P网贷平台，使网贷安全性大大提升，不仅节约成本、提高效率，也使投资人和借款人的权益得到保障。法大大平台与P2P平台的关系如图8-2所示。

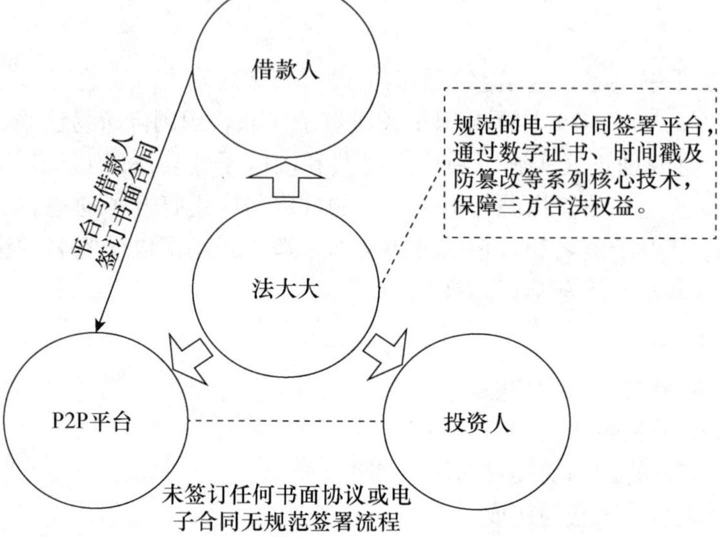

图8-2　P2P平台与法大大平台关系图

国内最大的车贷平台微贷网引入电子签名后，法大大作为第三方为微贷网建立了具备法律效力的电子合同签署平台，使其投资人的合法权益得到更为有效的保护，并享受到包括在线仲裁等法律服务。截至2016年12月，微贷网累计交易金额突破705.4亿元。

第一节　电子签名的法律关系

一、问题的提出

在电子商务中，交易双方（或多方）可能远隔万里且互不相识，甚至在整个交易过程中自始至终不见面，传统的签名方式很难应用于这种交易。因此，人们试探采用一种电子签名机制来相互证明各自的身份，这就是电子签名。1996年联合国国际贸易法委员会大会通过了《联合国国际贸易法委员会电子商务示范法》(简称《电子商务示范法》)。

1997年和1998年，在联合国国际贸易法委员会电子商务工作组第30次、第31次会议上，委员会根据《电子商务示范法》不偏重任何技术的原则，确定在数据电文的签名中，任何一种签名方法不应妨碍其他认证技术的使用，并提出应当就数字签名和其他电子签名日益普遍使用而引起的新的法律问题达成一致。从这一立场出发，委员会决定起草《电子签名示范法》，从而开始了对电子签名的深入研究。

二、电子签名的概念与功能

（一）电子签名的概念

2002年1月24日，联合国第56届大会正式通过《联合国国际贸易法委员会电子签名示范法》（简称《电子签名示范法》），从而使电子签名的概念确定下来。该法给出了电子签名及其相关概念：

（1）“电子签名（Electronic Signature）”系指在数据电文中，以电子形式所含、所附或在逻辑上与数据电文有联系的数据，它可用于鉴别与数据电文相关的签名人和表明签名人认可数据电文所含信息。

（2）“证书”系指签名人与签名制作数据之间关系的某一数据电文或其他记录。

（3）“签名人”系指持有签名制作数据的人，代表本人或所代表的人行事。

（4）“认证服务提供人”系指签发证书或可能提供与电子签名有关的其他服务的人。

（5）“依赖方”系指可以根据某一证书或电子签名行事的人。

联合国电子签名概念的确定主要考虑了三个问题：

第一，概念的广泛性。起草工作组在提出电子签名的概念时，考虑到该概念使用范围较广，应有较大的涵盖面和较为灵活的解释，故将电子商务活动中的数据签名（Digital Signature）、电子签名、电子签章等具有相同内容的不同表述统一起来，使这一概念可以被世界各国所接受。

第二，不偏重任何技术的原则。起草工作组综合考虑公钥加密技术的替代问题，考虑其他电子签名方式的发展问题，例如使用生物测定法或其他一些此类技术，因此，没有片面地强调某一技术。

第三，电子签名的实质。起草工作组认为，应区别“签名”的法律概念和“电子签名”的技术概念之间的区别，应将电子签名看作是一种与数据电文相关联的电子数据，而这一数据是在制作电子签名的过程中形成的，并产生了对签名人和相关信息的核证作用，从本质上揭示了电子签名的内涵，而没有简单地将其看作是一种方法和一种结果。

（二）电子签名的功能

以纸张为基础的传统签名主要是为了履行下述功能：

（1）确定一个人的身份；

（2）肯定是该人自己的签名；

（3）使该人与文件内容发生关系。

除此之外，视所签文件的性质而定，签名还有多种其他功能。例如，签名可以证明签名人愿意受所签合同的约束；证明签名人认可其为某一案文的作者；证明签名人同意一份经由他人写出的文件的内容；证明签名人曾在某个地点的事实和时间。

为了保证电子商务活动的正常进行，需要具有书面签名功能的电子签名。而正在被使用或仍在研制开发中的签名技术，其目的是寻求手写签名和在纸基环境中的其他认证方式（如封缄或盖章）提供功能相同的替换物。但在电子商务环境中这些技术还可能实现别的功能，这些功能是从签名功能中旁生的，但在纸基环境中却不能找到严格类似的替代物。

为了确保须经过核证的电文不会仅仅由于未按照纸张文件特有的方式加以核证而丧失

其法律价值，联合国《电子商务示范法》确定了在何种情况下数据电文可视为经过了具有足够可信度的核证，而且可以生效执行，视之达到了签名要求。《电子商务示范法》第 6 条规定：

（1）如法律要求要有一个人签名，则对于一项数据电文而言，倘若情况如下，即满足了该项要求：第一，使用了一种方法，鉴定了该人的身份，并且表明该人认可了数据电文内含的信息；第二，从所有各种情况看来，包括根据任何相关协议，所用方法是可靠的，对生成或传递数据电文的目的来说也是适当的。

（2）无论该条第（1）款所述要求是否采取一项义务的形式，也无论法律是不是仅仅规定了无签字时的后果，该款均将适用。

《电子商务示范法》第 6 条侧重于签名的两种基本功能：一是确定一份文件的作者，二是证实该作者同意了该文件的内容。其第一款确立的原则是，在电子环境中，只要使用一种方法来鉴别数据电文的发端人并证实该发端人认可了该数据电文的内容，即可达到签名的基本法律功能。在保证安全可靠的基础上，其第二款提出了灵活性原则，数据电文的发端人与收件人之间的任何协议只要可靠，就适宜于生成或传递该数据电文所要达到的目的。

三、电子签名的法律效力

（一）可靠电子签名

我国《电子签名法》第 13 条规定，电子签名同时符合下列条件的，视为可靠的电子签名：

（1）电子签名制作数据用于电子签名时，属于电子签名人专有；

（2）签署时电子签名制作数据仅由电子签名人控制；

（3）签署后对电子签名的任何改动能够被发现；

（4）签署后对数据电文内容和形式的任何改动能够被发现。

第 13 条提出了认定可靠电子签名的四个基本条件，且四个条件需要同时满足。

第一项和第二项是归属推定。如果可以证明在电子签名过程中使用的，将电子签名与电子签名人可靠地联系起来的字符、编码等数据，是由使用它的人或代表使用它的人专有或控制，即可满足可靠的电子签名的归属条件。

第三项和第四项是完整性推定。如果可以证明在电子签名签署后对电子签名的任何改动或发现数据电文内容和形式的任何改动都能够被发现，即可满足可靠的电子签名的完整性条件。

鉴于电子签名技术的迅速发展，《电子签名法》没有限定可靠的电子签名的具体技术，为各种电子签名技术的发展铺平了道路。此外，当事人也可以根据自己的判断，选择使用自己认为符合其约定的可靠条件的电子签名。这样的签名同样具有法律效力。

（二）可靠电子签名的法律效力

我国《电子签名法》第 14 条进一步规定，可靠的电子签名与手写签名或者盖章具有同等的法律效力。这是《电子签名法》的核心，确立了可靠的电子签名的法律效力。当一个电子签名被认定是可靠的电子签名时，该电子签名就与手写签名或者盖章具有了同等的法律效力。电子签名获得法律效力，意味着互联网上用户的身份确定成为可能。使用电子签名业务的用户将不再对与其交流信息的对方一无所知，在这个基础上，网络才有可能真正跃出媒体之外，充分运用到商务、政务、科学研究、日常生活等诸多方面，从而使“虚拟空间”真正全面地与现实世界接轨。

（三）电子签名归属的推定

当法律要求某一文件需要签名时，除非有足够和充分的证据证明该电子签名不是其本人签署或经他授权的代理人签署的，在文件上签名的人即其本人或其代理人。

同样，经电子签名签署的文件即表明该文件从发出到收到未发生变化，这是因为，被签署文件的完整性是电子签名所采用的技术的必然要求。

（四）未经授权使用电子签名的法律责任

未经授权使用可以分为两种情况：一是绝对无权使用，即使用人未经任何授权非法使用且签名所有人没有过错；二是相对无权使用，即使用人虽无权使用但签名所有人有过错，如本人疏于管理致他人非法使用、超越本人的授权而使用等。

在绝对无权使用时，由于电子签名的所有人没有过错，该数据信息不能归属于本人，本人也不应承担法律责任。如黑客攻击获得密钥而使用，或者认证机构的内部人员非法使用用户的密钥等，由此造成对相对人的损害，签名所有人是不知情也无法控制的，主观上不存在过错，因而无须对此负责。相对人所受损害应由行为人承担。

在相对无权使用中，由于签名所有人存在疏忽或过错，因此应承担一定的责任。如果电子签名的所有人没有合理地注意保管自己的密钥，致使他人未经授权的使用，该信息及其法律后果仍应归属于签名所有人。收件人因合理信赖该签名而遭到损失时，签名所有人应予赔偿。但是，收件人如果知道该签名未经授权，如签名的所有权人已告知，或者收件人只要履行合理的注意就可以知道该签名未经授权，却仍然按该信息从事，由此产生的损害，签名的所有权人不承担责任。在收件人收到信息后，签名所有人告知其该信息未经授权，并且收件人有合理的时间处理却不处理导致损失扩大的，签名所有人对扩大的部分不承担责任。

四、电子签名的适用前提与适用范围

（一）适用前提

鉴于电子签名的推广需要有一个过程，我国《电子签名法》没有规定在民事活动中的合同或者其他文件、单证等文书中必须使用电子签名，而是规定当事人可以约定使用或者不使用电子签名、数据电文；且明确规定，当约定使用电子签名、数据电文的文书后，当事人不得仅因为其采用电子签名、数据电文的形式而否定其法律效力。

电子签名法设定的适用范围有一定的前瞻性和包容性，即主要适用于商务活动，但又不限于商务活动，原则上涵盖使用电子签名的所有实际场合。

（二）适用范围

我国《电子签名法》使用排除法确定了电子签名的适用范围。考虑到交易安全和社会公共利益，借鉴一些国家的做法，《电子签名法》规定在一些特定范围内的法律文书不适用电子签名、数据电文。这些法律文书包括四个方面：

（1）涉及婚姻、收养、继承等人身关系的；

（2）涉及土地、房屋等不动产权益转让的；

(3) 涉及停止供水、供热、供气、供电等公用事业服务的；

(4) 法律、行政法规规定的不适用电子文书的其他情形。

在我国，婚姻、收养、继承在人们生活中发生频率较低，土地、房屋等不动产在人民整体收入中所占比例较大，而停水、停热、停气、停电等公用事业服务需要更明确的通知，所以，《电子签名法》对此作出了限制。

五、电子签名使用人的基本行为规范

电子签名使用人包括电子签名人和电子签名依赖方。

(一) 电子签名人及其行为规范

我国《电子签名法》第 34 条规定：电子签名人，是指持有电子签名制作数据并以本人身份或者以其所代表的人的名义实施电子签名的人。这里的“人”应理解为包括各种类型的人或实体，无论是自然人、法人团体还是其他组织均包括在内。

电子签名人应对其电子签名制作数据采取合理的谨慎措施。签名人还应采取合理的防范措施，避免他人擅自使用该签名制作数据。电子签名本身并不保证实际操作签名的人是签名人。电子签名只是保证该签名归属于签名人。在签名人知悉或理应知悉该签名制作数据已经失密的情况下，签名人应毫无任何不应有的延迟，向根据合理预计可能依赖电子签名或提供电子签名服务的任何人发出通知。

在使用证书支持电子签名时，签名人还应采取合理的谨慎措施，确保签名人就证书而作出的所有重大表述均精确无误和完整无缺。

电子签名人应当妥善保管电子签名制作数据。电子签名人知悉电子签名制作数据已经失密或者可能已经失密时，应当及时告知有关各方，并终止使用该电子签名制作数据。电子签名人向电子认证服务提供者申请电子签名认证证书，应当提供真实、完整和准确的信息。

《电子签名法》第 32 条规定，伪造、冒用、盗用他人的电子签名，构成犯罪的，依法追究刑事责任；给他人造成损失的，依法承担民事责任。

(二) 电子签名依赖方及其行为规范

我国《电子签名法》第 34 条规定：电子签名依赖方，是指基于对电子签名认证证书或者电子签名的信赖从事有关活动的人。电子签名依赖方为了自身的利益，应了解电子签名以及电子签名人认证证书内容的有效性、完整性和准确性；应采取合理的步骤核查电子签名的可靠性。

电子签名依赖方应遵守对电子证书的任何限制。

第二节 电子认证服务法律关系

一、数字证书与电子认证服务提供者

(一) 数字证书

根据联合国《电子签名示范法》第 2 条，“证书”系指确认签名人与签名制作数据之间关系的某一数据电文或其他记录。我国《电子签名法》第 34 条规定，电子签名认证证书是指可证实电子签名人与电子签名制作数据有联系的数据电文或者其他电子记录。

电子签名认证证书有多种形式，如数字、指纹、视网膜、DNA 等。其中，最常用的认证证书是数字证书，因为它使用方便、便于记忆，价格又最便宜。

数字证书作为网上交易双方真实身份证明的依据，是一个经使用者数字签名的、包含证书申请者（公共密钥拥有者）个人信息及其公共密钥的文件。基于公共密钥体制（PKI）的数字证书是电子商务安全体系的核心，用途是利用公共密钥加密系统来保护与验证公众的密钥，由可信任的、公正的电子认证服务机构颁发。

数字证书按照不同的分类有多种形式，如个人数字证书和单位数字证书，SSL 数字证书和 SET 数字证书等。

数字证书由两部分组成：申请证书主体的信息和发行证书的 CA 签名。证书数据包含版本信息、证书序列号、CA 所使用的签名算法、发行证书 CA 的名称、证书的有效期限、证书主体名称、被证明的公钥信息。发行证书的 CA 签名包括 CA 签名和用来生成数字签名的签名算法。

顾客向 CA 申请证书时，可提交自己的驾驶执照、身份证或护照，经验证后，颁发证书，以此作为网上证明自己身份的依据。

（二）电子认证服务提供者

我国工业和信息化部发布的《电子认证服务管理办法》规定：电子认证服务提供者，是指为需要第三方认证的电子签名提供认证服务的机构（也可称为“电子认证服务机构”）。电子认证服务机构（Certificate Authority，CA，简称“认证机构”）在电子商务中具有特殊的地位。它是为了从根本上保障电子商务交易活动顺利进行而设立的，主要是为电子签名相关各方提供真实性、可靠性验证的公众服务，解决电子商务活动中交易参与各方身份、资信的认定，维护交易活动的安全。在电子商务交易过程中，包括电子支付过程中，认证机构都有着不可替代的地位和作用。它不仅要对进行电子商务交易的买卖双方负责，还要对整个电子商务的交易秩序负责。

电子认证服务机构主要提供下列服务：

（1）制作、签发、管理电子签名认证证书；

（2）确认签发的电子签名认证证书的真实性；

（3）提供电子签名认证证书目录信息查询服务；

（4）提供电子签名认证证书状态信息查询服务。

例如，持卡人要与商家通信，持卡人从公开媒体上获得了商家的公共密钥，但持卡人无法确定商家不是冒充的（是有信誉的），于是持卡人请求 CA 对商家认证，CA 对商家进行调查、验证和鉴别后，将包含商家 Public Key（公钥）的证书传给持卡人。同样，商家也可对持卡人进行验证，如图 8－3 所示。

CA 的功能主要有：接收注册请求，处理、批准/拒绝请求，颁发证书。

需要注意的是，第三方认证服务机构是指完全独立于交易各方，与交易内容没有利益关系的认证服务机构。这种认证服务机构一般由信誉良好、资力雄厚的法人来担当。但在目前的网络交易中，实际还存在一种非独立方认证服务机构。例如在客户、商家、

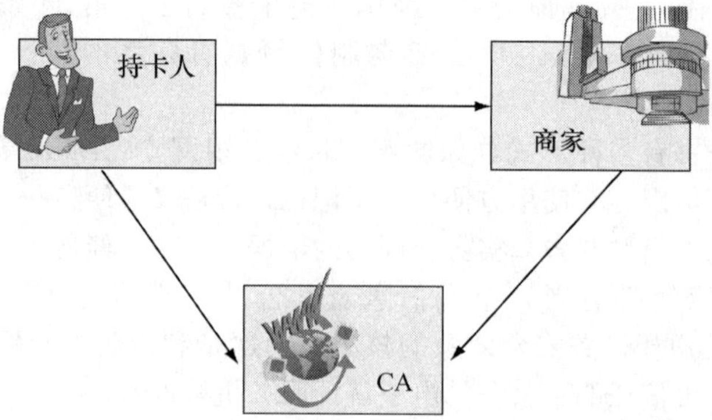

图 8-3　CA认证过程

银行三角关系中，客户使用的是由某个银行发的信用卡，而商家又与此银行有业务关系（有账号）。在这种情况下，客户和商家都信任银行，银行自行设立电子认证服务机构，担当CA角色，接收、处理银行卡客户证书和商家证书的验证请求。这类电子认证服务机构目前在我国法律上尚没有明确的定位，也没有列入工业和信息化部的管理范围。

二、电子认证服务机构的法定权利与义务

认证服务机构以其信誉为电子商务交易各方提供信用，因此认证服务机构在电子商务中是一个非常重要的独立的第三方主体，其在交易活动中的权利义务对各信赖主体的判断、选择和交易都具有关键性的影响。而仅以合同的方式来确定认证机构的权利义务尚不足以明确认证服务机构在电子商务中的地位与责任，也不利于交易的安全与秩序，因此必须从法律上加以界定。

（一）认证机构的主要义务

1. 信息披露义务

《电子认证服务管理办法》规定，取得认证资格的电子认证服务机构，在提供电子认证服务之前，应当通过互联网公布下列信息：

（1）机构名称；

（2）《电子认证服务许可证》编号；

（3）发证机关和发证日期。

联合国《电子签名示范法》第9条也规定了认证服务机构应该提供合理的查证途径，使对方能够通过证书确认认证服务提供商的身份。

2. 业务说明义务

该义务要求认证服务机构公开其工作流程和为用户提供的服务及服务内容。《电子认证服务管理办法》第15条规定，电子认证服务机构应当按照工业和信息化部公布的《电子认证业务规则规范》等要求，制定该机构的电子认证业务规则和相应的证书策略，在提供电子认证服务前予以公布，并向工业和信息化部备案。

业务说明的主要内容包括①：

（1）描述任何与认证信息发布相关的内容，包括信息库的运营者、运营者的职责、信息发布的频率以及对所发布信息的访问控制等。

（2）运营信息库的实体标识，如电子认证服务机构，或独立信息库服务提供者。

（3）运营者发布其业务实践、证书和证书当前状态的职责，标出对公众可用和不可用的项、子项和元素。

（4）信息发布的时间和频率。

（5）对发布信息的访问控制，包括证书策略（CP）、电子认证业务规则（CPS）、证书、在线证书状态协议（OCSP）和证书吊销列表（CRL）。

3. 保险义务

认证服务是一个高风险的行业，既面临着内部人员操作错误甚至恶意操作等机构运营带来的风险，又必须提防外部攻击，技术的飞速进步也会致使机构业务发生重大变化，而且一旦发生风险往往超出认证服务机构本身的控制。因此，为了减少认证服务机构的风险和稳定交易秩序，有必要施以认证服务机构参加责任保险之义务。

认证服务机构可就下列业务投保：

（1）外部进攻者对被保险人用户的数字证书业务系统进行攻击，破译该电子商务安全技术、伪造证书、篡改数据而造成被保险人用户交易账户资金的损失；

（2）病毒入侵被保险人用户的数字证书业务系统而造成被保险人用户交易账户资金的损失；

（3）火灾、水管爆裂致使被保险人数字证书业务系统遭到破坏，造成被保险人用户交易账户资金的损失；

（4）被保险人用户的数字证书丢失，报失后，他人利用其数字证书进行交易，造成被保险人用户交易账户资金的损失。

《电子认证业务规则规范（试行）》规定，电子认证服务机构应声明以下事项：自己所负有的责任保险范围、利用其他资源来支持其运营和对潜在责任进行赔付、对其他参与者提供首方责任险或担保保护的程序。

4. 保密义务

电子认证服务机构在承担信息披露义务的同时，基于保护用户合法利益的目的，应承担保密义务。《电子认证服务管理办法》第 20 条规定，电子认证服务机构应当遵守国家的保密规定，建立完善的保密制度。

电子认证服务机构涉及的保密义务主要有两个方面：

（1）业务信息保密。涉及机构运作信息的保密。

（2）个人隐私保密。个人隐私指证书用户在申请数字证书时向认证服务机构披露的身份信息及有关信息、证书用户的私人密钥等。

5. 担保义务

认证服务机构一旦将证书发放给用户，就承担着担保证书所述信息真实的义务。这里的“真实”是指认证服务机构在证书发放时依法对用户提供的身份状况等情况予以审查，

① 工业和信息化部电子认证服务管理办公室. 电子认证业务规则规范（试行）：第二部分，2005.

不存在认证服务机构明知或应知是虚假信息的情况。同时，该义务要求认证服务机构没有超过其许可的限额。担保义务不仅仅针对证书持有人，也适用于证书信赖人。

（二）认证服务机构的主要权利

认证服务机构的主要权利表现在它对用户证书的管理上。但是，这里的权利在本质上更接近于职权。

1. 发放证书

用户认证证书的发放是应证书申请人的请求进行的，认证服务机构在收到申请后，经审查符合条件的，可以发放证书。一般认为，申请人应提供包括其姓名或名称、住址、有效身份证件或商业登记、联系方法等在内的表明其真实身份的材料和相应证据。

2. 中止证书

认证服务机构对已经发生或可能发生的影响认证安全的紧急事件，应采取措施暂时阻止证书的使用。中止证书是应用户的请求或根据有关法律文件作出，认证服务机构发现发放的证书可能存在虚假的情况时，也可以中止证书，以确定情况是否属实。中止证书不能超过规定的时间。其他情况下，认证服务机构不得自行中止证书，除非当事人另有约定。

认证服务机构在中止证书的同时应当在信息公告栏和可查询之处予以公告，并通知有关当事人。

3. 撤销证书

认证服务机构在用户的主体资格或行为不符合认证机构的规定时，应当终止用户证书的效力。撤销证书可以是基于当事人的请求或法律文件的规定，也可以是认证机构的决定。因此，撤销证书可分为申请撤销和决定撤销。申请撤销是认证服务机构应当事人的请求或法律文件的规定而撤销。决定撤销是在认证服务机构发现认证中的信息已发生变化时主动撤销证书，如用户已死亡或解散；认证服务机构的密钥或信息系统遭到破坏，影响证书安全或用户的私人密钥遭受危险；认证服务机构发现证书虚假等情况。决定撤销应按法定或认证服务机构公开说明的程序进行，无须经证书持有人的同意，但应当通知证书持有人。撤销证书时，应公开相关信息。

4. 保存证书

认证服务机构在证书有效期满或被撤销后，应当将证书保存并允许查询。认证服务机构应保存其颁发和任何吊销或撤销证书的记录，认证服务机构应尽合理的注意义务，并根据证书上建议的可靠限制，保证记录的安全。

三、证书持有人的义务

（一）真实告知义务

证书申请人在申请时应依法如实提供有关身份信息的证明。申请人为法人或其他组织时应提供公司或组织的名称、住址、法定代表人或主要负责人的姓名和住址、联系方式、有关执照或登记证等。在持有证书期间，证书持有人在密钥可能为非授权人知道或存在危害证书安全的情况时应立即通知认证服务机构。

因证书申请人违反真实陈述义务给认证机构造成损害的，应予弥补。

（二）妥善保管义务

证书持有人在证书有效期间应尽合理的注意义务，保管其私人密钥，防止将其披露给任何未经授权的第三人。

四、围绕电子认证证书形成的两种法律关系

网络交易不同于传统交易，网络交易首先要搞清楚的是在和谁做交易，对方的身份是否真实、信用如何。这方面的有关事宜是由电子认证服务机构提供的认证证书来说明的。这样，围绕认证证书这个核心就形成了两种法律关系。

（一）认证服务机构与电子签名人之间的法律关系

认证服务机构与其证书持有人之间是合同关系。从保障电子商务交易安全的角度而言，认证服务机构介入交易关系是必不可少的，鉴于其地位的特殊性，法律对认证服务机构和持证人之间的关系作了较多的干预，双方的权利义务有很多强制性条款，但这并不意味着这不是合同关系。双方的法律地位是平等的，是否需要订立认证合同、其内容如何，均由当事人协商确定。

当事人的合同关系表现在认证证书上。当事人在线或离线申请证书，认证服务机构允诺，合同即成立。合同的标的是认证机构的服务行为，双方的权利义务载明在认证证书上，因此，证书本身虽不是合同，但它是合同存在的证明。

电子认证服务机构提供证书服务，目的是表明电子签名人身份信息的真实性，让其他网络主体相信自己，同时，他也可以了解其他电子签名人的真实身份。这是建立网络商事关系的前提。这种证书提供的服务是一种信息服务，双方的权利义务记载在证书的申请、接受等认证业务说明中，用户申请获得这样的服务，接受认证证书意味着他同意了双方的权利义务。因此，证实他们之间是合同关系。

（二）认证服务机构与电子签名信赖方之间的关系

从另一个角度讲，电子签名信赖方是指由于相信电子认证服务提供者提供的认证证书而相信电子签名人的身份真实，从而与签名人进行商事交易的人。

从现有的情况看，电子签名信赖方有几种情况：

(1) 电子签名信赖方与电子签名人都是同一电子认证服务提供者的用户，都持有电子证书；

(2) 电子签名信赖方与电子签名人虽然都持有电子证书，但是由不同的认证机构发放的；

(3) 电子签名信赖方不持有任何电子证书。

第一种情况，电子签名信赖方与电子认证服务提供者之间存在认证服务合同，具有合同关系；第二种和第三种情况，电子签名信赖方与电子认证服务提供者之间没有合同，纯粹是基于对电子认证服务提供者的信任而相信证书持有人。不论属于何种情况，对电子认证服务提供者的信赖始终是存在的。即使在第一种情况之下，也无法否认信赖利益的存在。基于此，这种法律关系应该法定化，他们之间的关系应是一种法定信赖利益关系，电子认证服务提供者对电子签名信赖方的法定义务即是其承担责任的基础。该义务集中表现在认证机构的担保义务上：

第一，电子认证服务提供者对证书的疏漏和虚假陈述承担责任。电子签名人申请时所

提交的各类身份证明，电子认证服务提供者须为合理地审查，以免遗漏，对于明知或应知是虚假情事而仍为陈述的，应承担责任。电子认证服务提供者对建议交易相关事项须以申请人真实资信状况为依据，也不得虚假陈述。但是，电子认证服务提供者已采取了各种合理措施仍不能防止遗漏或虚假情事出现的，不应承担责任。

第二，电子认证服务提供者对未按其认证业务说明的要求或程序进行操作承担责任。认证业务说明具有公示性，并使证书信赖人产生信赖。电子认证服务提供者违反业务说明进行操作，则有悖于诚实信用原则，由此造成真实信赖人损害的，应承担责任。

五、交叉认证的法律关系

我国《电子签名法》第 26 条规定，经国务院信息产业主管部门根据有关协议或者对等原则核准后，中华人民共和国境外的电子认证服务提供者在境外签发的电子签名认证证书与依照该法设立的电子认证服务提供者签发的电子签名认证证书具有同等的法律效力。该条确立了境外电子认证服务提供者在境外签发的电子签名认证证书的法律效力，同时也提出了一个交叉认证的问题。

（一）交叉认证的解决方式

持有同一证书的当事人进行交易，彼此会发生单一的认证关系；当持有不同证书的当事人进行交易时，彼此就会产生交叉认证。从认证本身的要求来看，认证是为了让交易各方了解彼此的状况，而这种了解是基于对认证机构权威性的信任。如果交易一方所持证书的发证机构不为对方熟悉，这种信任就很难建立。而网络交易的全球性和认证机构的独立性必然会导致此类情况大量存在。交叉认证中既存在国内不同机构的交叉认证，也存在国际上的交叉认证。因此，如何实现认证机构之间的认证即交叉认证，就具有重大意义。

交叉认证的解决方式主要有三种：

第一种是通过国际条约或双边协定来处理。这是一种较为理想的方式。凡加入条约或协定的国家，均承认对方认证机构发放的证书在本国的效力。

第二种是行政核准方式。境外认证机构在境内开展活动，为境内企业发放证书，须获得境内行政部门的核准。在这种方式下，境外机构的认证政策和可信性条件要符合本国规定的标准，而这种标准是开放和公开的，适用于所有境外的认证机构。

第三种是认证担保的方式。在没有双边协定和国际条约的情况下，境外认证机构可以通过寻求境内认证机构提供担保，以解决该问题。

在我国国内，各认证机构之间同样也存在交叉认证问题。有人建议建立一个国家级的“根认证机构”来认证其他认证机构，也有人认为可建立一个认证服务联盟来协调处理此类关系，可谓“桥认证”。但在目前，可行性较高的方式是采用认证担保方式，此方式只需认证服务机构订立担保合同即可，较为简单，涉及的关系较少，但仍然是权宜之计，问题的最终解决需要国家立法统一规定。

（二）联合国《电子签名示范法》的规定

联合国《电子签名示范法》第 12 条规定了承认外国证书和电子签名的一般原则，从而为解决交叉认证提供了可适用的国际立法性文件。该法指出，在承认外国证书和电子签名时应遵循以下原则。

1. 不歧视原则

一国不得因为证书来源地的不同而判定该国证书和电子签名是否具有法律效力或决定其法律效力的等级。也就是说，不论证书在何地签发、电子签名在何地作出，都不能成为影响其法律效力的因素，外国证书和电子签名的可靠性取决于其技术上的可靠性。

2. 基本等同的可靠性原则

这是一国判断外国证书和电子签名法律效力的一般标准，本国根据《电子签名示范法》的标准来判断外国的证书和电子签名是否达到这样的技术标准。《电子签名示范法》所确认的技术标准包括公认的国际标准和其他有关因素。所谓公认的国际标准，是指国际技术和商业标准，也包括政府机构或政府间采用的标准或规范。但是《电子签名示范法》并不要求外国证书和电子签名所具备的可靠性与本国完全一致，而是要求基本等同。

由于证书等级的不同，各国可能对不同等级证书的法律效力有不同的规定。因此，在运用基本等同的可靠性原则时应对同类等级的证书进行比较判断。但是，各国对证书等级的划分未必是相同的，所以在对外国证书的法律效力进行判断时，应将该证书与本国中最相接近的那一等级比较并结合该证书的具体情况做出判断。

3. 当事人约定有效的原则

有关国家应当承认当事人约定使用某类证书或签名的协议有效，不受上述两个原则的约束。考虑到电子商务的全球性和合同自由的本质，当事人的约定有利于交易的正当进行。但是《电子签名示范法》的这一规定并非排除法律的强制适用，如果当事人的约定违反本国法律则无效。

六、认证机构的法律责任

（一）认证机构责任的限制

认证服务行业是一个高风险的行业，既有内部风险又有外部风险，并且一旦发生风险往往会造成非常严重的后果。认证机构在审查当事人的真实身份时应尽合理的注意，无过错的不应承担责任，而不适宜采用无过错的责任原则。

具体而言，认证机构在以下几种情况下可以免责或减轻责任：

（1）当事人违反认证证书发放的目的进行交易。

（2）证书持有人知道其密钥已泄密或有被损坏或无用的危险时，有义务请求撤销而未提出，造成他人损失的，由其本人承担。

（3）认证机构在发现根密钥或信息系统遭到破坏或可能遭到破坏，为避免更大的损失而中止或撤销用户证书，造成他人损失的，可以减轻或免责。

（4）认证机构在审查证书申请人身份时已尽了合理注意仍不能避免错误的，认证机构对该错误及由此产生的损失免责。

（5）认证机构对于假冒或仿冒该机构的证书及由此产生的损失不承担责任。

（二）认证机构赔偿范围限制

认证机构与证书持有人和证书信赖人之间构成法定的权利义务关系，因认证机构的过错导致当事人损失的，认证机构应承担赔偿责任，认证机构与证书持有人也可以通过合同来确立彼此责任的范围和大小。

损害赔偿有直接损失赔偿和间接损失赔偿之分。直接损失是指现有财产的减少、毁损或灭失；间接损失是指可得利益的损失，主要是利润的损失。我国《合同法》第113条规定，“损失赔偿额应当相当于因违约所造成的损失，包括合同履行后可以获得的利益”，以及“不得超过违反合同一方订立合同时预见到或者应当预见到的因违反合同可能造成的损失”。但该赔偿范围不完全适用于认证机构。这是因为，认证机构是开展电子商务活动的基础设施和公用事业机构，证书用户众多，如果一旦发生赔偿，认证机构很可能无法正常运营，而影响到整个交易的正常进行。因此，认证机构只能就其违约或失职行为所造成的正常的直接损失承担赔偿责任，对于当事人丧失利润或机会的损失、精神上的损失不予赔偿。

第三节　电子认证服务机构的管理

截至2017年底，全国已有36家机构通过了工业和信息化部的行政许可审查并获得“电子认证服务许可证”。根据工业和信息化部的统计，截至2017年12月31日，我国有效电子认证证书持有量合计3.41亿张，其中机构证书5 900万张，个人证书2.78亿张，设备证书364万张；主要应用于网上税收、工商管理、社区服务、招标采购、网上银行、企业供应链管理、电子商务平台等领域。

一、电子认证服务提供者的资质管理

电子认证服务提供者的资质管理是政府监控认证活动的重要手段，只有具有较高经营条件的组织才可承担电子认证服务业务。为此，《电子签名法》及《电子认证服务管理办法》作出了相应规定。

（1）业务许可。我国政府对电子认证业务经营实行许可制度，电子认证服务提供者从事电子认证服务活动必须取得工业和信息化部颁发的《电子认证服务许可证》，未取得许可证的任何组织或者个人不得从事相应的经营活动。许可证的有效期为五年，到期后，经审查，符合继续从事电子认证服务条件的，予以换发。

（2）经营条件。提供电子认证业务的机构应当具备的条件：一是具有独立的企业法人资格；二是从事电子认证服务的专业技术人员、运营管理人员、安全管理人员和客户服务人员不少于30名；三是注册资金不低于人民币3 000万元；四是具有固定的经营场所和满足电子认证服务要求的物理环境；五是具有符合国家有关安全标准的技术和设备；六是具有国家密码管理机构同意使用密码的证明文件；七是法律、行政法规规定的其他条件。

（3）申请程序。申请经营电子认证服务业务，应当向工业和信息化部提出申请，并提交相关文件。工业和信息化部自接到申请之日起45日内作出许可或者不予许可的书面决定。不予许可的，说明理由并书面通知申请人。

（4）企业登记。经批准经营电子认证服务的，应当持《电子认证服务许可证》到工商行政管理机关办理相关手续。

(5) 变更登记。电子认证服务机构在许可证的有效期内变更法人名称、住所、注册资本、法定代表人的，应自完成相关变更手续之日起 5 日内公布变更后的信息，并自公布之日起 15 日内向工业和信息化部备案。电子认证业务规则发生变更的，电子认证服务机构也应当予以公布，并自公布之日起 30 日内向工业和信息化部备案。

(6) 年度检查。工业和信息化部对电子认证服务机构进行年度检查并公布检查结果。年度检查采取报告审查和现场核查相结合的方式。

(7) 停止经营。电子认证服务机构在许可证的有效期内拟终止电子认证服务的，应在终止服务 60 日前向工业和信息化部报告，同时向工业和信息化部申请办理证书注销手续，并持工业和信息化部的相关证明文件向工商行政管理机关申请办理注销登记或者变更登记。电子认证服务机构拟暂停或者终止电子认证服务的，应在暂停或者终止电子认证服务 60 日前，就业务承接及其他有关事项通知有关各方。

二、电子认证服务机构的监督管理

(1) 审计监督。主管部门应对认证机构的资产和财务状况进行定期审查，以避免发生财务危机。

(2) 业务监管。认证机构的业务主管部门应对其信息披露与保密情况、安全系统的运行情况等方面进行定期或不定期的检查。

三、电子认证服务机构的内部管理

(一) 审查制度

电子认证服务提供者收到电子签名认证证书申请后，应当对申请人的身份进行查验，并对有关材料进行审查。签发的电子签名认证证书应当准确无误，并应当载明有关电子认证服务提供者名称、证书持有人名称、证书序列号、证书有效期、证书持有人的电子签名验证数据、电子认证服务提供者的电子签名以及国务院信息产业主管部门规定的其他内容。

电子认证服务提供者在审查当事人的真实身份时应尽合理的注意，无过错的不应承担责任，而不适宜采用无过错的责任原则。

为了维护电子签名依赖方的利益，电子认证服务提供者应保证电子签名认证证书内容在有效期内完整、准确。一方面，电子签名认证证书所载内容及其他有关事项应真实、可靠，并可以为电子签名依赖方证实或了解；另一方面，电子签名制作数据的运作状况在电子认证服务提供者的控制之内。

(二) 举证责任

我国《电子签名法》第 28 条规定，电子签名人或者电子签名依赖方因依据电子认证服务提供者提供的电子签名认证服务从事民事活动遭受损失，电子认证服务提供者不能证明自己无过错的，承担赔偿责任。《电子签名法》对电子认证服务提供者的归责原则采用了过错推定原则，这一原则采取举证责任倒置的方法，即电子认证服务机构必须就自己没有过错而举证，如果不能证明自己没有过错，则应当承担民事责任。

(三) 业务规则

电子认证业务规则是电子认证服务机构对所提供的认证及相关业务的全面描述。在

《电子签名法》颁布之前，我国认证机构的业务规则比较混乱。2005 年 4 月，随着《电子签名法》的实施，工业和信息化部电子认证服务管理办公室编制了《电子认证业务规则规范（试行）》。该规则包括了认证机构的责任范围、作业操作规范和信息安全保障措施等内容，对电子认证服务机构改善管理、提高服务水平起到了很好的推动作用。

《电子认证业务规则规范（试行）》主要由以下几部分组成：

（1）概括性描述；

（2）信息发布与信息管理；

（3）身份标识与鉴别；

（4）证书生命周期操作要求；

（5）认证机构设施、管理和操作控制；

（6）认证系统技术安全控制；

（7）证书、证书吊销列表和在线证书状态协议；

（8）认证机构审计和其他评估；

（9）法律责任和其他业务条款。

导入案例解析

近年来，互联网金融呈现出井喷式的增长态势，P2P（Peer to Peer）网贷作为互联网金融的典型业态也得到快速发展。据网贷之家统计，2012—2016 年网络借贷平台数量暴增 12 倍，从 212 家增长至 2 448 家；全年网贷行业成交量达到了 20 638.72 亿元，比 2015 年的 9 823 亿元增长了 110%①。

然而，高速发展的背后仍存在大量的管理疏漏问题。恶性竞争、非法集资、资金链断裂、诈骗跑路的事件屡屡曝光。2015 年，出现问题的平台达 1 301 家，2016 年有 985 家平台倒闭或跑路。为了规范 P2P 行业的发展，2016 年 8 月，中国银监会、工信部、公安部、国家互联网信息办公室联合颁布了《网络借贷信息中介机构业务活动管理暂行办法》（简称《办法》）。《办法》第 22 条规定："各方参与网络借贷信息中介机构业务活动，需要对出借人与借款人的基本信息和交易信息等使用电子签名、电子认证时，应当遵守法律法规的规定，保障数据的真实性、完整性及电子签名、电子认证的法律效力。"《办法》的颁布使得《电子签名法》时隔十余年重得公众重视，从操作层面上确认了电子签名应用于网贷合同签署中的合法地位。

以电子认证为核心技术的大家签、南京云签、法大大等公司成为 P2P 行业电子签名应用的有力推动者，微贷网、投哪网、借贷宝等知名 P2P 网贷平台也纷纷加入到电子签名的实践中。电子签名的应用正成长为 P2P 行业发展全新的增长点，不仅对互联网金融而且对整个商业领域都产生了不容忽视的影响。

思考题

1. 什么是电子签名？

① 网贷之家. P2P 网贷行业 2016 年年报简报［EB/OL］.（2017-01-01）［2017-03-19］. http://www.wdzj.com/news/yanjiu/50455.html.

2. 试述可靠电子签名的条件及法律效力。
3. 简述电子签名的适用前提与范围。
4. 试论述认证机构的主要权利和义务。
5. 试论述电子认证服务提供者的举证责任。

第九章　电子合同法律制度

电子合同是从事电子商务的基本形式。电子合同中的法律问题既有传统合同法律在网络环境下的应用与解释的问题，也有因应用环境的不同而产生的新问题。本章系统阐述了电子合同的概念和内涵，对于在网络环境下电子合同的形式、订立、效力和履行等传统法律问题作了充分的论述，对于网络拍卖、电子自动交易等在网络环境下的特有新问题也作了详细的讲解。

学习目标

1. 掌握电子合同的概念与特征；
2. 熟悉电子合同订立的基本要求和程序；
3. 了解电子合同的法律效力；
4. 掌握电子合同的履行与违约救济方法；
5. 了解电子合同的法律关系。

导入案例　南京云签的MMEC电子合同系统

南京云签采用的是通过国家验收的、具有发明专利的MMEC电子合同系统，使用非常便捷。在双方订立合同过程中以及订立合同成功后，订立双方都可以随时浏览电子合同原文以及电子签名人身份信息。订立成功后，电子合同默认存入电子合同档案室。也可以立即下载电子合同ZIP压缩包到本地电脑上保存，随时浏览、打印、验真(见图9-1)。

普通电子合同数据，如电子邮件、电子表单、电子订单、电子签章等应用，要成为有效的司法证据，必须遵照严格的取证鉴定规定。其法律鉴定和诉讼流程极为烦琐，成本高昂，比如需公证取证、公证保管、专门机构鉴定等，一般企业无法承担。而MMEC电子合同具备的法律效力等同于纸质合同，因此具备了书证的法律诉讼效力。相关各方人员可以随时携带或发送其电子合同压缩包，也可以出具由中国云签提供的MMEC电子合同验真报告（见图9-2），还可以随时随地上网浏览、打印、验真。

传统纸质合同无法实现电子化保存和应用，普通电子签章文档数据容易篡改、标准不一，也无法实现理想的电子化保存和应用。南京云签的MMEC电子合同，在电子合同订立的时候已经贴心地考虑到合同后续的电子化保存和各项后续应用，为客户提供免费的云端电子合同档案室（见图9-3），其强大的权限设置、借阅管理、收付提醒、合同跟踪、分类归档等各项功能为客户在电子商务交易中的各种权益提供保障。

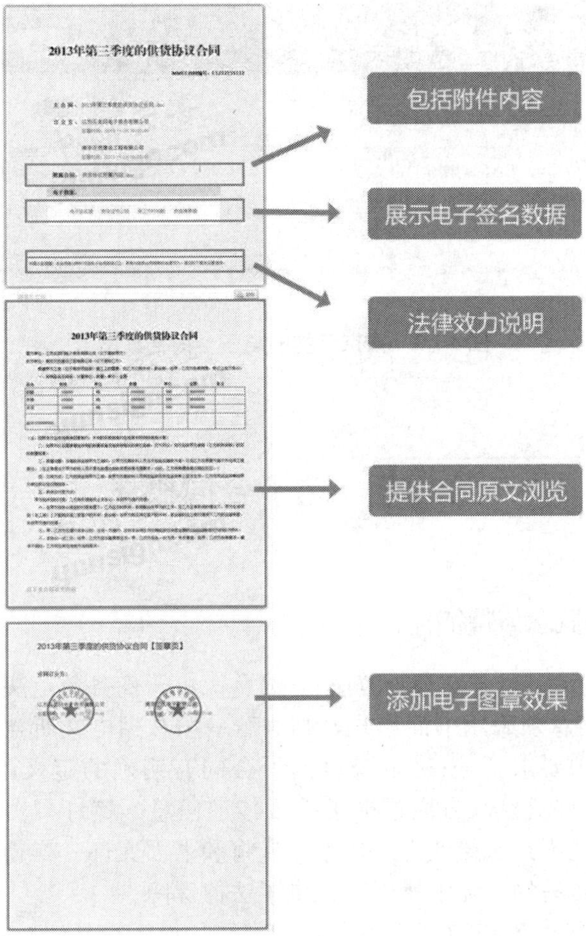

图 9－1　南京云签电子合同效果图

图 9－2　南京云签的电子合同验真报告

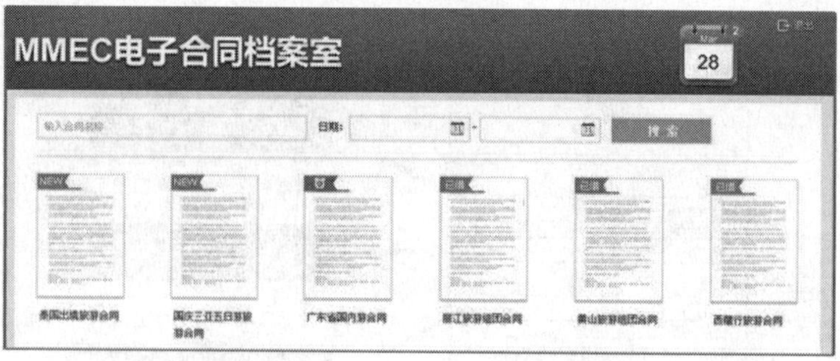

图 9-3　南京云签的电子合同档案室

第一节　电子合同概述

一、电子合同的概念与特征

《联合国贸易法委员会电子商务示范法》（简称《电子商务示范法》）第 6 条第（1）款规定："如法律要求信息须采用书面形式，则假若一项数据电文所含信息可以调取以备日后查用，即满足了该项要求。"该法虽未对电子合同有明确的定义，但从这条规定来看，《电子商务示范法》允许贸易双方通过电子手段传递信息、签订买卖合同和进行货物所有权的转让。这样，以往不具法律效力的数据电文将和书面文件一样得到法律的承认。该法律的通过为实现国际贸易的"无纸操作"提供了法律保障。

美国统一州法委员会于 1999 年 7 月制定的《统一电子交易法》（UETC）对合同和电子方式定义为："合同"系指当事人根据该法和其他适用法订立的协议所产生的全部法律义务。"电子方式"系指采用电学、数字、磁、无线、光学、电磁或相关手段的技术。2000 年 8 月修正的《统一计算机信息交易法》（UCITA）第 2 条第（a）款第（17）项和第（26）项采用了与《统一电子交易法》相同的定义。这两部法案与联合国《电子商务示范法》的定义方式是类似的，即不明文规定电子合同的定义，而是强调了"电子"的内涵，凡符合以"电子"形式订立的合同即属电子合同。

我国《合同法》也引入了数据电文形式，从而在法律上确认了合同可以采用电子手段缔结。我国目前虽然没有全国性的电子商务法律出台，但一些地方政府已开始探讨电子合同的具体定义与内容。

与传统合同相比，电子合同的意义和作用没有发生改变，但其形式却发生了极大的变化：

（1）合同订立的环境不同。传统合同发生在现实世界里，交易双方可以面对面地协商，而电子合同发生在虚拟空间中，交易双方一般互不见面，在电子自动交易中，甚至不能确定交易相对人。他们的身份依靠密码的辨认或认证机构的认证。

（2）合同订立的各环节发生了变化。要约与承诺的发出和收到时间的确定较传统合同复杂，合同成立和生效的构成条件也有所不同。

(3) 合同的形式发生了变化。电子合同所载信息是数据电文，不存在原件与复印件的区分，无法用传统的方式进行签名和盖章。

(4) 合同当事人的权利和义务有所不同。在电子合同中，既存在由合同内容所决定的实体权利义务关系，又存在由特殊合同形式产生的形式上的权利义务关系，如数字签名法律关系。在实体权利义务法律关系中，某些在传统合同中不很重视的权利义务在电子合同里显得十分重要，如信息披露义务、保护隐私权义务等。

(5) 电子合同的履行和支付较传统合同复杂。

(6) 电子合同形式上的变化对与合同密切相关的法律产生了重大影响。如知识产权法、证据法。

二、电子合同的形式

电子合同以数据电文为表现形式。

在电子技术引进之前，法律很少碰到文本在什么中介载体上呈现的问题。在电报、电传和传真产生之后，也没有出现不可克服的困难，尽管电报、电传和传真都包含电子脉冲的应用，但接收方从接收机中得到的一张通信记录纸就足以形成书面的证据了。电子商务所利用的电子邮件和电子数据交换与电报、电传、传真非常相似，都是通过一系列电子脉冲来传递信息的。但电子商务通常不是以原始纸张作为记录的凭证，而是将信息或数据记录在计算机中，或记录在磁盘和软盘等中介载体中，因此，这种方法具有以下特点：

(1) 数据电文的易消失性。数据电文以计算机储存为条件，是无形物。一旦操作不当，可能抹掉所有数据。

(2) 数据电文作为证据的局限性。传统的书面合同只是受到当事人保护程度和自然侵蚀的限制，而数据电文不仅可能受到物理灾难的威胁，还有可能受到计算机病毒等计算机特有的无形灾难的攻击。

(3) 数据电文的易改动性。传统的书面合同是纸质的，如有改动，容易留下痕迹。而数据电文是通过各种数据终端输入的，用磁性介质保存的，改动、伪造后可以不留痕迹。

上述问题的存在，确实阻碍了电子商务合同合法性规制的进程。一方面，发展中的信息技术不断提出许多解决办法，例如防火墙技术、通信记录、数字签名技术等。但另一方面，书面合同也同样存在伪造和涂改的情况，人们并没有因为书面合同的缺陷而放弃使用书面合同。所以，有必要扩大传统“书面形式”的概念。

联合国《电子商务示范法》第 6 条提供了一种客观标准，即一项数据电文所含信息可以调取以备日后查用。使用“可以调取”字样是意指计算机数据形式的信息应当是可读和可解释的，使这种信息成为可读所可能必需的软件应当保留。“以备”一词并非仅指人的使用，还包括计算机的处理。“日后查用”概念是指信息可以经多次的查询、查验和调用。

我国《合同法》也将传统的书面合同形式扩大到数据电文形式。其第 11 条规定：“书面形式是指合同书、信件以及数据电文（包括电报、电传、传真、电子数据交换和电子邮件）等可以有形地表现所载内容的形式。”也就是说，不管合同采用什么载体，只要可以有形地表现所载内容，即视为符合法律对“书面”的要求。这些规定，符合联合国国际贸易法委员会建议采用的“功能等同法（Functional-equivalent Approach)”的要求。

三、电子合同的适用范围

从应用技术上说，电子合同仅仅是改变合同的传统形式，不涉及合同的内容，不应有适用范围上的问题。但是，在法律上承认电子订约的国家仍然限定了它的适用范围。这种限制主要包括：涉及不动产、身份权益、政府税收等重要事项；电子文书的应用环境和相关配套设施尚不够完善。随着电子政务和电子商务的发展，有关限制会逐步减少。

四、电子合同适用的法律规定

（一）国内有关电子合同的法律规定

《合同法》是我国调整合同的最主要的一部法律，对合同的订立、效力、履行、违约等环节和一些主要的有名合同作了详细规定。

《民法通则》和《民法总则》是调整民事制度的基本法律。它对合同也有重要规定。

《电子签名法》首次赋予可靠电子签名与手写签名或盖章具有同等法律效力，极大地改善我国电子签名应用的法制环境，这对于确认合同的效力具有重要意义。

另外，合同也受到知识产权法律制度和法规、规章的调整。目前，我国还没有专门调整电子合同的法律，已出台的一些涉及网络的法规和规章基本上是有关市场准入和行政管理的规定，电子合同方面几乎是空白，这对于电子商务的正常开展非常不利。

（二）联合国有关电子合同的法律规定

联合国贸易法委员会自 20 世纪 90 年代以来，一直致力于电子商务的立法起草工作。到目前为止，出台了两部重要的示范法，对电子合同的基本问题作了富有建设性的规定。

(1)《电子商务示范法》(1996 年)：共有 17 条。详细规定了电子合同的书面形式，签名，原件，数据电文的证据力、归属、发出和收到的时间和地点等方面的问题。

(2)《电子签名示范法》(2001 年)：共 12 条。对电子签名和认证机构的问题进行了规定。

联合国的示范法的精神和基本规则得到了各国立法部门的借鉴和采用，这对电子商务立法的国际化和统一化很有意义。

第二节　电子合同的订立

一、数据电文的收到与发出

（一）收到和发出数据电文的时间

所谓“收到”，是指在交易协商过程中，一方通过信件、电话、传真、电子邮件等方式传递信息，对方接到该信息。而对方是否了解信息的内容，在所不问。《国际货物销售合同公约》和大陆法规定，不论是要约还是承诺，均以到达受要约人或要约人作为生效的条件之一。而英美法则规定，信件或电报一经发出，立即生效，生效的时间以投递邮件收据上邮局所盖邮戳为准，而不论对方是否收到。

为了避免在电子商务交易中产生贸易纠纷，联合国《电子商务示范法》第 15 条详细规定了收到和发出数据电文的时间和地点：

(1) 除非发端人与收件人另有协议，一项数据电文的发出时间以它进入发端人或代表发端人发送数据电文的人控制范围之外的某一信息系统的时间为准。

(2) 除非发端人与收件人另有协议，数据电文的收到时间按下述办法确定：

第一，如收件人为接收数据电文而指定了某一信息系统，以数据电文进入该指定信息系统的时间为收到时间；或如数据电文发给了收件人的一个信息系统但不是指定的信息系统，则以收件人检索到该数据电文的时间为收到时间。

第二，收件人并未指定某一信息系统，则以数据电文进入收件人的任一信息系统的时间为收到时间。

我国《合同法》第 16 条规定：采用数据电文形式订立合同，收件人指定特定系统接收数据电文的，该数据电文进入该特定系统的时间，视为到达时间；未指定特定系统的，该数据电文进入收件人的任何系统的首次时间，视为到达时间。

与联合国《电子商务示范法》的相关规定相比较，我国没有规定在收件人虽然指定了收件系统但发件人未遵循该指令时的情况。因此，在采用电子邮件作为通信工具时，当事人不妨约定可能发生的几种情况。

(二) 收到和发出数据电文的地点

数据电文收到和发出的地点对于确定合同成立的地点和法院管辖、法律适用具有重要意义。在一般情况下，联合国《电子商务示范法》规定，除非发端人与收件人另有协议，数据电文应以发端人设有营业地的地点视为其发出地点，而以收件人设有营业地的地点视为其收到地点。就该规定的目的而言：

(1) 如发端人或收件人有一个以上的营业地，应以对基础交易具有最密切关系的营业地为准，又如果并无任何基础交易，则以其主要的营业地为准；

(2) 如发端人或收件人没有营业地，则以其惯常居住地为准。

我国《合同法》第 16 条对于数据电文的发出、收到的时间、地点作了明确的规定：采用数据电文形式订立合同，收件人指定特定系统接收数据电文的，该数据电文进入该特定系统的时间，视为到达时间；未指定特定系统的，该数据电文进入收件人的任何系统的首次时间，视为到达时间。该法第 34 条同时规定：采用数据电文形式订立合同的，收件人的主营业地为合同成立的地点；没有主营业地的，其经常居住地为合同成立的地点。

二、电子合同的要约与承诺

电子合同的订立也要经过要约和承诺两个步骤。要约是希望和他人订立合同的意思表示；承诺是受要约人同意要约的意思表示。

(一) 在线交易中要约与要约邀请的区分

要约邀请不同于要约，它是希望他人向自己发出要约的意思表示。在线交易中要约与要约邀请的区分是一个较为复杂的问题。本来人们对现实交易的观点就有分歧，在互联网环境下，这一问题显得更加混乱不堪。根据电子交易程序的性质和销售商品的性质，我们逐一分析。先来了解下面两组概念。

1. 电子交易程序的性质

（1）交互式电子交易程序。这种程序可以帮助交易双方进行协商或者立即订立合同，也可以说，一方的行为可以得到对方的响应。

（2）非交互式电子交易程序。该种程序只是起到引导或邀请作用，当事人不能通过它进行协商。

2. 销售商品的性质

（1）数字产品，指以数字信息（比特）存在的商品，如软件、音乐、影视、文字图片等。它的特点是可以直接从网上下载。

（2）非数字产品，指不以数字信息存在的商品，如有体物、权利等。它们的特点是不能从网络下载。

根据对这两组概念的分析，我们可以认定：

通过非交互式电子交易程序表达的信息为要约邀请。例如通过网络寄送的产品信息、报价，或者在页面上显示的商品信息等。它们与传统的广告没有什么不同，只是要约邀请。但是信息发送人明确表示受其约束的，当然是要约。

在我国《电子商务法》中，对电子商务经营者发布的商品或者服务信息是否构成要约，仍然遵从《合同法》的规定，即该商品或者服务信息符合要约条件的，购买方选择该商品或者服务并提交订单，合同成立。同时，也允许交易双方另行约定。除非卖方作出清晰的特别说明，通过交互式电子交易程序销售数字产品的信息一般应构成要约。这主要是因为：

第一，交互式交易程序允许信息接收人做出承诺。如只要买方点击购买，交易程序就能予以确认。通过这种程序，双方可以相互响应。

第二，要约人受到了要约信息的约束。在交互式程序下，买方处于主动地位，只要买方做出了同意购买的意思表示，卖方必然受其约束。

第三，数字产品可以使得合同不仅可以在线订立，还可以在线履行。数字产品以比特形式存在于网络之中，它可以无限复制，随时下载，商品本身也不存在售罄的问题。

通过交互式程序发布的非数字产品的信息，是要约还是邀请，是个较难判断的问题。我们从访问页面交易和网络交易中心交易两种方式来分析。

（1）通过访问页面进行交易。我们认为页面上商品信息是要约邀请，这是因为它们在虚拟社会的表现形式是图形，从可能性上来说，当同时有多数人同时点击同一商品时，该图形所表示的商品可能会立刻售罄。如果认定为要约，对于商家是过于苛刻的。据此，我们认为该信息均应是要约邀请。消费者点击“购买”的按钮是要约。随后出现的支付页面应是卖方的承诺，表明卖方接收了消费者的要约，请求消费者支付或者选择支付方式。但是，如果卖方表示了经受要约人承诺，要约人即受该意思表示约束，应当认定它是要约。例如，卖方在页面上载明，“截止时间”“限前10名购买人”等字样，就表明卖方的意思是要约。

（2）通过网络交易中心交易。此类交易主要是B2B交易。网络交易中心为交易双方提供了交易平台，买卖双方可以在这个平台上进行协商直至订立和履行合同。在线双方采用即时聊天的方式对交易的具体内容逐项讨论，每项内容协商完毕，双方须点击“确定”按钮，再继续讨论下一项内容。就交易的全部事项讨论完毕后，双方须点击“确定”作最后的确认。随即双方可进入支付页面，选择支付方式，买方可以选择在线支付，卖方利用货物配送系统来履行。这种交易是借助互联网进行的文字或口头交易，与传统交易中的要约承诺是一样的。

（二）在线交易中要约的撤回和撤销

（1）要约的撤回，是指要约人在发出要约后，到达受要约人之前，取消其要约的行为。《合同法》第17条规定：要约可以撤回，撤回要约的通知应当在要约到达受要约人之前或者与要约同时到达受要约人。在线交易中，由于信息传输的高速性，要约一旦发出，受要约人即刻就可收到，几乎不存在撤回的可能。虽然在某些情况下，传输障碍或带宽的限制导致信息不能立刻到达，但这不影响要约不能撤回的规则。

（2）要约的撤销，是指在要约生效后使要约失效的行为。《合同法》第18条规定：要约可以撤销，撤销要约的通知应当在受要约人发出承诺通知之前到达受要约人。在线交易中，要约能否撤销取决于交易的具体方式。从《合同法》的规定来分析，受要约人在收到要约后有一个考虑期，此期限的长短由要约人决定或由交易习惯确定，在考虑期满前，要约人可以撤销要约。因此，要约能否撤销取决于考虑期的长短和受要约人的回应速度。

如果当事人采用电子自动交易系统从事电子商务，承诺由交易系统自动回应，要约人没有机会撤销要约；如果当事人在网上协商，这与口头方式无异，要约人在受要约人作出承诺前是可以撤销的。

（三）要约和承诺生效的时间

在生效时间方面有两种做法：一是大陆法系国家采用的到达主义：以信件到达接受人处生效；二是英美法系国家采用的发送主义：只要发出人将信件投邮即生效。到达主义侧重于维护交易安全，发送主义侧重于维护交易迅捷。

从科技迅速发展来看，发送与到达的时间差越来越小，到达主义与发送主义的差别所产生的利弊也大大淡化，二者的实际效果越来越接近。

从国际公约的规定来看，较多采到达主义，如《联合国国际货物销售公约》。

美国《统一计算机信息交易法》对于电子信息的生效时间也采用了到达主义，而放弃了普通法的“邮箱规则”。应当说，电子交易本身具有以往任何时代无法比拟的快捷性，因而，安全成了每个国家立法者考虑的第一要素。到达主义正好符合了这一要求，而发送人的风险可以通过设置“确认收讫”系统加以避免。

三、确认收讫与承诺的关系

（一）确认收讫的含义和有关法律规定

确认收讫是指在接收人收到发送的信息时，由其本人或指定的代理人或通过自动交易系统向发送人发出表明其已收到的通知。

联合国《电子商务示范法》颁布指南指出：确认收讫有时用来包括各种各样的程序，从简单的确认收到一项电文到具体表明同意某一特定数据电文的内容。《电子商务示范法》对确认收讫的应用规定了以下五项主要原则：

（1）确认收讫可以用任何方式或行为进行；

（2）发送人要求以确认收讫为条件的，在收到确认之前，视信息未发送；

（3）发送人未要求以确认收讫为条件，并在合理期限内未收到确认的，可通知接收人并指定期限，在上述期限内仍未收的，视信息未发送；

（4）发送人收到确认的，表明信息已由收件人收到，但不表明收到的内容与发出的内容一致；

（5）确认收讫的法律后果由当事人或各国自己决定。

新加坡《电子商务法》（1998 年）受《电子商务示范法》的影响作了与其完全一致的规定。韩国《电子商务基本法》的规定稍有不同，该法第 12 条第 3 款规定：“如果发件人要求收件人确认收讫但未声明以确认收讫为条件，那么，发件人可以撤销发出的电子信息，除非在合理时间内，或在发件人规定的时间内，或在发件人和收件人协商一致的时间内，发件人收到了确认通知。”

（二）确认收讫的法律效力

确认收讫有没有法律效力？这取决于当事人的约定或法律的规定。确认收到是否表明接收人已经同意了信息的具体内容？这同样取决于当事人的约定或法律的规定。当事人可以约定收到确认具有承诺的法律地位，但在一般情况下，这样做会使接收人处在较被动的地位，在接收人采用自动确认程序时尤其如此。在当事人没有约定的情况下，应当适用法律规定。

多数国家法律规定：确认收讫仅仅表明接收人收到电子信息，而非承诺，除非当事人另有约定。

判断确认收讫是不是承诺可以从两个方面来考察：

（1）在内容上确认收讫有没有表明同意要约。确认收讫实际上是一个功能性回执，是由接收方的电脑在收到要约方的信息后自动发出的。这一点它与挂号信的回执有同等作用，其目的是减少商业风险，就像挂号信的回执不代表收信人同意信件内容一样，确认收讫也不用来确认相关电子信息的实质内容。

（2）交易习惯应是立法的基础。法律规则应从一般惯例中抽象出来，对于少数特例应允许当事人自行约定。

我们认为，在法律没有做出规定的情况下，确认收讫不是合同订立的必经程序。在合同订立过程中是否需要设置确认收讫应由当事人自己决定，确认收讫能减少风险，但同时也增加了商业成本，法律应赋予市场主体自由选择的权利。

确认收讫的其他法律后果可以参照联合国《电子商务示范法》的有关规定来确定。《电子商务示范法》设置了两种情况：发件人未声明以确认收讫为条件和必须以确认收讫为条件。对比《电子商务示范法》，韩国《电子商务基本法》还规定了一种情况，即如果发件人要求有确认收讫但未以之为条件，发件人可以撤销电子信息。

第三节　电子合同的效力

一、点击合同的法律效力

（一）点击合同的含义和特点

当我们在网上购物或申请会员登记电子邮件时，网站要求我们填写有关信息，并点击

“同意”后才可以进行相关活动，这种必须点击“同意”的合同，我们称为点击合同。点击合同（Click-wrap Contract）系指由商品或服务的提供人通过计算机程序预先设定合同条款的一部分或全部，以规定其与相对人之间的法律关系，相对人必须点击“同意”后才能订立的合同。

点击合同具有以下特点：

（1）点击合同具有附合性。尽管合同当事人在法律上具有独立人格，可以自由平等表达自己的意志，在意思合致的基础上订立合同，但是在网络中，一方面，多数交易是通过电子代理人来完成的，交易的迅捷性使得双方当事人不可能逐条协商；另一方面，合同的提供方大多处在经济或技术的优势地位，这种优势地位使之有能力通过事先拟订合同的条款保证其利益的最大化，而合同的使用人要么全部接受，要么全部拒绝，但合同提供人的优势地位使得他们不得不接受，从而丧失选择权，不得不附和于提供方的意志。

（2）点击合同具有标准化的特点。点击合同是在订约前由一方当事人拟订并提出的，其条款是定型化了的，不因交易相对人的不同而不同。

（3）点击合同可以普遍适用。合同的提供方是特定的，合同的相对人则是不确定的。

（4）点击合同具有互动性。传统的格式合同不会因订约人数的多少来改变其内容，点击合同往往通过事先设定的程序，根据订约的人数、履行的地点等因素自动改变合同的价格等条款，这在B2C交易中尤其明显。

点击合同虽然具有鼓励交易的有利一面，但也存在限制或侵害相对人利益的可能性。

（二）点击合同有效的原则

点击合同究其本质仍是合同，因此点击合同应符合合同有效的原理和格式合同生效的一般要件。然而，点击合同又有其特殊性，点击合同应具备以下生效条件：

（1）意思合致原则。当事人意思表示一致是合同生效的经典规则，点击合同自然也不例外。由于点击合同从订立形式上必然要经过相对人点击“同意”这一过程，即在形式上每一份合同均达到了意思合致的要求，但是否反映了当事人的真实意思，则难以从表面上考察。

（2）诚实信用原则。诚实信用既是合同当事人应遵循的准则，也是判断合同是否有效的准则。判断的标准是，格式条款是否符合法律的根本指导思想，或该条款是否限制了依合同本质所发生的重要权利或义务，以致合同目的无法达到。

由于点击合同与相对人利益密切，且相对人处在合同被动的地位，为保障合同生效对相对人带来的合法利益，在排除违法点选条款或格式条款之时，并不否定合同的效力，除非继续维持合同效力对当事人过于苛刻。

点击合同的效力受到多种因素的影响，这里仅探讨合同条款本身对效力的影响。我们认为，影响合同效力的主要因素在于当事人的意思表示是否一致，由于点击合同的电子化形式，合同的订立必须由相对人点击“同意”才能得以完成，表面上看是意思一致了，但问题的实质在于合同中的格式条款是否具备了让相对人知晓的条件。

（三）使用自动信息系统订立的合同的法律效力

点击合同最普遍的应用是使用自动信息系统订立合同。《中华人民共和国电子商务法》（简称《电子商务法》）第48条规定，电子商务当事人使用自动信息系统订立或者履行合同的行为对使用该系统的当事人具有法律效力。

本条款承认了由自动信息系统代表当事人作出要约或承诺的意思表示，明确了系统自动完成的电子合同的法律效力。换句话说，目前电子商务经营者普遍采用的由电商平台自动生成订单，消费者点击确认即代表进行签署的操作模式得到法律认可。

《电子商务法》第48条还规定，在电子商务中推定当事人具有相应的民事行为能力。但是，有相反证据足以推翻的除外。

以前我们经常说“你永远不知道网络的对面是一个人还是一条狗”，但本款的规定意味着法律推定网络对面就是一个有相应民事能力的人。这样的立法实际上充分考虑到了互联网经济对于效率的看重，大大降低了交易成本，使得不见面的双方所缔结的电子合同也可以获得充分的法律保障。

由自动信息系统订立的合同属于格式合同。提供自动信息系统订立合同的电子商务经营者应当采取法律法规规定的方式或其他合理方式提请当事人注意格式条款，并对格式条款进行说明。

二、B2C交易合同条款应满足的条件

（一）合理提醒消费者注意

点击合同的提供人必须提醒消费者注意合同的格式条款，以明确、直接的方式告知消费者，不得在合同之外另行规定其他条款。提醒消费者注意应达到合理的程度，这可以从文件的表现形式、提醒注意的方法、提醒注意的时间和提醒注意的程度四方面来考察。

（1）文件的表现形式。应使相对人知道它是合同条款。在浏览页面购买商品时，卖方以合同文本的形式表现订立合同的内容，供消费者点选和点击同意。这种表现形式应是符合了要求。但是，页面上的某些规定或提示是以声明、通知等形式发布的，能否成为合同条款，则要具体分析。该提示如能明确表明它是合同条款，与消费者所要订立的合同是一个整体，则可以作为格式条款。否则，合同的提供方不能将该提示作为合同的条款。

（2）提醒注意的方法。应使相对人知道它的存在。提醒注意的方法可以是多样的，但必须能引起具有合理注意能力的消费者的注意。提醒的方式应以个别提醒和明示的提醒为主。在消费者购买过程中，合同条款的全部内容应当出现在页面上，提醒注意的语言文字要清晰明白、标志醒目。

（3）提醒注意的时间。应当在合同订立之前或订立之时作出。在消费者作出点击“同意”之前，所有条款均应告知。因此，某些网络商家在消费者作出承诺之后，又告知消费者若干义务，该义务不能作为合同内容，因为在合同成立之后，未经相对人同意，单方不能变更合同。

（4）提醒注意的程度。应当能引起相对人的注意。能否引起相对人的注意应以客观合理性为准，即能使一个具有一般注意能力之自然人产生注意。不能根据个体的不同而不同。

（二）保证消费者有审查机会

合同的提供人应保证相对人有充分的时间了解合同的内容，这里是强调相对人有审查的机会，至于消费者是否去了解，则在所不问。消费者是否具有这样的机会应从以下几点判断：

（1）合同条款能引起相对人的注意并允许其审查。引起消费者的注意是条件，允许其

审查是结果。所谓允许审查，是指消费者能看到合同的内容并有权作出是否缔约的决定。

(2) 合同的提供人应保证相对人有审查的合理时间。例如，商家在有关页面上有“法律声明”之类的栏目，允许消费者在浏览页面时查看或将合同内容设置为消费者购物的必经环节，以保证消费者有充分的时间去审查。

(3) 相对人审查合同的时间。合同的提供人应保证相对人在订约之前或订约之时有审查的机会；如果某一条款只有在当事人负有付款义务或履约之后才能审查的，则只有在相对人如拒绝该条款时有退还请求权的情况下视为具有审查机会。例如在订立合同时，规定相对人需保守商业秘密，但只有在相对人付款后，才能了解涉及商业秘密条款的具体内容，此时若相对人拒绝接受应有退款请求权，否则，应认为合同提供方未给予审查机会。

三、B2B 交易合同条款应满足的条件

在 B2B 交易中，由于当事人都是商人，在商业经验和交涉能力方面大致相当，因而在立法政策上，无须给予任何一方特殊的保护，根据一般合同理论即可。但是，格式条款仍应满足下列条件：

(1) 由双方当事人在多次交易中使用。这一要件要求交易双方必须在一个较长的时间里持续使用，每一次的使用，都以相对人知悉该格式合同的存在为前提，并且语义相同。

(2) 符合行业惯例或商业习惯。由于商业习惯为交易人所了解并长期使用，可以得到法律的认可。

(3) 对于初次使用的格式条款，应给予相对人了解的机会，在此，并不要求相对人了解其内容，只需知晓其存在即可。

四、电子错误对合同效力的影响

（一）什么是电子错误

所谓“电子错误”，是指在线交易过程中，交易双方因使用信息处理系统时产生的错误。从广义上说，电子错误包括传统合同错误的电子化表现形式；狭义的电子错误仅指计算机信息处理系统产生的错误。这里所说的电子错误是指后一种情况。

电子错误应符合以下构成要件：

(1) 电子信息须经当事人使用或指定的计算机信息处理系统进行信息传递或信息处理。

(2) 该计算机信息处理系统的程序设置正当。即当事人不得故意设置某一程序以改变原始信息的内容。

（二）电子错误的法律调整

对于错误，由于不是当事人真实的意思表示，所以应当允许当事人撤销，在合同成立之前，当事人可以撤销错误的表示行为，在合同成立或生效后，可以撤销法律行为。我们根据交易的不同类型来确立相关的规则。

在当事人双方有约定的情形下：若当事人各方约定使用某种安全程序检测变动或错误，一方当事人遵此执行，而另一方当事人未遵守约定。在未遵守方如遵守约定就可以检测到错误的情形下，遵守方可以撤销变动或错误的电子信息所产生的效力，不论合同是否已订立或履行。

在当事人双方没有约定的情形下：需要基于公平、技术特性和交易撤销的后果等因素来判断是否及怎样撤销电子错误。

《电子商务法》第50条规定，电子商务经营者应当清晰、全面、明确地告知用户订立合同的步骤、注意事项、下载方法等事项，并保证用户能够便利、完整地阅览和下载。电子商务经营者应当保证用户在提交订单前可以更正输入错误。

在发生电子错误时，若合同尚未履行，应当允许发生错误的一方予以撤销；若合同已经履行，除非发生了显失公平的结果或导致合同目标落空，否则将难以得到支持。

第四节　电子合同的履行与违约救济

一、电子合同履行概述

合同的履行是指债务人全面、适当地完成合同义务，使债权人的合同债权得到完全实现。合同履行是合同效力的主要内容，是当事人权利义务实现的正常结果。我国《合同法》第60条规定："当事人应当按照约定全面履行自己的义务。"这是法律对于合同履行的基本要求。电子合同的标的可以是信息产品，也可以是非信息产品，对于非信息产品，由于具有一定的物理载体，其履行方式与传统履行并无大的差异，而对于信息产品，由于其特殊性，在履行上也体现出较多的不同之处。

（一）电子合同履行的原则

我国《合同法》虽然没有明确规定合同履行的原则，但是，一般认为，合同的履行原则主要有适当履行原则和协作履行原则。这些基本原则仍然适用于电子合同的履行。

（1）适当履行原则就是指当事人按照合同的约定或者法律的规定履行合同的义务。它是对当事人履行合同的最基本的要求。例如，履行的主体是合同确定的主体，履行的时间地点恰当，履行的方式合理等。对于电子合同而言，如果是离线交付，债务人必须依约发货或者由债权人自提；在线交付的一方应给予对方合理检验的机会，应保证交付标的的质量。

（2）协作履行原则是指当事人不仅适当履行自己的合同债务，而且应基于诚实信用原则要求对方协助其完成履行。协作履行原则是诚实信用原则在合同履行方面的具体体现，我国《合同法》规定了协作履行有通知、协助和保密的义务。

电子合同履行中，为便于债务人发货，要求债权人告知其地址和身份信息，债权人不得拒绝；在线收集的当事人的有关资料不得非法利用等。

（二）电子合同履行的基本模式

从我国当前电子商务开展的情况看，基本上有在线付款在线交付、在线付款离线交付、离线付款离线交付三种合同履行方式。

对于数字化信息产品而言，既可以选择在线下载的方式，也可以选择离线交付的方式。

二、信息产品履行的一般规则

（一）履行的时间

对于信息的许可访问，其履行期即是许可方允许被许可方访问特定信息的期间，它不像信息的使用许可，有一个交付和受领的时间点，而是一段期间。在该段期间内，许可方应按合同的规定向被许可方提供信息并允许他访问。一般是以访问许可方网站站点或App、浏览页面等方式获得信息。被许可方访问的方式和时间可以在合同中约定，如果合同允许当事人可以任意时间访问站点以获取信息，但实际上当事人并不能在任意时间做到这一点。如计算机故障，被许可方就不能访问。许可方可在使用条款中约定下列不能提供访问的机会不能认为是违约：

（1）在许可方的计算机、网站和相关设施的维护期内，被许可方无法访问。

（2）不可归责于许可方的设备、计算机程序等发生故障等意外事件，或者许可方网站的服务器托管方的原因致被许可方不能访问。

在上述不能访问期间，许可方应采取合理措施让被许可方获取信息或通过合同约定解决的方式采取措施。

（二）履行的地点

信息产品可以通过有形载体来完成交付，也可在网络中传播。我国《合同法》第60条、第61条及第62条第（三）项确立了履行地点的履行规则，对于有形载体的交付可以完全适用这一规定。

在线交付标的，问题就较为复杂。信息的流转经由许可方的计算机、服务器等设备到达对方的信息处理系统，而许可方的信息处理系统是可以分散分布在不同地点的，尤其是服务器所在地可以是在任一地点。因此，履行地点可以遵循以下方法来确定：

（1）当事人有约定或指明它的营业地的；

（2）当事人有一个以上营业地的，可考虑与本合同联系最密切的地点；

（3）在难以确定当事人营业地时，可考虑其信息系统的支持设备或技术所在地。

（三）信息产品的检验

产品的检验是履行的重要环节，在检验期间内发现质量问题的，接收方可以无条件退货并解除合同，在检验期满后出现问题的，只能依法或按约定追究其违约责任。我国《合同法》第157条规定："买受人收到标的物时应当在约定的检验期间内检验。没有约定检验期间的，应当及时检验。"对于通用信息产品而言，由于产品的质量性能的定型化，其检验较为简易。此类交易属即时履行的交易，对有形载体的信息产品的检验，一般是检查其产品的包装状况、产品规格等外表情况，这种检验可称为形式检验，在检验完毕后即付款。当然，这并不排除当事人约定在付款后检验或在产品的使用后检验。

当交易以在线方式履行时，由于产品本身不具有包装，自然接收人也无须对此检验，他所能检验的仅仅是该许可产品的说明，确定有关规格、版本等事项，但是，只有在他下载信息产品或进行安装时才会知道产品是否与说明相符。如果这种下载以接收人付款为前提，那么在他付款前没有检验的机会。为此，检验期应是在接收人收到信息后的一段合理期间。接收人发现产品有问题的，可在该期间内请求退货、解除合同、返还货款并可追究其违约责任。

（四）拒绝受领

合同生效后，当事人应按照合同的约定履行，债务人按时交付标的，债权人应即时受领。因受领迟延导致的损害，交付方不承担责任。在交付标的不符合合同的规定时，受领方有权拒收或者代为保管，并追究交付方的违约责任。

如果一方当事人合法拒绝受领，但又处在占有该信息的状态时，他须承担一定的义务：

（1）妥善保管义务。拒绝方不得使用信息或者以违反合同约定的方式利用该信息。

（2）及时通知义务。拒绝方在接收后，发现标的与约定不同的，应在合理的时间内告知对方。

（3）交回义务。拒绝方可以在通知对方后的合理时间内或者遵照对方的指示将信息及所有的复制件、相关资料退还给对方。

拒绝方因履行上述义务而发生的费用应由对方承担。

三、信息产品履行中的风险

（一）风险转移的时间

我国《合同法》确立了风险转移的原则：标的物的风险自交付时转移。信息产品同样应遵循该原则，除非当事人另有约定。有形载体的信息产品的交付时间易于确定，以在线方式交付的信息，如何确定交付的时间呢？

如果许可方采用允许下载的方式来交付，则应在被许可方完全下载完毕后，风险责任转移至接收方。在下载过程中，不论是何种原因发生中断的，许可方应当允许被许可方重新下载。被许可方也可以先下载一部分，以后再下载余下的部分。只有在信息产品被完整和全部交付后，其风险责任由被许可方承担。

许可方采用电子邮件方式向被许可方发送信息产品的，自被许可方收到该信息时，风险责任发生转移。如果在信息产品允许重复下载或经请求重新获得许可的情况下，信息产品灭失的可能就非常小，除非许可方的计算机硬件设备在信息传输时发生灭失。

（二）风险责任的承担原则

信息产品的风险有灭失的风险和遭受破坏的风险，灭失的风险较易区分是发生在交付前还是交付后；而遭受破坏的风险，例如计算机病毒导致使用方设备损坏，则很难确定具体感染病毒的时间，如果采用技术手段鉴定，成本又太高，因此有必要确定风险承担的原则。

（1）当风险发生的时间显而易见时，根据信息产品交付的时间确定，风险发生在交付之前的，由许可方承担；风险发生在交付之后的，由被许可方承担。

（2）当风险发生的时间较难确定时，如果被许可方能证明其信息处理设备具有符合标准的安全防护措施，可以推定风险发生在交付之前；虽然被许可方不能证明其信息处理设备符合安全标准，但是信息产品存在明显的安全漏洞或未采用安全的传输方式，则推定风险责任发生在交付之前，该风险责任由许可方承担。

这里的安全是指符合有关法律和法规规定标准的安全，没有法律法规规定的，根据该行业的一般标准或惯例确定。

四、电子合同终止后当事人的权利义务

合同终止可以由各种情况引起，履行是其中最经常和最正常的原因。合同履行完毕，合同的权利义务即终止，但是当事人仍要承担合同法上的义务。我国《合同法》第 92 条

规定，合同的权利义务终止后，当事人应当遵循诚实信用原则，根据交易习惯履行通知、协助、保密等义务。但是电子合同在履行完毕之后，还存在特殊之处。

（一）被许可方的继续使用及限制

被许可方在合同终止时，就无权继续行使合同上的权利，例如访问许可方的信息。但是，在信息许可使用的情形下，尚存在被许可方继续使用的可能。

一种情况是该信息经被许可方使用后已与其他信息混合，使退还不可能；或者被许可人因为其他情况使得退还没有必要时，应当允许被许可方继续使用。此时的继续使用应有所限制：

（1）不能超出合同有效时的使用目的和范围。如合同规定该信息是为个人使用而许可，继续使用不能扩大到商业使用。

（2）继续使用不享有原合同生效时的其他权利，例如享有信息产品升级、维护等权利。

（3）被许可方继续使用应支付必要的使用费。

另一种情况是在许可方违约，被许可方合法解除合同时，为减少损失而采取的必要措施。例如，被许可方获得计算机软件的使用权，在安装后发现与合同的规定不符，于是依约解除合同，被许可方失去该软件的使用权，但是，一旦停用会使其系统功能丧失，为避免更大的损失，在使用人安装新的软件之前，可以继续使用该软件。

这种使用同样应有一定的限制：

（1）被许可方的继续使用不违反原合同的使用目的和范围；

（2）使用时为了避免或减少损失而采取的合理措施；

（3）不违反许可方在解除合同后的处理办法或不违反与被许可方达成的协议，如果许可方禁止被许可方使用，则他应对禁止使用所扩大的损失负责；

（4）该使用应基于善意并不能超出必要的时间①；

（5）继续使用应支付合理的使用费。

（二）被许可方的协助义务

合同终止时，被许可方应按约定采取合理措施协助完成有关事项。被许可人应遵循许可方的指示，退还标的及相关的材料、文件、记录、复制件或其他有关资料；或者销毁有关的复制件等。被许可方不得在合同终止后，继续持有信息或复制件，或采取技术手段非法改变、移除许可方的电子标识信息或自助控制信息，以继续非法使用。

此外，在合同终止后，许可方有采用电子控制的权利以防治非法的利用。根据我国法律规定，当事人还应履行通知义务和保密义务。

五、电子合同的违约救济

（一）违约的归责原则

所谓归责原则，是指违约方的民事责任的法律原则。合同违约的归责原则有两类：一种是过错责任原则，另一种是严格责任原则。过错责任原则是指一方违反合同的义务，不

① 所谓必要的时间，是指被许可方获得阻止损失扩大能力所需要的时间。

履行和不适当履行合同时，应以过错作为确定责任的要件和确定责任范围的依据①。严格责任原则是指在违约发生以后，确定违约当事人的责任，应主要考虑违约的结果是否因被告的行为造成，而不是被告的故意和过失②。

1. 以严格责任为归责原则

从我国《合同法》的制定来看，逐步确立了违约责任以严格责任为原则。即违约责任不以过错为归责原则或构成要件，除非有法定的或约定的免责事由，只要当事人一方有违约行为，不管是否具有过错，都应当承担责任。因此，我们认为电子合同的违约责任也应以严格责任为主。但是网络传输的特殊性也会产生传统法律中不曾有过的问题，例如网络传输发生故障、文件下载感染病毒等情况，是否需要承担违约责任，需要法律明确。在明确严格责任的同时，还需规定免责的事由。

2. 免责范围

合同违约的免责事由包括不可抗力、法律的特殊规定、债权人的过错和约定的免责条款等。在网络中，下述情形可认为是不可抗力：

（1）文件感染病毒。文件染毒的原因，可能是遭到恶意攻击，也可能是被意外感染。但不论是何种原因，如果许可方采取了合理与必要的措施防止文件遭受攻击，仍不能避免被攻击，由此导致该文件不能使用或无法下载的违约行为，许可方不承担违约责任。概言之，许可方尽到了合理注意的义务后，不承担责任。但这并不排除许可方返还对方的价款的义务。

（2）非自己原因造成的网络中断。网络传输中断，则无法访问或下载许可方的信息。网络传输中断可因传输线路的物理损害引起，也可由病毒或攻击造成。如果当事人对此无法预见和控制的，自应属于不可抗力。

（3）非自己原因引起的电子错误。例如，消费者购物通过第三方支付网关付款，由于第三方支付网关的错误未能将价款打到商家的账户上，虽然消费者对此毫不知情，但商家由于未能收到价款而不履行，不应承担违约责任。

（4）因遭受攻击而不能履行的，也应免责。

（二）违约救济的主要方式

我国《合同法》第107条规定，当事人一方不履行合同义务或者履行合同义务不符合约定的，应当承担继续履行、采取补救措施或者赔偿损失等违约责任。结合电子合同的特点，我们认为，除此之外，电子合同的违约救济主要有实际履行、停止使用继续使用、中止访问和损害赔偿等措施。

1. 实际履行

实际履行给守约方较大的选择权，守约方可以在权衡利弊的基础上，选择实际履行或者其他补救方式。在守约方没有明确反对的情况下，法院和仲裁机构可以判定违约方实际履行。

2. 停止使用

停止使用是指因被许可方的违约行为，许可方在撤销许可或解除合同时，请求对方停止使用并交回有关信息。停止使用的内容包括被许可方将所占有和使用的被许可的信息及所有的复制件、相关资料退还给许可方，同时被许可方不得继续使用。许可方也可以采用

---

①② 王利民，崔建远. 合同法新论·总则. 北京：中国政法大学出版社，1996.

电子自助措施停止信息的继续被利用。但是，被许可的信息在许可过程中已发生改变或与其他信息混合，使得它已无法分离，则无须交回。

3. 继续使用

继续使用是指在合同终止或许可方有违约行为时，被许可人可以继续使用许可方的信息。继续使用不同于继续履行，对于信息许可使用和信息访问而言，如果许可方违约，未按照合同约定提供服务或产品，只要受害方认为必要，可以要求违约方继续履行。但是在被许可方实际使用或获得许可以后，许可方违约了，并不存在继续履行的问题，而是被许可方的继续使用。

例如，被许可方付费下载了许可方的软件，根据双方的约定，被许可方对软件的使用不受期限限制且许可方应当提供后续更新的版本；若许可方违反约定不向被许可方提供软件更新，被许可方对软件的继续使用不受限制。

4. 中止访问

中止访问是对信息许可访问合同的救济，当被许可方有严重违约行为时，许可方可以中止其获取信息。中止访问不同于实际履行或者继续履行，后者实质上是法的强制，属于责任的范畴，不具有抗辩的性质；中止访问是许可方对被许可方的一种抗辩行为，是履行中的抗辩。

作为一种抗辩，中止访问必须符合一定的条件：第一，合同当事人双方具有对等给付的义务，也就是说，信息许可访问合同是双务合同。第二，合同约定的义务已到履行期。第三，未按合同的约定履行。第四，在许可方采取中止措施之前，应通知被许可方。如果被许可方在通知规定的时间内消除了违约行为，则中止访问的措施不应采用。

5. 损害赔偿

损害赔偿是违约方以支付金钱的方式弥补受害方因违约行为所减少的财产或者所丧失的利益。损害赔偿是最基本和最重要的违约救济方式。它与上述几种违约救济方式是互补的，一方违约后，除了要求其采取特定补救方式外，对于已造成的损害还应予以赔偿。但是，根据我国法律规定，损害赔偿不得与违约金并用。

第五节 电子合同的法律关系

一、电子合同的主体与客体

（一）电子合同当事人

网络交易本身的虚拟性，使当事人无法获知对方的缔约能力状况。尤其是在B2C交易中，在消费者不具有完全民事行为能力的情况下，其与商家订立的合同是否有效？这一问题的解决有利于交易的稳定和电子商务的正当开展。

我们认为，基于电子合同种类的不同，电子合同当事人分为两种情形：

（1）对于直接在网上开展交易活动的当事人，其订约能力应适用《民法通则》的规定。电子商务的特殊性并没有改变民商事活动的本质，民事活动对交易当事人缔约能力的要求自然不应发生改变。

（2）对于接受公共信息服务的当事人，不论其年龄或精神状态如何，均应视为主体适格。

（二）电子合同的标的

标的是合同权利义务所指向的对象。标的在传统合同的分类中具有重要意义。从是否可以在线交付的角度而言，电子合同的标的可以分为两类：一类是非信息产品，另一类是信息产品，它以数字化形式存在，可以无限复制，可以从网络下载，它的特殊性使得当事人的权利义务发生了变化。具体而言，信息产品具有如下特点：

（1）不可破坏性。因为信息不可能磨损，一经产生，就可以永久存在，无论使用得多久或多频繁，其质量都不会下降，因此对信息产品而言，不存在新的或旧的之区分；对购买人而言，他无须重复购买；对厂商而言，他们不得不与自己的产品竞争，不停地将之升级。因此，这一特性决定了信息产品许可使用的情形要远多于所有权的销售。

（2）可变形。信息产品的内容很容易被修改，即使产品的卖方要求使用人未经同意不得修改信息产品的内容，但是用户仍然可以采用特定技术来改变。为了维护产品所有者的利益，应允许他们有维护产品完整的权利。

（3）可复制性。所有信息产品都可以无限次地复制、存储和传输，则意味着生产厂商只要开发出信息产品就可以无限次地许可使用，同时也不得不防止产品的盗版行为。

界定信息产品这一标的的意义在于：信息产品的特性改变了传统商品的履行方式，使传统合同的权利义务发生了新的变化。

二、电子合同当事人的特殊权利和义务

（一）电子控制权问题

当电子合同的标的是信息产品时，标的本身的特殊性使当事人的权利义务产生了特殊情况，这集中体现在信息产品许可人享有的电子控制权。

1. 信息许可人行使电子控制权的条件

所谓电子控制，是指信息产品的许可方采取某一电子措施和类似方法限制他人对信息的利用。电子控制是许可方保护其权利的一种方法，但在未经约定的情况下，权利人并不能随意使用。通常情况下，权利人行使该权利需要在合同中约定：

（1）合同中有被许可方对信息许可方使用该权利的明确的同意；

（2）电子控制权行使的目的是阻止被许可方超出合同约定范围的使用。

2. 电子控制权的限制

电子控制权行使不当会损害被许可人的利益，因此要对许可人做一定的限制：（1）电子控制权的行使不得控制或破坏被许可人的其他信息或其信息处理设备；（2）电子控制权的行使存在危害公共安全、损害公共利益或严重影响第三人合法利益的风险时，不得使用。

3. 电子控制权的法律后果

信息产品的许可人依法行使电子控制权，使被许可人不能使用该信息，由此造成被许可人的损失，许可人不承担任何法律责任。但许可人不当使用电子控制权导致被许可人或他人利益损失的，应承担相应的赔偿责任。

许可人使用电子控制权即使正当，但电子控制发生错误或变动导致被许可人或他人受到损害的，应承担损害赔偿责任。

（二）信息产品许可人的主要义务

信息产品的特殊性也决定了合同许可人的义务与传统合同义务有所不同。传统合同对货物合同与服务合同的分类在这里不再泾渭分明，信息产品合同较难归入货物类合同或服务类合同。因此，信息产品许可人的义务具有混合性的特点。

1. 质量担保义务

信息产品许可人的质量担保义务包括产品质量的担保和服务质量的担保。产品质量担保主要有：

（1）效用担保。即信息产品符合通常的效用和合同约定的用途。

（2）品质担保。即信息产品具有约定和法定的品质，如与许可人约定的规格、版本、安全性等要求一致。

（3）服务质量担保。一般由当事人在合同中约定，主要有：按合同规定向被许可人提供安装和维护，提供相关知识的培训等。质量担保和服务担保几乎是融合在合同履行过程中的。

如果许可人违反该义务，被许可人可以请求许可人采取补救措施，或者解除合同并要求其承担损失。

2. 权利担保义务

对信息产品而言，权利担保较其他合同的权利担保更为重要。我国《合同法》第150条规定，出卖人就交付的标的物，负有保证第三人不得向买受人主张任何权利的义务，但法律另有规定的除外。

权利担保的主要内容有：

（1）保证在合同的有效期间，任何人无权基于许可人的行为对该信息提出权利请求；

（2）如果该信息是排他性的许可，符合专利法和相关法律的规定；

（3）许可人不得以约定排除所担保的义务。

3. 信息披露义务

由于网上交易的虚拟性，交易双方彼此难以了解，因此信息披露非常重要。信息披露的内容至少应包括：

（1）许可方的真实身份情况。

（2）合同标的的品质、质量等说明。

（3）订约程序及履行方法。

除了上述义务以外，许可方尚应承担按约履行、交付有关单证和证书的义务。

（三）信息产品被许可人的正当使用义务

基于信息产品的易复制和易于改变性，被许可方的违法使用会给权利人带来灾难性的后果，会损及信息产品交易的正常进行。信息产品使用人的正当使用义务有：

（1）未经许可人同意，不得擅自复制信息的拷贝和改变其用途、使用范围等；

（2）未经许可人同意，不得擅自改变信息的源代码并作商业性使用；

（3）不得违反合同约定进行使用。

导入案例解析

实践证明，在电子商务中电子合同技术的使用能够在一定程度上缓解电子交易中信用信息不对称风险的发生。相比传统纸质合同的签署，电子合同具有同等法律效力，其安全性、保密性和实用性优势明显。与其他信息技术应用不同，电子合同涉及两个对等法律主体的意思表示。在这里，政府引导具有非常重要的作用。电子合同在过去十多年的过程中一直没有得到很好的推广，关键是没有强制性的要求。所以，对于类似电子合同的新技术的应用，政府的“有形之手”是非常必要的。为使电子合同在电子商务中能够更好地应用，需要注意以下几个方面的问题：

（1）从内部完善电子签名和电子认证应用环境。应用单位应当根据实际需求定期进行功能、业务升级，关键是及时发现技术漏洞并提升数据电文的加密层级，增强密钥产品整体的安全性。同时作为电子认证机构需要严格履行对申领人的审核，利用网上“背调”服务①，最大程度上确保合作对象身份资料的真实和有效，减少假冒平台或缺信企业滥竽充数现象的发生。

（2）建立电子合同的第三方托管存储机制。企业交易过程中有时会出现为了减少自身损失单方面篡改或销毁电子合同的情况，合同相对方因此可能承担巨大风险与损失。因此，应当鼓励在第三方数据保全机构存档备案，其安全性和公正性能得到充分保证，即便未来双方发生合同纠纷，也可以及时调取第三方存储合同作为最终参考，确保其法律效力。

（3）建立全套的电子合同征信体系。宏观层面由中央政府牵头，财政、商务、工信等部门主导，落实电子签名应用的相关法律政策。建立一套全面的电子合同征信体系，鼓励民间网上“背调”，定期评价并公布交易平台的信用、风险、合规等指标，实施奖惩制度，对主动试点电子签名应用的企业提供一定的财政支持。

（4）加强电子合同应用宣传。通过宣传，在电子商务交易中更多地应用电子合同。政府应主动作为，引导与专门的第三方认证机构开展合作。其他行业也可以借鉴P2P借贷行业电子合同应用的经验，通过政府的适度干预，推广电子合同在各个行业中的应用。

思考题

1. 简述电子合同的概念、性质与分类。
2. 试论述电子合同的订立。
3. 试论述电子合同（信息产品合同）当事人的主要权利和义务。
4. 试论述信息产品合同履行的一般规则。
5. 简述电子合同的违约救济。

① 背调服务是交易信用背景调查服务的简称。网上“背调”服务基于“背景调查＋互联网”的理念，在参与人本人充分授权前提下，合法合规、高效低价地帮助交易当事人在交易过程中了解交易相对方的各类情况，有效防范企业身份、经营状况造假，防止隐瞒交易不良记录等不诚信行为。

第十章　电子商务经营者法律规范

电子商务是指通过互联网等信息网络销售商品或者提供服务的经营活动。我国《电子商务法》围绕电子商务经营者确立了一系列明确的法律规范，这是整部法律里最为核心的内容。在《电子商务法》全部89个条款中，对电子商务经营者的规定占了38个条款。从立法目的上来看，主要希望解决两个问题：一是对电子商务经营者作出了一般性规定，明确其相对线下经营者而言所具有的共性和特殊性；二是针对电子商务平台经营者作了专门的规定。

学习目标

1. 掌握电子商务经营者的分类；
2. 掌握电子商务经营者的基本义务；
3. 熟悉电子商务平台经营者的法律规范；
4. 了解电子商务其他有关服务经营者的特别规定。

导入案例　亚马逊中国的"删除订单案"

2012年9月5日，在亚马逊中国网站举办的名表促销活动中，夏先生以396元价格订购了两块依波表、一块海鸥表，下单时约定货到支付余款。当天上午9时许，夏先生陆续收到亚马逊中国的订单确认邮件，其中一款海鸥表显示有货，另两块依波表显示缺货，但表示一旦确认发货日期，将会向夏先生发货。然而9月8日，夏先生收到亚马逊中国的邮件通知，称其购买的三块手表因不能采购到货，无法为夏先生发货，并在没有通知夏先生的情况下，直接将订单删除。

2013年3月18日，北京朝阳法院对这起电商删单案作出一审判决。判决亚马逊中国继续履行订单，向夏先生交付其订购的三块手表。

法院审理认为，亚马逊中国网站关于"使用条件"的规定，是对消费者基于一般的消费习惯所认知的交易模式的重大改变，对消费者的合同利益会产生实质的影响，亚马逊中国网站对此应当作出合理的、充分的提示，提醒消费者注意该项特别约定。根据查明的情况法院认为，亚马逊中国未就使用条件的格式条款以合理的方式提请消费者注意，特别是没有在消费者提交订单之前予以明确提示，因此认定亚马逊中国关于"使用条件"的相关条款应视为没有订入合同，当然也不应对消费者发生效力。

第一节 电子商务经营者的基本义务

一、电子商务经营者的分类

根据我国《电子商务法》，电子商务经营者是指通过互联网等信息网络从事销售商品或者提供服务的经营活动的自然人、法人和非法人组织，包括电子商务平台经营者、平台内经营者以及通过自建网站、其他网络服务销售商品或者提供服务的电子商务经营者。

电子商务平台经营者是指在电子商务中为交易双方或者多方提供网络经营场所、交易撮合、信息发布等服务，供交易双方或者多方独立开展交易活动的法人或者非法人组织。

平台内经营者，是指通过电子商务平台销售商品或者提供服务的电子商务经营者。

二、电子商务经营者的登记制度

我国《电子商务法》第 10 条规定，电子商务经营者应当依法办理市场主体登记。但是，个人销售自产农副产品、家庭手工业产品，个人利用自己的技能从事依法无须取得许可的便民劳务活动和零星小额交易活动，以及依照法律、行政法规不需要进行登记的除外。销售的商品或者提供的服务应当符合法律规定。

这里，有 4 类主体开展电子商务交易是不用登记的：

（1）个人销售自产农副产品、家庭手工业产品。

（2）个人利用自己的技能从事依法无须取得许可的便民劳务活动。

（3）零星小额交易活动。

（4）依照法律、行政法规不需要进行登记的。

这里“小额”的界定可以参照小微企业免征增值税的标准，即月销售额不超过 3 万元。而这里的“零星”与“小额”应该是“或”的关系。

同时，《电子商务法》第 12 条规定，电子商务经营者从事经营活动，依法需要取得相关行政许可的，应当依法取得行政许可。这里的行政许可主要针对药品、危险品、易制毒化学品、种子等商品的销售。

三、电子商务经营者的信息公开

传统市场有民事主体公示原则，网络市场是一个新兴市场，其法律规范还没有成熟，根据联合国《电子商业示范法》的功能等同原则，网络市场的管理也应与传统市场相匹配。

我国《电子商务法》第 15 条规定，电子商务经营者应当在其首页显著位置，持续公示营业执照信息、与其经营业务有关的行政许可信息、属于依照该法第 10 条规定的不需要办理市场主体登记情形等信息，或者上述信息的链接标识。前款规定的信息发生变更的，电子商务经营者应当及时更新公示信息。

《电子商务法》还要求，电子商务经营者自行终止从事电子商务的，应当提前 30 日在首页显著位置持续公示有关信息。电子商务平台经营者应当在其首页显著位置持续公示平台服务协议和交易规则信息或者上述信息的链接标识，并保证经营者和消费者能够便利、完整地阅览和下载。

四、依法纳税

我国《电子商务法》第 11 条规定："电子商务经营者应当依法履行纳税义务，并依法享受税收优惠。依照前条规定不需要办理市场主体登记的电子商务经营者在首次纳税义务发生后，应当依照税收征收管理法律、行政法规的规定申请办理税务登记，并如实申报纳税。"

根据这一条的规定，所有电子商务经营者包括不需要办理市场主体登记的微商、自然人等纳入纳税范畴。其方法是在首次纳税后办理税务登记。怎样确定"首次"是这一条规定实施的关键。

根据 2018 年 8 月 31 日第十三届全国人民代表大会常务委员会第五次会议《关于修改〈中华人民共和国个人所得税法〉的决定》第 6 条，应纳税所得额的计算以经营所得为基础，每一纳税年度的收入总额减除成本、费用以及损失后的余额，为应纳税所得额。

以淘宝为例，在平台上开店不需要登记的自然人网店如果在一个纳税年度的收入额减除费用 6 万元以及专项扣除、专项附加扣除和依法确定的其他扣除后有余额，即为应纳税所得额。在这些网店首次纳税义务发生后，应当依照税收征收管理法律、行政法规的规定申请办理税务登记，并如实申报纳税。

粗略匡算，年销售收入在 45 万元以上需要缴税，同时要办理税务登记。鉴于电子商务平台统计的准确性，电子商务的纳税工作将进入到一个新的阶段。

五、使用电子发票

《电子商务法》第 14 条规定，电子商务经营者销售商品或者提供服务应当依法出具纸质发票或者电子发票等购货凭证或者服务单据。电子发票与纸质发票具有同等法律效力。

这一条明确了电子发票的法律效力。也就是说，电子发票也成为报销的凭证，从而为电子发票的大规模推广铺平了道路。

第二节　电子商务平台经营者的法律规范

一、电子商务平台的交易管理制度建设

交易规则是电子商务交易平台运行的基本规定。平台经营者应当建立交易规则、明确与平台内经营者共同遵循的守则，并建立交易安全保障、消费者权益保护、知识产权保护、不良信息处理、纠纷解决等管理制度。

根据商务部《第三方电子商务交易平台服务规范》5.6 条的规定，平台经营者应提供

规范化的网上交易服务，建立和完善各项规章制度，包括但不限于下列制度：

（1）用户注册制度；

（2）平台交易规则；

（3）信息披露与审核制度；

（4）隐私权与商业秘密保护制度；

（5）消费者权益保护制度；

（6）广告发布审核制度；

（7）交易安全保障与数据备份制度；

（8）争议解决机制；

（9）不良信息及垃圾邮件举报处理机制；

（10）法律、法规规定的其他制度。

我国《电子商务法》第34条规定，电子商务平台经营者修改平台服务协议和交易规则，应当在其首页显著位置公开征求意见，采取合理措施确保有关各方能够及时充分表达意见。修改内容应当至少在实施前7日予以公示。平台内经营者不接受修改内容，要求退出平台的，电子商务平台经营者不得阻止，并按照修改前的服务协议和交易规则承担相关责任。

平台经营者与申请进入平台销售商品或者提供服务的平台内经营者订立的协议，应当按照国家工商总局《网络交易管理办法》（2014年）第24条的规定，明确双方在平台进入和退出、商品和服务质量安全保障、消费者权益保护等方面的权利、义务和责任。

二、平台经营者对平台内经营者的身份的查验

实名登记是针对第三方电子商务平台内经营者鱼龙混杂情况严重，且相关行政监管部门难以取证执法所提出的。《电子商务法》第27条规定，电子商务平台经营者应当要求申请进入平台销售商品或者提供服务的经营者提交其身份、地址、联系方式、行政许可等真实信息，进行核验、登记，建立登记档案，并定期核验更新。

平台经营者应当监督平台内经营者合法经营，对于违反法律、行政法规的经营行为，平台经营者有权要求商户改正或依法采取必要的处置措施，并向有关主管部门报告。

管理部门发现平台内经营者有违反法律、法规行为，依法要求平台经营者采取措施制止的，平台经营者应当予以配合。

三、平台经营者对平台内经营者商品或服务的查验

我国《电子商务法》第38条规定，电子商务平台经营者知道或者应当知道平台内经营者销售的商品或者提供的服务不符合保障人身、财产安全的要求，或者有其他侵害消费者合法权益行为，未采取必要措施的，依法与该平台内经营者承担连带责任。对关系消费者生命健康的商品或者服务，电子商务平台经营者对平台内经营者的资质资格未尽到审核义务，或者对消费者未尽到安全保障义务，造成消费者损害的，依法承担相应的责任。

这是争论最大的一条。《电子商务法》（草案）三审稿公布后，一些人提出，关于电商

平台经营者与平台内经营者承担连带责任的规定，给平台经营者施加的责任过重，建议将“承担连带责任”改为“承担相应的补充责任”，与现行的《中华人民共和国侵权责任法》（简称《侵权责任法》）的规定相一致。四审稿将“承担连带责任”改为“承担相应的补充责任”，但立即引起巨大争议。

在强烈的社会反应之下，《电子商务法》最终稿将草案四审稿第 38 条第 2 款中的“依法承担相应的补充责任”，修改为“依法承担相应的责任”。同时，根据有的常委会委员的意见，增加一条行政处罚规定：“电子商务平台经营者违反本法第三十八条规定，对平台内经营者侵害消费者合法权益行为未采取必要措施，或者对平台内经营者未尽到资质资格审核义务，或者对消费者未尽到安全保障义务的，由市场监督管理部门责令限期改正，可以处五万元以上五十万元以下的罚款；情节严重的，责令停业整顿，并处五十万元以上二百万元以下的罚款。”

连带责任和补充责任的差别在哪里呢?

举例来说，在滴滴打车客户死亡的事件中，如果电商平台承担的是连带责任，那么受害人的家属就可以不分先后，直接起诉滴滴，要求赔偿；而如果是补充责任，那么受害人的家属就要先起诉司机，在司机不能赔付的情况下，才有可能再起诉滴滴。

同样地，对于网络电商平台来说，消费者只有在证明网店没有办法对消费者进行赔偿的时候，电商平台才需要进行赔偿。显然，这变相削弱了消费者的法律权利，使得在面对强大的电商平台的时候维权难上加难。

不仅如此，一旦《电子商务法》在立法中通过了“补充责任”的规定，消费者往往会忽略后续的司法解释，如果这里面再存在游说的问题，那么消费者将处于更加不利的地位。

显然，“相应的责任”回避了“连带责任”抑或“补充责任”背后的巨大争议，但这也相当于一个空白的条款，留给了执法者更大的自由裁量权。

四、平台经营者自营业务与他营业务的区分

我国《电子商务法》第 37 条规定，电子商务平台经营者在其平台上开展自营业务的，应当以显著方式区分标记自营业务和平台内经营者开展的业务，不得误导消费者。电子商务平台经营者对其标记为自营的业务依法承担商品销售者或者服务提供者的民事责任。

在电子商务纠纷调解中，投诉案例来自自营平台中非自营业务所占比重较高，许多消费者常常混淆平台经营者自己销售的产品和平台内经营者销售的产品。因此，有必要明确，平台经营者在自有平台上开展商品或服务自营业务的，应当以显著方式对自营部分和平台内其他经营者经营部分进行区分和标识，避免购买者或用户产生误解。

五、平台经营者的服务终止

不同于传统商业机构的影响仅仅在一个城市或一个地区，电子商务交易平台所波及的人数和社会面要大得多。因此，电子商务交易平台服务的终止也必须有较高的要求，以免引起社会的动荡。

因此，《电子商务法》第 16 条规定，电子商务经营者自行终止从事电子商务的，应当

提前30日在首页显著位置持续公示有关信息。

平台经营者擅自关闭平台服务，造成用户权益受到侵害的，应当承担相应的民事赔偿责任。

第三节 其他有关服务经营者的特别规定

（1）为网络商品交易提供网络接入、服务器托管、虚拟空间租用、网站网页设计制作等服务的有关服务经营者，应当要求申请者提供经营资格证明和个人真实身份信息，签订服务合同，依法记录其上网信息。申请者营业执照或者个人真实身份信息等信息记录备份保存时间自服务合同终止或者履行完毕之日起不少于两年。

（2）为网络商品交易提供信用评价服务的有关服务经营者，应当通过合法途径采集信用信息，坚持中立、公正、客观原则，不得任意调整用户的信用级别或者相关信息，不得将收集的信用信息用于任何非法用途。

（3）为网络商品交易提供宣传推广服务应当符合相关法律、法规、规章的规定。通过博客、微博、微信等网络社交载体提供宣传推广服务、评论商品或者服务并因此取得酬劳的，应当如实披露其性质，避免消费者产生误解。

（4）为网络商品交易提供网络接入、支付结算、物流、快递等服务的有关服务经营者，应当积极协助工商行政管理部门查处网络商品交易相关违法行为，提供涉嫌违法经营的网络商品经营者的登记信息、联系方式、地址等相关数据资料，不得隐瞒真实情况。

导入案例解析

对于单方格式条款，尽管亚马逊中国网站“使用条件”里有只有发出发货确认的电子邮件或短信通知时才认为合同成立这一项，但法院认为这项规定没有尽到电子商务经营者的提醒、注意、说明义务，因此不被视为合同的一部分，亚马逊中国网站单方删除订单的行为侵害了消费者的合法权益，应当承担违约和侵权责任。

除此之外，合同何时成立，也成为决定该案的责任分配最重要也是最先要解决的问题，消费者选购商品下订单的行为是要约还是承诺，对该问题的认定直接影响到消费者的权利。事实上，电子商务经营者可能有不同的“使用条件”，其规定可能不尽相同，该案的判决体现出法院的基本立场，从保护消费者的角度出发，做出对消费者权益有利的判决，符合我国《电子商务法》的立法精神。

我国《电子商务法》第50条规定：“电子商务经营者应当清晰、全面、明确地告知用户订立合同的步骤、注意事项、下载方法等事项，并保证用户能够便利、完整地阅览和下载。”

思考题

1. 试论述电子商务经营者的基本义务。

2. 试论述电子商务平台经营者的管理制度。
3. 简述平台经营者对平台内经营者的管理。
4. 简述平台经营者的服务终止。
5. 简述电子商务其他有关服务经营者的特别规定。

第十一章　电子商务经营活动法律制度

电子商务经营活动涉及虚拟市场经营活动的各个方面。本章主要研究电子商务经营者的法律责任、网络广告的法律规范、网络环境下的不正当竞争行为的法律规制、《消费者权益保护法》的法律适用、网络隐私权保护等内容。

学习目标

1. 掌握网络广告的内容管理；
2. 熟悉电子商务中不正当竞争行为的主要表现形式；
3. 掌握市场混淆行为的基本概念和要件；
4. 掌握侵犯商业秘密行为的法律规制办法；
5. 掌握侵犯个人信息行为的法律规制办法；
6. 掌握网络环境下消费者权益保护的基本做法。

导入案例　　网络虚假违法广告案

2017年3月，上海市工商行政管理局发布《2017年第1号虚假违法广告公告》。2016年，上海市共查处违法广告案件2 802件，罚没款总计8 556万元，同比分别增长37%和46%。其中有4个典型案例是涉及网络广告的，见表10－1。

表10－1　　网络虚假违法广告案例

序号	广告名称	类别	违法主体	发布媒介	主要违法表现及处罚结果
1	小站教育	教育培训	上海易宜文化传播有限公司	自有网站、电商平台	当事人未取得许可擅自从事网络教育培训经营活动，并利用官网和天猫旗舰店进行宣传，对公司的成立日期、服务资质和培训质量等内容作引人误解的虚假宣传，被依法处以罚款28万元
2	企业招聘	互联网	上海博为峰软件技术股份有限公司	自有网站	当事人在自有网站上发布弹窗广告，虽能关闭但在短时间内重复弹出，系当事人使用某技术软件设置弹窗的定时重启功能，将重启时间设置为10秒。当事人不能确保互联网弹窗广告“一键关闭”，被依法处以罚款2万元
3	南浦妇科医院 徐浦中医医院 安平医院 川沙天狮门诊部	医疗服务	百度在线网络技术（北京）有限公司上海软件技术分公司	互联网搜索平台	当事人作为互联网付费搜索广告的发布者，未能有效履行法定义务，发布未经审查的南浦妇科医院、徐浦中医医院、安平医院、川沙天狮门诊部等医疗机构广告，并且相关搜索关键词所指向的是上述医疗机构不具备资质的医疗服务内容。当事人被依法处罚款2.8万元，相关医疗机构亦因违法医疗广告被依法处以罚款共4.6万元

续前表

序号	广告名称	类别	违法主体	发布媒介	主要违法表现及处罚结果
4	大众搬场	生活服务	北京搜狗信息服务有限公司	互联网搜索平台	当事人承接某自然人冒用上海海博搬场公司名义发布“海博搬场”广告（经查证，该公司已在广告发布的9个月前注销），后又将搜索关键词和相关广告内容修改为“大众搬场”，构成虚假广告。当事人作为互联网付费搜索广告的发布者，未能有效履行法定义务，明知、应知广告虚假仍然发布，被依法处以罚款1.03万元

第一节　网络广告及其法律规制

网络广告是指以数字代码为载体，采用先进的电子多媒体技术设计制作，通过互联网广泛传播，具有良好的交互功能的广告形式。由于网络广告传播速度很快，影响面很大，管理不善很可能对社会治安、个人名誉、个人隐私、知识产权造成不良后果，因此，加强对网络广告的内容、网络广告组织机构的管理非常重要，需要各方面的共同努力。

一、网络广告组织管理

在网上从事广告业务的主要是一些大型网络公司、依托网络公司的广告企业以及自建网站的中小广告公司，它们是网络广告组织管理的主要对象。

（一）网站广告经营主体资格的管制

国家工商行政管理总局2004年发布、2005年施行的《广告经营许可证管理办法》确立的广告经营许可证制度对广告经营主体进行严格管制，我国的工商管理实践也将广告制作和发布视为一种特殊营业行为，即只有在工商局注册登记取得许可后方能从事广告发布活动。这是根据商事法和工商管理规则得出的一般性结论，但此前国家相关立法并未对此做出明确规定。这就可能带来两个方面的问题：一方面，网站广告经营主体的资格合法与否会影响其所承揽或受托发布的广告合同的有效性，一旦出现合同纠纷，现有的法律、法规及各类规范性文件均难以对网络公司的合法权益提供有效的保护。另一方面，网络公司没有相应的广告经营许可证，也就无法从税务机关得到广告业的专用发票；国内企业无法得到广告业的专用发票，也就无法将广告支出在企业成本中列支。这种情况大大限制了企业在网络上的广告投入，影响了网络广告的发展。

（二）网上专用标识制度

为了防范利用网站发布虚假信息和欺诈性广告的行径，一些地区试行网上专用标识制度。凡是在网上进行经营性广告活动的企业或个人，都需要在网页显著位置展示营业执照副本（网络版）的专用标识。上海地区已经开始实施这一制度。

营业执照副本（网络版），就是营业执照的电子数字证书，是在互联网上确认经营主体资格的证明件，它有 1 024 位数字的密码系统，具有相当高的抗破译、防伪造能力。凡在网站上进行经营活动和宣传活动的企业和个体工商户，必须到本市工商部门进行营业登记，领取营业执照副本（网络版），并在网站主页显著位置展示营业执照副本（网络版）的专用标识。

（三）特殊广告发布前的审查管制

我国对一些种类的广告实行审查制度。由于网络已成为新型的大众化媒体，需事前审查的特殊广告发布在网络上时亦应当接受审查，这是网络广告管理的必然要求。

《中华人民共和国广告法》（简称《广告法》）第 46 条规定：发布医疗、药品、医疗器械、农药、兽药和保健食品广告，以及法律、行政法规规定应当进行审查的其他广告，应当在发布前由有关部门对广告内容进行审查；未经审查，不得发布。

《广告法》第 47 条规定，广告主申请广告审查，应当依照法律、行政法规向广告审查机关提交有关证明文件。广告审查机关应当依照法律、行政法规规定作出审查决定，并应当将审查批准文件抄送同级工商行政管理部门。广告审查机关应当及时向社会公布批准的广告。

《广告法》第 48 条规定，任何单位或者个人不得伪造、变造或者转让广告审查批准文件。

（四）强化行业自律

网络广告业与其他的市场行业一样需要行业自律，过度放纵行业乱象只会使这一行业遭受损失。这应当是网络广告界的从业人士都很明白的道理。这里所说的自律包含两层意思：一是网站和网络广告从业人员自身必须遵守广告法和相关法规，抵制不正当竞争和虚假欺诈广告；二是网站和网络广告从业人员应当在公司的经营范围内，管理其所托管的主页，一旦发现恶意广告，尽善意管理人之法律责任。

二、网络广告内容的管理

网络广告内容的管理，是指对网络广告内容及网络广告活动的管理，它是广告管理的一项特殊内容。由于网络广告内容来源多元，信息量大，影响范围广，甚至超越国界，因此对网络广告内容的管理十分重要。

对网络广告内容管理的根本目的是保障消费者的利益，防止误导，查处欺诈等违法行为，净化网络空间。而网络广告内容管理的基本要求是：促进广告内容的真实性、合法性和科学性。

（一）对违法广告行为的规制

违法广告行为，是指在广告经营和广告发布活动中，违反广告管理法规规定，所应承担责任的行为。违法广告行为的主体具有广泛性和不特定性等特征，其既可以是国家机关、社会团体、企事业单位，又可以是公民个人。

网络广告与发布在传统媒体上的广告相比，只是载体的改变，因此，网络广告仍然要遵守传统法律框架下对广告内容的管理，仍然应当适用现行广告法进行规制。网络的开放性和无地域性，使得对网络广告的管理难度远远大于传统广告，导致目前的网络广告处于一种失控的状态。目前有关网络广告的专门性法律规定主要为国家工商行政管理总局于 2016 年 7 月 4 日发布并于 2016 年 9 月 1 日生效的《互联网广告管理暂行办法》。除此之外，在网上发布广告也应当遵守《广告法》《产品质量法》《反不正当竞争法》等法律，遵守有关互联网的管理规定。

在网络广告的发布过程中，网络公司或网站是广告经营者和发布者，不管是发布自己的广告，还是受托发布他人的广告，对于违反上述法律和规章的强制性规定，特别是禁止性规定的，如不得含有淫秽、迷信、恐怖、暴力、丑恶的内容等，网站将承担直接行政责任和刑事责任。

（二）对网络虚假广告的规制

《广告法》第 3 条和第 4 条规定，广告应当真实、合法，以健康的表现形式表达广告内容，符合社会主义精神文明建设和弘扬中华民族优秀传统文化的要求。广告不得含有虚假或者引人误解的内容，不得欺骗、误导消费者。广告主应当对广告内容的真实性负责。

《反不正当竞争法》第 8 条也规定，经营者不得对其商品的性能、功能、质量、销售状况、用户评价、曾获荣誉等作虚假或者引人误解的商业宣传，欺骗、误导消费者。

虚假宣传包含与事实不符和夸大事实两个方面。虚假事实可能是所宣传的商品或服务本身的性能、质量、技术标准等不符合实际情况，也可能是虚假的政府批文、权威机构的检验证明、荣誉证书、统计资料等，还可能是不能兑现的允诺。

部分企业利用消费者对于网络交易的好奇心，发布大量的虚假或夸大的广告信息，推销商品；有的企业则利用网络经营的特殊技术，隐蔽从事非法传销等活动，使不少消费者受骗上当，达到敛财的目的。北京市工商行政管理局 2000 年发布的《关于在网络经济活动中保护消费者合法权益的通告》规定："经营者不得在因特网站上利用广告或者其他方法对商品的品种、规格、质量、制作成分、价格、性能、用途、生产者、有效期、产地等做引人误解的虚假宣传。网络广告经营者不得代理、设计、制作、发布虚假广告。"

（三）对网络强迫广告的规制

在网民进入网页的时候，总有一些小的画面自动跳出来，它们大部分是跳出广告。对于一些较有吸引力的内容，网民还常常需要访问某网站广告主或赞助商的广告才能浏览该内容。

还有一种情况，网站是一种综合性网站，网站经营者制作的网页为网民提供了各种服务，网民到网站访问不是为了寻找消费机会，而是为了享受服务，网民无须为此向网站支付任何费用，网站经营者通过网站访问者人数、广告点击率等获得商业利益。在这种情况下，虽然网民没有直接为他们所享受的服务付费，但他们接受服务的行为与网站的商业利益有着直接的、必然的因果关系，因此，此时网民与网站经营者之间的关系，也应看作是一种消费者与经营者之间的关系，网民在此时同样应有选择权和公平交易权，他们有权拒绝任何强迫服务或交易的行为，当然包括网络强迫广告。

此外，网络强迫广告也受《广告法》和《互联网广告管理暂行办法》的管制。《广告法》第 44 条规定："利用互联网发布、发送广告，不得影响用户正常使用网络。在互联网页面以弹出等形式发布的广告，应当显著标明关闭标志，确保一键关闭。"《互联网广告管理暂行办法》第 8 条明确规定，网络广告不得影响用户正常使用网络。如果是在互联网页面以弹出等形式发布的广告，应当显著标明关闭标志，确保用户的一键关闭权。此外，以欺骗方式诱使用户点击广告内容的行为也被明确禁止。如果是邮件广告，则广告经营主体不得未经允许在用户发送的电子邮件中附加广告或者广告链接。

三、网络广告中的法律责任

（一）广告发布者的责任

根据《广告法》第56条，发布虚假广告，欺骗、误导消费者，使购买商品或者接受服务的消费者的合法权益受到损害的，由广告主依法承担民事责任。广告经营者、广告发布者不能提供广告主的真实名称、地址和有效联系方式的，消费者可以要求广告经营者、广告发布者先行赔偿。广告经营者、广告发布者、广告代言人，明知或者应知广告虚假仍设计、制作、代理、发布或者作推荐、证明的，应当与广告主承担连带责任。因此，作为广告经营者和发布者，网站必须严格按照法律和相关规定制作和发布广告，并尽职尽责地审查广告发布内容的真实性，否则一旦被认定明知或应知虚假而发布虚假广告，网站即得承担连带责任。此外，网络公司还必须注意公示广告主的真实身份、地址等信息，以免在广告主销声匿迹后自己承担全部的责任。当然，此处网络公司的审查义务应当理解为形式审查，即广告发布者应当要求广告主提供合法、有效的证明文件和证书，并尽一定的合理注意义务，以确保所发布的广告信息的合法、真实、有效。

我国《广告法》规定，发布虚假广告的，由工商行政管理部门责令停止发布广告，责令广告主在相应范围内消除影响，处广告费用3倍以上5倍以下的罚款，广告费用无法计算或者明显偏低的，处20万元以上100万元以下的罚款；两年内有3次以上违法行为或者有其他严重情节的，处广告费用5倍以上10倍以下的罚款，广告费用无法计算或者明显偏低的，处100万元以上200万元以下的罚款，可以吊销营业执照，并由广告审查机关撤销广告审查批准文件、一年内不受理其广告审查申请。

（二）网站经营者在广告发布中的责任

现行《广告法》将广告法律关系的当事人分为4种：广告主、广告经营者、广告发布者和广告代言人。广告主是指为推销商品或者服务，自行或者委托他人设计、制作、发布广告的自然人、法人或者其他组织。广告经营者是指接受委托提供广告设计、制作、代理服务的自然人、法人或者其他组织。广告发布者是指为广告主或者广告主委托的广告经营者发布广告的自然人、法人或者其他组织。广告代言人是指广告主以外的，在广告中以自己的名义或者形象对商品、服务作推荐、证明的自然人、法人或者其他组织。在网络环境下，广告法律关系的这4种角色不易区分。在网站经营者为自己的产品或服务在自己的网站进行广告宣传情形下，网站经营者集广告主、广告经营者、广告发布者、广告代言人为一身；而在为他人发布广告的情形下，网站经营者既可能为广告发布者，也可能同时兼为广告发布者和广告经营者。应当说，在前一种情形下，对虚假广告和由此引起的侵权责任的责任承担变得简单了，均由网站经营者自己来承担。目前争议最大的是，网络服务商在网络广告中扮演什么角色。

关于网络服务商在网络广告中的法律地位，仍然主要看网络服务者是否设计、制作并发布广告。在这里，仍然可以援用ICP① 和ISP② 区分的原则，即主要看网络服务商是否

① 互联网内容提供商（Internet Content Provider，ICP），即向用户综合提供互联网信息业务和增值业务的电信运营商。

② 互联网服务提供商（Internet Service Provider，ISP），即向用户综合提供互联网接入业务、信息业务和增值业务的电信运营商。

直接介入到广告制作与发布这一过程。如果其受托的范围包括设计、制作和发布，那么，网络服务提供商或网站经营者则成为网络广告的经营者和发布者；如果不包括设计、制作，则其仅为广告的发布者。在这两种情形下，经营者均承担类似于ICP在信息传播中的责任，即对所制作和发布的广告内容的真实性、合法性负责。

但是，对于ISP是否为广告的发布者，目前存在争议。有些国家和地区倾向于将ISP纳入广告媒体经营者范畴。但是，由于ISP仅仅是一个信息传播者角色，对于其经营的网站上发布的广告内容没有筛选、过滤，或者没有直接或间接参与网络广告的发布，因此，ISP对于网络广告虚假和由此引起的侵权结果不应承担责任。但是，网络服务提供商一旦发现或经权威机构通知而发现广告虚假或违法，则应当立即停止传播并删除相关内容，并在必要时配合司法机构的调查。但是，这里有两个问题：一是ISP有没有主动审核监督的义务，可否规定ISP在"应知"广告内容虚假或违法时ISP承担责任；二是应否肯定ISP在受害人有证据证明侵权行为的客观存在并在接到通知的情况，仍不采取措施而产生的不作为的连带责任。

工商行政机关、司法机关通告网站经营者某网络广告虚假或违法，ISP应当立即采取删除或停止措施，但是，对于一般受害人的举报，ISP是否应当立即终止网络广告呢？考虑到受害人举报亦有可能不符合事实或事实本身还不构成违法，因此，在这个问题上，不妨规定ISP可先采取中止措施，如有争议，再通过诉讼或其他方式予以解决。当然，举报者亦应当提供相当的证据证明广告内容虚假或违法。

总之，对于ISP而言，原则上对于网络广告虚假、侵权、违法不承担责任，但是，如果存在明知、因重大过失而没有发现，或被告知虚假、侵权和违法而不采取删除措施的，则要承担相应的责任。

第二节　电子商务中不正当竞争行为的法律规制

一、电子商务中不正当竞争行为的性质

网络环境下的不正当竞争，包括两类：一类是传统企业（网下企业）利用互联网进行不正当竞争行为；另一类是网站之间在开展信息服务、技术服务、在线交易过程中发生的不正当竞争行为。这两类竞争行为在有些情形下存在区别，但是在大多数情形下，很难将二者截然区分开。这里所谈的网络环境下的不正当竞争仅仅泛指利用网络通信手段进行的不正当竞争行为。

网络环境下的不正当竞争既有其与传统不正当竞争相重合一面，又有其独特性。网络环境下的不正当竞争认定仍然脱离不了反不正当竞争法所奠定的基本框架，网络无非是提供了更为方便或新型的手段而已。也就是说，网络技术只是一种手段，而没有改变不正当竞争行为的本质。当然，在网络环境下适用不正当竞争法时，我们又必须突破不正当竞争具体形态法定观念，将一些新型侵害他人合法权益的行为视为不正当竞争行为，从不正当竞争的角度保护权利人的合法权益，维护公平的竞争秩序。

二、市场混淆行为

市场混淆行为是指经营者采用假冒或模仿之类的不正当手段，使其商品或服务与他人的商品或服务混淆，而导致或者足以导致消费者误认的行为。

在互联网环境下，信息交换手段的更新增加了制造市场混淆的机会和手段。所谓增加机会，是说现实中许多物体、字符、标识等均可以通过电子的方式表现于网络世界，现实中企业拥有的各种权利自然地延伸至网络世界，并且创造了更加丰富多样的表达方式。这就使得人们在网络世界制造各种混淆行为成为可能。而且网络表达方式的易复制、模仿等特性，又为人们提供了各种制造混淆行为的手段。从目前的网络经营状况而言，在网络环境下发生的市场混淆行为大致有以下几种：

（1）恶意注册他人域名，侵犯他人商标专用权、商号权，致使许多企业无法将自己的商誉延伸到网络环境，损害他人利益；

（2）域名与域名之间相同或类似时，产生的引人混淆行为；

（3）从其他媒介或网站抄袭使用他人的作品或者网页，导致消费混淆或误认；

（4）将他人注册商标、商号登记为网站名称，搭其他经营者的便车；

（5）网站的标识与他人商标、商号、标识等相同或相似，导致消费者误认的行为；

（6）通过其他方式暗示与其他著名企业或网站有某种联系的行为。

因此，《反不正当竞争法》第 6 条明确了经营者擅自使用他人有一定影响的域名主体部分、网站名称、网页等行为属于市场混淆行为。第 18 条规定，经营者实施混淆行为的，由监督检查部门责令停止违法行为，没收违法商品。违法经营额 5 万元以上的，可以并处违法经营额 5 倍以下的罚款；没有违法经营额或者违法经营额不足 5 万元的，可以并处 25 万元以下的罚款。情节严重的，吊销营业执照。

三、网络广告活动中的不正当竞争行为

《反不正当竞争法》第 12 条规定：经营者不得利用技术手段，通过影响用户选择或者其他方式，实施下列妨碍、破坏其他经营者合法提供的网络产品或者服务正常运行的行为：

（1）未经其他经营者同意，在其合法提供的网络产品或者服务中，插入链接、强制进行目标跳转；

（2）误导、欺骗、强迫用户修改、关闭、卸载其他经营者合法提供的网络产品或者服务；

（3）恶意对其他经营者合法提供的网络产品或者服务实施不兼容；

（4）其他妨碍、破坏其他经营者合法提供的网络产品或者服务正常运行的行为。

上述行为本身不是制作、发布网络广告的行为，不同于传统意义上的利用广告进行不正当竞争的行为，但它们却能够在事实上起到提高网络点击率、吸引客户的效果。所以应将这些新的不正当竞争行为归入利用网络进行不正当竞争的范围，并利用《反不正当竞争法》加以解决。

竞争是获得繁荣和保证繁荣的最有效的手段。只有竞争才能使消费者从经济发展中收到实惠。正当的网络竞争是以谋取有利的生存发展空间和尽量高的点击率为目的，以其他

利害关系人为对手，在法律允许的范围内开展的网络活动。网站经营者滥用网络技术进行违反诚实信用原则或公认的商业道德的网络宣传，损害其他网站的利益，扰乱网络秩序的行为，应属于不正当竞争行为。网站经营者对此要负主要的法律责任。

在某些情况下，网站经营者可能委托开发商或制作商来开发超链接技术、关键字技术的网站应用。但以此为理由要求开发商承担责任却是不正确的。一方面，在相当多的情况下，开发商不知道网站经营者要开发的具体内容，或者说，网站经营者要求开发商不能过多地了解网站的具体材料，这是正常的，也是合理的。这是由开发商的性质所决定的，也是网站经营者为了有效地保护自己的商业秘密所产生的必然结果。另一方面，开发商在开发的过程中，会涉及诸多行业，如果要求它在制作之前对该网站进行研究分析，确定哪些材料不会导致不正当竞争，然后再去制作，也是不现实和不必要的。上述技术可以用于不同的目的、使用在不同的地方，由此产生的后果主要仍应由网站经营者负责。

四、侵犯商业秘密行为

根据《反不正当竞争法》，商业秘密是指不为公众所知悉、具有商业价值并经权利人采取相应保密措施的技术信息和经营信息。商业秘密是原始持有人通过投入人力、物力和财力所获得的有价值的信息，其目的是借此获得并维持竞争的优势地位。侵犯商业秘密的行为是一种违反商业道德和危害竞争秩序的行为。商业秘密可以通过《侵权责任法》《合同法》《反不正当竞争法》加以保护。

涉及网络对商业秘密的侵犯主要有三种途径：

(1) 黑客入侵。这是在网络环境下侵犯商业秘密最普遍的一种形式。侵权人利用高超的计算机、网络专业知识和操作技能，窃取企业存储在网络空间中或通过网络空间传送的商业秘密。黑客入侵的案件有很多，这是企业保护商业秘密的最大威胁。如 2014 年夏季，美国摩根大通银行在一次网络袭击中，7 600 万家庭用户和 700 万小型企业的信息被泄露，涉及人数约占美国人口的 1/4。

(2) 电子邮件。通过电子邮件窃取商业秘密，在现实生活中也是很常见的。现代企业经常利用电子邮件与国内外企业进行商事往来，其中包含大量的商业秘密。侵权人通过改变邮件的传送路径等手段，窃取电子邮件中的信息。

(3) 网络交易。企业之间通过网络进行交易，但这不同于面对面的商谈，网络具有虚拟性，这给了不法侵害者可乘之机。侵权人通过虚构客户信息等其他方式获取该企业的商业秘密，企业往往难以区分其身份的真假，从而受到侵害。

我国没有统一的可以进行全面保护的网络商业秘密法，对网络环境下的商业秘密的保护主要通过《网络安全法》和《反不正当竞争法》进行。

2017 年 6 月正式实施的《中华人民共和国网络安全法》（简称《网络安全法》）第 45 条规定：依法负有网络安全监督管理职责的部门及其工作人员，必须对在履行职责中知悉的个人信息、隐私和商业秘密严格保密，不得泄露、出售或者非法向他人提供。第 47 条规定：网络运营者应当加强对其用户发布的信息的管理，发现法律、行政法规禁止发布或者传输的信息的，应当立即停止传输该信息，采取消除等处置措施，防止信息扩散，保存有关记录，并向有关主管部门报告。

《反不正当竞争法》第 21 条规定：经营者违反该法第 9 条规定侵犯商业秘密的，由监督检查部门责令停止违法行为，处 10 万元以上 50 万元以下的罚款；情节严重的，处 50 万元以上 300 万元以下的罚款。

五、侵犯个人信息行为

根据《最高人民法院、最高人民检察院关于办理侵犯公民个人信息刑事案件适用法律若干问题的解释》（2017 年 6 月实施）第 1 条的规定，公民个人信息是指以电子或者其他方式记录的能够单独或者与其他信息结合识别特定自然人身份或者反映特定自然人活动情况的各种信息，包括姓名、身份证件号码、通信通讯联系方式、住址、账号密码、财产状况、行踪轨迹等。

与传统市场不同，在电子商务交易市场中，个人信息几乎是完全暴露在网络上。因为，交易网站注册需要实名登记，电子支付需要账号密码，物流配送需要电话、住址等详细信息。所以，电子商务中个人信息保护的重要性远远高于传统市场。2015 年连锁酒店桔子酒店、锦江之星等连锁酒店的客户信息泄露，包括姓名、入住日期、客房费用、信用卡后四位和截止日期、邮件、地址等，对用户个人信息的保护形成巨大威胁。

《网络安全法》在第四章“网络信息安全”中，对个人信息保护做了详细的规定。

（1）网络运营者应当对其收集的用户信息严格保密，并建立健全用户信息保护制度。

（2）网络运营者收集、使用个人信息，应当遵循合法、正当、必要的原则，公开收集、使用规则，明示收集、使用信息的目的、方式和范围，并经被收集者同意。

（3）网络运营者不得泄露、篡改、毁损其收集的个人信息；未经被收集者同意，不得向他人提供个人信息。但是，经过处理无法识别特定个人且不能复原的除外。网络运营者应当采取技术措施和其他必要措施，确保其收集的个人信息安全，防止信息泄露、毁损、丢失。在发生或者可能发生个人信息泄露、毁损、丢失的情况时，应当立即采取补救措施，按照规定及时告知用户并向有关主管部门报告。

（4）任何个人和组织不得窃取或者以其他非法方式获取个人信息，不得非法出售或者非法向他人提供个人信息。

（5）依法负有网络安全监督管理职责的部门及其工作人员，必须对在履行职责中知悉的个人信息、隐私和商业秘密严格保密，不得泄露、出售或者非法向他人提供。

（6）网络运营者应当加强对其用户发布的信息的管理，发现法律、行政法规禁止发布或者传输的信息的，应当立即停止传输该信息，采取消除等处置措施，防止信息扩散，保存有关记录，并向有关主管部门报告。

（7）网络运营者应当建立网络信息安全投诉、举报制度，公布投诉、举报方式等信息，及时受理并处理有关网络信息安全的投诉和举报。

第三节　电子商务中的消费者权益保护

一、欧盟关于网络购物的特殊法律规则

欧盟《消费者保护（远距离销售）规则》（简称《远距离规则》）于 2000 年 10 月 31

日起实施。该规则明确规定了远距离销售中经营者或供应商缔约前的义务：供应商（含货物出卖人和服务提供者）在缔约前应当向消费者提供清晰的、可理解的、确定化的信息。该信息应当包括供应商的姓名、地址；货物或服务的规格或描述；货物或服务的价格（包括各种税）；支付、交付和履行的各种安排；要约的有效期和消费者解除合同的权利（如果适合的话）。如销售者主动打电话到消费者家里推销，必须言明其代表的公司名称和打电话的商业目的。

在网上交易中，因消费者没有机会检验商品，加之交易的内容没有充分公开，容易造成消费者意思表示不完全的风险，为保护消费者的权益，许多国家的法律赋予消费者有一定期间内试用商品并无条件解除合同的权利。这种无条件退货或解除合同的期间，被称为“冷却期”或“犹豫期”。在这方面欧盟《远距离规则》的规定最为详细。

根据欧盟《远距离规则》，除非有例外情形，在货物交付或涉及服务条款的合同缔结日起 7 日以内（被称为 Cooling Off Period，即冷却期），消费者享有无条件退货或解除合同的权利。在供应商没有以适当方式提供必要信息的情况下，冷却期将延长 3 个月；如果信息是在 7 天之后提供的，那么，从信息提供之日起算，一旦合同被解除，供应者必须在收到通知 30 天内退还消费者支付的任何款项，任何相关的信贷协议自动解除。

但是，归于消费者自身的原因或商品本身的特性不能解除合同的情况，消费者一般不能主张退货或解除合同。这即犹豫期的除外情形。欧盟《远距离规则》规定的除外情形有：

（1）服务的契约本于消费者同意，服务已经开始，而在 7 天期间届满者；

（2）货物或服务的价格随金融市场波动而变化非供应者所能控制者；

（3）所销售的商品系应消费者所定的规格（Consumer's Specifications）或个人化需求（Personalized）或商品依其本质无法退货（by reason of their nature，cannot be returned）或易于恶化或过期；

（4）视听记录或电脑软件一旦被消费者启封（因此，从因特网上下载了电脑软件后，消费者即无权解除合同）；

（5）报纸、期刊与杂志订阅合同；

（6）游戏（Gaming）或射幸合同（Lottery）。

欧盟《远距离规则》为经营者履行合同规定了法定的最长履行期限，规定供应商必须在至多 30 天内履行合同，30 天自消费者向供应商发出订单起算。不管什么原因，只要供应商未能在规定的日期履行合同，就必须尽可能快地通知和返还所涉款项，且无论如何要在履行期满后的 30 天内履行这一义务。当然，当事人约定允许当事人排除这一规则，在当事人另有约定时可以不适用该期限。

对未经请求而发至消费者的货物，欧盟《远距离规则》也做出了非常有利于消费者的规定：消费者可视该货物为无任何条件的赠品。发送货物的供应商对所发货物丧失任何权利。而且，在供应商要求消费者支付未经请求的货物或服务的价款或威胁要针对消费者提起诉讼的情况下，供应商将可能构成刑事违法行为，被处以罚金。

二、我国网上购物消费者保护

（一）网上消费者知情权

我国《消费者权益保护法》第 28 条规定，采用网络、电视、电话、邮购等方式提供商品或者服务的经营者，以及提供证券、保险、银行等金融服务的经营者，应当向消费者提供经营地址、联系方式、商品或者服务的数量和质量、价款或者费用、履行期限和方式、安全注意事项和风险警示、售后服务、民事责任等信息。

这里的消费者知情权是与传统购物方式中的看货、验货或一手交钱一手交货的即时买卖相配套的。由于网络销售是通过网络远距离订货、没有真实地查验货物或没有询问卖主的机会，因此，应当严格要求网络经营者提供真实可靠的信息，真正满足消费者的知情权。

《电子商务法》第 19 条规定，电子商务经营者搭售商品或者服务，应当以显著方式提请消费者注意，不得将搭售商品或者服务作为默认同意的选项。

（二）网上消费者退货权

《消费者权益保护法》第 25 条规定：经营者采用网络、电视、电话、邮购等方式销售商品，消费者有权自收到商品之日起 7 日内退货，且无须说明理由，但下列商品除外：(1) 消费者定作的；(2) 鲜活易腐的；(3) 在线下载或者消费者拆封的音像制品、计算机软件等数字化商品；(4) 交付的报纸、期刊。除前款所列商品外，其他根据商品性质并经消费者在购买时确认不宜退货的商品，不适用无理由退货。消费者退货的商品应当完好。经营者应当自收到退回商品之日起 7 日内返还消费者支付的商品价款。退回商品的运费由消费者承担；经营者和消费者另有约定的，按照约定。

《消费者权益保护法》第 25 条的规定与国际上其他国家或地区的电子商务消费者保护中的通行做法相吻合，保护了消费者的网购“反悔权”，解决了消费者在特定交易领域信息不对称而导致的真实意思表示受影响的问题。

为了保障《消费者权益保护法》7 日无理由退货规定的实施，保护消费者合法权益，促进电子商务健康发展，2017 年 1 月国家工商行政管理总局公布了《网络购买商品七日无理由退货暂行办法》(简称《办法》)。《办法》进一步明确了退货程序，要求网络交易平台提供者应当依法建立、完善其平台 7 日无理由退货规则以及配套的消费者权益保护等有关制度，在其平台上显著位置明示，并从技术上保证消费者能够便利、完整地阅览和保存。同时，对下述行为予以警告，责令改正，并处一定数量的罚款：

(1) 未经消费者在购买时确认，擅自以商品不适用 7 日无理由退货为由拒绝退货，或者以消费者已拆封、查验影响商品完好为由拒绝退货的；

(2) 自收到消费者退货要求之日起超过 15 日未办理退货手续，或者未向消费者提供真实、准确的退货地址、退货联系人等有效联系信息，致使消费者无法办理退货手续的；

(3) 在收到退回商品之日起超过 15 日未向消费者返还已支付的商品价款的。

第四节　电子商务及分享经济领域炒信行为惩戒

“炒信”是指在电子商务及分享经济领域以虚构交易、好评、删除不利评价等形式为自己或他人提升信用水平的行为，包括但不限于因恶意注册、刷单炒信、虚假评价、刷单骗补以及泄露或倒卖个人信息、合谋寄递空包裹等违法违规行为。

炒信行为严重扭曲了电子商务市场秩序，侵害消费者合法权益，影响电子商务可持续发展。为进一步加强电子商务及分享经济领域信用体系建设，规范网络交易行为，提升网上交易主体信用真实度，维护信用秩序，净化市场环境，2016 年 11 月国家发展改革委等 8 部门联合发布《关于对电子商务及分享经济领域炒信行为相关失信主体实施联合惩戒的行动计划》，开展反炒信联合行动，对炒信行为主体进行惩戒，鼓励和引导有关企业参加联合行动。

反“炒信”联合惩戒行动对象为组织、参与、协助“炒信”被列入“炒信黑名单”的各类主体及其法定代表人、主要负责人、直接责任人（简称“炒信”主体）。

对因严重“炒信”行为被司法机关、行政机关依法作出处罚的“炒信”主体，根据有关法律法规和《国务院关于建立完善守信联合激励和失信联合惩戒制度加快推进社会诚信建设的指导意见》的要求，有关部门和参加联合行动的企业将采取联合惩戒措施：

（1）限制新设立账户。限制“炒信”主体新开设平台账户。

（2）屏蔽或删除现有账户。根据“炒信”主体炒信行为严重程度，对其现有账户进行屏蔽、禁售或删除；关闭或删除使用软件或程序方式大批量注册的账户，关闭或取消因滥用权利而产生的订单。

（3）限制发布商品及服务。对已开设平台账户且未被关店或全网禁用的严重失信主体，禁止或限制发布新品及服务，涉嫌商品、服务从平台及其店铺强制性删除。

（4）限制参加各类营销或促销活动。限制参加大型促销活动。限制策划和开展网店庆典及促销活动。

（5）扣除信用积分。对非法刷单积累的信用积分进行扣除。

（6）降低信用等级。降低账户等级或信用等级，并予以标识，记入其网站平台诚信档案。

（7）限制提供互联网金融服务。通过降低或取消授信额度、提高定价（利率）等方式限制提供互联网金融服务。

（8）限制账户权限权利。限制账户享受平台优惠政策及服务，降低搜索排名。

（9）在搜索结果中标注风险。结合本单位相关产品和服务，在相关搜索结果对“炒信”主体进行标注，提醒消费者防范风险。

（10）限制严重失信寄递物流企业入驻电子商务平台。电子商务平台通过技术手段禁止卖家通过严重失信寄递物流企业寄递所出售商品。

（11）辞退并通报建议同业机构不予录用严重失信寄递物流从业人员。对合谋利用空包裹刷单炒信的寄递物流从业人员，相关寄递物流企业应及时辞退，并向同业其他企业进行通报。

（12）查封或删除社交媒体账号。查封或删除严重失信主体组织或参与的刷单炒信社交媒体账号。

（13）限制网络广告推广。限制严重失信主体通过互联网搜索等广告方式推广其商品和服务。

我国《电子商务法》第 40 条规定，电子商务平台经营者应当根据商品或者服务的价格、销量、信用等以多种方式向消费者显示商品或者服务的搜索结果；对于竞价排名的商品或者服务，应当显著标明“广告”。电子商务经营者收集、使用其用户的个人信息，应当遵守法律、行政法规有关个人信息保护的规定。

此外，2017 年 11 月 4 日修订通过的《反不正当竞争法》也新增关于“炒信”行为的禁止性规定。该法第 8 条明确，经营者不得对其商品的性能、功能、质量、销售状况、用户评价、曾获荣誉等作虚假或者引人误解的商业宣传，欺骗、误导消费者，也不得通过组织虚假交易等方式，帮助其他经营者进行虚假或者引人误解的商业宣传。

导入案例解析

根据中国互联网络信息中心的统计①，2017 年，中国网络广告市场规模达到 2 957 亿元，比 2016 年增长 28.8%。从未来的发展趋势看，技术仍然是互联网广告快速发展的驱动力量，通过智能算法、数据挖掘实现精准推送；创意方面将深度整合直播、社交、游戏、奖金等激励元素；渠道方面，互联网广告将逐渐成为广告主常规、主流、高效的投放渠道。如此大规模的网络广告，没有现代化的技术手段，根本不可能实现对网络广告样件的截图、保存、结果分析等一系列工作，也就不可能实现有效监管。所以，建立完善的广告监测系统，实现对重点门户网站全天候、全种类的广告监测已经变得非常重要。

全面监测机制主要是利用“字词库”和“图样样本”的方法进行实时监控，通过先进的图像和语音识别技术，实现了广告与非广告的自动识别、自动检测等功能。除此之外，一个高效的网络全面监测机制还必须实现以下 3 个方面的转变：

（1）在违法广告的发现方面，实现从被动地接收群众举报、投诉向主动通过监测发现问题转变。目前，由于广告执法人员较少，往往又不具备现代化的信息监管手段，因而不能主动发现网络广告违法行为。即使在每季度的广告集中监测中，也无法实现对网络广告的有效监测。通过对高科技网络广告监测系统的完善，可以实现网站的全面监测，实现网络广告从“被动监管”到“主动监管”。

（2）在监管的范围方面，实现从对个别违法广告的处理向全部种类、全方位监管转变。高科技手段的利用，可以实现对网站全部广告进行监管。而且，全面监测机制拓宽了监管范围，还可以有效地防止明令禁止的药品、医疗器械、丰胸、减肥等电视购物节广告向网络上转移。

（3）在监管的手段方面，需要实现从网页主页内容监管向多层级链接内容监管的转

① 中国互联网络信息中心. 第 41 次中国互联网络发展状况统计报告 [R/OL]. (2018-01-31) [2018-07-23]. http://cnnic.cn/gywm/xwzx/rdxw/201801/t20180131_70188.htm.

变。一方面，要监管网站主页的文字、图像及其第一层链接的内容，同时要求网站运作企业对自己网页上的文字、图像承担广告审查责任。另一方面，要对多层次的链接内容进行监管，因为广告经营网站不但售卖其网页上的文字、图像，实际上也售卖链接，这是网络广告的重要特征。

思考题

1. 试论述网络广告法律规制的难点。
2. 试论述违法广告行为及其法律责任。
3. 试述电子商务中不正当竞争行为的表现。
4. 试述市场混淆行为的基本概念和要件。
5. 试论述网上购物的消费者权益保护措施。

第十二章　电子支付法律制度

电子支付是电子商务中的核心环节，也是电子商务得以进行的基础条件。电子商务较之传统商务的优越性，成为吸引越来越多的商家和个人上网购物和消费的原动力。然而，如何通过电子支付安全地完成整个交易，又是人们在选择网上交易时所必须面对而且是首先要考虑的问题。为了保证电子支付的迅速健康发展，必须制定相应的法律和法规，对电子支付当事人的权利、义务和责任，电子货币的法律地位，争议解决办法，风险分担制度做出明确的规定。本章在介绍网上支付手段和流程的基础上，重点探讨这些支付手段引起的法律问题和安全性保障问题。

学习目标

1. 掌握电子支付的概念与分类；
2. 了解国内外有关电子支付的立法状况；
3. 掌握《电子支付指引（第一号）》的主要内容；
4. 了解网上银行的法律规范；
5. 掌握第三方支付的法律规范；
6. 了解电子支付的法律责任。

导入案例　利用电子货币非法洗钱案

2005年5月9日，福建省泉州市中级人民法院开庭审理中国与马来西亚联合破获的“5·12”特大跨国制贩毒案，对王某某等15名被告人作出一审判决，以制造毒品罪和贩卖、运输毒品罪以及洗钱罪分别追究上述15名被告人的刑事责任。其中，以洗钱罪判处被告人蔡某立有期徒刑3年，并处罚金人民币33万元；判处被告人蔡某泽有期徒刑2年6个月，并处罚金人民币17.5万元。这是我国目前宣判的第二例以洗钱罪定罪的案件。

（一）洗钱犯罪事实

经调查，2002年8月—2004年4月，蔡某海将贩卖毒品所得的赃款陆续通过菲律宾地下钱庄汇入我国境内地下钱庄。在蔡某海的指使下，其叔蔡某泽、其堂弟蔡某立分别以各自名义在农业银行石狮市支行、建设银行石狮市支行开设个人账户，并将明知是毒品犯罪所得的赃款存入上述账户。其中，蔡某泽建行、农行账户存入赃款共计人民币350余万元，蔡某立建行账户存入赃款人民币660余万元。事后，蔡某泽、蔡某立将大部分赃款转出，用于购买车辆及竞选村主任等。

（二）洗钱犯罪手法

在“5·12”案中，蔡某海利用蔡某立和蔡某泽的账户进行洗钱活动的主要过程为：

(1) 蔡某海通过菲律宾的地下钱庄将赃款“汇入”我国泉州、晋江、石狮等地的地下钱庄；

(2) 泉州、晋江、石狮等地的地下钱庄将赃款分别存入蔡某立、蔡某泽的账户；

(3) 蔡某立、蔡某泽在蔡某海的指示下多次取现，用于购买车辆等用途。

其资金流向如图 11-1 所示。

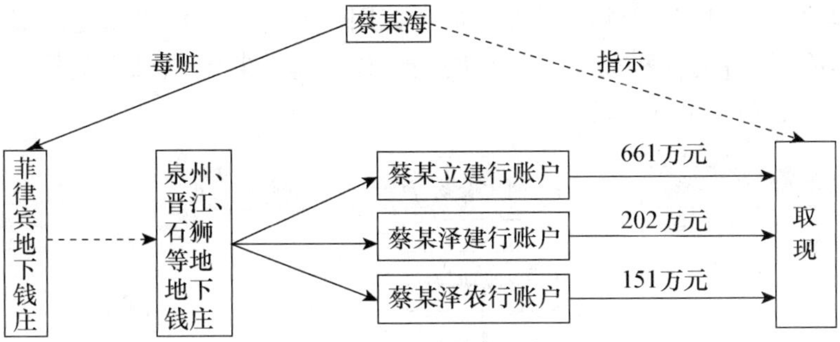

图 11-1 洗钱的资金流向

(三) 洗钱活动的特点

(1) 利用地下钱庄进行“跨境”资金转移。事实上，本案中菲律宾与我国境内的地下钱庄之间并未进行真正意义上的跨境汇款，它们的操作手法一般为双方之间的账面对冲。

(2) 利用发达的经济环境掩盖洗钱行为。本案中的资金交易行为均集中在福建省泉州、晋江、石狮，这些地区经济发达，交通便利，民营企业活跃，因此正常的经济活动中的资金交易量巨大。该地区的这一特点，使本案的洗钱行为极具隐蔽性。

(3) 利用便利的金融服务达到洗钱目的。本案涉及金融机构（网点）遍布泉州、晋江、石狮等地；同时，蔡某海等人熟练掌握了网上银行、自助银行和 POS 机等先进的金融服务措施，使用银行卡方便地进行资金交易。此外，由于当地民营经济发达，取现相对便利，蔡某泽等人成功地将赃款以现金形式取出，完成了洗钱过程。

第一节 电子支付基础

一、电子支付手段

(一) 电子支付的概念与分类

对电子支付应该从狭义和广义上加以理解。美国《统一商法典》给出了狭义定义：电子支付是支付命令发送方将存放于商业银行的资金，通过传输线路划入收益方开户银行，以支付收益方的一系列过程。2005 年 10 月 26 日中国人民银行公布的《电子支付指引（第一号）》第 2 条第 1 款规定，电子支付是指单位、个人（以下简称客户）直接或授权他人通过电子终端发出支付指令，实现货币支付与资金转移的行为。

狭义的电子支付定义主要指电子资金划拨业务。而广义的电子支付，除了电子资金划拨之外，还应包括网上银行所开展的各种新型电子货币业务，如电子现金、电子钱包、电子信用卡等。电子支付实质上是以数字化信息替代货币的存储与流通，从而完成交易的支付。它是网络技术、信息技术及通信技术综合运用的产物，将伴随着科学技术的发展和银行业务的拓宽而发展。本章讨论的电子支付，主要是从广义上理解的。

当前流行的电子支付类型主要是支付指令在用户和电子支付机构之间或相互之间的流转。对这些支付可以分为 5 种类型，包括网络银行支付、非金融机构支付、移动支付、虚拟货币、其他形式（见图 11-2）。

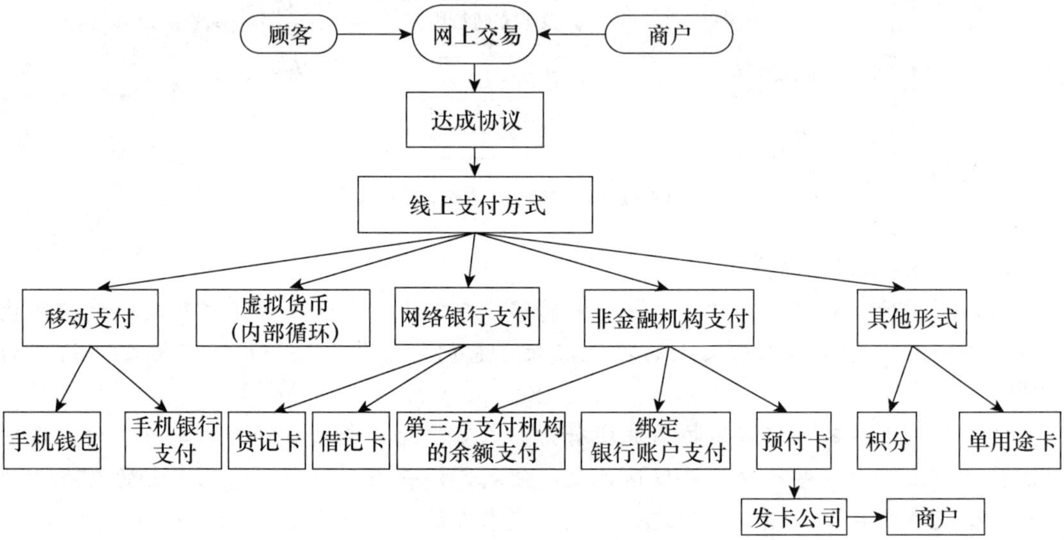

图 11-2　线上支付分类图

二、电子支付当事人法律关系

（一）电子支付有关的当事人

从法律关系的角度来划分电子支付的当事人可分为付款人和受款人，而付款人和受款人完成电子支付还必须有另外两个重要的人，即银行和认证机构。其中认证机构是支付电子化、虚拟化的产物。因此，从广义上讲，电子支付涉及的当事人有以下 4 种：

（1）付款人：电子支付中的付款人，通常为消费者或买方。

（2）受款人：电子支付中接受付款的人，通常为商家或卖方。

（3）银行：电子支付中的付款人、受款人之间的中介人，通常为网上银行或金融机构。在电子支付系统中，银行同时扮演发起银行和接收银行的角色，完成信用中介、支付中介和结算中介的金融服务。“发起行”，是指接受客户委托发出电子支付指令的银行。“接收行”，是指电子支付指令接收人的开户银行；接收人未在银行开立账户的，指电子支付指令确定的资金汇入银行。

（4）认证机构（CA）：电子支付中的付款人、受款人和银行真实身份的鉴定人，通常为认证中心或验证机构。认证机构为参与电子商务各方的各种认证要求提供证书服务，以确认支付各方的真实身份。

(二)当事人之间的法律关系

在电子支付的实施过程中，虽然仅有4种当事人，但它们之间却有多种法律关系，如交易关系、合同关系、债权债务关系、借贷关系、委托代理关系、认证关系等，这些法律关系均建立在合同关系的基础上。

(1)付款人与受款人之间是买卖合同关系。付款人之所以进行电子支付，往往是付款人与受款人间存在买卖合同关系，最普遍的就是货物买卖合同的买方指示其开户银行发送货款以履行其货物买卖合同中的付款义务，且卖方同意买方以电子支付方式支付货款。

(2)付款人和受款人与银行之间都是金融服务合同关系。银行之所以接受付款或受款指令以实施电子支付的付款或受款，是因为前者与银行间存在有关电子支付的合同。这是一种格式合同，通常是由银行起草并作为开户的条件交给前者。

(3)付款人、受款人和银行与认证机构之间均是证书服务合同关系。认证机构的参与付款人、受款人和银行能够安全顺利完成电子支付全过程的关键，它为前者各方提供身份认证是通过双方有偿和格式合同实现的。前者各方申请证书是要约方，而承诺方一般是认证机构。而且，前者各方又有义务接受认证机构的监督管理。

另外，电子支付的当事人之间或同行业之间的协作或合作仍然是十分必要的。正如现实生活中必须在各种金融业之间协作或合作才共同完成资金支付或划拨一样，在网络环境下，更需要金融机构的合作。例如，电子货币支付系统一般还涉及电子货币的发行人、电子货币的承销、分销机构、网络服务提供者、电子货币的认证机构、收单银行、特定的软件和硬件供应商、电子货币交易清算机构等。以信用卡为例，如果加入一个收单行，那么其支付过程基本是这样的：消费者签单之后，商家一般凭这些单据向自己的开户行交单付款；收单行(商家的开户行)再凭签购单向发卡行进行议付。在这一过程中，参与各方之间存在着相互提供信用的问题。消费者签单购物时，商家还没有收到钱，商家向消费者提供了一种信贷；商家向自己的开户行(收单行)议付之后，收单行还没有收到钱，收单行向商家提供了信贷；而发卡行通常要等到持卡人支付账款之后再向收单行付款。整个过程构成了一个信贷链。

第二节 国内外有关电子支付的立法

一、国外电子支付立法

在国际上关于电子支付的立法模式有两种：一是以大陆法系国家如法国、德国、日本等为代表的“一般法律调整”，即就电子支付不去特别或直接立法，而是适用一般的法律，或以合同或惯例对之进行调整；二是以美国为代表的“专门立法调整”或直接立法，如美国的《统一商法典》4A编就是专门的电子支付法。该法填补了电子支付专项法律的空白，已在美国绝大多数州使用。

美国1978年颁布的《电子资金划拨法》(*Electronic Funds Transfers Act*，EFTA)，适用于联储电划系统与消费者电子资金划拨，是世界上最早出台的有关电子支付的专项立法。由于该法仅适用于美国国内，且只是适用客户是自然人的小额电子资金划拨，不适用于商人客户通过银行办理的大额电子资金划拨与跨国电子资金划拨，也不调整参加电子资金划拨系统的机构之间的关系或它们与客户直接交易关系以外的关系，因此美国法律界为填又在《统一商法典》（UCC）4A 编银行存款和收款中另行增设部分专门适用于这类电子资金划拨的新条款，供各州立法采用。美国《统一商法典》已成为美国规范大额电子资金划拨的最重要的法律，并对联合国国际贸易法委员会于 1992 年颁布的《国际贷记划拨示范法》产生了重大影响。

目前，英格兰银行在英国国内是采用《票据交换所自动收付系统清算规则》（CHAPS 清算规则）办理票据交换所自动收付系统（CHAPS）会员银行间的电子资金划拨，尚未出台专项的有关电子支付的制定法。英国规范电子支付的实务惯例，还有 1992 年由“英国银行家协会”（BBA）等民间团体共同公布的《银行业惯例守则》（*Code of Banking Practice*）。《银行业惯例守则》则由官方和民间相互配合为之创造条件，使这一名义上不是法律的“守则”在实质上具有了法律效力，迄今为止，在英国尚无法庭做出与《银行业惯例守则》相左的判例。

欧洲中央银行建立电子货币系统的基本要求是：严格管理、可靠明确的法律保障、技术安全保障、有效地防范洗钱等金融犯罪活动、货币统计报告、可回购、储备要求等。

在国际金融活动中，国际标准组织（ISO）的银行金融服务业委员会为电子支付制定的“标准术语”，已得到普遍认同。国际商会（ICC）的银行业委员会正在拟订一个“银行间支付规则草案”，以解决为位于不同国家的银行之间电子支付发生的损失赔偿提供保险的问题。联合国国际贸易法委员会（UNCITRAL）制定的《国际贷记划拨示范法》，可减少各国关于电子支付法令的差异，并为各国电子支付立法提供理论依据。

二、我国电子支付立法

（一）银行卡业务的有关规定

我国电子支付的立法是从信用卡起步的。1997 年 12 月中国人民银行公布了《中国金融 IC 卡卡片规范》和《中国金融 IC 卡应用规范》，1998 年 9 月又公布了与 IC 卡规范相配合的《POS 设备规范》。这三个标准的制定为国内金融卡跨行跨地区通用、设备共享及与国际接轨提供了强有力的支持，为智能卡在金融业的大规模使用提供了安全性、兼容性的保障。1998 年初，国家金卡工程协调领导小组根据国务院指示发出了《关于加强 IC 卡生产和应用管理有关问题的通知》，要求制定 IC 卡生产、应用的技术标准和规范。随后，《全国 IC 卡应用发展规划》《IC 卡管理条例》《集成电路卡注册管理办法》《IC 卡通用技术规范》等相继出台，为各种电子支付系统的规范化和兼容提供了契机，使得中国标准金融 IC 卡成为电子商务中最安全和最直接的解决方案。1999 年 1 月 26 日，中国人民银行颁布了《银行卡业务管理办法》，对银行信用卡、借记卡的发行、使用等问题作出规范。

上述这些规章主要集中在技术标准和应用方面，很难称得上是对电子支付法律关系的直接调整。进入 21 世纪后，我国电子支付进入快速发展时期，涉及电子支付业务的法律制度建设进入到实质阶段。

（二）《电子支付指引（第一号）》

为了规范电子支付业务，防范支付风险，维护银行及其客户在电子支付活动中的合法权益，促进电子支付业务健康发展，2005 年 10 月 26 日中国人民银行发布了《电子支付指引（第一号）》（简称《指引》）。《指引》的发布为时机成熟后出台相应的部门规章或法律法规奠定了基础。

《指引》的规范主体是银行及接受其电子支付服务的客户，主要涉及五个方面的内容：

（1）电子支付活动中客户和银行的权利和义务。《指引》明确要求，客户申请电子支付业务，必须与银行签订相关协议。银行有权要求客户提供其身份证明资料，有义务向客户披露有关电子支付业务的初始信息并妥善保管客户资料。客户应按照其与发起行的协议规定，发起电子支付指令；要求发起行建立必要的安全程序，对客户身份和电子支付指令进行确认；要求银行按照协议规定及时发送、接收和执行电子支付指令，并回复确认。

（2）信息披露制度。为维护客户权益，《指引》要求办理电子支付的银行必须公开、充分披露其电子支付业务活动中的基本信息，尤其强调对电子支付业务风险的披露，并明示特定电子支付交易品种可能存在的全部风险；建立电子支付业务运作重大事项报告制度；提醒客户妥善保管、妥善使用、妥善授权他人使用电子支付交易存取工具。

（3）电子支付安全制度。《指引》要求银行采用符合有关规定的信息安全标准、技术标准、业务标准；建立针对电子支付业务的管理制度，采取适当的内部制约机制；保证电子支付业务处理系统的安全性，以及数据信息资料的完整性、可靠性、安全性、不可否认性。《指引》对于应用电子签名、签署书面协议、交易限额、日志记录、指令确认、回单确认、信息披露和及时通知都作出了一系列的要求，这些制度都是围绕防止欺诈设计的。《指引》还针对不同客户，在电子支付类型、单笔支付金额和每日累计支付金额等方面作出合理限制。

（4）电子证据的合法性。《指引》以《电子签名法》为法律依据，进一步确认了电子支付中电子证据的法律效力和实际可采性。《指引》规定，电子支付指令与纸质支付凭证可以相互转换，二者具有同等效力；《指引》要求银行认真审核客户申请办理电子支付业务的基本资料，妥善保存客户的申请资料，保存期限至该客户撤销电子支付业务后 5 年，从制度上保证了诉讼期间相关证据的可采纳性。

（5）差错处理。《指引》考虑了用户资料被泄露或篡改，非资金所有人盗取他人存取工具发出电子支付指令，客户自身未按规定操作或自身其他原因造成电子支付指令未执行、未适当执行、延迟执行，接收行自身系统或内控制度等原因对电子支付指令未执行、未适当执行或迟延执行致使客户款项未准确入账，银行自身系统、内控制度或为其提供服务的第三方服务机构的原因造成电子支付指令无法按约定时间传递、传递不完整或被篡改等多种实际情况，明确了处理差错的原则和相应的补救措施。

（三）《非银行支付机构网络支付业务管理办法》

为规范非银行支付机构网络支付业务，防范支付风险，保护当事人合法权益，2015 年 12 月中国人民银行发布了《非银行支付机构网络支付业务管理办法》（简称《办法》）。《办法》共 7 章 46 条。主要包括以下内容：

（1）支付机构与网络支付业务。支付机构是指依法取得“支付业务许可证”，获准办理互联网支付、移动电话支付、固定电话支付、数字电视支付等网络支付业务的非银行机构。网络支付业务是指客户通过计算机、移动终端等电子设备，依托公共网络信息系统远程发起支付指令，且付款客户电子设备不与收款客户特定专属设备交互，由支付机构为收付款客户提供货币资金转移服务的活动。

（2）基本要求。支付机构应当遵循主要服务于电子商务交易的原则，基于客户的银行账户或者按照本办法规定为客户开立支付账户提供网络支付服务；应当依法维护当事人的合法权益，保障客户信息安全和资金安全；应当落实实名制管理要求，遵守反洗钱和反恐怖融资相关规定，履行反洗钱和反恐怖融资义务；涉及跨境人民币结算和外汇支付业务的，应当按照中国人民银行、国家外汇管理局相关规定执行；应当采取有效措施核实并依法留存客户身份基本信息，建立客户唯一识别编码；应当与客户签订服务协议，对客户实行实名制管理。

（3）业务管理。支付机构不得为客户办理或者变相办理现金存取、信贷、融资、理财、担保、货币兑换业务；应当执行银行卡业务相关监管规定，以及银行卡行业规范；应当按照规则明确相关授权并依照执行；除单笔金额不足200元的小额支付业务，以及公共事业费、税费缴纳等收款人固定并且定期发生的支付业务外，支付机构不得代替银行进行客户身份及交易验证；个人客户拥有综合类支付账户的，其所有支付账户的余额付款交易（不包括支付账户向客户本人同名银行账户转账，下同）年累计应不超过20万元。个人客户仅拥有消费类支付账户的，其所有支付账户的余额付款交易年累计应不超过10万元。超出限额的付款交易应通过客户的银行账户办理；单位客户单笔超过5万元的转账业务需明确付款用途和事由，并提供付款依据或者相关证明文件。

（4）风险管理与客户权益保护。支付机构网络支付业务相关系统设施和相关产品运用的具体技术，应当持续符合国家、金融行业标准和相关信息安全管理要求；支付机构应当在境内拥有并运营独立、安全、规范的网络支付业务处理系统及其备份系统；支付机构为境内交易提供服务的，应当通过境内业务处理系统为其办理网络支付业务，并在境内完成资金结算；应当根据客户支付交易验证方式、客户风险评级、交易类型、交易金额、交易渠道、受理终端类型、商户类别等因素，建立交易风险管理制度和交易监测系统；应当采取有效措施，确保客户在执行支付指令前可对资金收付账户、交易金额等交易信息进行确认，并在支付指令完成后及时将结果通知客户。

第三节　我国电子支付业务的法律规定

一、电子支付业务的申请

根据《电子商务法》和《电子支付指引（第一号）》的规定，电子支付业务的申请，应具备相应的条件和履行一定的程序。

（1）客户应具备办理电子支付业务的条件，并提交申请办理电子支付业务的基本资料。

（2）办理电子支付业务的银行应公开披露以下信息：1）银行名称、营业地址及联系方式；2）客户办理电子支付业务的条件；3）所提供的电子支付业务品种、操作程序和收费标准等；4）电子支付交易品种可能存在的全部风险，包括该品种的操作风险、未采取的安全措施、无法采取安全措施的安全漏洞等；5）客户使用电子支付交易品种可能产生的风险；6）提醒客户妥善保管、使用或授权他人使用电子支付交易存取工具的警示性信息；7）争议及差错处理方式。

（3）履行告知和保存资料的义务。电子支付服务提供者要求客户提供有关资料信息时，应告知客户所提供信息的使用目的和范围、安全保护措施，以及客户未提供或未真实提供相关资料信息的后果。电子支付服务提供者应当向用户免费提供对账服务以及最近3年的交易记录。

（4）与客户以书面或电子方式签订协议。电子支付协议应包括以下内容：1）客户指定办理电子支付业务的账户名称和账号；2）客户应保证办理电子支付业务账户的支付能力；3）双方约定的电子支付类型、交易规则、认证方式等；4）银行对客户提供的申请资料和其他信息的保密义务；5）银行根据客户要求提供交易记录的时间和方式；6）争议、差错处理和损害赔偿责任；7）争议及差错处理方式。

（5）有以下情形之一的，客户有及时向银行提出电子或书面申请的义务：1）终止电子支付协议的；2）客户基本资料发生变更的；3）约定的认证方式需要变更的；4）有关电子支付业务资料、存取工具被盗或遗失的；5）客户与银行约定的其他情形。

二、电子支付指令的发起和接收

《电子支付指引（第一号）》第三章对电子支付指令的发起和接收作了具体规定，主要确立了发起行和接收行在电子支付执行过程中应承担的义务。客户在按照其与发起行的协议规定，发起电子支付指令后，对银行有以下几方面的要求：

（1）电子支付指令的发起行应建立必要的安全程序，对客户身份和电子支付指令进行确认，并形成日志文件等记录，保存至交易后5年。

（2）发起行应采取有效措施，在客户发出电子支付指令前，提示客户对指令的准确性和完整性进行确认。

（3）发起行应确保正确执行客户的电子支付指令，对电子支付指令进行确认后，应能够向客户提供纸质或电子交易回单。

（4）发起行、接收行应确保电子支付指令传递的可跟踪稽核和不可篡改。

（5）发起行、接收行之间应按照协议规定及时发送、接收和执行电子支付指令，并回复确认。

（6）电子支付指令需转换为纸质支付凭证的，其纸质支付凭证必须记载以下事项（具体格式由银行确定）：1）付款人开户行名称和签章；2）付款人名称、账号；3）接收行名称；4）收款人名称、账号；5）大写金额和小写金额；6）发起日期和交易序列号。

三、电子支付的无因性

《电子支付指引（第一号）》第19条第2款规定：发起行执行通过安全程序的电子支付指令后，客户不得要求变更或撤销电子支付指令。这一规定说明电子支付（或电子资金划拨）执行过程与票据交易类似，具有无因性，即无论某笔资金交易的基础原因法律关系成立与否、合法与否，银行在按照客户以正常程序输入的指令操作后，一经支付即不可撤销，而无论交易的原因是否合法，哪怕是犯罪分子的洗钱活动，也不能否定电子支付行为本身的有效性。指令人不得以其支付指令有误或支付的原因不合法为由要求银行撤销已完成的支付行为，而只能向收款人就错收的款项主张不当得利返还。但须注意的是，这里的不当得利返还请求权只能向与自己有直接基础关系（债权债务关系）的收款人主张，而不能向没有原因基础关系的收款人主张。

这种无因性是与维护网上支付的快捷、方便与稳定性密不可分的，充分表现了商法的效率原则。若因为基础原因关系不合法而否定整个电子支付行为，将导致该行为所涉及的多方当事人的行为归于无效，从而使网上支付失去快捷性等特点而丧失存在的根基。至于当事人支付的基础原因问题，可通过其他法律手段解决。

四、安全控制问题

《电子支付指引（第一号）》规定，银行开展电子支付业务采用的信息安全标准、技术标准、业务标准等应当符合有关规定，并应针对与电子支付业务活动相关的风险，建立有效的管理制度。具体措施表现为：

（1）电子支付服务提供者应根据审慎性原则并针对不同客户，在电子支付类型、单笔支付金额和每日累计支付金额等方面做出合理限制。1）银行通过互联网为个人客户办理电子支付业务，除采用数字证书、电子签名等安全认证方式外，单笔金额不应超过 1 000 元人民币，每日累计金额不应超过 5 000 元人民币。2）银行为客户办理电子支付业务，单位客户从其银行结算账户支付给个人银行结算账户的款项，其单笔金额不得超过 5 万元人民币，但银行与客户通过协议约定，能够事先提供有效付款依据的除外。3）银行应在客户的信用卡授信额度内，设定用于网上支付交易的额度供客户选择，但该额度不得超过信用卡的预借现金额度。

（2）电子支付服务提供者应确保电子支付业务处理系统的安全性，保证重要交易数据的不可抵赖性、数据存储的完整性、客户身份的真实性，并妥善管理在电子支付业务处理系统中使用的密码、密钥等认证数据。

（3）电子支付服务提供者使用客户资料、交易记录等，不得超出法律法规许可和客户授权的范围。银行应依法对客户的资料信息、交易记录等保密。除国家法律、行政法规另有规定外，银行应当拒绝除客户本人以外的任何单位或个人的查询。

（4）电子支付服务提供者应采取必要措施为电子支付交易数据保密：1）对电子支付交易数据的访问须经合理授权和确认；2）电子支付交易数据须以安全方式保存，并防止其在公共、私人或内部网络上传输时被擅自查看或非法截取；3）第三方获取电子支付交易数据必须符合有关法律法规的规定以及银行关于数据使用和保护的标准与控制制度；4）对电子支付交易数据的访问均须登记，并确保该登记不被篡改。

（5）电子支付服务提供者应确保对电子支付业务处理系统的操作人员、管理人员以及系统服务商有合理的授权控制：1）确保进入电子支付业务账户或敏感系统所需的认证数据免遭篡改和破坏。对此类篡改都应是可侦测的，而且审计监督应能恰当地反映出这些篡改的企图。2）对认证数据进行的任何查询、添加、删除或更改都应得到必要授权，并具有不可篡改的日志记录。

（6）电子支付服务提供者应采取有效措施保证电子支付业务处理系统中的职责分离：1）对电子支付业务处理系统进行测试，确保职责分离；2）开发和管理经营电子支付业务处理系统的人员维持分离状态；3）交易程序和内控制度的设计确保任何单个的雇员和外部服务供应商都无法独立完成一项交易。

（7）电子支付服务提供者可以根据有关规定将其部分电子支付业务外包给合法的专业化服务机构，但银行对客户的义务及相应责任不因外包关系的确立而转移。银行应与开展电子支付业务相关的专业化服务机构签订协议，并确立一套综合性、持续性的程序，以管理其外包关系。

（8）电子支付服务提供者采用数字证书或电子签名方式进行客户身份认证和交易授权的，提倡由合法的第三方认证机构提供认证服务。如客户因依据该认证服务进行交易遭受损失，认证服务机构不能证明自己无过错，应依法承担相应责任。

五、差错处理

《电子商务法》第55条规定，用户在发出支付指令前，应当核对支付指令所包含的金额、收款人等完整信息。支付指令发生错误的，电子支付服务提供者应当及时查找原因，并采取相关措施予以纠正。造成用户损失的，电子支付服务提供者应当承担赔偿责任，但能够证明支付错误非自身原因造成的除外。

第四节　网上银行的法律规范问题

一、网上银行概述

网上银行，简单地说，是指设在互联网上的以金融资产和负债为经营对象，一种以客户最大化或利润最大化为主要目标，提供多样化服务的信用中介机构。它又可分为狭义的网上银行（Internet Banking）和广义的网上银行或网络银行（Internet Bank）。狭义的网上银行属于传统银行业务的一种制度创新，实际上就是银行上网，即传统银行利用计算机和互联网技术突破传统银行业务模式，改革传统银行店堂服务流程，以原有传统业务为基础和依托，将原有业务推行到互联网上，为客户提供原来需要柜台操作的各种业务，实质上并没有脱离原有的银行形态。而广义的网上银行，又被称为“虚拟银行”（Virtual Bank），是银行业的一次革命，是使用电子工具通过互联网向客户提供银行的产品和服务的银行。它是银行体制的一种创新，没有银行大厅，没有营业网点，通过互联网进入网上银行的网站，就可以全天候在任何地方办理网络银行提供的各项银行业务。本节所谈的网上银行是指广义的网上银行。

一般说来，网上银行的业务品种主要包括基本网上银行业务、网上投资、网上购物、个人理财助理、企业银行及其他金融服务。

（1）基本网上银行业务。商业银行提供的基本网上银行服务包括：在线查询账户余额、交易记录，下载数据，转账和网上支付等。

（2）网上投资。由于金融服务市场发达，可以投资的金融产品种类众多，国外的网上银行一般提供包括股票、期权、共同基金投资和CDs买卖等多种金融产品服务。

(3) 网上购物。商业银行的网上银行设立的网上购物协助服务，大大方便了客户网上购物，为客户在相同的服务品种上提供了优质的金融服务或相关的信息服务，加强了商业银行在传统竞争领域的竞争优势。

(4) 个人理财助理。个人理财助理是国外网上银行重点发展的一个服务品种。各大银行将传统银行业务中的理财助理转移到网上进行，通过网络为客户提供理财的各种解决方案，提供咨询建议，或者提供金融服务技术的援助，从而极大地扩大了商业银行的服务范围，并降低了相关的服务成本。

(5) 企业银行。企业银行服务是网上银行服务中最重要的部分之一。其服务品种比个人客户的服务品种更多，也更为复杂，对相关技术的要求也更高，所以能够为企业提供网上银行服务是商业银行实力的象征之一，一般中小网上银行或纯网上银行只能部分提供，甚至完全不提供这方面的服务。企业银行服务一般提供账户余额查询、交易记录查询、总账户与分账户管理、转账、在线支付各种费用、透支保护、储蓄账户与支票账户资金自动划拨、商业信用卡等服务。此外，还包括投资服务等。部分网上银行还为企业提供网上贷款业务。

(6) 其他金融服务。除了银行服务外，大商业银行的网上银行均通过自身或与其他金融服务网站联合的方式，为客户提供多种金融服务产品，如保险、抵押和按揭等，以扩大网上银行的服务范围。

二、网上银行的相关法律问题

（一）网上银行的监管问题

由于网上银行业务的运行机制和环境与传统银行业务有很大区别，一些传统的监管规则和制度已经不适应网上银行监管的需要，制度建设就成为网上银行业务监管的首要任务。2001年6月，中国人民银行在总结中国商业银行网上银行业务实际发展情况的基础上，本着积极审慎发展原则、前瞻性原则和技术风险管理原则，制定颁布了《网上银行业务管理暂行办法》（简称《办法》），为中国网上银行业务的发展提供了基本的管理依据。

《办法》包括总则、网上银行业务的市场准入、网上银行业务的风险管理、法律责任和附则共5章32条，阐明了网上银行业务的定义、市场准入条件和程序、网上银行业务风险管理规则以及银行的法律责任，是中国第一部专门针对网上银行业务管理的行政法规。

根据《办法》的规定，人民银行对银行机构开办网上银行业务的市场准入，实行“一级监管”的原则，即各类银行机构首次开办网上银行业务，应由其总行向人民银行总行、分行或营业管理部申请。银行在获准开办网上银行业务后，如需要增加网上银行业务品种，应由其总行或主报告行向人民银行总行、分行或营业管理部申请。

审查银行机构开办网上银行业务的申请，人民银行监管部门应从风险管理能力、安全性评估、网上银行业务运行应急和业务连续性计划、内部监控能力四个方面重点掌握。网上银行业务申请机构应配备合格的管理人员和专业人员，应建立识别、监测、控制和管理网上银行业务风险的方法与管理制度。

网上银行业务运行应急和连续性计划至少应包括以下四个方面的内容：系统的备份情况，包括软硬件的备份和数据的备份；对意外事故的处理；对非法侵入或攻击的处理；对业务运行应急计划和连续性计划的科学性和有效性进行定期测试的制度安排。

网上银行董事会和高级管理层应确立网上银行业务发展战略和运行安全策略，应依据有关法律、法规制定和实施全面、综合、系统的业务管理规章，应对网上银行业务运行及存在风险实施有效的管理。

网上银行应制定并实施充分的物理安全措施，有效防范外部或内部非授权人员对关键设备的非法接触；应采用合适的加密技术和措施，以确认网上银行业务用户身份和授权，保证网上交易数据传输的保密性、真实性，保证通过网络传输信息的完整性和交易的不可否认性；应制定必要的系统运行考核指标，定期或不定期测试银行网络系统、业务操作系统的运作情况，防止网上银行业务交易系统不受计算机病毒侵袭，及时发现系统隐患和黑客对系统的入侵。

（二）网上银行的支付服务问题

网上银行支付服务的特殊问题主要是指计算机系统出现错误或其他网络传输发生故障，导致客户损失时风险责任的承担问题。这一问题在法律没有明确做出规定之前，需要网上银行在开展支付服务时做出声明或约定。这种服务合同的主要内容包括定义条款、服务内容、网上银行的使用方法、免责条款和法律适用等，该合同条款往往是由银行事先拟订好后重复使用的，并递交给电子交易客户作为其设立账户的条件。若客户需要正式申请网上银行服务，就必须接受该合同的所有内容，而不能作任何的修改，并经双方签名确认后生效，其实质是格式条款。在实践中，银行往往会加重客户的责任，减轻自身的责任，而规定了很多的免责条款，如免除银行操作失误、错误执行客户电子指令而给客户造成损害的责任。这种做法显然对客户是不公平的，也违背合同的公平原则，需要依据我国合同法等法律的规定合法处理。

此外，网上银行的支付服务还存在营业时间的问题。网上银行可 24 小时提供服务，但是提供网上银行服务的金融机构日常营业时间是从上午 9 时到下午 5 时，且在节假日休息时不办理业务，而现行法律只认可金融机构的日常营业时间。那么，对于 24 小时都能进行交易的网上银行，其营业时间应如何规定？可借鉴的观点认为，根据国内网上银行起步较晚、规范较小、服务项目也不多的具体情况，规定银行方面，其交易时间仍以一般的营业时间为准，对于超出通常营业时间所进行的交易，应视为是在下一个工作日完成的；客户方面，在网上仍然可以 24 小时接受网上银行的支付服务。

（三）网上银行经营风险的防范问题

将银行业务移至网上的做法，将使银行面临更大的风险，对于银行自身而言，必须建立一套有效的风险防范机制，以减少网上银行业务的风险。

（1）开户审查和签约。对网上银行客户开设条件和程序应有一定限制和规范。首先，对客户的经济收入、信用度应有一个最低准入标准；其次，开户时要核验开户人的身份证件和必要的法律文件；最后，签约时要向客户提供客户须知的各类资料，使客户了解网上支付流程、规则和安全措施。

（2）建立身份认证制度。网上支付最大的风险是非真实所有人伪造相关证件，盗用真实所有人的密码或身份资料划拨资金。为防止此类事件发生，网上银行必须建立身份认证制度，设计安全周密身份核验、资金划拨流程，并经常对网上支付状况进行监督。

（3）建立安全内部运作和管理规章。网上银行应当管理和运用好自己的资金，防止客户透支或其他违法活动，为此必须制定相应的规章，规范网上银行资金划转的条件和程序，严格要求网上支付的工作按规章和流程操作。

（4）服务合同。网上银行在提供服务前应当与客户签订《网上银行服务协议》，对网上银行业务中可能产生的一系列权利、义务和责任事先予以明确约定，在不违反现行法律法规强制规定的前提下，合理分配风险和责任。一般而言，该服务协议至少应包括以下内容：支付指令的接受、安全程序的选定、网上资金划拨的终结点、银行和客户的责任、证据的存留与效力。

（5）建立纠纷解决机制。网上银行与客户可通过协议建立一套公平、高效的纠纷化解机制，以备在争议发生后，按照协议约定，查明事实，分清责任，公平合理地解决纠纷。为避免因协商不成而纠缠不清，最好在服务协议中明确约定合同成立地与生效时间，以及诉讼的协议管辖问题。

（6）在我国已经加入世贸组织的今天，金融业的国际化竞争更加激烈。网上银行势必成为各家银行吸引客户、开拓新业务的必争之地，同时也将带来一系列新的法律问题。因此，在拓展网上银行业务时，应密切关注国际网上银行的最新法律法规，并注意吸收国外先进的风险防范经验，以切实保障我国网上银行业务健康有序地发展。

三、比特币的法律规制

比特币（BitCoin）最早是一种网络虚拟货币，其概念最初是由日本学者中本聪在2009年提出的。比特币是一种P2P形式的数字货币。与大多数货币不同，比特币不依靠特定货币机构发行，它依据特定算法，通过大量的计算产生，比特币通过使用整个P2P网络中众多节点构成的分布式数据库来确认并记录所有的交易行为，并使用密码学的设计来保证货币流通各个环节的安全性。

比特币的本质是一堆复杂算法所生成的特解。特解是指方程组所能得到无限个（其实比特币是有限个）解中的一组。而每一个特解都能解开方程并且是唯一的。而挖矿的过程就是通过庞大的计算量不断地寻求这个方程组的特解，这个方程组被设计成了只有2 100万个特解，所以比特币的上限就是2 100万，因而具有极强的稀缺性。

2013年，美国政府承认比特币的合法地位，使得比特币价格大涨。2017年12月，比特币价格直冲2万美元，而到了2018年2月18日，比特币价格约10 132美元，最低价格跌破9 500美元。

虽然比特币被称为“货币”，但由于其不是由货币当局发行，不具有法偿性与强制性等货币属性，并不是真正意义的货币。2013年12月，《中国人民银行　工业和信息化部　中国银行业监督管理委员会　中国证券监督管理委员会　中国保险监督管理委员会关于防范比特币风险的通知》（简称《通知》）明确了比特币的性质：比特币是一种特定的虚拟商品，不具有与货币等同的法律地位，不能且不应作为货币在市场上流通使用。此外，2017年9月4日，《中国人民银行　中央网信办　工业和信息化部　工商总局　银监会　证监会　保监会关于防范代币发行融资风险的公告》规定，“代币发行融资是指融资主体通过代币的违规发售、流通，向投资者筹集比特币、以太币等所谓‘虚拟货币’，本质上是一种未经批准非法公开融资的行为，涉嫌非法发售代币票券、非法发行证券以及非法集资、金融诈骗、传销等违法犯罪活动”，“代币发行融资中使用的代币或‘虚拟货币’不由货币当局发行，不具有法偿性与强制性等货币属性，不具有与货币等同的法律地位，不能也不应作为货币在市场上流通使用”，并明确要求“本公告发布之日起，各类代币发行融资活动应当立即停止”。2017 年 10 月底，国内最后两家比特币交易平台被关停。

第五节　第三方支付的法律规范

一、第三方支付的优势

电子支付是电子商务产业链中不可或缺的重要环节，但是因为早期国有商业银行在电子银行方面的建设步伐相对迟缓，非银行支付机构（第三方支付机构）的崛起迅速填补了这一空白。随着第三方支付机构在整个电子商务，特别是 B2C、C2C 市场扮演越来越重要的角色，它将成为新的金融增值业务服务商。

相对于传统的资金划拨交易方式，第三方支付可以比较有效地保障货物质量、交易诚信、退换要求等环节，在整个交易过程中，都可以对交易双方进行约束和监督。在不需要面对面进行交易的电子商务形式中，第三方支付为保证交易成功提供了必要的支持，因此随着电子商务在国内的快速发展，第三方支付行业也发展得比较快。2018 年第二季度，我国非银行支付机构处理网络支付业务 101 230.14 亿笔，金额 48.29 万亿元，同比分别增长 94.37%和 53.35%。①

目前，经营状况相对较好的第三方支付公司经营模式大致有两种：

第一种是针对我国网上交易信用现状而特别推出的安全付款服务。其运作的实质是以第三方支付平台为信用中介，买方选购商品后，使用第三方平台提供的账户进行货款支付，由第三方通知卖家货款到达、进行发货；买方检验物品后，就可以通知付款给卖家，第三方再将款项转至卖家账户。这种类型的典型代表是阿里巴巴公司的“支付宝”。

第二种经营模式更注重与银行的合作。一些第三方支付平台目前已经实现了与消费者最常用的多家银行的数十种银行卡的直通服务，帮助商家促使更多消费者选择在线支付方式。消费者并不是其客户，它真正的客户是商家和银行，其收益来自银行的利益分成及按每笔交易向商家收取的服务费。这种类型的第三方支付平台有快钱、环迅支付等。

二、第三方支付存在的风险

随着电子支付的发展，相应的法律问题也得到了人们更多的关注，焦点主要集中在以下四个方面：

（1）主体资格和经营范围的风险。目前依托于银联建立的第三方支付平台，除少数几个不直接经手管理往来资金，将其存放在专用的账户外，其他都可直接支配交易资金，这就容易造成资金不受监管，甚至越权调用的风险。

---

① 中国人民银行．2018 年第二季度支付体系运行总体情况［EB/OL］．（2018－08－20）［2018－10－31］．http：//www．pbc．gov．cn/zhifujiesuansi/128525/128545/128643/3607110/index．html．

（2）结算和虚拟账户资金沉淀风险。支付宝等第三方支付机构从事资金吸储并形成资金沉淀，如缺乏有效的流动性管理，则可能存在资金安全和支付的风险。第三方网络支付平台在提供中介和信用中介的过程中，资金包括两类：第一类是结算资金，第二类是虚拟账户的资金。在两类沉淀资金的使用和担保方面都存在风险。

（3）洗钱风险。中国人民银行在发布的《反洗钱报告》中称，网上银行在银行业务中占据的比重上升很快，而且交易大都通过电话、计算机网络进行，银行和客户很少见面，这给银行了解客户带来了很大的难度，也成为洗钱风险的易发、高发领域。

（4）管理方面的风险。由于第三方支付系统是运行在开放的互联网上，电子支付过程中有时会遭到黑客的攻击；电子签名在电子支付中的应用不足，导致少数资金被盗；第三方支付机构内部管理的缺陷，存在一定的安全隐患。

三、第三方支付监管的基本思路

2010 年 6 月，中国人民银行发布了《非金融机构支付服务管理办法》；2010 年 12 月发布了《非金融机构支付服务管理办法实施细则》；2015 年 12 月，发布了《非银行支付机构网络支付业务管理办法》。这些文件形成了一套对第三方支付机构的监管办法。

（一）资格审查条件

从事第三方支付的非银行支付机构应持有《支付业务许可证》。申请《支付业务许可证》应当具备下列条件：

（1）在中华人民共和国境内依法设立的有限责任公司或股份有限公司，且为非金融机构法人；

（2）有符合《非金融机构支付服务管理办法》规定的注册资本最低限额；

（3）有符合《非金融机构支付服务管理办法》规定的出资人；

（4）有 5 名以上熟悉支付业务的高级管理人员；

（5）有符合要求的反洗钱措施；

（6）有符合要求的支付业务设施；

（7）有健全的组织机构、内部控制制度和风险管理措施；

（8）有符合要求的营业场所和安全保障措施；

（9）申请人及其高级管理人员最近 3 年内未因利用支付业务实施违法犯罪活动或为违法犯罪活动办理支付业务等受过处罚。

申请人拟在全国范围内从事支付业务的，其注册资本最低限额为 1 亿元人民币；拟在省（自治区、直辖市）范围内从事支付业务的，其注册资本最低限额为 3 000 万元人民币。注册资本最低限额为实缴货币资本。

（二）业务范围

非金融机构支付服务是指非金融机构在收付款人之间作为中介机构提供下列部分或全部货币资金转移服务：

（1）网络支付；

（2）预付卡的发行与受理；

（3）银行卡收单；

（4）中国人民银行确定的其他支付服务。

（三）风险监督

第三方支付机构的风险监督主要体现在以下方面：

（1）建立清算业务风险防范机制，制定并实施识别、计量、监测和管理风险的制度。

（2）建立参与者信用风险损失分担的规则和程序。

（3）建立应急系统，制定应急预案，确保支付清算系统安全可靠运行。

（4）提供担保或缴存支付清算风险保证金，保证金实行专户存储，用于抵补参与者因头寸不足而发生的流动性风险，保证支付清算业务持续进行。

（5）按照《中华人民共和国反洗钱法》的规定建立客户身份识别制度，按照规定执行大额交易和可疑交易报告制度。

（6）银行主管部门依法对支付清算组织进行现场检查和非现场检查。

（四）客户备付金存管

客户备付金是指支付机构为办理客户委托的支付业务而实际收到的预收待付货币资金。

1. 备付金银行

支付机构的备付金银行应当符合下列条件：

（1）总资产不得低于2 000亿元，有关资本充足率、杠杆率、流动性等风险控制指标符合监管规定。支付机构在同一备付金银行仅开立备付金汇缴账户的，该银行的总资产不得低于1 000亿元。

（2）具备监督客户备付金的能力和条件，包括有健全的客户备付金业务操作办法和规程，监测、核对客户备付金信息的技术能力，能够按规定建立客户备付金存管系统。

（3）境内分支机构数量和网点分布能够满足支付机构的支付业务需要，并具有与支付机构业务规模相匹配的系统处理能力。

（4）具备必要的灾难恢复处理能力和应急处理能力，能够确保业务的连续性。

2. 备付金的使用与划转

（1）支付机构应当在收到客户备付金或客户划转客户备付金不可撤销的支付指令后，办理客户委托的支付业务，不得提前办理。

（2）支付机构通过银行转账方式接收的客户备付金，应当直接缴存备付金专用存款账户；按规定可以现金形式接收的客户备付金，应当在收讫日起2个工作日内全额缴存备付金专用存款账户。

（3）支付机构每月在备付金存管银行存放的客户备付金日终余额合计数，不得低于上月所有备付金银行账户日终余额合计数的50%。

（4）支付机构只能通过备付金存管银行办理客户委托的跨行付款业务，以及调整不同备付金合作银行的备付金银行账户头寸。

（5）不同支付机构的备付金银行之间不得办理客户备付金的划转。

（6）支付机构按规定为客户办理备付金赎回的，应当通过备付金专用存款账户划转资金，不得使用现金；按规定可以现金形式为客户办理备付金赎回的，应当先通过自有资金账户办理，再从其备付金存管账户将相应额度的客户备付金划转至自有资金账户。

（7）风险准备金按照所有备付金银行账户利息总额的一定比例计提。支付机构开立备付金收付账户的合作银行少于4家（含）时，计提比例为10%。支付机构增加开立备付金收付账户的合作银行的，计提比例动态提高。

（8）支付机构因办理客户备付金划转产生的手续费费用，不得使用客户备付金支付。

（五）网络支付业务

网络支付业务是指收款人或付款人通过计算机、移动终端等电子设备，依托公共网络信息系统远程发起支付指令，且付款人电子设备不与收款人特定专属设备交互，由支付机构为收付款人提供货币资金转移服务的活动。

（1）支付机构为客户开立支付账户的，应当对客户实行实名制管理。

（2）支付机构不得为金融机构，以及从事信贷、融资、理财、担保、信托、货币兑换等金融业务的其他机构开立支付账户。

（3）支付机构应根据客户身份对同一客户在本机构开立的所有支付账户进行关联管理，并按照有关要求对个人支付账户进行分类管理。

（4）支付机构应当确保交易信息的真实性、完整性、可追溯性以及在支付全流程中的一致性，不得篡改或者隐匿交易信息。

（6）对于客户的网络支付业务操作行为，支付机构应当在确认客户身份及真实意愿后及时办理，并在操作生效之日起至少五年内，真实、完整保存操作记录。

（7）支付机构应当向客户充分提示网络支付业务的潜在风险，及时揭示不法分子新型作案手段，对客户进行必要的安全教育，并对高风险业务在操作前、操作中进行风险警示。

（8）支付机构可以组合选用下列三类要素，对客户使用支付账户余额付款的交易进行验证：1）仅客户本人知悉的要素，如静态密码等；2）仅客户本人持有并特有的，不可复制或者不可重复利用的要素，如经过安全认证的数字证书、电子签名，以及通过安全渠道生成和传输的一次性密码等；3）客户本人生理特征要素，如指纹等。

第六节　电子支付中的法律责任

一、电子支付中的民事法律责任

（一）电子支付的民事责任概述

1. 电子支付的民事责任的概念

民事责任是指民事主体违反民事义务，依法所应承担的法律后果。民事责任以民事义务的存在为前提，是对违反民事义务行为的法律制裁。我国《民法总则》第176条规定："民事主体依照法律规定和当事人约定，履行民事义务，承担民事责任。"因而，可简单地给出电子支付的民事责任的定义。即指民法所规定的参与电子支付活动的主体（当事人）违反法律、法规或不履行法定义务，侵害国家、法人和个人的合法权益，而依法应承担的法律后果。

2. 电子支付的民事责任的构成要件

民事责任的构成要件，是指行为人承担民事责任的各种必须具备的条件，是要求行为人承担法律责任时进行分析判断的标准。而根据民法理论可知，民事责任有 4 条构成要件。

(1) 民事违法行为。即行为人违反了民法所保护的权利和义务，侵犯了民事主体的权利和义务，使其平等的法律地位受到破坏。在多数情况下，民事违法行为是民事责任的前提，没有民事违法行为就没有民事责任。

(2) 损害事实。即只有造成损害事实，行为人才能承担民事责任。它是构成民事责任的首要条件。

(3) 过错。即承担民事责任的主观故意或过失。它是构成民事责任的主观要件。

(4) 因果关系。即行为与损害之间的因果关系，只有违法行为与损害事实之间存在“前因后果”的联系，即损害是由违法行为所引起的，行为人才承担民事责任。

参与电子支付的行为人是指电子支付的当事人，其民事责任也只有行为人具备以上 4 条要件时才能承担民事责任。

3. 电子支付的民事责任的归责原则

我国《民法通则》在确认过错责任为一般原则的同时，也规定了无过错责任原则等。在追究民事违法行为人的法律责任时，是以过错责任为一般原则，而以无过错责任原则为特别原则。只有在法律有特别规定时，才能适用无过错责任原则，凡是法律无特别规定的民事违法情形，均应适用过错责任原则。

电子支付作为新兴电子商务的支付手段，与传统的支付过程有许多不同的地方。其特殊性导致民法的一般规定不能完全适用，这需要法律做出适当的调整，以适应网络环境下支付，使电子商务的交易过程能够合法完成。

《电子商务法》第 55 条规定，用户在发出支付指令前，应当核对支付指令所包含的金额、收款人等完整信息。支付指令发生错误的，电子支付服务提供者应当及时查找原因，并采取相关措施予以纠正。造成用户损失的，电子支付服务提供者应当承担赔偿责任，但能够证明支付错误非自身原因造成的除外。

4. 电子支付的民事责任的分类

民事责任作为违反民事义务或侵犯民事权利的法律后果，根据不同的标准，有不同的分类。如依据民事责任的产生根据分为合同责任与非合同责任；依据承担责任的原则分为过错责任与无过错责任；依据行为主体分为职务责任和个人责任等。其中合同责任与非合同责任是我国民事责任制度最常用的分类。合同责任也称违约责任，是指当事人违反合同规定的义务所产生的民事责任。而非合同责任也称侵权责任，是指主体因实施侵权行为而产生的民事责任。由于电子支付的纠纷主要是围绕电子支付过程中出现的经济纠纷，而且各当事人之间均是以合同建立关系，因而电子支付的民事责任的种类是以合同责任为主，而且较少涉及非合同责任。

5. 承担电子支付的民事责任的方式

我国《民法总则》第 179 条规定承担民事责任的方式主要有 11 种：停止侵害；排除妨碍；消除危险；返还财产；恢复原状；修理、重作、更换；继续履行；赔偿损失；支付违约金；消除影响、恢复名誉；赔礼道歉。承担违反合同民事责任的主要方式包括：支付违约金；继续履行；返还财产；赔偿损失等。在电子支付过程中的违法行为人承担何种民事责任，需要根据具体的实际情况选择一种或多种责任方式，才能发挥民事责任方式的作用，更好地维护电子支付过程中各当事人的合法权益。

（二）电子支付的合同责任

1. 电子支付的合同责任的概念

合同责任是民事责任的一种，在合同关系中居于十分重要的地位，具有保障合同债权、维护社会经济秩序的作用。合同责任是指参与电子支付过程的当事人不履行合同义务或履行义务不符合约定的条件时所应承担的民事责任。当事人在执行电子支付过程中能否履行合同是实现电子支付的关键，电子支付的合同责任就是要求国家采取强制形式监督和保证电子支付的缔约当事人严格遵守合同，保证合同的实现，以便让电子支付健康有序地发展。

2. 电子支付合同责任的归责原则

合同责任的归责原则是指合同当事人违反合同后，根据何种归责事由确定其负的违约责任。归责原则的确定对违约责任的成立及内容起着决定作用，它决定了违约责任的构成要件、决定举证的责任及违约赔偿的范围。采用何种违约责任的归责原则，体现了各国对法律的价值判断，各国法律在违约责任的归责原则方面有不同的规定。大致有两种：严格责任的归责原则和过错责任的归责原则。而电子支付的合同责任的归责原则也是采用这两种归责原则，其目的是对电子合同的履行提供一种保障。如果将过错作为违约责任的一个要件，那么在国内商业交易中信用问题还未能较好解决的今天，难免会形成违约者不受追究的现象。另外，严格责任原则还更有利于保护电子支付合同的当事人的合法权益。

3. 电子支付合同责任的构成要件

由于电子支付合同责任的归责原则采取严格责任原则，则电子支付的合同责任的构成要件只有一个，那就是违约行为。即只要电子支付过程中的合同当事人的行为违反合同的规定，就应当承担合同责任。即使因不可抗力造成违反合同规定的情形，违约方也负有及时通知对方和提供证据的义务。至于在电子支付过程中如何理解违约行为，根据《合同法》中采用了“当事人一方不履行合同义务或者履行合同义务不符合约定的”来阐述其概念可知，违约行为是指在电子支付过程中合同的一方当事人或双方当事人不履行或履行不符合电子支付合同约定的义务的行为。其中违约方当事人违反的合同义务不是一般的合同义务，而是在电子支付过程中双方所签订或约定的电子合同的义务。而且，依法成立的合同对当事人具有法律的约束力，当事人应该按合同的约定履行自己的义务，否则将承担违约责任。

4. 承担电子支付合同责任的方式

承担电子支付的合同责任的方式，即电子支付过程中合同当事人在实施违约行为后应采取哪些方式承担合同违约的责任。一般采取的主要方式为：支付违约金、强制实际履行、赔偿损失和其他补救措施。

（三）电子支付违反《商业银行法》的民事责任

虽然我国尚未建立电子支付法，但是网上银行应当遵守《商业银行法》的规定。根据

《商业银行法》第73条的规定，商业银行有下列情形之一，对存款人或者其他客户造成财产损害的，应当承担支付迟延履行的利息以及其他民事责任：

（1）无故拖延、拒绝支付存款本金和利息的；

（2）违反票据承兑等结算业务规定，不予兑现，不予收付入账，压票、压单或者违反规定退票的；

（3）非法查询、冻结、扣划个人储蓄存款或者单位存款的；

（4）违反该法规定对存款人或者其他客户造成损害的其他行为。

网上银行承担民事责任的主要方式有：停止侵害、恢复原状、支付迟延支付的利息和赔偿损失等。

二、电子支付中的刑事法律责任

（一）正确认识电子支付中的犯罪

1. 何谓电子支付的犯罪

犯罪是指当事人做出犯法的、应受处罚的事。何谓电子支付的犯罪要从狭义和广义上来理解。从狭义上看，是刑法学上的概念，即电子支付过程中的犯罪仅限于刑法明文规定的，扰乱电子支付的正常秩序、有危害性、触犯刑事法律以及应受刑法处罚的行为。从广义上看，是除刑法的规定以外，还包括尚未被刑法规定的，如在电子支付领域中新出现的有严重危害的一些犯罪行为。而本节是从狭义上来理解电子支付的犯罪。

2. 电子支付过程中的犯罪现象与特征

电子支付犯罪的现象通常表现为三类：一是电子支付过程中的计算机犯罪，这类犯罪仅以破坏网上银行的计算机系统构成的犯罪，如破坏电子支付系统；二是与计算机犯罪有关的电子支付犯罪，这类犯罪需要计算机与电子支付两种犯罪行为共同实现，如盗用网上银行客户的支付账户的行为；三是不涉及计算机技术的电子支付过程中的传统支付犯罪，现阶段电子支付无法替代传统支付手段，传统支付的犯罪必将在电子支付中出现。

在电子支付过程中具有七种犯罪特征：犯罪目的性，即故意犯罪；非法获利性，这是主要特征；犯罪的高智能性，犯罪需要掌握较高网络和安全等技术；犯罪的无现场性，罪证易掩盖或毁灭；犯罪的低处罚性，为了商业信誉多数商家会忍痛承受损失；犯罪的低风险性，犯罪人实施犯罪的成本或受处罚较低；犯罪的难防控性，犯罪技术在不断更新与发展。

（二）电子支付的刑事责任概述

1. 电子支付的刑事责任的概念

犯罪是承担刑事责任的前提和基础，没有犯罪就不可能产生刑事责任。根据我国《刑法》有关条款的规定，认定刑事责任必须符合三个基本要素：

（1）有危害社会行为的发生；

（2）此危害行为必然为刑法所禁止；

（3）刑法所禁止的行为还应当是受刑法处罚的行为。

因此，电子支付的刑事责任是指在电子支付过程中建立在刑事法律基础之上的，满足认定刑事责任要素的犯罪当事人应承担的法律责任。

2. 电子支付犯罪的刑事处罚

由于电子支付中的犯罪行为会严重损害国家的正常经济秩序和电子商务活动的顺利开展，因此必须采取措施严厉惩处电子支付过程中的各种犯罪行为。如我国《刑法》第287条规定了对利用计算机实施金融诈骗、盗窃、贪污、挪用公款、窃取国家秘密或者其他犯罪的定罪处罚。

当然，我们要认识到在电子支付过程中应用现行刑法还存在诸多的问题。如有的犯罪因刑法涵盖面有限，不满足刑法规定的犯罪要件；有的犯罪与刑法分则的罪状表述不一致；有的犯罪客体复杂、罪名难以确定；对盗窃罪的定罪；网上交易的逃税等问题，这些都给现行刑法的适用带来困难。

导入案例解析

在互联网金融蓬勃发展的今天，犯罪分子新洗钱的方法和手段层出不穷。为了应对洗钱活动的发展演变，反洗钱措施需要不断更新变化。

利用互联网金融的洗钱方式主要有以下几种：

(1) 利用网上银行洗钱。网上银行是互联网金融洗钱的重要方式之一。不法分子可以通过开立或控制一个或多个账号，并办理网银功能，将犯罪所得通过现金存入、转账存入、网银转入、境内外汇入等多种方式，转入事先开立或控制的一个或多个账号，再通过网银转出、POS 消费、转账转出、境内外汇款汇出等方式，完成一系列的洗钱过程。

(2) 利用互联网支付洗钱。由于第三方支付平台只是支付中介，只能从技术上保障交易的安全，却无法保证交易的真实性，洗钱者金融行动可以通过构造虚假交易的方式进行洗钱。

(3) 利用 P2P 借贷洗钱。P2P 平台对资金的来源和用途审核力度不够，对每笔贷款的来源和使用情况无法进行回访核实或实地查看，从而为洗钱者隐匿、掩饰违法犯罪所得，借助平台清洗黑钱提供了便利条件。另外，P2P 平台对借贷双方客户身份资料进行网络认证，难以进行有效的客户身份识别。洗钱者可以冒用他人身份资料，一人注册多个账户，如同时注册为贷款人和借款人，通过贷款竞标，将非法所得通过 P2P 平台放款获取本息实现黑钱“洗白”。

(4) 利用虚拟货币洗钱。虚拟货币基于互联网而存在，使用没有国界，这给反洗钱行政调查和资金流向监测带来极大难度。虚拟货币（如比特币）固有的交易便利、成本低廉、匿名性强使其存在极大洗钱风险。2013 年，美国有名的地下交易市场“丝绸之路”（Silk Road）因允许参与者使用比特币匿名购买和出售非法毒品而被美国政府关闭。2016 年1月荷兰警方抓捕了10位犯罪嫌疑人，他们涉嫌用比特币清洗网络毒品交易的非法所得约2 000 万欧元。

中国人民银行作为国务院反洗钱行政主管部门，在2012 年发布了《支付机构反洗钱和反恐怖融资管理办法》，对持有第三方支付牌照的支付企业从各个细节上明确了反洗钱和反恐怖融资的义务和监管职责，但是对于 P2P 网络借贷、众筹融资、互联网保险等新兴互联网金融领域则尚未有明确的反洗钱监管法规。

思考题

1. 简述电子支付的概念与分类。
2. 试论述电子支付当事人的权利和义务。
3. 试论述《电子支付指引（第一号）》的基本内容。
4. 试论述电子货币的监管制度。
5. 网上银行经营风险防范应考虑哪些问题?
6. 简述第三方支付机构资格审查条件和业务范围。
7. 试述电子支付的民事责任和合同责任。

第十三章　电子商务物流法律制度

物流配送是电子商务的最后一个重要环节。电子商务下企业成本优势的建立和保持必须以可行和高效的物流与交付作为保证。没有一个高效、合理、畅通的物流配送系统，电子商务所具有的优势就难以得到有效的发挥，也难以得到快速发展。运用法律手段保证物流配送质量，是电子商务吸引顾客、提高盈利水平的关键一环。本章将从实物产品交付、信息产品交付和服务产品交付三个方面探讨法律对物流和网络传输活动的规制。

学习目标

1. 掌握电子商务物流的基本要求；
2. 掌握实物产品配送的法律规范；
3. 掌握信息产品交付的法律规范；
4. 掌握服务产品交付的法律规范。

导入案例　网购快递物品丢失案

2016年6月12日，辽宁省铁岭市消费者于女士在淘宝网购买了一套化妆品，价格530元，卖家承诺7日内到货，一周后，于女士仍未收到所购商品，便联系快递公司并要求快递公司给予查找。后被告知，早在两天前该快递件就已经送达了，是于女士的邻居签收的，是一个名叫“谢某”的人，她自称是于女士的同学，两家住对门，快递员便将该快件交付给了谢某；因于女士根本没有这样一个邻居，更不认识所谓的同学“谢某”，故要求快递公司赔偿。但被快递公司拒绝，理由是其《快递递送合同》格式条款中已规定：“如指定的签收人不在，公司有权让他人代收，由此产生的后果与公司无关。”在多次与快递公司协商无果的情况下，无奈的于女士抱着最后一线希望，来到了辽宁省铁岭市消费者协会（简称铁岭市消协）请求帮助。

受理此投诉后，铁岭市消协工作人员把双方当事人召集在一起，对于女士的投诉内容快递公司认可属实，但是，快递公司负责人辩称，本公司的快递员是在给于女士打了两遍电话，仍然无法联系到于女士的情况下，才将包裹交给于女士的同学、邻居谢某的，并让谢某在快递回执单上签收，快递员尽到了责任、义务，符合工作要求，因此，快递公司不承担任何责任，不会赔偿于女士的经济损失。于女士解释说：由于工作原因，在快递员送达包裹的那天，自己刚好被安排去乡下检查工作；可能是农村信号不好，自己并没有接到快递员的电话；更没有委托其他人代为接领包裹，不管怎么说，快递员也应该将包裹交到自己手中，而不应该不负责任地交给其他人。铁岭市消协投诉部工作人员耐心、细致地为快递公司负责人讲解了法律关于格式条款的相关规定，使其认识到了《快递递送合同》中所规定的内容“如指定的签收人不在，公司有权让他人代收，由此产生的后果与公司无关”对消费者是不公平、不合理的。快递公司应当对消费者的损失给予赔偿。最终经依法调解，快递公司全额赔付于女士货款530元。

资料来源：快递物品丢失　消协调解获赔. 中国消费者协会投诉和解监督平台［EB/OL］.（2017-04-06）. http://hjxt.cca.cn/cases/438.jhtml.［2018-02-20］.

第一节　电子商务物流的基本要求

一、安全要求

物流作为电子商务三个主要环节中的一环，安全问题贯穿于电子商务的始终。《中华人民共和国邮政法》（简称《邮政法》）、《物流中心作业通用规范》（GB/T 22126－2008）、《第三方物流服务质量要求》（GB/T 24359－2009）等均对物流作业的安全问题提出了相应的规定和标准。安全要求所涉及的电子商务物流业务的企业，包括为B2B、B2C和C2C提供物流服务的所有企业。这些企业都需要按照有关法律法规的要求，建立物流作业规范，保证作业安全。

经营电子商务物流业务的企业应当根据相关标准要求，建立并实施物流作业规范，确保整个作业过程的安全性。

电子商务物流企业在收寄物品时应当履行验视义务，不得承运或快递违禁品。

《邮政法》第75条规定，邮政企业、快递企业不建立或者不执行收件验视制度，或者违反法律、行政法规以及国务院和国务院有关部门关于禁止寄递或者限制寄递物品的规定收寄邮件、快件的，对邮政企业直接负责的主管人员和其他直接责任人员给予处分；对快递企业，邮政管理部门可以责令停业整顿直至吊销其快递业务经营许可证。

二、信息处理

电子商务物流企业应当加强物流服务信息化、网络化和标准化建设，规范订单接收、数据处理和数据管理程序，保证作业信息准确和可追溯。

电子商务物流企业应妥善保管客户信息，不得利用客户信息谋取不正当利益。除法律另有规定外，电子商务物流企业不得向任何单位或者个人泄露客户使用物流服务的信息。

电子商务物流企业应提供与客户相关信息共享的办法，以便于客户对其储存、运输物品状态的查询和跟踪。电子商务物流及快递企业应向用户提供自交寄之日起不少于一年的免费查询服务。

现代信息技术的应用，使得电子商务物流作业信息实现了信息化。物流信息的准确、查询和可追溯应当作为物流企业的基本责任。物流信息的泄露是电子商务物流作业中存在的一个重要问题，《邮政法》对邮政企业有了这方面明确的要求。

三、损失赔偿

《电子商务法》第52条规定，电子商务当事人可以约定采用快递物流方式交付商品。寄件人还可以根据物品的重要性，自主选择保价或不保价递送服务品种。

电子商务交易中，网上发布商品或服务信息与线下提供的商品或服务不相符合的情况时有发生。一个重要原因是在网上发布商品或服务信息经营者与在线下实际向用户提供商品或服务的经营者不一致。法律上规定由两者共同承担连带责任，有利于维护消费者权益。

交通运输部2013年发布的《快递市场管理办法》第20条规定：快件（邮件）发生延误、丢失、损毁和内件不符的，经营快递业务的企业应当按照与用户的约定，依法予以赔偿。企业与用户之间未对赔偿事项进行约定的，对于购买保价的快件（邮件），应当按照保价金额赔偿。对于未购买保价的快件（邮件），按照《邮政法》《合同法》等相关法律规定赔偿。

第二节　实物产品配送

一、实物产品与实物产品配送

实物产品是以物质实体形式存在的产品，又称有形产品。实物产品的生产、流通和消费一般在时间和空间上是分离的。电子商务的实物产品配送是指网上销售的实物产品的物流活动。电子商务的实物配送系统由物流作业系统和物流信息系统两个部分构成。

（1）物流作业系统：在采购、运输、仓储、装卸搬运、配送等作业环节中使用各种先进技能和技术，并使生产据点、物流据点、运输配送路线、运输手段等网络化，以提高物流活动的效率。

（2）物流信息系统：在保证订货、进货、库存、出货、配送等信息通畅的基础上，使通信据点、通信线路、通信手段网络化，提高物流作业系统的效率。

电子商务实物产品配送系统的构成如图12-1所示。

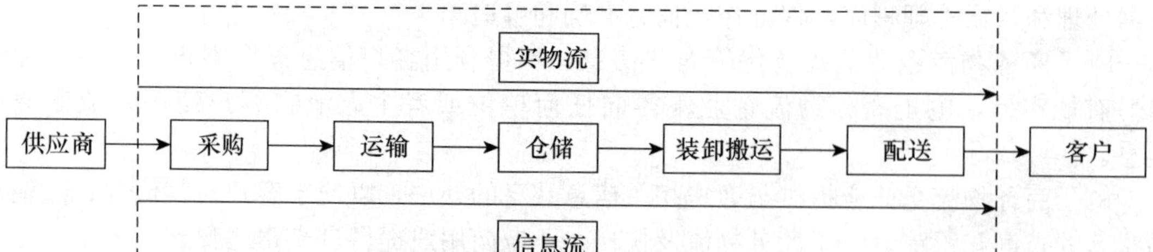

图12-1　电子商务实物配送系统的构成

二、实物产品配送的法律规范

(1) 网站经营者应当在承诺的时限内将质量合格的实物商品安全运送或投递到约定的收件地址和收件人。

(2) 网站经营者委托电子商务物流企业作为承运人交付标的物的，承运人在根据运单指令将货物运送到指定收货地点时，经收货人或其授权人签字确认的或以其他方式表明收货人签收的，即视为履行完交付义务。

(3) 实物产品交付，特别是网络零售产品的交付，常常引起客户与网站经营者和承运人之间的矛盾。解决这些矛盾的方法，需要明确网站经营者、承运人和客户之间的责任与义务。

(4) 随着业务模式的不断创新，如智能储物柜的出现，需要考虑电子签名确认或其他方式确认收货人签收。

第三节　信息产品交付

一、信息产品的定义

从狭义上说，信息产品是经过具有一定科学知识和工作经验的信息人员对科技成果或知识进行劳动加工而成的劳动产品。从广义上说，信息产品是由IT产业的信息产品和信息服务业提供的劳务组成。从本质上说，任何可以被数字化的事物都是信息，如数据库内容、软件、电影、音乐、电子书、股票指数、电子音像制品、网页内容、电子邮件等都是信息产品。这些产品是能够被数字化或数字模拟化的。

二、信息产品交付的法律规范

信息产品是电子商务交易中的一种特殊商品，其交付的条件和收到的条件都没有明确的法律规定，因此，需要明确经营者履行交付义务的条件和用户收到信息产品的条件。

最高人民法院2012年发布的《关于审理买卖合同纠纷案件适用法律问题的解释》(简称《解释》) 首度规定了电子信息产品的交付方式：一是交付权利凭证，二是以在线网络传输的方式接收或者下载该信息产品。

《解释》第5条专门规定，标的物为无需以有形载体交付的电子信息产品，当事人对交付方式约定不明确，且依照《合同法》第61条的规定仍不能确定的，买受人收到约定的电子信息产品或者权利凭证即为交付。

这里，买受人获得电子信息产品的密码，即属于得到了交付权利凭证；买受人以在线网络传输的方式接收或者下载这种信息产品，也即收到约定的电子信息产品。

接收信息产品的用户应当通过安装、试用或浏览该信息以确定所接收信息产品是否为所订购产品和是否符合合同规定。未在接收之时起合理期间提出异议的，即视为用户收到合同约定的信息产品，用户确有证据证明该信息产品不符合合同约定的除外。

第四节　服务产品交付

一、服务产品的定义

服务产品是指不具有实体，而以各种劳务形式表现出来的无形产品。如旅游产品、信息咨询、法律服务、金融服务等。

在实体社会中，服务产品可以区分为以设备为基础的服务产品和以人为基础的服务产品两部分。服务提供者通过由人力、物力和环境所组成的结构系统来销售和交付能被消费者购买和实际接收及消费的“功能和作用”。

在互联网环境下，服务产品的形成又分成两个阶段：第一阶段，通过网络浏览、网络订购、网络下单、网络支付形成服务产品的订单信息；第二阶段，通过实体社会服务系统实际完成服务产品的交付。

经济学中的服务通常有两种含义：其一，是指第三产业中的服务劳动，它与非物质生产劳动大致相同，但有交叉；其二，是指服务产品，即以非实物形态存在的劳动成果，主要包括第三产业部门中一切不表现为实物形态的劳动成果（由于经济过程的复杂性，现实第一、二产业部门中也混杂着少量服务产品）。如果在劳动意义上使用服务概念，就称为“服务劳动”；若在产品意义上使用它，就称为“服务产品”。

随着科学技术的进步和社会经济的发展，服务产品在社会总产品中的比重不断增大，人们对物质财富的观念也在逐渐改变，承认服务产品的物质性的人越来越多。

二、服务产品交付的法律规范

服务产品的交付也是电子商务遇到的一个新问题。电子商务网站提供了诸如旅游、餐饮、租车等服务信息产品，而这些产品的最终交付是旅游、餐饮、租车实体企业。网站经营者与用户之间的服务，限于获得相关实体企业的信息，所以，经营者或第三方交易平台利用网络征得消费者服务意愿后，经营者应根据消费者的需求意愿提供服务，并生成电子凭证，即视为经营者已经履行了交付义务。

在实体市场中，服务产品当作商品同其他商品相交换，也遵循商品交换中的一般规律，接受市场的调节。服务业经营者接受服务产品信息后，通过部分设备、原材料、工具等生产手段的储备，待到消费者到来后，完成服务产品的实物提供。

在网络市场中，服务产品的交付有自己特定的含义。以云计算服务为例，包括计算即服务（CompaaS）、数据存储即服务（DSaaS）、基础设施即服务（IaaS）、网络即服务（NaaS）、平台即服务（PaaS）和软件即服务（SaaS）等数种典型的云服务模式。

（1）IaaS 的交付。IaaS 的交付围绕着虚拟机、存储、网络等比较通用的基本资源，提供弹性、高可用性的互联网服务的各种服务。服务提供商需要保障这些服务的 SLA（Service Level Agreement，服务级别协议），并根据资源的实际使用进行计费，而用户则根据需要，进行成本、可用性、性能等方面的权衡选择。

（2）PaaS 的交付。PaaS 为用户提供一个可以部署并执行代码的环境、一些可以调用的 API 以及一些可用服务。PaaS 让开发者可以直接打造出富有弹性的服务而无须任何运维工作，可以说它是比 IaaS 更高层次的云服务。PaaS 交付的内容是可以执行代码的运行时环境（Runtime Environment），常用的环境是 Web 开发中比较常用的平台或框架的语言解释器，如 Java、NetFramework 等，并配合一些受到限制的库或 API。交付内容一般还包括消息队列、数据存储、数据库、缓存等附加服务。

（3）SaaS 的交付。SaaS 交付的内容形式很多，通常是通过 Web 的交付，展现在桌面、手机、平板等不同终端上。商业化的 SaaS 以面向企业的服务为主，面向制造业、贸易公司、专业批发、零售、社会服务业等行业客户提供不同的云应用服务，如企业内部的管理应用服务，涉及财务、进销存、CRM 等软件及服务；电子商务应用服务，涉及企业建站、网络营销、电商交易等软件及服务；工具类应用服务，涉及远程服务、知识管理、报表服务、发票真伪查询等软件及服务等。在 SaaS 的交付过程中，服务平台将指定服务分发到指定的销售渠道，如服务提供商自己的应用商店、应用中心及第三方合作渠道销售网站等；用户在各个渠道中可以查看到指定的 SaaS，并了解 SaaS 相关介绍信息，如服务级别、服务功能、服务费用等。然后，用户可以选择适合自己的 SaaS，并以“时长＋用户数”等方式进行试用、购买服务，用户购买服务后，可以在指定的系统中查看和使用自己开通的服务。

导入案例解析

根据《消费者权益保护法》第 26 条的规定，经营者不得以格式条款、通知、声明、店堂告示等方式，作出排除或者限制消费者权利、减轻或者免除经营者责任、加重消费者责任等对消费者不公平、不合理的规定，不得利用格式条款并借助技术手段强制交易。本案中，快递公司提供的格式合同中“代签免责”的规定，显然属于免除自己责任、排除消费者主要权利，故此条款内容无效，对于消费者的损失，快递公司应承担赔偿责任。

同时，根据《快递市场管理办法》第 16 条的规定，企业应当将快件（邮件）投递到约定的收件地址和收件人或者收件人指定的代收人。本案中，快递员在没有联系到消费者的情况下，直接将快件交给所谓的邻居，而该人并没有得到消费者的指定，因此快递员的该行为是不合理也不合法的。

根据《消费者权益保护法》第 11 条的规定，消费者因购买、使用商品或者接受服务受到人身、财产损害的，享有依法获得赔偿的权利。本案消费者购买的商品因为快递公司的失误而丢失，快递公司有责任对消费者进行赔偿。

目前快递员的工资是与派件多少挂钩，为了节省时间多送派件，真正做到每件包裹都交给消费者当面验收的快递员不是很多。所以快递公司应该加强自身管理，不能为了利益而降低了服务质量。

思考题

1. 简述电子商务物流的基本要求。
2. 简述实物产品的定义及配送的法律规范。
3. 简述信息产品的定义及交付的法律规范。
4. 简述服务产品的定义及交付的法律规范。

第十四章　网络环境下的知识产权保护

随着网络信息流量的不断加大，网络知识产权的法律保护越来越成为人们关注的焦点。网络知识产权保护涉及很多领域，本章将主要介绍有关域名的法律保护、网络著作权的法律保护、网络数据库的法律保护、网络游戏虚拟财产的法律保护等问题。

学习目标

1. 熟悉商标权的概念及法律保护办法；
2. 掌握域名的法律保护措施；
3. 了解上网作品和网上作品的区别；
4. 掌握网络著作权法律保护的基本内容；
5. 了解网络游戏虚拟财产保护的基本做法。

导入案例　网店销售冒牌电子产品案

璐璐公司是夫妻俩创业开设的网店，因销售“金士顿”品牌电子类产品，被告上法院索赔8万元。2017年9月，江苏省无锡市滨湖区人民法院审结了这起侵害商标权纠纷。

“金士顿”是金士顿科技公司依法取得的注册商标专用权，且商标处于有效期内。金士顿公司经金士顿科技公司授权，有权在中国境内使用商标。2016年10月10日，金士顿公司从璐璐公司的网店公证购买了两张闪存卡。金士顿公司认为，璐璐公司未经许可在网店销售“金士顿”闪存卡，且在店铺宣传、商品详情页面使用了“金士顿”商标。所销售假冒注册商标的商品的行为已构成侵权，让不知情的消费者在使用这种假冒产品过程中，误以为公司的产品质量低劣，严重损害了公司的商业信誉和品牌价值，造成严重的经济损失。金士顿公司告到滨湖法院，请求判令璐璐公司停止销售侵害注册商标专用权的商品，并删除网店的相关商品信息；赔偿金士顿公司经济损失及合理费用合计8万元，并承担诉讼费。

璐璐公司表示2016年注册成立了网店，且是“夫妻店”，没有实体店。公司不是涉案商品的生产商，且涉案商品不是主要销售的产品，何况不知道销售了侵权假冒产品。金士顿公司证据保全花费的总金额只有50元，对品牌的影响非常小。

法院审理认为，璐璐公司销售侵权商品，且未提供合法来源，应承担相应的民事责任。法院判决，璐璐公司停止销售侵权商品，立即删除网店内侵权的商品信息。因金士顿公司未能提供璐璐公司侵权所得利益或其因侵权所受的损失，法院综合侵权行为的性质、被告经营情况、注册商标的知名度等因素酌情确定为3万元。金士顿公司未就为制止侵权的合理开支进行举证，相关诉讼请求未获支持。

资料来源：网店销售冒牌电子产品 被索赔8万元［EB/OL］.（2017-09-30）［2018-02-20］. http://epaper.wxrb.com/paper/jnwb/html/2017-09/26/content_666036.htm.

第一节 电子商务经营者知识产权保护的责任与义务

我国《电子商务法》从第41条到第45条，创设了全新的电子商务知识产权保护制度，对我国现有知识产权法律及国际电子商务法律有极大的创新，对电子商务行业的影响巨大。

一、建立知识产权保护规则

《电子商务法》第41条规定，电子商务平台经营者应当建立知识产权保护规则，与知识产权权利人加强合作，依法保护知识产权。

作为一种新商业模式，电子商务对现有市场环境和法律体系也带来巨大的冲击和挑战，在知识产权保护领域尤为突出。电子商务平台作为重要的电子商务知识产权保护主体，需要在电子商务平台体系内，以法定义务为责任边界，搭建一套有效的、符合电商平台运营规律和效率的内在治理体系，同时注重自身的社会责任，不断为社会和谐与发展做出积极贡献。

电子商务平台经营者需要以契约精神为根本，以平台规则为基础，厘清网规与法律法规的边界、范畴以及相互间关系，制订并执行各类平台规则约束和规范平台各类市场经营行为，构建电商平台知识产权的保护体系，建立以事前预防侵权、事中解决纠纷、事后有效惩处为方向的知识产权保护机制。

在规则制定和执行过程中，电子商务平台经营者充分尊重政府、消费者、平台内经营者、合作伙伴等各方意见，力求民主公开、审慎透明。例如，阿里巴巴基于社会责任及维护平台秩序的需要，对平台上的各类知识产权问题进行了系统梳理，形成一套以“出售假冒商品认定和处罚规则”为核心的完整的规则体系，并于2015年率先成立了平台治理部，推进电子商务知识产权保护的综合治理。由此，阿里巴巴建立了一套覆盖用户行为、商品、物流、交易、服务等全链路的主动防控体系，用模型算法拦截疑似侵权行为；专门开发了全新的投诉处理模型，大幅提升投诉处理的自动化水平，快速处理明显的知识产权侵权行为，确保“知产快车道”用户快速通行。

二、及时处理知识产权侵权案件

《电子商务法》第42条规定，知识产权权利人认为其知识产权受到侵害的，有权通知电子商务平台经营者采取删除、屏蔽、断开链接、终止交易和服务等必要措施。通知应当包括构成侵权的初步证据。电子商务平台经营者接到通知后，应当及时采取必要措施，并将该通知转送平台内经营者；未及时采取必要措施的，对损害的扩大部分与平台内经营者承担连带责任。因通知错误造成平台内经营者损害的，依法承担民事责任。恶意发出错误通知，造成平台内经营者损失的，加倍承担赔偿责任。

《电子商务法》第43条规定，平台内经营者接到转送的通知后，可以向电子商务平台经营者提交不存在侵权行为的声明。声明应当包括不存在侵权行为的初步证据。电子商务平台经营者接到声明后，应当将该声明转送发出通知的知识产权权利人，并告知其可以向有关主管部门投诉或者向人民法院起诉。电子商务平台经营者在转送声明到达知识产权权利人后15日内，未收到权利人已经投诉或者起诉通知的，应当及时终止所采取的措施。

这里，《电子商务法》在确立的知识产权的保护规则的基础上，进一步做了补充：如在15日内，未收到权利人的投诉或起诉通知的，平台可以终止必要措施。在实际操作中，电商平台作为一个中介方确实在很多时候难以判断知识产权侵权的事实，因此第43条的设计在符合一定条件下减轻了平台的责任。

三、避风港原则和红旗原则在电商知识产权保护中的应用

避风港原则最早来自美国1998年的《数字千年版权法案》。美国当时规定避风港原则主要是为了互联网行业的发展。考虑到有些类型的网络服务提供者没有能力事先对他人上传的作品进行审查，而且事前也不知道并且不应该知道侵权事实的存在，在著作权人通知的情况下，对侵权内容进行移除的规则，即“通知＋移除”。避风港原则的适用减少了网络空间提供型、搜索链接型等类型互联网企业的经营成本，从而刺激了这些互联网企业的发展壮大。

2006年公布、2013年修订的《信息网络传播权保护条例》第20条规定，网络服务提供者根据服务对象的指令提供网络自动接入服务，或者对服务对象提供的作品、表演、录音录像制品提供自动传输服务，并具备下列条件的，不承担赔偿责任：(1) 未选择并且未改变所传输的作品、表演、录音录像制品；(2) 向指定的服务对象提供该作品、表演、录音录像制品，并防止指定的服务对象以外的其他人获得。第21条、第22条和第23条具体规定了网络服务提供者在提供自动接入服务、自动传输服务、自动存储、提供信息网络空间、提供搜索与链接服务不承担赔偿责任的情形，这些条款属于对避风港原则的明确规定与细化。

红旗原则是指如果侵犯信息网络传播权的事实是显而易见的，就像是红旗一样飘扬，网络服务商就不能装作看不见，或以不知道侵权的理由来推脱责任。

《电子商务法》应用了红旗原则，第45条规定，电子商务平台经营者知道或者应当知道平台内经营者侵犯知识产权的，应当采取删除、屏蔽、断开链接、终止交易和服务等必要措施；未采取必要措施的，与侵权人承担连带责任。

第二节 商标权的法律保护

一、电子商务中的商标侵权的表现形式

商标的使用是指将商标用于商品、商品包装或者容器以及商品交易文书上，或者将商

标用于广告宣传、展览以及其他商业活动中，用于识别商品来源的行为。

在电子商务交易中，以下行为均属侵犯注册商标专用权：

(1) 未经商标注册人的许可，在同一种商品上使用与其注册商标相同的商标的；

(2) 未经商标注册人的许可，在同一种商品上使用与其注册商标近似的商标，或者在类似商品上使用与其注册商标相同或者近似的商标，容易导致混淆的；

(3) 销售侵犯注册商标专用权的商品的；

(4) 伪造、擅自制造他人注册商标标识或者销售伪造、擅自制造的注册商标标识的；

(5) 未经商标注册人同意，更换其注册商标并将该更换商标的商品又投入市场的；

(6) 故意为侵犯他人商标专用权行为提供便利条件，帮助他人实施侵犯商标专用权行为的；

(7) 给他人的注册商标专用权造成其他损害的。

二、电子商务中商标权的法律保护

侵犯注册商标专用权行为引起纠纷的，由当事人协商解决；不愿协商或者协商不成的，商标注册人或者利害关系人可以向人民法院起诉，也可以请求工商行政管理部门处理。对涉嫌犯罪的侵犯注册商标专用权的行为，工商行政管理部门应当及时移送司法机关依法处理。

《电子商务法》规定，电子商务平台经营者违反该法第 42 条、第 45 条规定，对平台内经营者实施侵犯知识产权行为未依法采取必要措施的，由有关知识产权行政部门责令限期改正；逾期不改正的，处 5 万元以上 50 万元以下的罚款；情节严重的，处 50 万元以上 200 万元以下的罚款。

工商行政管理部门根据已经取得的违法嫌疑证据或者举报，对涉嫌侵犯他人注册商标专用权的行为进行查处时，可以行使下列职权：

(1) 询问有关当事人，调查与侵犯他人注册商标专用权有关的情况；

(2) 查阅、复制当事人与侵权活动有关的合同、发票、账簿以及其他有关资料；

(3) 对当事人涉嫌从事侵犯他人注册商标专用权活动的场所实施现场检查；

(4) 检查与侵权活动有关的物品，对有证据证明是侵犯他人注册商标专用权的物品，可以查封或者扣押。

侵犯商标专用权的赔偿数额，按照权利人因被侵权所受到的实际损失确定；实际损失难以确定的，可以按照侵权人因侵权所获得的利益确定；权利人的损失或者侵权人获得的利益难以确定的，参照该商标许可使用费的倍数合理确定。对恶意侵犯商标专用权，情节严重的，可以在按照上述方法确定数额的 1 倍以上 3 倍以下确定赔偿数额。赔偿数额应当包括权利人为制止侵权行为所支付的合理开支。权利人因被侵权所受到的实际损失、侵权人因侵权所获得的利益、注册商标许可使用费难以确定的，由人民法院根据侵权行为的情节判决给予 300 万元以下的赔偿。

第三节 互联网域名的法律保护

一、互联网域名法律保护概述

（一）域名与域名权

域名是互联网络上识别和定位计算机的层次结构式的字符标识，与该计算机的互联网协议（IP）地址相对应。中文域名是指含有中文文字的域名。域名本身既不是商标，也不是现实企业的名称，但是，域名在全世界具有唯一性，域名作为进入网站或虚拟企业的唯一的路径，使得域名具有了识别功能，因而具有了商业价值。

从法律性质上看，域名是与传统知识产权有关但没有必然联系的一种全新权利的客体，它具有全球唯一标识性、绝对的排他性和无限的空间性。与这种客体所关联的权利可以称为域名权。随着知识产权范畴的不断扩大，域名权必将作为知识产权的一种新类型而获得完整的法律保护。这样做的目的是使既存的、多边共同接受的知识产权保护准则体系能够在这一新型的、超国界的而又是极端重要的媒体之上得到体现。这既满足了权利主体自身对某种利益的需求，也迎合了国际经济一体化的发展趋势。

域名和域名权之间并非一一对应的关系，拥有域名并不必然享有域名权，只有在域名注册人的域名未侵犯任何其他第三人的权利时，域名拥有者才享有域名权，才可以对抗任何形式的侵权行为，也才能据此寻求司法救济。

对于经营性网络公司或企业而言，域名作为其在网上的身份标识，本身具有稀缺性和商业价值，并因注册登记而取得专有权性质。因此，将之称为一种无形财产权来保护是大势所趋。问题在于这需要世界各国共同努力，采取较为一致的保护措施和规则，以使域名能够作为一种权利加以保护。

域名权人的权利体现在：

（1）专用权。一方面，域名权的权利人对域名享有独占的所有权，有权排斥与域名相同的商标或商号的不同持有人使用，也可以排斥第三人使用；另一方面，域名权的专用权是绝对的，它不需要任何法律“保护”，国际互联网本身排斥同一域名以同种表现形式存在，即同一域名在国际互联网上有且只有一种，不论法律主体所从事的业务属何种类，也不管其是否分别处于不同国家，均不能获得相同的域名注册。

（2）许可权。许可权即域名权人根据法律的规定，许可他人使用其域名的权利，这体现了对域名权的充分利用。

（3）转让权。转让权即域名权人根据法律的规定，将其域名转让给他人的权利，这体现了对域名权的处分行为。

域名权人的义务体现在：

（1）按期缴纳域名注册费和维持费。

（2）域名权人对自己所享有的域名不得通过出售、出租或者其他方式获取不正当利益。

（3）域名权人必须时刻注意对网站的维护与管理，必须保证自己在网站发布的信息的准确性与可靠性；同时也必须确保他人在网站发布的信息不得损害社会公共利益和国家利益，对于他人在网上侵犯公民权利的行为予以适当制止且必须配合司法机关调查取证。

（4）域名权人在行使自己权利时不得侵犯他人的域名权、商标权、商誉权等。

（二）国内外对域名的法律保护

近年来，域名案件在国内外都呈迅猛增长的势头，引起了人们的普遍关注。在我国，近年就发生了上海东方网股份有限公司起诉的东方网域名案、宝洁公司起诉的“whisper”域名案、杜邦公司起诉的“dupont”域名案等案件。在国外，域名纠纷更为严重，许多跨国公司的名称、商标，如麦当劳（McDonald's）、保时捷（Porsche）皆被抢注。这种状况引起了国际社会对域名保护的极大重视。

为了解决域名纠纷，1999 年 8 月，通用顶级域名管理机构互联网名称与地址分配机构（Internet Corporation for Assigned Names and Numbers，ICANN）通过了《统一域名争议解决办法》（*Uniform Domain Name Dispute Resolution Policy*）。1999 年 10 月，ICANN 批准实施该争议解决办法。ICANN 的《统一域名争议解决办法》与《域名注册协议》《统一域名争议解决办法程序规则》《域名争议解决机构的补充规则》一起构成通用顶级域名的管理体系。美国国会于 1999 年 11 月通过的《域名反抢注消费者保护法》（*Anti Cyber Squatting Consumer Protection Act*），从法律上确认了域名保护措施。我国工业和信息化部颁布的《互联网域名管理办法》于 2017 年 11 月 1 日起施行，内容涉及域名管理、域名服务、监督检查等内容，规范了域名注册、管理、使用的各个环节。

二、域名注册规定

（一）一般规定

《互联网络域名管理办法》在注册登记程序上，基本上采纳了国际上通行的原则，即域名注册服务遵循“先申请先注册”原则（第 26 条）。但同时也规定，为维护国家利益和社会公众利益，域名注册管理机构应当建立域名注册保留字制度（第 27 条）。除此之外，域名注册管理机构和注册服务机构不得预留或变相预留域名。域名注册申请者需要提供域名持有者真实、准确、完整的身份信息等域名注册信息（第 30 条）。

国际上还通行“域名由申请人选择和负责原则”，即原则上只要与现有注册域名不一致就可以获得。在这种规则下，eastdays 与 eastday、microsoft 与 microsofts 是不同的，可以同时获得注册登记。如果域名注册者先于权利人将他人享有在先权利（商标权、商号权或其他无形财产权）标识注册，权利人没有提出异议，那么注册者即可以享有该域名。正因为如此，才有将他人已经注册的商标、商号注册、服务标记注册为域名的事件发生，才有企业注册上百个域名，然后等待在先权利人或感兴趣的人受让取利的现象发生。

（二）将域名注册为商标

自建立域名体系以来，许多网络或信息公司以及注册域名的其他企业，纷纷到专利和商标局将域名注册为商标，以使域名纳入现有法律体系中加以保护。为审查域名商标申请，美国专利与商标局修改了《商标审查指南》，增加了对“部分或全部为域名标识”的商标的审查，其中声明：“对联邦注册商标的所有要求，均适用于包含域名的商标注册申请”。关于域名获得商标注册的条件，《商标审查指南》确立了以下规则：

（1）原则上，只有核心域名才可申请注册。当一个商品商标、服务商标、集体商标或证明商标中，全部或部分由域名构成时，核心域名可申请商标，而无论是统一定位标识的开始部分（如 http://www），还是结尾部分的顶级域名（如 com. cn），均不具有指示来源的作用，因此不能申请商标。

（2）域名只有起到标识经营者作用，使潜在购买者感到是在指示商品或服务的经营者的，而不是表明网站地址的，才能成为商品商标或服务商标。如果域名仅表明如何与申请人联系，那么不能注册为商标。

（3）域名申请商标，必须指定受保护的商品、服务。《商标审查指南》特别指出，在互联网上宣传自己的产品和服务不是一项经营，域名申请商标的，应与所宣传的商品或服务分为一类，如果所从事和宣传的是药品，那么域名即属于药品类。这种域名与商品、服务同类原则，有利于制止经营同类商品、服务的经营者，使用竞争对手的域名做自己的商标。

（4）下列域名不得申请为商标：姓氏，因为缺少专有性；描述型申请，即域名直接表示商品的质量、功能、用途或其他特点（这一点与商标要求相同）；通用名称，即对商品或服务普通称谓。

根据国家工商总局商标局 2006 年 12 月 4 日发出的通知，《商标注册用商品和服务国际分类》（尼斯分类）① 第九版于 2007 年 1 月 1 日起生效。该分类中的第 45 类（由他人提供的为满足个人需要的私人和社会服务；为保护财产和人身安全的服务；法律服务）增加了一个新的小分类：域名注册（ Domain Names，450213 ）。域名的商标申请正式开始。

三、因域名引起的不正当竞争

（一）域名侵犯他人在先权利

域名侵犯他人在先权利分两种情形：一种是侵犯他人在先权利是为了搭便车或借他人之名谋取不正当的经营利益，构成一种不正当竞争形态；另一种侵权仅仅是恶意抢注他人在先权利，是恶意占据域名的行为。

1. 侵害他人权利导致不正当竞争

域名是人们进入互联网世界开展电子商务活动的第一道关口，且具有认知网站或虚拟企业的标识功能，因此，将他人享有在先权利的商号、商标或其他标识登记为域名，不仅侵犯了权利人的知识产权，而且构成一种不正当竞争。

将他人的商标或商号注册为域名，容易引起人们的误解，误以为是原商标或商号权人设立的网站或提供服务，可以适用《反不正当竞争法》第 6 条的规定。由于域名具有商业价值或商业标识作用，而商标、服务标识和商号最主要的功能也是区分或标识商品生产者

① 国际商品和服务分类是 1957 年 6 月 15 日在法国尼斯外交会议上正式签订的《商标注册用商品和服务国际分类尼斯协定》（简称“尼斯协定”）确定的，于 1961 年 4 月 8 日生效。《尼斯协定》主要规定的是商品与服务分类法，为商标检索、商标管理提供了方便。我国自 1988 年 11 月 1 日起开始采用《商标注册用商品和服务国际分类》，1994 年 8 月 9 日成为尼斯联盟成员国。世界知识产权组织尼斯联盟专家委员对《尼斯协定》多次修订，我国于 2007 年 1 月 1 日开始实行第九版的《商标注册用商品和服务国际分类》。我国目前采用的是《商标注册用商品和服务国际分类》，是《尼斯协定》的第十版之 2016 年文本。该版本将商品分为 34 类，服务项目分为 11 类。

或服务提供者，是经营性主体商誉的主要载体，因此将他人享有在先权利的商标、商号等登记为域名，就容易导致利用他人已经在现实生经济生活中已经积累的商誉实现自己的目的，即构成搭便车或寄生性不正当竞争行为；如果是提供同一种性质的网络服务或网上经营活动，那么容易使消费者产生误认或混淆，以诱使互联网络用户访问域名持有人的网站或者其他联机地址，并从中牟利。因此，将他人商标权和商号权的登记为域名的网站或企业，构成不正当竞争。实际上保护商标权也即是保护反不正当竞争的权利。

现在将他人在先权利注册为域名，大多是从保护商标、商号等权利的角度进行规范的，其目的是保护享有这些知识产权或无形财产权人的权利。而一旦认定构成恶意抢注，通常即构成不正当竞争行为。

据此，侵犯他人在先权利引起的不正当竞争行为构成要件可以归结为两个：第一，在先权利人享有注册的商标专用权、商号权，而域名持有人对域名不享有正当的权利或合法的利益。第二，须在后注册域名与在先权利人所持有的商标或服务标记相同或具有误导性的相似；而这种误认是以两者提供服务或经营的产品相同，否则即使相同或相似，也不导致误认。

2. 将他人在先权利恶意抢注为域名——域名占据行为

恶意抢注他人域名是指域名注册人注册域名不是为了某种经营或服务而是为了阻止他人注册或租售域名谋利。由于域名注册机构不进行实质审查，加之域名规范的技术性，一旦自己的商标或商号被他人注册为域名，商标权人就无法使用商标作为域名，开展网上经营，其在下形成的商誉就无法方便地转移到网上。这对于在先权利人来讲是极不公平的。恶意注册和使用域名行为已为《统一域名争议解决办法》所禁止。

在我国司法实践中，根据2001年7月实施的《最高人民法院关于审理涉及计算机网络域名民事纠纷案件适用法律若干问题的解释》第5条的规定，认定域名恶意抢注行为须考虑以下几方面：

（1）为商业目的将他人驰名商标注册为域名的；

（2）为商业目的注册、使用与原告的注册商标、域名等相同或近似的域名，故意造成与原告提供的产品、服务或者原告网站的混淆，误导网络用户访问其网站或其他在线站点的；

（3）曾要约高价出售、出租或者以其他方式转让该域名获取不正当利益的；

（4）注册域名后自己并不使用也未准备使用，而有意阻止权利人注册该域名的；

（5）具有其他恶意情形的。

（二）域名与域名类似或相同

域名侵犯商标权或注册含有商标权的域名，受害人可以直接适用商标法获得救济，同时可以适用反不正当竞争法。在域名注册人对于域名本身不享有商标权或商号权（非用自己的商号或商标注册为域名，或者域名没有注册为商标）时，发生在后注册的域名与在先域名相同或类似，此时仅仅是域名“侵犯”域名，很难再援用商标法进行救济，而在域名权的法律保护体系还没有建立起来的情况下，只能以不正当竞争为由提起诉讼。

在缺乏明确的权利的情形下，在后注册域名是否构成不正当竞争主要取决于在后注册域名是否足以导致消费者混淆；而判断是否构成混淆的前提是两个网站经营内容相同或近似。这也就是说，域名不正当竞争的构成要件有二：一是两个网站经营范围和内容存在相同或近似，这是一个前提条件；二是在后注册的域名存在着相同或近似，且这种相同或近似足以导致消费者误认。

判断是否导致消费者误认取决于相关消费者是否误认为商品或服务为相同经营者提供，或是否误认为经营者之间有某种关系。在这一点上，与侵犯在先权利的情形相似。

在经营内容相同或相似的情形下，主要判断域名是否相同或相似。如果经营相近而标识或域名不近似，则不构成侵犯域名权。

四、域名争议的解决

域名商业价值的发现导致将他人商标、商号、服务标记等注册为域名的现象大量发生。为扼制这种现象，ICANN《统一域名争议解决办法》第 4 节 a 项规定，提起域名争议解决程序，应同时满足以下三个条件：

（1）提起争议的域名与投诉人所持有的商标或服务标记相同或具有误导性的相似；

（2）域名持有人对该域名本身并不享有正当的权利或合法的利益；

（3）域名持有人对域名的注册和使用均为恶意。

我国域名争议按照《中国互联网络信息中心国家顶级域名争议解决办法》处理，该办法明确，任何人认为他人已注册的域名与其合法权益发生冲突的，均可以向争议解决机构提出投诉。符合下列条件的，投诉应当得到支持：

（1）被投诉的域名与投诉人享有民事权益的名称或者标志相同，或者具有足以导致混淆的近似性；

（2）被投诉的域名持有人对域名或者其主要部分不享有合法权益；

（3）被投诉的域名持有人对域名的注册或者使用具有恶意。

在域名争议解决期间以及裁决执行完毕前，域名持有人不得申请转让或者注销处于争议状态的域名，也不得变更域名注册服务机构，但受让人以书面形式同意接受争议解决裁决约束的除外。提出投诉之前，争议解决程序进行中，或者专家组作出裁决后，投诉人或者被投诉人均可以就同一争议向中国互联网络信息中心所在地的中国法院提起诉讼，或者基于协议提请中国仲裁机构仲裁。

第四节　网络著作权的法律保护

互联网络极大地促进了信息资源的传播与发展，并由此衍生出网络文学、网络视频、网络音乐、网络游戏等多种资源。网络信息资源存在着数量多、隐蔽性强、流动性大、监管难度高等特点，因此，其著作权也存在较大的侵权风险。从 1999 年王蒙等六位著名作家状告由“世纪互联通讯技术有限公司”主办的网站侵权著作权，到 2017 年 2 月长江网报道热播剧《锦绣未央》《三生三世十里桃花》被诉存在网络文学侵权，网络著作权人的合法权益一直面临严峻的挑战。

著作权保护制度的发展与人类社会的技术进步有着一致的步伐。信息网络技术在给人们带来巨大利益的同时，也挑战了传统的著作权保护制度。我国1990年通过、2001年和2010年修正的《中华人民共和国著作权法》（简称《著作权法》），将网络作品和作品网络传播纳入了其调整范围。

一、受著作权保护的网络作品

一般说来，网络空间中主要存在两类作品，即上网作品和网上作品。

上网作品，即作品的数字化，是指依靠计算机技术把一定的文字、数值、图像、声音等形式表现的信息输入计算机系统并转换为二进制数字编码，并以这种数字形式存储或者在网络上传播。

网上作品，即直接以数字化形式表现并在网络上传播。根据内容和表现形式的不同，网上作品亦可分为单一的网上数字作品与多媒体作品两类，如常见的各种网络短文、评论、图片、网页等。

受著作权法保护的作品，是指文学、艺术和科学领域内具有独创性并能以某种有形形式复制的智力成果。这里，有两个基本的判断标准：一是独创性，二是以某种有形形式复制。对于“复制”，传统意义上的理解是以印刷、复印、临摹、拓印、录音、录像、翻拍等方式将作品制作一份或多份的行为。网络作品的复制有所不同，当网络作品上传到互联网上时，必须输入到服务器的硬盘驱动器内，即以数字化形式固定在计算机的硬盘上，这种固定的结果，能够被他人使用联网主机所阅读，下载到其主机的硬盘上，或用软盘拷贝或直接打印到纸张上，虽然不具有“有形的形式”，但这个过程仍是著作权法意义上的复制。所以，2010年修改后的《著作权法》基于上述认识，在列举著作权所包括的人身权和财产权时，明确将“以有线或者无线方式向公众提供”作品列为其中一种权利，从而扩大了著作权的保护范围。

二、网络环境中著作权的主要内容

（一）网络著作权

网上作品的著作权属于网络上的原作者。网上作品和上网作品的区别仅仅在于首次形成即以数字形式存在。所以作品只要具有“独创性”，那么其著作权就属于其网络上的原创作者。

《最高人民法院关于审理涉及计算机网络著作权纠纷案件适用法律若干问题的解释》第2条规定：受著作权法保护的作品，包括《著作权法》第3条规定的各类作品的数字化形式。在网络环境下无法归于《著作权法》第3条列举的作品范围，但在文学、艺术和科学领域内具有独创性并能以某种有形形式复制的其他智力创作成果，人民法院应当予以保护。根据这一司法解释，网络著作权是著作权人在网络环境中对其文学、艺术、科学作品依法享有的一种民事权利，包括发表权、署名权、修改权、保护作品完整权、复制权、发行权、出租权、展览权、表演权、放映权、广播权、信息网络传播权、摄制权、改编权、翻译权、汇编权和其他权利。

事实上，不仅网络文学作品拥有著作权，所有的网络原创作品都拥有自己的知识产权。在《著作权法》中，规定了汇编若干作品、作品的片段或者不构成作品的数据或者其他材料，对其内容的选择或者编排体现独创性的作品，为汇编作品，其著作权由汇编人享有，但行使著作权时，不得侵犯原作品的著作权。网站为作者的作品付费，就是买下了相应的劳动成果，其他媒体如果要使用同样的内容，必须先征得网站同意。尤其对于一些坚持原创特色的网络公司而言，这种网络作品著作权的保护工作几乎是其生存的根本所在。

从国内外实践中已发生的情况看，网络上常见的著作权侵权行为表现为以下几种形式：

（1）网络使用者或网络服务商在自己设立的网页、电子布告栏等论坛区非法复制、传播、转贴他人享有著作权的作品。

（2）将在网络上传输的他人作品下载并复制成光盘，例如将在学术网络上电子布告栏中发表的文章，下载并复制到随书附赠的光盘中，同杂志一并出卖，获取利润。

（3）行为人将他人享有著作权的文件上传到网络或从网络上下载进行非法使用；超越授权范围使用共享软件，使用期满不进行注册而继续使用等。

（4）未经许可将他人作品的原件或复制品提供到网络上进行公众交易或传播，或者明知是侵害权利人著作权的复制品，仍然将其在网上散布。

（5）侵害网络作品著作人身权的行为，包括侵害作者的发表权、署名权和保护作品完整权等，如将作品转贴到微博或微信网站上发表；整理编辑网络信息时，删除作者签名档案或在他人作品上签署自己的姓名；在网络上使用他人作品时，擅自进行修改、删节，侵害作者的修改权。

（6）擅自破解著作权人对作品所采取的技术措施，例如对作品进行解密、对电子水印进行破坏，或专门生产和提供破解设备、技术以方便他人侵权等。

为有效保护网络著作权，《关于审理涉及计算机网络著作权纠纷案件适用法律若干问题的解释》规定：

（1）网络服务提供者通过网络参与他人侵犯著作权行为，或者通过网络教唆、帮助他人实施侵犯著作权行为的，人民法院应当追究其与其他行为人或者直接实施侵权行为人的共同侵权责任。

（2）提供内容服务的网络服务提供者，明知网络用户通过网络实施侵犯他人著作权的行为，或者经著作权人提出确有证据的警告，但仍不采取移除侵权内容等措施以消除侵权后果的，人民法院应当追究其与该网络用户的共同侵权责任。

（3）提供内容服务的网络服务提供者，对著作权人要求其提供侵权行为人在其网络的注册资料以追究行为人的侵权责任，无正当理由拒绝提供的，人民法院应当追究其相应的侵权责任。

（4）网络服务提供者明知专门用于故意避开或者破坏他人著作权技术保护措施的方法、设备或者材料，而上传、传播、提供的，人民法院应当追究网络服务提供者的民事侵权责任。

（5）著作权人发现侵权信息向网络服务提供者提出警告或者索要侵权行为人网络注册资料时，不能出示身份证明、著作权权属证明及侵权情况证明的，视为未提出警告或者未提出索要请求。但著作权人出示上述证明后网络服务提供者仍不采取措施的，著作权人可以依照著作权法的规定在诉前申请人民法院作出停止有关行为和财产保全、证据保全的裁定，也可以在提起诉讼时申请人民法院先行裁定停止侵害、排除妨碍、消除影响，人民法院应予准许。

（6）网络服务提供者经著作权人提出确有证据的警告而采取移除被控侵权内容等措施，被控侵权人要求网络服务提供者承担违约责任的，人民法院不予支持。

根据《侵权责任法》第 36 条的规定，网络用户利用网络服务实施侵权行为的，被侵权人有权通知网络服务提供者采取删除、屏蔽、断开链接等必要措施。网络服务提供者接到通知后未及时采取必要措施的，对损害的扩大部分与该网络用户承担连带责任。

（二）信息网络传播权

我国《著作权法》增加了著作权人享有信息网络传播权，即以有线或者无线方式向公众提供作品，使公众可以在其个人选定的时间和地点获得作品的权利。这就明确了作品上网是著作权人享有的法定权利，任何人不得随意侵犯。之所以将网络传播权单独作为一项著作权人专有的权利，是因为传统的著作权体系已经无法涵盖网络传播这种新技术衍生的新权利。

2011 年，作家韩寒发现多个网络用户将其原创的作品上传至百度文库，供其他用户免费在线浏览和下载。后韩寒致函百度公司，要求立即停止侵权并采取措施防止侵权行为再次发生，协商未果。韩寒将百度文库诉至北京市海淀区人民法院。海淀区人民法院两次开庭审理了此案。法院一审判决被告北京百度网讯科技有限公司赔偿原告韩寒经济损失，但驳回原告其他诉讼请求。2017 年深圳市腾讯计算机系统有限公司起诉北京字节跳动科技有限公司未经许可，在经营的网站上向公众提供原告享有著作权的作品，使公众可以在其个人选定的时间和地点获得涉案作品，侵害了权利主体享有的信息网络传播权，应当对其侵权行为承担相应的法律责任。北京市海淀区人民法院审理认为，字节跳动公司侵害了腾讯公司享有的信息网络传播权，应当对其侵权行为承担相应的法律责任，删除涉案作品，赔偿经济损失。

以上两个案例中，都涉及信息网络传播权。可以说，著作权人在网络上的最主要的权力就是信息网络传播权。

《信息网络传播权保护条例》根据信息网络传播权的特点，规定了信息网络传播权的具体保护措施：

（1）权利人享有的信息网络传播权受《著作权法》和该条例保护。除法律、行政法规另有规定的外，任何组织或者个人将他人的作品、表演、录音录像制品通过信息网络向公众提供，应当取得权利人许可，并支付报酬。

（2）为了保护信息网络传播权，权利人可以采取技术措施。

（3）未经权利人许可，任何组织或者个人不得故意删除或者改变通过信息网络向公众提供的作品、表演、录音录像制品的权利管理电子信息；不得通过信息网络向公众提供明知或者应知未经权利人许可被删除或者改变权利管理电子信息的作品、表演、录音录像制品。

（4）著作权行政管理部门为了查处侵犯信息网络传播权的行为，可以要求网络服务提供者提供涉嫌侵权的服务对象的姓名（名称）、联系方式、网络地址等资料。

（5）建立处理侵权纠纷的“通知与删除”简便程序。

第五节　网络游戏虚拟财产的法律保护

根据中国互联网络信息中心的统计①，截至2007年年底，在用户经常使用的网络服务功能中，网络游戏已经占57.2%。2017年我国网络游戏市场规模达2 036.1亿元，同比增长23%，首次超越美国，成为全球最大的游戏市场。网络游戏已成为现代人休闲娱乐的主要方式之一。

网络游戏日渐风行，新的问题随之而来：网络游戏消费者们辛苦“练功”挣来甚至花钱买来的“宝物”“武器”等“虚拟财产”，成为“网络扒手”的目标。为了保障网络游戏的健康发展，有必要确定“虚拟财产”的法律地位，探讨“虚拟财产”的法律保障措施。

随着网络游戏的日益普及，暴露出来的关于“虚拟财产”的矛盾也越来越激化。不断发生的关于虚拟财产的争端也频频出现在新闻头条。为了保障网络游戏的健康发展，有必要确定网络游戏虚拟财产的法律地位，认定虚拟财产的价值，探讨虚拟财产的法律保障措施。

一、网络游戏虚拟财产的概念与特点

《民法总则》第127条规定：法律对数据、网络虚拟财产的保护有规定的，依照其规定。在统领民法典各编的总则部分即肯定了网络虚拟财产的法律地位，无疑代表着我国对网络虚拟财产的高度重视。同时，这也是我国法律为网络虚拟财产的立法保护打开的第一扇大门，也为网络虚拟财产的交易、分割、继承等问题提供了法律指引。

关于网络虚拟财产，根据《物权法》的规定，物包括“不动产和动产”，也就是我们通常所说的财产。物权是指权利人依法对特定的物享有直接支配和排他的权利，包括所有权、用益物权和担保物权。

一般认为，“网络虚拟财产”是指为所有人支配和控制，且能给所有人带来经济利益或精神利益的只能存在于网络空间的数字化、非物化财产，包括网络游戏中虚拟货币、虚拟物品及装备等。网络虚拟财产是一种能为人所支配的具有价值的权利，是财产在网络虚拟空间的表现形式。这些虚拟财产是网络游戏人通过合法的投资（购买或竞赛）所获得的。

网络虚拟财产具有独特的属性和特征。与传统财产相比，虚拟财产除具有一般财产的基本属性外，还具有独特的虚拟性、期限性，这使得虚拟财产在保护上面临诸多法律问题。在网络游戏产业发达的韩国，在立法和司法上均明确承认虚拟财产的价值，规定网络游戏中的虚拟财产具有财产价值，运营商只是为这些私有财产提供存放场所，无权对其肆意处置。

① 中国互联网络信息中心．第41次中国互联网络发展状况统计报告［R/OL］.（2018-01-31）［2018-07-23］. http：//cnnic. cn/gywm/xwzx/rdxw/201801/t20180131＿70188. htm.

虚拟财产利益应当属于一种新类型的财产利益，其主要特征包括：

（1）物理特征。虚拟财产虽然可以在电脑上以虚拟装备、货币、宠物等形式出现，但其实际是依存于计算机系统，由程序设计者所设计，以数据形式存在于特定的电子虚拟空间中的一种模拟财产的电磁记录。

（2）环境特征。虚拟财产只能在特定的电脑虚拟环境中存在，甚至同一种游戏，因游戏经营商提供设定不同的区服，比如一区、二区等，或者使用其他命名，而游戏用户通过选择不同区服，进入相应的虚拟环境中，从而导致相同的虚拟财产不能跨区服存在，当然在游戏经营者推出转区服务时，虚拟财产可以同时转移到另一区服内，但仍只存在于该游戏环境中。

（3）时间特征。虚拟财产不会永久存在，其存在时间取决于游戏用户和游戏经营者，一般情况下，在一款网络游戏终止时，或游戏用户决定注销自己的游戏账户时，该虚拟财产即灭失。

（4）特定的使用价值。所有游戏中的虚拟物品均因其所具有的功能，使游戏用户因使用虚拟物品实现相应功能而获得游戏中的不同体验，从而获得满足，这种价值仅在虚拟环境中得以实现。

（5）交易环境及经济价值受限特征。虚拟物品仅在特定情况下可以交易，如某网络游戏存在的期间内，该虚拟物品具备交易条件和有交易对象时，虚拟物品才会实现经济价值，交易能够以现实社会中流通的货币进行结算，一般情况下，其交易对象仅限于参与该游戏的用户，脱离该虚拟环境其不具有价值。

（6）虚拟财产在特定环境的价值特殊。虚拟财产的价值限于能够满足同样参与游戏的用户对某些游戏功能的需求，同时游戏用户在获得虚拟财产时还伴随占用一定时间并支付相关费用，所以可以认定虚拟财产在一定条件下会具有经济价值。

二、网络游戏虚拟财产的法律保护

（一）法律的基本规定

目前，在立法和司法上承认网络虚拟财产已经成为一种趋势，并且在司法实践中已经出现了对侵犯网络虚拟财产的审判案例。

韩国明确规定，网络游戏中的虚拟角色和虚拟物品独立于服务商而具有财产价值，网络财产的性质与银行账号中的钱财并无本质的区别，服务商只是为网络游戏消费者的这些私有财产提供一个存放的场所，而无权对其作肆意的修改或删除。

我国《物权法》第39条规定：所有权人对自己的不动产或者动产，依法享有占有、使用、收益和处分的权利。第64条规定：私人对其合法的收入、房屋、生活用品、生产工具、原材料等不动产和动产享有所有权。第65条规定：私人合法的储蓄、投资及其收益受法律保护。第66条规定：私人的合法财产受法律保护，禁止任何单位和个人侵占、哄抢、破坏。

我国台湾地区为解决网络游戏中窃盗虚拟财产案件的定性问题，在2001年作出相关规定："线上游戏之账号角色及宝物资料，均系以电磁纪录之方式储存于游戏服务器，游戏账号所有人对于角色及宝物之电磁记录拥有支配权，可任意处分或移转角色及宝政法论坛物，又上述角色及宝物虽为虚拟，然于现实世界中均有一定之财产价值，玩家可通过网络拍卖或交换，与现实世界之财物并无不同，故线上游戏之角色及宝物似无不得作为窃盗罪或诈欺罪保护客体之理由。”

（二）虚拟财产保全

虚拟财产的保全可以通过付费来进行。付费实际上是对运营商责任的一个明确，付费就意味着接受服务。比如说，当一个消费者想对他账号内的虚拟财产进行保全，那么就按照运营商的规定付费。这是虚拟财产的保管费用，这个保管费用可以是短期续费的，也可以是长期的，甚至可以是永久性的。而运营商一旦接受了这个付费，它就要提供服务，一是提供对该虚拟财产在服务器上的保管服务，二是建立起该虚拟财产的交易记录文件。当消费者虚拟财产发生意外时，他可要求运营商为他进行找回服务。这实际上是形成了新的合同关系，运营商和消费者之间产生了新的业务。

现在普遍的做法是，网络游戏消费者下载游戏的客户端程序后，可登录运营商的服务器，用购买的点数换成游戏时间或者虚拟物品，方可进行游戏，而运营商以出售点数的收入为利润来源。因此，网络游戏消费者所购买的其实是经营商的服务而非游戏产品本身。双方形成了服务的消费关系。

但是网络游戏与传统服务业并不完全相同，网络游戏消费者在游戏中可以不断升级虚拟角色的身份，获得虚拟财物并以此为游戏的主要目的。而且网络游戏的另一个特点是虚拟角色的身份和虚拟财物是可以持续保存的，即在网络游戏消费者下线后，经营商仍在其服务器商保存网络游戏消费者的数据资料。

这样，网络游戏消费者接受运营商服务关系主要体现在两方面：一是运营商在网络游戏消费者游戏时间应当提供符合一定要求的网络和技术环境服务。如果其服务质量没有达到其承诺或法律所确定的标准，则应向网络游戏消费者承担相应的责任。这方面可借鉴传统的服务业规则，将网络游戏消费者购买的点数视为预付款来处理。二是运营商应当合法保存网络游戏消费者在游戏中所形成的数据资料并保证其完整性。这些数据资料包括网络游戏消费者的个人信息数据和网络游戏消费者在游戏中获得的虚拟财物的数据。

（三）通过行业规范确定赔偿标准

在网络游戏中，普通消费者一旦受到损害，只能去抱怨运营公司。但在网络游戏运营公司的用户协议中，往往会加上一些洗脱责任的条款，如果因网络游戏运营公司的失误导致虚拟财产数据丢失，运营公司是不愿意承担任何责任和赔偿的。在没有相关法律条文的现状下，可以尝试通过行业规则去解决。

在许多行业内有一些成文或不成文的规定，用以解决一些法律没有规定但可能会发生的问题，这在民法上是被允许和接受的。网络游戏行业可以借鉴传统行业的做法，通过行业协会，建立赔偿的行业规定。

（四）加强网络游戏消费者的自我保护

一个网络游戏消费者（下称异议人）如果认为自己的虚拟财产被非法删除或盗走，应当向网络运营商提供相应的证据来证明自己是 ID 的合法持有者。提供的证据包括：网络游戏消费者的有效身份证明、网络游戏消费者当场演示掌握了 ID 的密码等。

由于所争议的装备是交易来的，目前被异议人应该对其合法拥有该装备负举证责任。这里有几种情况：

（1）假设被异议人提出，是从异议人处购买的，应提供购买记录、付款凭证等证据，否则被异议人的抗辩不成立。

（2）假设被异议人提出，是从其他网络游戏消费者那里购买的，而很可能其他网络游戏消费者是偷窃了异议人的装备，那么可以根据被异议人提出的购买证据认定其善意取得该装备。

（3）假设被异议人提出，是从其他网络游戏消费者交易来的，但无法提供证据证明，或者提供的证据不足以证明其取得该装备是善意的，那么可以认定被异议人的抗辩不成立，装备应返还给异议人。

鉴于异议人发起一项程序会影响网络运营商的经营成本，也会给被异议人带来麻烦，因此网络运营商可以考虑要求异议人和被异议人提供保证金担保。如果异议人的异议成立，被异议人要返还其装备，且网络运营商将没收被异议人的保证金，并交给异议人作为补偿。相反，如果异议人的异议不成立，则异议人不仅无法获得装备，其提交的保证金还将被没收，以补偿被异议人。

网络游戏消费者之间的纠纷，也可以通过贸易仲裁委员会仲裁裁决。仲裁的形式可以参照域名争议解决办法。现在域名的争议解决方式就是采用网上仲裁的模式来解决。实践表明，由于仲裁员都是网络方面的专家，因此这种方式不仅快捷，而且公正。鉴于目前我国贸易仲裁委员会尚不受理网上虚拟财产的仲裁申请，需要通过完善仲裁委员会的仲裁规则来达到这一目的。

（五）确立刑法保护措施

传统法律尤其是刑法体系相对网络社会的滞后，导致对虚拟财产等网络空间的固有产物缺乏保护。然而对广泛利用网络空间的年轻一代而言，虚拟财产已经成为他们生活的一部分，而且与真实生活的联系将越来越密切。在这一无法回避的现实下，增加刑事立法应对虚拟空间中违法犯罪的功能，增设独立的刑法条款，对于解决源自虚拟社会的违法犯罪行为实有巨大裨益，而且将更为适应年轻一代对法律保护的要求。

从刑法立法上讲，对虚拟财产确立有效的法律保护体系，尤其是对侵犯虚拟财产的行为引入传统侵犯财产犯罪的条款加以惩治，或者建立全新的刑法保护体系，不仅是对虚拟财产所有人应有权益的法律保护，而且是刑事立法随着时代进步自我完善和及时跟进社会现实的应有举措，同时，也是有效减少基于缺乏法律保护体系而引发的虚拟财产所有人采用非法手段以图私力救济的唯一措施。目前重点需要打击盗窃他人虚拟财产、诈骗虚拟财产和利用虚拟财产侵犯真实财产的行为。①

导入案例解析

对仿冒他人商标的产品进行销售，是一种相对明显的网络商标侵权行为，也是电子商务交易中一种非常普遍的现象。

现阶段，我国法律领域针对商标侵权问题所制定的法律法规主要包含《中华人民共和国商标法》（简称《商标法》）和《中华人民共和国商标法实施条例》（简称《商标法实施条例》）。《商标法》第 67 条规定，未经商标注册人许可，在同一种商品上使用与其注册商

① http://www.npc.gov.cn/npc/xinwen/2013-09/02/content_1805267.htm.

标相同的商标，构成犯罪的，除赔偿被侵权人的损失外，依法追究刑事责任。但第 64 条同时规定，销售不知道是侵犯注册商标专用权的商品，能证明该商品是自己合法取得并说明提供者的，不承担赔偿责任。《商标法实施条例》第 80 条进一步规定，销售不知道是侵犯注册商标专用权的商品，能证明该商品是自己合法取得并说明提供者的，由工商行政管理部门责令停止销售，并将案件情况通报侵权商品提供者所在地工商行政管理部门。

此外，结合网络用户在商业活动中实际销售假冒产品的行为，根据《商标法》的实际规定，对商标侵权商品的销售应该纳入到侵犯商标权的范畴中，所以从这一角度进行解读，网络商标侵权和现实商标侵权行为具有一定的统一性，仅在表现形式方面存在一定的差异。行为人在侵权过程中只是选择通过现实渠道还是网络渠道将侵权行为展现出来，因此在判断网络服务商在商标侵权中是否也构成侵权，是否应该承担法律责任问题，应该进行具体分析，并做出明确的限定，为商标侵权行为的判定和商标权的维护创造良好的条件。

思考题

1. 试论述电子商务交易中商标权的法律保护。
2. 受著作权保护的网络作品有哪几种？
3. 试述网络著作权纠纷案件的法律解决办法。
4. 试述网络著作权的法律保护。
5. 试述信息网络传播权的法律保护。
6. 试述虚拟财产的法律保护。

主要参考文献

[1] 中华人民共和国商务部. 中国电子商务报告（2016）[M]. 北京：中国商务出版社，2017.

[2] 高富平. 中国电子商务立法研究 [M]. 北京：法律出版社，2015.

[3] 中国互联网络信息中心. 第 41 次中国互联网络发展状况统计报告 [R/OL]. (2018-01-31) [2018-02-23]. http://cnnic.cn/gywm/xwzx/rdxw/201801/t20180131_70188.htm.

[4] 高富平. 在线交易法律规制研究报告 [M]. 北京：北京大学出版社，2005.

[5] 韩晓平. 电子商务法律法规（第 2 版）[M]. 北京：机械工业出版社，2015.

[6] 国家发展和改革委员会. 中国电子商务法律法规汇编 [M]. 北京：法律出版社，2014.

[7] 杨坚争. 中华人民共和国电子签名法释义 [M]. 上海：立信会计出版社，2004.

[8] 高富平. 电子合同与电子签名法研究报告 [M]. 北京：北京大学出版社，2005.

[9] 张宝明. 电子金融学 [M]. 上海：立信会计出版社，2011.

[10] 杨立钒，杨坚争. 电子商务安全与电子支付（第 3 版）[M]. 北京：机械工业出版社，2016.

[11] 刘胜题，鲁志昆. 经济法 [M]. 上海：立信会计出版社，2018.

[12] 王利明，房绍坤，王轶. 合同法 [M]. 北京：中国人民大学出版社，2002.

[13] 郭瑜. 个人数据保护法研究 [M]. 北京：北京大学出版社，2012.

[14] 全国人大法制工作委员会民法室. 中华人民共和国消费者权益保护法解读 [M]. 北京：中国法制出版社，2013.

[15] 杨坚争，杨立钒. 电子商务基础与应用（第 10 版）[M]. 西安：西安电子科技大学出版社，2016.